幕末対外関係と長崎

吉岡誠也著

吉川弘文館

序章　近世対外関係史と幕末開国

安政五年（一八五八）六月十九日、江戸幕府はアメリカと日米修好通商条約を締結した。次いで、蘭・露・英・仏とも一部に違いを含んではいるが、ほぼ同様の通商条約を締結した。いわゆる「安政五ヵ国条約」である。すでに幕府は、嘉永七年（一八五四）三月三日に日米和親条約を締結していたが、批准書の署名者は老中であり、幕府の認識はあくまでも薪水給与令の延長上に位置付けられるものであった。将軍の外国使節謁見や「国書」交換を伴うような通信関係（政治外交関係）を結ぶものではなかったのである。(1)近年では、通信・通商関係を定めない開港条約として評価され、「限定的開国」と表現されている。(2)しかし、日米修好通商条約の批准書には、「源家茂」の将軍署名と「経文緯武」の朱印が捺印された。(3)ここにおいて徳川将軍は、対外的主権者としての立場を条約締結国に表明し、主権国家相互の対等な関係を前提とする、西洋国際社会へ参入することになり、本格的な開国を迎えたのである。

徳川将軍が条約書に署名捺印し、国家主権者として外交関係と貿易とを同時に保証したということは、江戸幕府の対外政策を根本から覆すものであった。欧米列強との通商条約締結が、日本の近代化・維新変革の大きな画期となったことについては改めて言うまでもないが、しかし、そのことが、近世の幕府対外関係を担っていた「現場」にとってどのような意味を持ったのかについては、これまで自覚的に研究されてこなかったように思われる。この一大画期が、それまでの対外政策を具体的にどのように変容させたのだろうか。本書は、この問題について、幕府の直轄貿易都市かつ外交交渉窓口であった長崎の視点に立ち、開国後の変容過程から解明することを目的とする。換言すれば、外国人との接触を日常とする「現場」から「開国」を問い直す試みである。

一　近世対外関係史研究と長崎

そこでまず、近世対外関係史研究における長崎の位置付けについて整理しておきたい。

近世対外関係史研究は、一九七〇年代に朝尾直弘氏(4)・山口啓二氏(5)が、東アジアとの関係を重視した議論をすべきであると提言したことに大きな画期がある。朝尾氏は、近世国家が周辺国家の援助なしに統一国家を成立させたことにより、「日本型華夷意識」という武威に基づいた尊大な国際秩序観を有するようになったことを指摘した。これを受けて八〇年代に入ると、荒野泰典氏が従来の「鎖国」概念への批判から「日本型華夷秩序」論・「四つの口」論を展開し、対外関係を幕藩制国家の特質を規定する重要な要素として位置付けた。荒野氏は、近世日本の対外関係が、大君外交と称されるような、徳川将軍の「独りよがりな「武威」の外交の論理(6)」に基づく自国中心主義的な国際認識によって成り立っていたとの見解を示し、個別の対応は、蝦夷地・対馬・薩摩・長崎の各「口」の大名や都市が「役」として担い、幕府は「それらの「役」を統括することによって、対外関係全般を掌握していた(7)」とした。以後、各「口」での実証研究が進み、幕藩制国家にとっての各「口」固有の特質が明らかとなり、十八世期にかけて次第に体制として定着していく様相も明らかとなっていった(8)。

幕府は、当初は海外貿易を奨励し、明との国交回復を目指し東アジアへの外交交渉を試みようとした(9)。だが、十七世紀前半の東アジアの混乱を受けて、国際紛争による将軍権威の失墜を避けるべく、いわゆる「寛永鎖国」政策に舵を切り、次第に外との繋がりを限定的なものにしていった。朝鮮・琉球とは外交関係を結んだが、実際の関係は、中世以来の関係を有する対馬藩・薩摩藩に対応を独占させ、蝦夷地は「撫育」として松前藩に対応を任せた。そして、それ以外の対外関係全般は幕府の直轄地である長崎の専管とし、幕府自らがその統制にあたる状況に収斂されていったのである。

　このように形成されていく近世対外関係の枠組みにとって重要なことは、徳川将軍が、東アジアの伝統的な華夷秩序から独立した対外的主権者であることを表明しつつも、自己の権威が傷つかないような仕組みを構築しており、将軍権威の護持を目的として、秩序を乱すものは排除するという論理を基調としていた点である[10]。このような意識のもとでは、幕府の直轄地である長崎は、幕府の政治秩序を遵守し得る外国商人が渡来する場と規定され、そこで行われるオランダや清国との貿易は、外交関係を持たない商人どうしの関係に基づくものという建前が貫かれた。国家権力が直接に関知しない貿易体制は、幕末の開国まで維持される近世対外関係の根幹となるものであった。

　そのことは、長崎での外国人対応のなかに明瞭に示されている。貿易のために長崎に滞在する清国人やオランダ人は、他の長崎の町と同じように町役人が置かれ、擬制的町である唐人屋敷や出島の住人として管理されていた[11]。加藤栄一氏は、このようなオランダ人と幕府との関係を「擬制的主従関係」と表現している[12]。最近では松方冬子氏が「疑似臣民」という造語で表現しているが、オランダは海外情報を幕府に提供することを「役」とすることで、近世日本の身分制社会に位置付けられていたという理解は共有されているといえる[13]。

　またそれは、長崎での貿易制度にも示される。近世長崎の貿易史については、これまでにも分厚い蓄積があり枚挙に遑がないが、初期の糸割符制度から数度の制度改正を経て、貞享二年（一六八五）の定高貿易仕法で、貿易の上限額や貿易船の数を設定する基本的な枠組みができ、次ぐ元禄十一年（一六九八）の長崎会所設置、正徳五年（一七一五）の正徳新例によって確立されたという制度の変遷とその意義への評価は概ね共有されている[14]。この制度改正により、幕府は長崎貿易から利潤を恒常的に吸い上げるようになり、貿易の官営化と統制強化を図ったのである。この体制は幕末まで続き、その間幕府は積極的に貿易政策を行い、十八世紀中期以降には長崎奉行の経済官僚化が進むとされている。[15]それでも重要なことは、幕府が「兵商分離」の原則を崩さず、直接的な貿易業務は、会所を実質的に運営する町人身分の地役人に委ねていたことである。正徳新例によって制度化された唐船への信牌（通商許可証）も、建前では地役人である唐通事が発行主体となっており、唐通事と清国人との民間レヴェルでの協約に委ねられたものだった。[16]むしろ、日清双方の政府が積極的な貿易政策を行い、通商関係を公認しながらも、国家レヴェルでの公的な交渉を介さずに機能させていた点にこそ、近世日清関係の特質があった。[17]

　このように、長崎で行われていた幕府の独占貿易は、幕府が設置した公的な機関でありながらも、実際の運営を地役人が担う長崎会所を貿易主体とすることで、本質と建前を使い分け、対外的には決して幕府の責任・関与を表明することはなかったのである。この貿易制度においては、国家どうしが接触することは想定されず、あくまでも民間レヴェルでの通商関係であるという建前こそが重要であった。だが、幕末に開国を要求した欧米列強は、こうした慣習を真っ向から否定し、国家間の外交関係に基づいた貿易を求めたのである。

　一方で、十七世紀末から十八世紀初めにかけての貿易統制強化と官営化という政策は、近世長崎の貿易都市としての性格も強く規定した。長崎は、町全体が「役」として幕府の対外関係業務を行っており、その点では他の三つの「口」と同様だが、[18]木村直樹氏が指摘するように、「複合的な諸集団が個別にそれぞれの役儀を果たしていた」[19]点で、より複雑さを伴っていた。

　近世長崎の支配体制は、全体を統括する長崎奉行（江戸と長崎の一年交代）と軍事的警衛を担う近隣諸藩の幕藩領主による政治的支配のもと、貿易業務や町政の実務を地役人が行うことで実現した。この基本的な枠組みが完成したのは、福岡藩による長崎警衛（翌年から佐賀藩と隔年で交替）が始まった寛永十八年（一六四一）とされている。[20]幕府の対外関係の実務面を担う長崎は、その反対給付として、他の都市にはない特権を有していた。その最たるものが、貿易利潤からの都市助成金である。[21]幕府は、長崎会所の設置に伴い、貿易利潤から毎年最低金七万両の都市助成金の支給を決定した。こうして「長崎は町の存続と貿易の存続が表裏一体の、貿易に寄生する町」[22]として、会所貿易に大きく依存した特質を有するようになったのである。

このような近世前期から中期にかけて整備されていった貿易都市としての性格は、途中幕府の政策によって修正を加えられながらも、大枠としては幕末まで維持された。近年長崎の研究は、従来の貿易制度史中心からはやや離れ、長崎奉行個人の幕府官僚としての側面や、[23]司法制度、[24]都市構造、[25]地役人の実態分析、[26]長崎警衛をめぐる諸問題、[27]周辺地域や近隣諸藩との関係も含めた社会構造など、[28]関心は多岐にわたっている。その結果、特に近世中後期以降の都市構造はより詳細に明らかにされ、長崎の特異性のみを強調するのではなく、近世史研究の成果を取り込みながら、近世社会全体のなかに位置付けようとする傾向が強くなってきている。

だが、こうした研究動向においても、開国以後の研究は非常に乏しいのが現状である。これまでの研究が明らかにしてきた長崎の特質が、開国後にどのような変遷を経て近代へ向かうのかという視点に立った研究は皆無に等しい。例えば、荒野泰典氏は、長崎奉行・近隣諸藩・町の三者によって維持管理されていた近世長崎の体制は、慶応三年（一八六七）七月の長崎会所の解体と翌年正月の長崎奉行の退去によって「あっけなく崩壊した」と評価している。[29]また、安政五年（一八五八）の外国奉行設置により長崎奉行の権能が分化・専門化され吸収される一方で、長崎奉行の役割は神奈川奉行や箱館奉行と均質化していき近世長崎が有していた特権は失われ、長崎が担っていた対外関係業務もやがて明治政府の外務省へ一元化されていくとの見通しを立てている。近世長崎の開国後の変容を見通した数少ない指摘であり、大局的な見方としては筆者も賛同する部分が少なくないが、具体的な実証がなされているわけではない。詳細な実証による分析のなかにこそ、開国前後の変化に対応する現場担当者の苦悩や社会変容がよく表れてくるはずである。

このような研究状況を鑑みると、現状では基礎的な事実の積み重ねによる研究の蓄積が必要である。会所貿易から自由貿易へと貿易体制が大きく変容する開国前後で、長崎がどのように変容したのかという研究視角は、近世近代移行期における対外関係の変質を現場レヴェルから問い直すことを可能とするものであり、これからの大きな課題といえよう。

二　幕末対外関係史研究の現状と課題

一方で、近年は幕末対外関係史研究が活況を呈している。幕末対外関係史には分厚い研究成果の蓄積があるが、開国を挟んで二つの研究潮流に分かれているといえる。一つは、戦前の田保橋潔『増訂近代日本外国関係史』(30)以来の十八世紀末に始まる対外的危機を起点として、そこから開国への過程を検証する潮流である。そこでは、ロシアへの対応のなかで、幕府は自らの対外政策について「鎖国」が祖法であるとの観念を創出したことが明らかにされ(31)、以後の政治過程は、「鎖国祖法観」を軸に「複数の政治的な考え方が時の内外情勢に応じて、分岐と対立を繰り返(32)」しながら展開するものとして評価されている。また、ラッコ漁や捕鯨を目的とした欧米列強の北太平洋への進出をはじめとして、日本近海における国際環境の変容が詳細に明らかにされ、資本主義世界市場への日本の編入(33)は、より構造的に理解されるようになってきた(34)。日本近海に現れた外国船は、国家意思を背景としていた点で、それ以前とは一線を画すものであった。[35]

こうした国際環境の変容に対する幕府内部の評議内容も詳細になってきている。従来の研究では、石井孝氏に代表されるように、開国に至る幕府外交は無定見で無能と評価されていたが、[36]加藤祐三氏が清国と欧米列強の条約締結との比較から、日米和親条約が「交渉条約」として締結されたことに注目し、幕府の外交能力を高く評価したことで、[37]現在では幕府外交の主体性を評価する研究が主流となってきている。[38]三谷博氏は、日米和親条約締結後から「安政五ヵ国条約」締結に至る過程の幕府外交の主体性を抽出し、幕府内部で積極的開国・通商開始策が表出してくる過程を描き出した。[39]

これを受けて、眞壁仁氏や奈良勝司氏は、昌平黌の儒者を中心とした積極的開国策を展開する幕臣の思想的背景を分析し、[40]後藤敦史氏は、幕府の外交諮問機関として弘化二年（一八四五）から安政五年（一八五八）まで設置された海防掛の外交政策の変遷を詳細に明らかにした。[41]また、麓慎一氏は、阿部正弘政権の外交政策における徳川斉昭の影響を緻密に分析し、和親条約締結に至る幕府内部の動向を政治史の視点から検討した。[42]一方で、条約締結交渉の現場対応のなかに、幕府外交の主体性を見出した西澤美穂子氏の研究も注目される。[43]西澤氏は、一連の和親条約締結交渉において、交渉担当者が積極的に「条約」という制度を受容していく様子を描いている。

以上の研究により、幕末における幕府外交の主体性が再評価され、一方的に幕府が欧米列強の圧力に屈していたという従来のイメージはかなり修正されてきている。

もう一つの潮流は、開国後における欧米列強の「外圧」への対応と国内政治問題との関係を論じ、幕府崩壊から近代国家成立を見通す潮流である。戦後の明治維新史研究では、植民地化の危機の有無に関する遠山茂樹氏と井上清氏との論争や、その後の芝原拓自氏と石井孝氏との論争があったように、幕末日本が置かれた国際環境と「外圧」が問

題とされていた。(44)

その後「外圧」をめぐっては、当時の巨大外国商社であるジャーディン・マセソン商会の史料を使用して、居留地貿易の実態を分析した石井寛治氏(45)や杉山伸也氏(46)が、経済史の立場から国内通行権を持たない外国商人の相対的影響力の低さを指摘した。近年では、「外圧」や植民地化の危機の有無を問うのではなく、その具体的中身を問う必要が意識されるようになり、欧米列強による日本近海測量を論じた横山伊徳氏、(47)欧米列強の軍事力を詳細に明らかにした保谷徹氏、(48)領事裁判権の問題を扱った森田朋子氏、(49)自由貿易の貫徹を要求するイギリスの対日政策を分析した鵜飼政志氏(50)らによって研究が進められている。

また、条約そのものへの評価も変わってきている。明治国家にとって条約改正交渉が大きな課題であったことは間違いないが、幕末の条約締結当時から「不平等条約」と認識されていたわけではないという議論である。(51)特に、領事裁判制度について行政規則の制定・適用に関する日本側と外国側との交渉過程を丹念に分析した結果、同制度は文化相対主義における紛争解決システムであると評価した森田朋子氏の成果は示唆に富んでいる。(52)

さらに、「安政五ヵ国条約」以降の諸外国との条約締結問題に着目した福岡万里子氏は、従来「安政五ヵ国条約」締結以降の幕府外交が静態的に捉えられてきたのに対して、条約締結に対する幕府の政策を条約締結交渉の二国間だけの問題ではなく、複雑に絡みながら展開する多国間関係のなかで動態的に描き出した。(53)これは、開国に至る幕府外交の主体性を論じる研究との接続という意味でも重要である。

このほか、近世対外関係との関係を意識した研究も注目される。すなわち、対外関係を厳しく制限した体制に加えて、十八世紀末以降の国際環境の変容へ対応する過程で、個別「国家」を単位とする対外政策が展開したために、主権国家どうしの関係を基本とする「西洋国際体系」と親和性を有していたという議論がそれである。(54)また、主権国家間の関係を体現する西洋式の外交儀礼が、朝鮮通信使をはじめとする幕府が近世を通じて蓄積してきた外交儀礼の蓄積と、現場で対応した幕臣の現実的対応によって比較的スムースに整備されたという指摘(55)も、近世対外関係と近代外交の接続を共通の問題意識としている。

以上のように、幕末対外関係史研究は幅広い視野からさまざまな研究が進み、かつての通説を大きく修正することに成功している。特に外交交渉に関わった幕臣を中心とする幕府の外交政策や、欧米列強の主権国家どうしによる近代的外交システムを受け入れていく過程への理解は、かなり深まってきているといえよう。

しかしながら、問題がないわけではない。とりわけ開国後の研究は、国家間の外交に関心が集まるがゆえに、分析の対象となるのは、大きな事件や外交問題に発展するような内容に偏り、実際に異文化接触が日常的にある開港場への関心が低い点である。通商条約締結の最大の目的は、文字通り通商であり、通商が行われるのは開港場に限定されている。開港場には幕府の遠国奉行所が設置され、その責任者である奉行のもと幕臣たちによって開港場が運営されていたのであるから、その重要性は決して低いものではない。

ところが、開港場を運営する奉行所の視点に立った実態的な研究については、いまだ十分な研究状況にはないように思われる。横浜については『横浜市史』二巻(56)が充実した内容を有し、また横浜開港資料館を中心とした研究会による精力的な研究成果が出されており(57)、研究の質・量ともに他の二港よりも突出している。この研究状況の要因には、貿易額全体のおよそ八割を占めていたという巨大貿易港としての側面(58)や、たび重なる攘夷派による外国人襲撃事件、あるいは横浜鎖港談判など幕末政治史のなかでも横浜の関心度が非常に高まり、その結果、研究者の関心も集まりやすかったものと思われる。しかし、それでも神奈川奉行所による開港場運営という視点からの研究は多くはない。

箱館に関しては『函館市史』(59)の概説的な記述を除いて、まとまった研究は非常に少ない。長崎に関しては『長崎県史』対外交渉編[60]以外に、外国人居留地研究[61]や、長崎海軍伝習所・長崎製鉄所・養生所などの新設部門・機関を取り上げた研究[62]、市場構造[63]、町方の動向[64]、維新後の開港場行政と地役人との関係など[65]に関する個別具体的な研究はなされているが、分散的で、やはり奉行所に着目したまとまった研究はなく、蓄積も開国以前と比較して著しく少ない状況にある。

しかしながら、居留地における外国領事や外国商人らとの日常的な対応、また開港場を機能させるための諸政策を奉行所が行っていたことを踏まえれば、その具体的な分析は欠くことができない重要な検討課題といえる。近代国家である明治政府のように、各省による組織的分業体制（例えば、外交＝外務省、税関＝大蔵省、地方自治＝地方官・内務省など）を敷いていない江戸幕府は、現地での業務全般を一括して遠国奉行（所）に委ねていた。そこでは、外国人居留地の造成・借地契約手続き、運上所の設置と運営、各国領事との対応、治安維持など多様な業務をこなす必要があった。そうであれば、各遠国奉行所が、どのような体制・組織で、あるいはどのような政策・方針によって開港場の運営を行っていたのかを、史料に基づいて分析する必要があると考える。

また奉行所による開港場運営という研究視角は、幕府が設置した役所という共通の視点に立つことができるため、各開港場の研究が単なる一地域の特質として孤立することなく、地域的特質を多分に含みながらも、相互に比較検討を重ねることで、幕府による開港場運営の総合的な研究へ発展させるために有効であろう。

その際重要なのは、関連史料の残存状況についてである。実は、横浜の研究が盛んであるにも拘らず行政的な面での研究が進んでいない要因の一つには、史料の問題がある。神奈川奉行所が作成した行政文書は、新政府への引き継ぎの際に旧幕府によって処分されたため、奉行所文書がまとまっては残存していない[66]。しかし長崎については、運上所掛や居留場掛などの開港場の要となる組織の公文書（御用留など）が多く残されている。これら長崎奉行所で作成された文書は、「長崎奉行所関係資料」（一二四二点）として、二〇〇六年に国指定重要文化財となっている。したがって、公文書を利用した開港場の研究をするうえで、長崎は史料の面においても格好のフィールドといえる。

三　本書の分析視角と構成

以上の研究状況を踏まえて、本書では、長崎奉行所による開港場運営の実態を、奉行所の組織・行政処理と地域的特質の変容の二つの視角から明らかにしたい。

第一部「開港場の運営と行政」では、長崎奉行所の組織と行政の実態を開国以前の状況との比較から分析する。すでに述べたように、会所貿易では町人である地役人が貿易業務を行っており、幕府が直接に関与することはなかった。しかし、通商条約を締結して外交関係と貿易とが一致したことは、条約締結主体である幕府が国家主権者として、対外的にその責任を負うことを意味する。したがって、それまでのように地役人に業務を委ねて幕府は関与しないという建前はもはや通用しない状況になったのである。開港場の奉行所に奉行直属の幕臣が設置され業務を行うことは、近世対外関係の基調からすれば決して自明のことではなかった。その変化の歴史的意義を一次史料の分析から具体的に明らかにする。

第一章「開国前後における長崎奉行所の組織改革と都市運営」では、長崎奉行所が、安政三年（一八五六）に設置された長崎奉行支配吟味役（のち組頭に改称）、同五年に増設された支配調役・同定役を中心とした運営へと切り替えられていく過程を究明し、また、それによる都市運営への影響について検討する。第二章「通商条約の締結と貿易業務体制の変容」と第三章「居留場掛の設置と居留地運営」では、運上所と居留場掛を事例に、奉行所運営が幕臣中心となったこととの意義と、その業務体制への地役人の取り込みについて検討する。第四章「長崎奉行所運営における「江戸役所」との連携」では、幕臣による奉行所運営を支える人材をいかに確保していたのかについて、江戸詰の支配向との連携を実態的に分析することで究明する。第五章「横浜・長崎・箱館三開港場間の行政手続き」では、長崎以外の開港場との行政処理が、具体的にどのようになされていたのかを、水先案内の派遣をめぐる開港場間での対応から解明する。

第二部「開港場の社会変容と政治状況」では、幕府対外政策に規定された長崎という都市の特質が、開国によってどのように変容したのかを論じる。すでに研究史の整理のなかで指摘したように、近世長崎の特質は、都市の存立が会所貿易に大きく依存し、その軍事的警衛は近隣諸藩によって支えられていた点にある。しかし、対外政策が大きく転換し、近世長崎の存立の前提である会所貿易が否定されたことで、都市・社会の特質が大きな影響を受けることは容易に想像される。その具体的な変容を社会状況・政治的動向から検討するのが第二部の課題となる。

第一章「外国人居留地の労働力需要と治安維持政策」では、開国後に外国人居留地での労働需要を求めて流入してくる日雇の統制をめぐって、どのような問題が生じていたのか、鎖国体制下での日雇対策との関連を踏まえて分析する。第二章「長崎奉行所の開港場運営と「ロシア村」」では、都市部に隣接する幕領の村にロシア人が居留していたことを事例に、村役人の対応を明らかにし、彼らと長崎奉行所との関係を検討する。第三章「開国と長崎通詞制度の課題」では、語学によって幕臣に取り立てられた唐通事何礼之助の動向を中心に、開国後に求められる全国的な通詞の養成と、従来の長崎通詞制度との摩擦から、地役人制度の問題について検討する。

第四章「開国期における長崎警衛体制再編と佐賀藩」では、開国以降の長崎警衛体制再編をめぐる長崎奉行所・佐賀藩・福岡藩との協議の推移を追い、その協議が遅々として進まない問題点を析出するとともに、三者間での協議自体が持った意義について検討する。それを踏まえたうえで、第五章「長崎奉行所の崩壊と政権移行」では、慶応三年（一八六七）から新政府への政権移行までの長崎における政治状況を通時的に概観し、近世長崎の支配体制が崩壊する過程の見取り図を示す。

以上を通して、長崎奉行所による開港場運営を総体的に捉え、長崎の視点から開国の意義を考察したい。このことは、現場レヴェルでの近世的な対外関係のあり方が、開国によりどのような変化を強いられたのかを追究するという意味において、近世対外関係史と幕末対外関係史とを繋ぎ合わせる意図も含んでいる。

なお、使用する史料に関して、東京大学史料編纂所所蔵「大日本維新史料稿本」、同所編『維新史料稿要』、『大日本古文書幕末外国関係文書』（『幕末外国関係文書』と表記）については、同所データベースのデジタル画像を、外務省外交史料館所蔵『続通信全覧』は国立公文書館アジア歴史資料センターがインターネットで公開しているデジタル画像を利用した。また、史料引用に関しては、刊行・未刊行に拘らず常用漢字を用い、変体仮名「者」「茂」はひらがなに改めた。欠字は一字空け、平出は二字空けとし、読み点と〔　〕内は筆者が付した（刊行史料の読み点も一部改めた）。

註

（1）羽賀祥二「和親条約期の幕府外交について」（『歴史学研究』四八二、一九八〇年）。
（2）三谷博『ペリー来航』（吉川弘文館、二〇〇三年）。
（3）鵜飼政志「イギリス関係史料と明治維新史研究の歩み」（明治維新史学会編『明治維新と史料学』吉川弘文館、二〇一〇年）。
（4）朝尾直弘「鎖国制の成立」（歴史学研究会・日本史研究会編『講座日本史四』東京大学出版会、一九七〇年）。
（5）山口啓二「日本の鎖国」（『岩波講座世界歴史一六　近代世界の形成Ⅲ』一九七〇年）。
（6）荒野泰典『近世日本と東アジア』（東京大学出版会、一九八八年）二一七頁。

(7) 同右書vii頁。
(8) 鶴田啓「近世日本の四つの「口」」(荒野泰典・村井章介・石井正敏編『アジアの中の日本史Ⅱ　外交と戦争』東京大学出版会、一九九二年)。
(9) 前掲荒野『近世日本と東アジア』、同編『日本の時代史14　江戸幕府と東アジア』(吉川弘文館、二〇〇三年)。
(10) 加藤栄一『幕藩制国家の成立と対外関係』(思文閣出版、一九九八年)。
(11) 松井洋子「長崎出島と唐人屋敷」(前掲荒野編『江戸幕府と東アジア』)。
(12) 前掲加藤『幕藩制国家の成立と対外関係』。
(13) 松方冬子氏は、封建武士をイメージさせる「擬制的主従関係」に代わって、「ある人間集団が日本に滞在しつつも外部の権威、権力に服している状態を指す」語句として「疑似臣民」の造語を提示し、オランダ人は海外情報の提供を役とする存在だとしている(「一七世紀中葉、ヨーロッパ勢力の日本遣使と「国書」」同編『日蘭関係史をよみとく』上巻、臨川書店、二〇一五年、五〇〜五一頁)。
(14) 代表的なものとして、中村質『近世長崎貿易史の研究』(吉川弘文館、一九八八年)、太田勝也『鎖国時代長崎貿易史の研究』(思文閣出版、一九九二年)、木崎弘美『長崎貿易と寛永鎖国』(東京堂出版、二〇〇三年)をあげておく。
(15) 鈴木康子『長崎奉行の研究』(思文閣出版、二〇〇四年)。
(16) 中村質「東アジアと鎖国日本—唐船貿易を中心に—」(加藤栄一・北島万次・深谷克己編『幕藩制国家と異域・異国』校倉書房、一九八九年)。
(17) 彭浩『近世日清通商関係史』(東京大学出版会、二〇一五年)。
(18) 前掲荒野『近世日本と東アジア』。
(19) 木村直樹『幕藩制国家と東アジア世界』(吉川弘文館、二〇〇九年)。
(20) 前掲中村「東アジアと鎖国日本—唐船貿易を中心に—」。
(21) 中村質「近世長崎における貿易利銀の戸別配当」(『九州文化史研究所紀要』一七、一九七二年)。
(22) 松井洋子「出島とかかわる人々」(前掲松方編『日蘭関係史をよみとく』上巻、一六一頁)。
(23) 前掲鈴木『長崎奉行の研究』、同『長崎奉行—等身大の官僚群像—』(筑摩書房、二〇一二年)、木村直樹『長崎奉行の歴史—苦

悩する官僚エリート―』(角川選書、二〇一六年)。

(24) 安高啓明『近世長崎司法制度の研究』(思文閣出版、二〇一〇年)。

(25) 若松正志「貿易都市長崎における酒造統制令の展開」(『京都産業大学論集』二五(四)、一九九五年)、同「近世中期における貿易都市長崎の特質」(『日本史研究』四一五、一九九七年)、同「貿易都市長崎における塵芥処理と浚」(丸山雍成編『日本近世の地域社会論』文献出版、一九九八年)、添田仁「奉行所と地域社会―長崎奉行所の天保改革―」(藪田貫・奥村弘編『近世地域史フォーラム② 地域史の視点』吉川弘文館、二〇〇六年)、前掲木村『幕藩制国家と東アジア世界』、矢田純子「近世長崎における家質根証文」(『長崎歴史文化博物館研究紀要』八、二〇一三年)、松井洋子「貿易都市長崎から見た近世日本の「売春社会」」(『歴史学研究』九二六、二〇一四年)、同「長崎と丸山遊女―直轄貿易都市の遊廓社会―」(佐賀朝・吉田伸之編『シリーズ遊廓社会Ⅰ 三都と地方都市』吉川弘文館、二〇一三年)など。

(26) 赤瀬浩『鎖国下の長崎と町人―自治と繁栄の虚実―』(長崎新聞社、二〇〇〇年)、添田仁「近世中後期長崎における都市運営と地役人―町乙名の実態的・動態的分析をもとに―」(『ヒストリア』一九九、二〇〇六年)、同「長崎番方地役人と正徳新例―浪人から御役所附へ―」(『九州史学』一四七、二〇〇七年)、同「近世港市長崎の運営と抜荷」(『日本史研究』五四八、二〇〇八年)、戸森麻衣子「長崎地役人」(森下徹編『身分的周縁と近世社会7 武士の周縁に生きる』吉川弘文館、二〇〇七年)など。

(27) 木原溥幸『幕末期佐賀藩の藩政史研究』(九州大学出版会、一九九七年)、梶原良則「弘化期の長崎防備について」(『福岡大学人文論叢』一〇三、一九九五年)、同「長崎防備と弘化・嘉永期の政局」(中村質編『開国と近代化』吉川弘文館、一九九七年)、同「寛政~文化期の長崎防備とフェートン号事件」(『福岡大学人文論叢』一四四、二〇〇五年)、長野暹「幕末期佐賀藩の長崎防備と対外危機認識」(『佐賀大学経済論集』一二七、二〇〇一年)、同「弘化前半期における琉球問題と長崎防備の一考察」(『佐賀大学経済論集』一三八、二〇〇三年)、同「弘化・嘉永初期における長崎防備の一考察」(『佐賀大学経済論集』一五一、二〇〇五年)、松尾晋一『江戸幕府の対外政策と沿岸警備』(校倉書房、二〇一〇年)、同『江戸幕府と国防』(講談社、二〇一三年)など。

(28) 戸森麻衣子「近世都市長崎と「郷方」三カ村―「郷方」土地所持と都市民移動の問題を中心に―」(『年報都市史研究』一一、二〇〇三年)、同「直轄都市長崎近隣「郷方」三ヶ村の特質―浦上村淵を中心に―」(『論集きんせい』二九、二〇〇七年)、矢田純子「近世長崎における払米の構造」(『お茶の水史学』五六、二〇一二年)など。

(29) 荒野泰典「近代外交体制の形成と長崎」(『歴史評論』六六九、二〇〇六年)。

(30) 田保橋潔『増訂近代日本外国関係史』(原書房、一九七六年復刊)。
(31) 藤田覚『近世後期政治史と対外関係』(東京大学出版会、二〇〇五年)。
(32) 横山伊徳『開国前夜の世界』(吉川弘文館、二〇一三年)三五一頁。
(33) 山口啓二『鎖国と開国』(岩波書店、一九九三年)。
(34) 後藤敦史「一八～一九世紀の北太平洋と日本の開国」(桃木至朗・秋田茂編『グローバルヒストリーと帝国』大阪大学出版会、二〇一三年)、前掲横山『開国前夜の世界』。
(35) 木村直樹「露米会社とイギリス東インド会社」(荒野泰典・石井正敏・村井章介編『日本の対外関係6　近世的世界の成熟』吉川弘文館、二〇一〇年)。
(36) 石井孝『日本開国史』(吉川弘文館、一九七二年)。
(37) 加藤祐三『黒船前後の世界』(山川出版社、一九八五年)、同『幕末外交と開国』(ちくま新書、二〇〇四年)。
(38) ただし、加藤祐三氏が提唱した「敗戦条約」・「交渉条約」という区分による評価に対しては、条約締結後の変遷が考慮されておらず、当初の関係性に規定され過ぎた固定的な議論との批判がなされている(例えば、保谷徹「開国と幕末の幕政改革」『岩波講座　日本歴史』第一四巻、岩波書店、二〇一五年)。
(39) 三谷博「開国過程の再検討―外圧と主体性―」(『明治維新とナショナリズム』山川出版社、一九九七年、初出一九八八年)。
(40) 眞壁仁『徳川後期の学問と政治―昌平坂学問所儒者と幕末外交変容―』(名古屋大学出版会、二〇〇七年)、奈良勝司『明治維新と世界認識体系―幕末の徳川政権　信義と征夷のあいだ―』(有志舎、二〇一〇年)。
(41) 後藤敦史『開国期徳川幕府の政治と外交』(有志舎、二〇一四年)。
(42) 麓慎一『開国と条約締結』(吉川弘文館、二〇一四年)。
(43) 西澤美穂子『和親条約と日蘭関係』(吉川弘文館、二〇一三年)。
(44) 石井孝『明治維新と外圧』(吉川弘文館、一九九三年)。
(45) 石井寛治『近代日本とイギリス資本―ジャーディン＝マセソン商会を中心に―』(東京大学出版会、一九八四年)。
(46) 杉山伸也「東アジアにおける「外圧」の構造」(『歴史学研究』五六〇、一九八六年)。
(47) 横山伊徳「一九世紀日本近海測量について」(黒田日出男・メアリ＝エリザベス＝ベリー・杉本史子編『地図と絵図の政治文化史』

東京大学出版会、二〇〇一年)。
(48) 保谷徹『幕末日本と対外戦争の危機―下関戦争の舞台裏―』(吉川弘文館、二〇一〇年)。
(49) 森田朋子『開国と治外法権』(吉川弘文館、二〇〇四年)。
(50) 鵜飼政志『幕末維新期の外交と貿易』(校倉書房、二〇〇二年)。
(51) 三谷博「一九世紀における東アジア国際秩序の転換―条約体制を「不平等」と括るのは適切か―」(『東アジア近代史』一三、二〇一〇年)。
(52) 前掲森田『開国と治外法権』。
(53) 福岡万里子『プロイセン東アジア遠征と幕末外交』(東京大学出版会、二〇一三年)。
(54) 三谷博「「西洋国際体系」を準備した鎖国」(濱下武志編『東アジア世界の地域ネットワーク』山川出版社、一九九九年)。
(55) 佐野真由子『幕末外交儀礼の研究―欧米外交官たちの将軍拝謁―』(思文閣出版、二〇一六年)。
(56) 『横浜市史』第二巻(有隣堂、一九五九年)。
(57) 横浜開港資料館・横浜近世史研究会編『一九世紀の世界と横浜』(山川出版社、一九九三年)、同『日記が語る一九世紀の横浜』(山川出版社、一九九八年)、同『幕末維新期の治安と情報』(大河書房、二〇〇三年)、横浜開港資料館・横浜居留地研究会編『横浜居留地と異文化交流』(山川出版社、一九九六年)、横浜対外関係史研究会・横浜開港資料館編『横浜英仏駐屯軍と外国人居留地』(東京堂出版、一九九九年)など。
(58) 石井孝『幕末貿易史の研究』(日本評論社、一九四四年)。
(59) 『函館市史』通説編第二巻(函館市、一九九〇年)。
(60) 『長崎県史』対外交渉編(吉川弘文館、一九八六年)。
(61) 重藤威夫『長崎居留地と外国商人』(風間書房、一九六七年)、菱谷武平『長崎異国人居留地の研究』(九州大学出版会、一九八八年)。
(62) 藤井哲博『長崎海軍伝習所―十九世紀東西文化の接点―』(中公新書、一九九一年)、楠本寿一『長崎製鉄所』(中公新書、一九九二年)、沼倉延幸「長崎養生所の設立をめぐる長崎奉行の施策と幕府評議―幕末期改革派官僚岡部長常の洋学導入―」(『青山学院大学文学部紀要』二八、一九八六年)。

(63) 小山幸伸『幕末維新期長崎の市場構造』(御茶の水書房、二〇〇六年)。
(64) 添田仁「幕末・維新期にみる長崎港市社会の実像」(『民衆史研究』七六、二〇〇八年)。
(65) 添田仁「〈開港場行政〉の形成と長崎」(『ヒストリア』二一八、二〇〇九年)。
(66) 神奈川奉行所関係史料については、石井孝「開港期の横浜内外資料」(『調査季報』五八、一九七八年)、西川武臣「神奈川奉行所関係史料について」(『開港のひろば』三七、一九九二年)を参照。

第一部　開港場の運営と行政

第一章　開国前後における長崎奉行所の組織改革と都市運営

はじめに

和親条約・通商条約の締結により、幕府の対外政策は大きく転換した。幕府の直轄地で対外関係業務を担う役所は長崎だけではなくなり、開港場を管轄する神奈川奉行・箱館奉行、さらには幕府中枢で外交を専門とする外国奉行が設置された。これらの奉行の下には組頭以下の支配向が配置されるなど、対外関係業務に携わる組織の整備が進められた(1)。

このような幕府の対外政策の転換は、長崎奉行所にも大きな影響を与え、奉行所組織の改組を迫ることになった。しかしながら、従来の研究ではこのことが有する歴史的意義についてほとんど論じられていない。また、長崎以外の開港場についても、奉行所の組織や業務体制に関する研究は十分とはいえない状況にある。したがって、幕府の開港場運営のあり方を考えるうえでも、長崎奉行所の組織改革の実態について詳らかにする必要があると考える。

さて、この組織改革を考える際に、考慮しておかなければならないのが地役人の存在である。長崎には、近世初頭から実質的に都市運営を担っていた多くの地役人が存在し、奉行所運営に関しても、任期が短く「複雑多岐な現地の行政事務(2)」に不慣れな奉行を補完していたといわれている。それゆえ、奉行所の組織改革を実施するためには、奉行所と地役人との関係をも改める必要があった。

近年、都市長崎の統治に関して、地役人側に力点が置かれすぎていた従来の研究の反省から、奉行所と地役人の連携に注目した研究成果が出されるとともに、[3] 奉行所への視点の重要さが指摘されてきている。[4]

そうしたなか、開国以前の奉行所組織についても、徐々にではあるが明らかにされつつある。添田仁氏は、天保期に行われた長崎奉行所の組織改革（天保改革）を分析し、地下（幕府から特権を認められた人たち）の特権・慣習を重視する奉行とその家臣、それを是正しようとする勘定所役人という内部の対立構造を描き出し、勘定所役人（与力・同心の設置）を組織の中核とすることで、長崎の地域的特権を解消しようとしたことを指摘した。[5] この改革は、鎖国体制下において幕府が最も積極的に都市長崎の直接統治に乗り出した点に特徴があり、近世中期以降の改革の集大成的な位置付けが可能である。だが、改革は失敗し「長崎の「地下」へ依存せざるをえない都市構造を改めて露呈するに止まった」[6] と結論付けられたように、改革の困難さを改めて示すことになった。

このように長崎の場合は、奉行所の都市統治に地役人が深く関わっていたため、奉行所の組織・業務体制を刷新するためには、地役人の処遇をどうするかという課題に直面せざるを得なかった。だが、通商条約締結による自由貿易体制への移行は、会所貿易に大きく依存した地役人制度そのものを脅かし、制度の存廃までも議論しなければならない状況に追い込んだのである。

そこで本章では、このような長崎の都市構造の特質を踏まえたうえで、当該期における長崎奉行所の組織改革の実態について検討してみたい。具体的には、まず、改革のきっかけとなった安政三年（一八五六）新設の支配吟味役の職務について考察する。ついで、安政五年に新設される調役以下の支配向を中心に、大幅に改革された奉行所の組織とその体制による業務がどのように遂行されるようになったのかを明らかにする。そのうえで、この改革が都市運営における奉行所と地役人との関係や会所貿易体制に与えた影響についても言及していく。

一　支配吟味役の設置と奉行所改革

長崎奉行所の組織改革は、安政三年（一八五六）十二月二十八日の長崎奉行支配吟味役設置に始まる。吟味役設置の直接の理由は不明だが、この頃幕府は、十月に老中堀田正睦を海防掛老中の専任とし、諸有司から貿易取調掛を任命するなど外国との通商開始へと動き出していたので(7)、その一環と推察される。吟味役に任じられたのは、長崎海軍伝習所の伝習生で、船長候補者として在崎していた御徒目付の永持亨次郎で(8)、待遇は役料三〇〇俵、役金一二〇両、「永々御目見以上」(9)であった。永持はこれにより、御家人から旗本へ昇進を果たしたことになる。

この吟味役は、「長崎奉行支配吟味役之儀、組支配も無之事ニ付、右之御役名ニ被仰付候得共、都而先年支配組頭之通相心得」(10)とあるように、「組支配」の役人がいないことから「吟味役」という役職名となったことがわかる。さらに、「先年支配組頭之通」とあるのは、天保十四年（一八四三）に新設された長崎奉行支配組頭を指しており、吟味役の設置は、実質的にはこの組頭の再設置であった。そこでまず、天保十四年に新設された組頭について確認しておきたい。

長崎では、会所貿易を維持するための経済政策として独自に天保改革が行われ(11)、その一環で同十三年に、新たに勘定所から与力・同心が派遣されることになった。そして、奉行家臣を奉行所内の主要業務から排除し、勘定所主導の奉行所運営が試行された(12)。その翌年には、奉行の一人制、目付の派遣、組頭の設置が断行された。組頭に任命されたのは、小普請方都筑平蔵で、待遇は三〇〇俵高、役料三〇〇俵、役金一〇〇両、格式御勘定組頭次席であった(13)。このような組織改革の背景には、貿易上の唐人の不正と、現状の支配体制ではその防止が困難であるという問題があり、幕府は鎖国体制を維持するためにその改善を迫られていたのである。

では、この時新設された組頭の職務内容はどのようなものだったのだろうか。その全容については不明だが、わずかに目安方に関係する部分を垣間見ることができる。すなわち、安政三年の吟味役設置に際して、目安方の長崎奉行手附出役島田音次郎・同小柴喜左衛門から関係書類の提出方法について伺書[14]が提出されており、そこに先例として組頭の職務が記されている。

〔史料1〕

去ル辰年（天保十五年）、御支配組頭被　仰付候ニ付、目安方江相掛候諸願・伺・届書・其外書付類、組頭迄差出候様可仕哉之段奉伺候処、伺之趣は一応組頭江も申出、異存無之上は用部屋江可差出旨被仰渡候、此度吟味役被　仰付候而は、右同様相心得可申哉奉伺候、此外之儀は猶取調奉伺候様可仕候、以上

巳正月　　島田音次郎

小柴喜左衛門

これによると、目安方に関係する「諸願・伺・届書」などの文書は、一度組頭へ申し出て、特に問題がなければ御用部屋へ提出することになっていたという。つまり組頭は、文書事務における上級審査機関としての性格を有していたといえよう。ただし、最終的には文書が御用部屋へ提出されていたことには留意しておきたい。ちなみに、この史料の「下ケ札」では、目安方の関係文書について、地役人から提出される貿易取締り関係の文書という定義がなされている。つまり、貿易上の不正取締りのために、組頭がその関係書類をチェックし綱紀粛正を図ったのであり、まさに天保改革の意図と一致した政策であった。

しかし改革が挫折し、弘化四年（一八四七）に与力・同心は廃止され、同年五月十六日に都筑が他役へ転出すると、

組頭も廃止された。

天保期の組頭については以上の通りだが、では、「先年支配組頭之通」とされた吟味役の職務内容はどのようなものだったのだろうか。安政四年六月に目安方で書き留められた手頭から考察してみたい。(15)

〔史料2〕

①公事訴訟は勿論、諸願・諸伺惣而是迄直ニ手元江申立、又ハ用部屋江申立及差図聞印致候処、以来は吟味役江可差出、②吟味役取調之上ニ而聞印可致積吟味役江申達置候儘、諸事得と取調、存寄無之分は小印之上吟味役手元江差出、事実不分明ニ候歟、又ハ異存等有之品は無腹蔵評議を尽し候上、吟味役一同罷出銘々よりいさゐ申聞候積可心得候、（後略）

右の内容は、①これまで「諸願・諸伺」は直接奉行に申し立てるか、または御用部屋へ申し立て「差図」を受けたうえで奉行が「聞印」していたが、今後は吟味役へ提出させる、②提出された文書は、吟味役が審査したうえで奉行が「聞印」をする、というものである。注目すべきは、ここでは天保期のような御用部屋への最終的な文書の提出が定められていないことである。御用部屋には奉行の用人が詰めていたと考えられるので、(16)この文書事務手続きの変更は、長崎奉行家臣の業務への関与を縮小させることになる。そして、文書の提出先として一元化された吟味役は、長崎奉行へ提出される文書の最終的な審査機関として位置付けられたのである。

さて、このような文書事務における改革が実施されると、同年八月に、勘定方の丸橋金之助と石川忠之助から自身の職務に関する伺書が奉行所に提出されている。(17)その内二ヵ条の内容は、①「会所金銀出入・諸願・諸伺等御下ケ、并町年寄差出」の文書取調べについては、その文書に「小印」して吟味役へ提出することになったが、これまでの慣例もあるので、自分たちが取り扱うべき御用向に関する「伺物等」を奉行に提出する際には、吟味役と一緒に罷り出るべきか、②「諸御用向」は、明和以来普請役と共に取り扱うことになっていたが、次第に普請役との取扱業務に区別ができ、御用向によっては承知していないこともあるようになり不都合なので、「明和度被仰渡之通」に普請役と勘定方が連名で「小印」するようにすべきか、というものである。ここでいう「明和度被仰渡之通」とは、明和期（一七六四〜七二）に長崎奉行石谷清昌が行った奉行所改革のことで、この時勘定方・普請役の長崎常駐が始まっている。(18) この「仰渡」の内容は、勘定方と普請役が日々奉行所に詰め、諸事御用向、地役人、奉行家臣らを監督せよ、というものであった。(19)

右の伺いに対して、長崎奉行荒尾成允が記したと思われる「御付札」には、「都而明和度申渡候通、奉行中江合体致し、内密之相談ニも加リ、心付候儀は何ヶ度も申達」とある。すなわち、勘定方・普請役の職務は当初の規定通りとされ、その徹底を命じられているのである。このことは、長崎奉行と勘定所が長崎を支配するという構造が改めて確認されたことを意味する。(20)

以上から吟味役設置の意義について指摘しておく。安政三年の吟味役設置以前の奉行所運営は、天保期のような与力・同心を中心としたものではなく、奉行家臣と増員された手附出役、そして勘定方・普請役により行われていた。(21) そこで長崎奉行荒尾成允は、彼らの職務を基本的に継続させながらも、新設された吟味役に最終的な行政文書の審査を行わせることで、業務の責任の所在を長崎奉行支配の幕臣へ一元化したのである。だからこそ、天保期のような御用部屋への文書提出も否定されたのである。

二　支配向の増設と奉行所改革

安政五年（一八五八）二月、長崎奉行支配調役が新設されると、[22] 以降、同並・同並出役・同下役（同六年十月に定役と改称）[23] と支配向が増設されていった。これに伴い、吟味役は支配組頭と改称されたが、[24] それは、新たな支配向の設置により「組支配」の役人ができたことによる。また同年四月には、「長崎表之儀、商法御改正ニ付ては諸事居合候迄自分（荒尾成允）幷駿河守（岡部長常）両三年も詰越相勤候様可致」[25] と、長崎奉行荒尾成允と岡部長常が二、三年の詰切りを命じられている。これは岡部以降の奉行高橋和貫・大久保忠恕も命じられており、文久二年（一八六二）八月に「今度御改革被仰出候ニ付、長崎奉行在住被仰出候」[26] と、制度化されるに至っている。従来の毎年交替が改められ、長崎に詰切ることで業務に専念させる方針がとられたといえよう。

かくして安政五年以降、長崎奉行のもとに組頭以下の支配向を配置した奉行所運営が行われるようになっていくのである。では、支配向を中心とした奉行所運営がどのように行われていたのか、組織編成と行政処理のあり方を中心にみていくことにしよう。

まず支配向は、商法・会所・応接・書物・公事方・普請・製鉄所・産業・波戸場・寄場・文学世話・洋学世話・運用・武術世話・御備場・埋地掛の諸掛を兼任して職務を務める体制が敷かれた。[27] こうした支配向の編成などは、岡部が「此地支配向出来候も、都而之扱凡箱館之例ニ而是迄申上来」[28] と述べているように、箱館奉行所を参考としながら、長崎に即した形で行われたものと考えられる。

しかし、支配向の諸掛への配置に関しては、調役下役（定役）の手当をめぐって問題が生じた。同六年六月に荒尾と岡部が連名で老中へ提出した願書(29)によると、組頭から調役並出役までは昨年十月の願書（内容は不明）の通りとなったが、調役下役の手当については、できるだけ減額するよう再調査を命じられたので、伝習・分限帳記録・運用・波戸場掛を他の掛の兼勤とすることにした。しかし、公事方・会所・外国・普請・産業・文武教授・御備場掛については、取締りを行き届かせるために専任としたいと述べ、前者四掛に金七両、後者三掛に金五両の手当を願い出ている。先述した掛との相違については、恐らく短期間に改廃があったものと思われる。

この願書に対する勘定所の評議は、①金七両は物価高騰や防寒手当等を勘案している箱館より高額であり不相当なので、公事方・普請掛などは金五両、その他の掛はこれに准じて減額すること、②外国掛については、外交業務は「当然之御役筋」であるので手当の支給は認められず、掛は「可成丈兼合、役々相減、人数不相増様」に再調査を命じるべきである、というものであった(30)。そして、この評議通りに長崎奉行へ仰せ渡された。

しかし、この問題はすぐには解決せず、この後も数度岡部が願書を提出している。万延元年（一八六〇）五月の願書(31)では、定役一同総数二四人のうち、公事方（四人）・普請（四人）・会所（三人）・商法（六人）掛それぞれに金五両ずつ、書物掛（五人）に金三両の支給を求め、さらに定役元〆（二人）には、諸掛の取締りを務めさせているので、同様の理由で手当が支給されている調役に准じた手当の支給を願い出ている。ここで岡部は、書物掛の手当を金三両とすることで、わずかながらも幕府の人件費削減方針に沿う姿勢をみせている。

だが幕府は、再度掛の人数削減を指示し、それを受けて岡部は、「一同ニ而兼合候而ハ全名目迄之儀ニ而、事実兼勤之廉合相立不申」として、公事方・普請・会所・商法・書物五掛の人数削減、彼らによるその他の諸掛の兼務、そして定役元〆へ年間金七両、公事方・普請方・会所・商法掛へ金五両、書物掛へ金三両の手当を願うことで妥協し、これが裁許された(32)。ただし、これと前後して公事方掛に関しては、外国人関係事案の処理が遅滞することを懸念し、専任とする旨の老中の達が出されているので[33]、正確には公事方掛を除いた四掛による兼任体制が整えられたのである。

これまでみてきたように支配向の編成は、可能な限り人件費を抑えようとする幕府の方針に規定されながら行われていた。これは支配向に限ったことではなく、長崎奉行自身の人件費も段階的に減少し、慶応二年（一八六六）には、場所高・役料ともに箱館奉行とほぼ平準化した[34]。窮乏した幕府財政のなかで、減少されていく人件費と反比例するかのように激増する仕事量に対処しなければならない長崎奉行の苦悩が垣間見えよう。

さて、このように支配向の複数掛の兼務体制が整備され、彼らが奉行所運営の中核となると、奉行所内部の勤務体制も一新されることになった。安政六年十二月に、「御用所取扱向近頃区々ニ成候間、規則相立候様被仰渡候[35]」と、岡部から御用所における規則整備が指示されたのに対し、調役並沼間平六郎・同並出役山本友輔が改革案を提出している。表1は改革案の要旨である。以下、表1に基づきながら考察していこう。

まず御用所については、前年九月二十四日の荒尾と岡部の達には、「呈書方之儀は御用所と唱へ候筈ニ相改候[36]」とあり、この時に呈書方から改称されたものであることが判明する。表1の№2によると、御用所は御用部屋・御広間の取扱業務を引き継いだ場所で、諸書物も引き継がれている。御用部屋には行政・貿易関係の重要な文書が多種多量に保管されていた[37]ことを踏まえれば、奉行所内における中心的な業務遂行の場が御用部屋から御用所へ移動したことは明らかである。そして、御用部屋・御広間の業務を引き継いだということは、奉行家臣を排除し支配向を中核とする業務の遂行を視覚的・空間的にも示すことを目的としたと考えることができよう。

では、具体的に改革の内容をみていくことにする。№1によると、地役人に対する出入りの制限がなく情報漏洩の恐れがあるとして、出入りは町年寄・宿老・年行司に限定し、その他に御用がある者は、新規に設置する「談所」で

表1　御用所改革案要旨

1	御用所には町年寄はじめ地役人たちが入り込み混雑するだけでなく，御用向が漏洩する恐れがあるので，以来は御用向を扱う町年寄・宿老・年行司は立ち入らせ，その他の御用がある者たちは，新規に設ける「談所」で，御用所番に案内を申し込ませる．そして，担当の掛が「談所」へ出て応対するようにしたい． ただし，「談所」は御用所前の廊下続きへ6畳ほどでつくる．
2	御用所は，以前の御用部屋・御広間で取り扱っていたものを引き継いでいるが，案件が多く個別の説明はできない．取扱方は，今回引き渡される書物を御用箪笥へ分類しておくので，書類で先例を糺し不都合のないように取り計らうこと．
3	代官・町年寄・五組触頭などからの願書や伺書が御用所へ提出されれば，それぞれ担当の掛へ廻し，掛がいない分は御用所の当番の者が取り扱うことになっている．だが，その書類の「御印済達方」（裁許の通達）などは担当掛から直接向々へ達す．一方で，会所役人からの伺書は会所掛へ直接提出しているので，取扱方が区々になり，かえって不都合である．今後は勘定所の振合いを以て，向々から直接担当掛へ提出し，「御印済達方」もそれに准じて取り扱う．身分・進退のこと，その他担当掛がないもののみを御用所で取り扱うようにしたい． ただし，各掛で規則を改める場合や，全体に関わるような事案については一度御用所へ通達し，かつ諸願が許可され「御手頭」になる分は，御申渡案・清書ともに御用所で取り調べるようにする．
4	No.3の「御手頭案」は，そのたびに「御聞印」（奉行の裁許）を受ける．もっとも，評議書に「御印済」を添えている「御手頭案」は，「御聞印」に及ばない．
5	諸願書・伺書・届書は，「御印済」となった文書を向々へ達して承付が返上されると，「月袋」に入れ混ぜにしてきたが，それでは後々見合せられないので，今後は諸願書・伺書・届書ともなるべくすべて半紙竪帳に認めさせる．もっとも，美濃竪物などでなければならない文書については，半紙帳の写を添えて提出させ，「御印済」の承付を返上したならば，元済の分はもちろん，その他についても「調役支配五組身分進退」・「町年寄支配役々身分進退」・「代官」・「諸向」と支配関係で分類して綴込帳を作成する．
6	諸願書・伺書・届書の銘書帳はこれまで2帳だったが，それでは銘書の意味がないので，今後は銘書帳を向々ごとに1冊に分けて，掛別に日限・見出しを付け，一纏めにして箱に入れて御用所口へ置いておく．書類を提出する時は，銘書帳に洩れなく認めさせ，日々掛々でも名前を認め，遺失なく取り計らうようにする． ただし，公事方掛へ提出する分も本文の振合いで別冊にする．
7	書類の提出については，朝4つ時（午前10時頃）から8つ時（午後2時頃）までとする．
8	日記は，銘書帳へ記している分を除き，その他は見落としのないように定役に認めさせる．

9	御役所附五組は，調役から同並出役までの一統支配のところ，これまで御用所詰の調役だけで月番で進退いたし，不相当に思われる．支配を受ける者の気配にも関わることなので，以来は星順を以て，（調役一統で）月番で支配するようにしたい．
10	奉行の御手元へ提出する文書類は，通例の分は「上ヶ箱」で提出し，御下ヶになる書類も同様にしたい．
11	御用所の当番は，日々調役１人，定役１人ずつ，朝５つ半時（午前７時頃）から出庁し「札上ヶ」（受付時間終了）まで詰切る．もっとも掛の御用では白衣勤めであっても，御用所当番の時は肩衣を着用する． ただし，泊番も本文に准じ，肩衣を用いるようにする．
12	申渡しは，定役に立会わせ，当番の調役が申し渡す．もっとも，その者の身分によっては，町年寄や触頭も同席するので，役名・出席の座階を取り調べておく．
13	広間書役は，御用所の書物をしてきたが，詰所が懸け隔たり不便なので，以来は公事方掛の振合いに准じ，当番の者を１人ずつ御用所へ詰めさせ，諸書物を認めさせるようにする．
14	御用所番は，６人の内３人ずつ隔日で出勤してきたので，当番の者１人を「談所」へ詰めさせ，取次をさせる．
15	外国人から通詞や遊女，その他の者への贈り物については，年番通詞から和解書を添えて申し出されたら，例の通りに許可してきたが，遊女の貰い物のほかは，以来，年番または大通詞が和解書を作成し，贈る理由を文中へ認めさせる．書籍については改めを行って渡すようにする．

典拠　「御用処御用留」

御用所番に案内を申し込み、「談所」に担当掛が出向いて応対する、とある。これは、情報統制により地役人支配の厳正を図ったともいえる。そして、No.3は提出文書の手続き規定を定め、文書処理のスリム化を図っている。No.5・6・8は文書管理規定である。掛ごとの銘書帳を作成させ、銘書帳でカバーできない分は定役に日記を作成させて補完し見落としを防止するなど、それまで乱雑だった文書の管理状況を改め、のちの業務におけるレファレンス効率を高めることを目的としている。このような文書の取扱規定は、開国後に飛躍的に増加した煩雑な業務に対応するためのものであるとともに、そこで発生する文書が、より「公」性を帯びるようになったことの証左ともいえよう。(38) No.7・11・13・14は勤務体制について述べたもので、勤務時間や当番の役人に関する規定などが盛り込まれている。

御用所には、調役一同と定役から一名ずつ計二名が朝五つ半時から「札上」まで詰めていた。

この改革案は伺いの通りに裁許され、ここに御用所を奉行所内部の中心に据え、支配向が業務を執り行う体制が整備されたのである。(39)

次に、奉行の下で支配向を統轄する組頭の立場について確認しておこう。文久元年九月に岡部が転任する際に作成した、後任の長崎奉行高橋和貫への申送帳(40)によると、長崎奉行と英国領事は年に一度「和親」のために往来するが、その他の重要な案件について、奉行所から用件がある場合は組頭が領事館へ赴き、反対に領事側から用件がある場合は領事が奉行所へ来訪することになったとある。つまり、外交上の重要案件について、少なくとも日本側から何か持ちかける場合は、組頭が応対の責任者となったのである。

このように組頭は、外交面においてもその重要度が高まったが、その勤務体制は必ずしも十分に整えられていなかった。若干時期は下るが、元治二年（一八六五）二月、長崎奉行服部常純と同朝比奈昌広が連名で組頭の増員を幕府に願い出ている。(41)

その願書によると、「西国筋不穏事件」（幕長戦争）により、組頭が江戸や京都に出張することがあるという。そして、現状組頭は長崎詰が二人、同勤が一人、江戸詰が一人の体制であるが、江戸詰の中台信太郎が元治元年五月に「外国御用筋」のため来崎し、一方、長崎詰の吉岡元平・田中哲輔は出府中に他役へ転じたため、やむなく中台が長崎詰となっている。そのため、江戸役所は組頭が不在となり不都合であるので、以後、長崎詰三人、江戸詰二人にしてもらいたいと願い出ているのである。また、長崎は江戸から遠隔地にあり、文書の往復だけでは不十分な御用がある場合には、江戸・長崎詰の組頭双方が行き来して申し上げることもある。それだけでなく、「一体金川《神奈川》奉行支配組頭等ニ見競候而は少人数ニも御座候」というように、長崎は支配向の人数不足という事情もあった。そして、こうした事情が「西国諸侯幷外国等江被為対御失体」、「御入用筋江差響」という状況をもたらすことを危惧している。しかし、幕府はこの願書を裁許しなかった。この程度の理由で人員増加を認め、それが先例となることを避けたかったものと思われる。(42)

ただ一方では、慶応元年三月に組頭中台信太郎・吉岡艮太夫・東條八太郎の連名で「御支配組頭月番心得方」の伺書が奉行に提出され、在崎組頭の勤務体制が整備されている。(43)表2はその内容をまとめたものである。表2からは、まず月番制が導入されたことがわかる（№1）。月番制により、月番組頭は出役と外国人の応接が免除され、非番組頭が外国人の応接、諸場所の見廻りを担当することとなった（№4・17）。これは、奉行所の内と外の業務担当を明確に区別することで、月番が通常業務に専念できる環境を作り出そうとするものである。№5〜16は、月番が担当する通常業務の内容を具体的に示している。また、文書手続きにおいて、「定式御用之儀」は組頭二人の捺印（№2）、さらに「御進達物」「臨時御用調書」「外国人江関係」する文書へは三人の捺印を必要とする（№3）、というように複数チェックにより責任を共有し、文書審査の厳格化を期している。この「心得方」が出されたことで、組頭の職務体制は合理化されたものとなり、ここに至ってようやく組頭以下定役までの支配向役人の職務体制が整えられたといえよう。

本節の最後に、勘定方・普請役と支配向との関係について触れておきたい。前節では、明和期に定められた規定通り、長崎奉行との一致協力が再確認されたことを指摘したが、支配向の新設により、この関係に変化が生じた。安政五年八月に、それまでは勘定方・普請役各二人が派遣されていたのに対し、勘定・支配勘定の内から一人、普請役二人が立合のために派遣されることとなり、会所に関する業務については、会所掛を中心に取り扱うようにとの指示が出されている。(44)すなわち、ここにおいて、勘定方・普請役は会所に関する主要業務とは一線を画し、立合としてのみ

表2 「御支配組頭月番心得方」要旨

1	組頭3人で月番とすること.
2	「定式御用之儀」は月番が最初に捺印し，その後，他の組頭1人が捺印すれば，組頭の「調済」とする.
3	「御進達物」「臨時御用調書」「外国人江関係」するものは組頭3人が捺印すること.
4	月番の組頭は，諸出役，外国人との応接とも免除すること．ただし，月番でも以前からの担当中の事案については，他の組頭と月番を交替して対応すること.
5	奉行所から退勤後に，臨時御用があり組頭に報告する時は，月番宅へ申し出ること.
6	「廻し物」に組頭が記名する時は，月番の組頭は1行空けて最初に記名すること.
7	出火の時は，月番組頭は奉行所へ出勤し，非番組頭が出火場所へ出張すること.
8	支配向の身分取扱いは，すべて月番組頭へ提出すること．ただし，地役人も同断.
9	御用状の差立は宿次・町便とも月番組頭が取り扱い，江戸からの御用状の到着も月番組頭が取り扱うこと.
10	目安箱の開封時は，月番組頭が立ち合うこと.
11	学問所・乃武館・精得館・語学所の出席人数，姓名は月ごとに取り調べ，月番組頭に提出すること.
12	会所・運上所・産物所・製鉄所・養生所の金銀出入りは月ごとに取り調べ，月番組頭に提出すること.
13	各国軍艦・商船の出入り船数，神崎番所の石銭取立高，外国輸出品五厘銀取立高は月ごとに取り調べ，月番組頭に提出すること.
14	会所買入米の出入り，人足寄場飯米，外国人夫食米は月毎に取り調べ，月番組頭に提出すること.
15	四ヵ所関門の通行帯刀人・出入り荷物高，港内出入り日本船の荷物高，外国輸出入品高は月ごとに取り調べ，月番組頭に提出すること.
16	長崎に到着の旅人増減高，牢溜・定廻調所に収容している罪人数，唐人・西洋人が抱え入れている遊女の増減高を月ごとに取り調べ，月番組頭に提出すること．ただし，西洋人が雇っている部屋付の者の名前・増減高も取り調べて提出すること.
17	服装は，月番組頭は平服，非番組頭は外国人の応接や見廻りもあるので，白衣・肩衣を取り交ぜて着用のこと.

典拠 「御用処御用留」

存在することになり、支配向主導の会所運営へと切り替ったのである。従来の会所貿易は、鎖国体制の根幹を担っていたため、会所の管理・維持は至上命令であり、そのための勘定方・普請役の長崎駐在であったが、鎖国体制が否定されたことで、彼らの存在意義が低下するのは必然の成り行きであった。

三　奉行所改革と地役人

ところで、長崎の統治を考えるうえで忘れてはならないのは、地役人の存在である。地役人は、町政や貿易業務など都市運営の実務の大部分を担っていた。したがって、奉行所主導の統治体制へ再編するためには、旧体制の象徴ともいえる地役人との関係をどのようにするべきかが課題であった。

まず安政五年（一八五八）五月、長崎に蔵屋敷を置く近隣諸藩の聞役や地役人に対して、赴任してくる支配向への贈物禁止が命じられた[45]。これは、支配向と聞役・地役人らとの癒着を防ぐことを目的としたものである。地役人らと奉行所役人との癒着は近世を通してたびたび問題となっていたが、簡単には解決されなかった[46]。そうした反省を踏まえて改めて癒着防止を図ったと考えられる。

次に、今一度表1を参照されたい。№.9よると、御役所附五組（御役所附・唐人番・遠見番・船番・町使）は調役一同による一統支配とされている。番方の地役人である御役所附・遠見番は寛政期に、船番・町使は天保期に奉行所直支配となっていたが[47]、ここで調役一同の支配となったのである。また、№.3には身分・進退のことはすべて御用所で扱うとある。地役人の身分支配には、長崎奉行支配・長崎奉行給人支配・町年寄支配・長崎代官支配の四種があったとされているため[48]、複雑な身分支配関係を一括管理することで、地役人統制の強化を狙ったのであろう。

このような地役人に対する統制強化は、奉行所における座順についてもみられる。万延元年（一八六〇）十二月に御用所詰から提出された伺書[49]によると、町年寄支配の地役人へ申渡しをする際、町年寄が定役と対面に着座することがあるという。そのため、以後は図のような着座位置を遵守させたいと述べている。町年寄の側からすれば、近世を通じて地役人を支配し長崎の都市運営を担ってきたという自負と格式を主張した態度とみることもできるが、支配向中心の奉行所運営を行うためには、「調役→定役→町年寄」という序列関係を視覚的にも明確にしておく必要があったのである。

ただし、こうした地役人への統制は、必ずしも彼らの存在自体を否定するわけでもなかった。文久二年（一八六二）十二月五日、調役に対して左のような申渡しがなされている[50]。

〔史料3〕

調役江

一、御役所附・遠見番・唐人番・船番・町司之五組、諸願・諸届類御用所詰計之名宛ニいたし、暇・跡抱・掛リ替・旅勤・湯治等之外は申立不及、差図を可受分は取調先格見合、手頭案相添組頭江差出可申事

（中略）

一、町年寄支配之分も年番ニ而右ニ准シ相心得、差図を可受分計御用所江差出、受取候当番之もの勘弁取調、申渡案迄も相調、組頭江差出可申事

（後略）

一ヵ条目は、調役支配となった五組から提出される「諸願・諸届類」の取扱いに

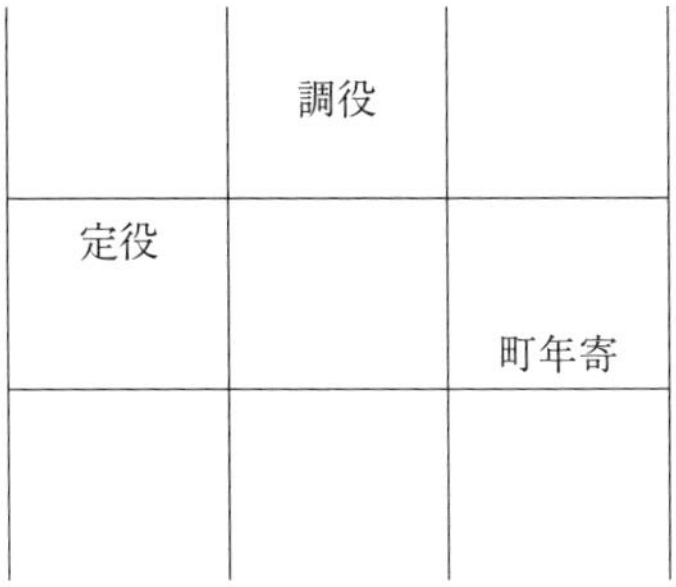

図　地役人申渡し時の座順
「御用処御用留」をもとに作成

関する規定である。「暇・跡抱・掛リ替・旅勤・湯治等之外」については、調役の手限による裁許が認められている。そして注目したいのは二ヵ条目である。ここでは、町年寄支配の地役人から提出される分についても、年番町年寄が一ヵ条目に准じて対応することが定められている。すなわち、年番の町年寄の職務については従来通りであることが確認されているのであり(51)、地役人の身分や旅勤に関する文書は御用所へ提出し、それ以外については町年寄の手限による支配が認められている。

また地役人は、養生所・製鉄所・運上所・居留場掛などの諸掛に配置されており(52)、第一部第二・三章で詳述するように、彼らは各掛の支配向の下で実務役人として働いていた。

このように、支配向中心の奉行所運営のために地役人に対する統制を強化しつつも、一方で従来の地役人の職務を継続させ、また新設掛の実務役人として動員することで、少数に抑えられていた支配向の補完を彼らに期待していたと考えられるのである。

しかし、実務役人としての地役人に対する需要があったとはいえ、制度自体には問題があった。その弊害については、開国港当初から指摘されており、一例を次の史料からみてみることにしよう(53)。

〔史料4〕

（前略）兎角御人少ノ様ニ長崎奉行心得候共、外場所と違ひ地役人は夥敷有之、一体之勤方外振合とは事替り、盗賊ハ乙名共之内盗賊方と申もの有之、此手ニ而一旦吟味致し候上、御役所江差出候事故、自然手間取、御役所出勤刻限は纔之間ニ而、近年相増候掛り場、運上所を始人足寄場・養生所・製鉄所・植物・陶器所等品々取建、益筋を目論見候得共、地役人等之掛り高、諸入用而已相嵩、差引之益銀は薄く、自然と御人少之様ニ相見候得共、仕法次第猶人数相減候而も御差支可有之訳無御座、纔之場所ニ而一ヶ年入牢入用千両余にも及ひ候は、都而之取

斗事至而手重迂遠ニ付、一体ニ御改革無之候而ハ、会所銀操不宜折柄、両三年を不待して差支候は眼前ニ御座候

（後略）

この史料の作成者は不明だが、外国人に対する犯罪の公事吟味が手間取り、英国公使から苦情が出ている状況について述べたもので、ここから地役人制度の弊害が読み取れる。まず、長崎奉行の支配向不足という認識に対して、他の地域とは違い、地役人が多くいるという長崎の特質が指摘されている。そのうえで、公事吟味の問題については、盗賊は地役人である盗賊方の吟味を経てから奉行所へ差し出すことになっているから手間取ると、現状を分析している。また、利益を目論んで「掛り場」を設置しているが、これは担当掛の地役人や経費ばかりを増やすだけで利益はなく、その結果役人数が不足しているようにみえるだけで、仕法次第で担当役人の減少が可能であると、現状を批判している。そして、「都而之取斗事至而手重迂遠」であると地役人制度の弊害を指摘しているのである。

また、奉行所が行った地役人に対する統制策を徹底させるのも容易ではなかった。元治元年（一八六四）十月の奉行家老への達[54]によると、奉行の家臣が地役人の「私願」を取り次いで、掛の支配向に頼み込むという事態が起こっているという。そのため改革への影響を危惧し、「終ニは悪弊を生し以之外」であると咎めている。地役人の奉行所役人への癒着体質は根強く、それだけ改革は困難であった。

四　会所貿易体制の崩壊と地役人制度の廃止

これまでみてきた地役人の問題は、より本質的には会所貿易の問題である。長崎では通商条約締結後も、条約未済国である清国との貿易は従来通りとされ、軍用品・銅・米麦が長崎会所の独占取扱品とされるなど、会所貿易の一部

特権が温存されていた。(55) だが実際には、清国からの来航船数は安政六年（一八五九）の三艘を最後に途絶し、貿易実態は廃絶同然の状況にあった。(56) また、主要な輸出品である俵物や銅の集荷体制も、外国からの圧力や国内的な問題から困難となりつつあった。それにも拘らず、開国に伴う新規事業への支出が嵩んで会所財政は悪化する一途を辿り、その制度改革は大きな課題となっていた。(57)

そこで万延元年（一八六〇）十二月、長崎奉行岡部長常は有力商人らを産物取扱方とし、彼らと会所の合同出資による新たな組合商法の取立てを幕府に上申した。この仕法は、外国との貿易は産物取扱方を介して行い、そこから得られる利益を出資率に基づき分配するというものであり、幕府の許可も得た。だが、奉行の交代によりこの時点では実現に至らなかった。(58)

一方で幕府は、会所財政の立直しに限らない抜本的な改革を模索し、文久二年（一八六二）正月に勘定奉行に対して「長崎表之儀、従来流弊も有之哉之趣ニ相聞候間、不宜廉々は改正致し永続之御仕法相立」てるように長崎奉行と相談せよと命じ、(59) さらに翌年十月には「土地従来之規則等都而古格ニ不泥便宜ニ随ひ、往々隆盛相成候様厚勘弁を加へ、時勢相当之所置可被致候」(60) と長崎奉行へ命じている。会所貿易の利潤に依存し、多くの地役人がその恩恵を受けて都市運営を行ってきた従来のあり方から脱却し、この先も「永続」できような仕組みの構築を求めたのである。

だが、それを実現させるための有効策を提示するのは容易ではなく、会所財政は悪化し続けた。こうした状況に対して、長崎奉行に就任した朝比奈昌広は、長崎へ赴任する前の元治二年（一八六五）三月に、「元来商法ニ而地役人共取賄来候儀故、着崎之上は兼而伺済之産物所を取広、和蘭商社之振合ニ基き組合商社取設、唐国通商御開之上、右益銀を以活計之道相立」(61) る計画を幕府に上申し、万延元年に岡部が立案していた組合商法を再び実行に移すことを図った。清国との貿易再建に財源を求めている点は岡部の立案とは異なるが、これは長崎奉行所が文久二年に千歳丸を上海に派遣し出貿易を試みていたことの延長線上に位置付けられる。この朝比奈の計画に加えて、慶応元年（一八六五）七月に俵物の特権的独占集荷体制が完全に廃止されると、幕府は同年十二月に朝比奈を唐国商法改革掛に命じるなどして、清国との貿易改革に向けて動き出した。しかしそれも、計画が実現される前に幕府が倒壊した。(63)

ただここで注目したいのは、「元来商法ニ而地役人共取賄来候儀故」という認識である。すなわち、外国貿易の利潤によって地役人を「取賄」って都市機能を維持してきた長崎の特性を考慮して、清国との貿易仕法を改革することで新たな財源を確保しようとしているのである。会所貿易への依存は否定しながらも、貿易によって成り立ってきた都市の特性を可能な限り温存させつつ「永続之仕法」を立てようとする考え方は、長崎奉行の基本的な考え方だったと思われる。それは、長崎奉行能勢頼之と徳永昌新が慶応二年十月に幕府に提出した上申書のなかで、「素々東西隔絶之土地柄、世上之形勢等会得不仕辺より、土地之者共気配をも斟酌致し、十分ニ所置難行届場合も有之候義ニ而、年来安穏無事ニ生活罷在候土地柄容易ニ手を下し動揺引起し候様ニ而は、更ニ其詮も無之」(64)と述べているように、長崎は住民らの「気配」をあれこれと推し量り、幕府の十分な統治が貫徹せずこれまで続いてきたのだから、安易に改革を断行すれば動揺を引き起こしかねないという危機感があったからであった。(65)

さらにこの頃には、第二次幕長戦争の影響による幕府権威の失墜が問題となっていたため、「九州之指揮をも可致」き長崎奉行がいる長崎が混乱に陥ることは、九州の諸大名や諸外国に対して不体裁であり、「御威光ニも差響」くことが強く意識されるようにもなっていた。(66)財政基盤を立て直し長崎の「永続之仕法」を立てることは、国内外に対する幕府の「御威光」を保ち、貿易都市としての機能を維持させるための対策だったのである。そのためには、可能な限り混乱を避けて改革を断行する必要があり、長崎の住民らに配慮して慎重にならざるを得なかった。

とはいえ慶応二年には、前年の俵物の独占集荷廃止に続き、唯一残されていた会所特権ともいえる御用銅（長崎廻銅）が廃止されるなど、会所財政はもはや持ちこたえられない状況にまで至っていた。その結果、いよいよ会所貿易制度の廃止が決定的となっていく。

慶応三年四月、能勢頼之は老中板倉勝静の命により上京した。五月には在京中の長崎奉行支配組頭中台信太郎が「今般長崎表御改革」のために現地での対応を命じられているので、この上京で、能勢と幕閣らが長崎の改革について協議したことは間違いない。六月二十日に能勢と中台が長崎に戻ると、支配向と会所頭役などの地役人のなかから「御改革掛」が任じられ、いよいよ抜本的な改革が実行に移されていく。(67)六月下旬から七月初旬にかけて、唐人屋敷乙名・町乙名など「惣乙名」と会所役人が、長崎奉行が直接面談するので奉行所に出頭するように命じられ、「奉行衆御尋之義も有之候ハヽ、無腹臓可申上」と指示された。改革の断行にあたって、事前に地役人側の意見を聴取したのであろう。さらに通詞や会所役人は、奉行による「家学御吟味」「算術御試」も受けている。(68)

そしてついに七月九日、「町年寄以下夫々身分引直」すことが命じられると、町年寄が調役並に任じられたのを皮切りに、五組の番方地役人と町乙名らが組同心に、会所吟味役・同請払役の会所役人が支配勘定役となるなど、多くの地役人が身分引立てにより幕臣に登用され奉行所に取り込まれていった。(69)また同時に長崎会所は廃止され、「仮御金蔵」と改称された。その結果、地下配分金も廃止され、それまで長崎会所からの支給に頼っていた都市運営費は、町人たちの実費負担によって運用されていくようになった。(70)

この長崎における慶応改革ついては、すでに戸森麻衣子氏による、柔軟な人材活用、幕臣の奉行所役人と地役人との身分上の壁を取り払い、指揮・命令系統を一本化したという評価がある。(71)この指摘に異論はないが、これまでの検討を踏まえて次の点を付け加えておきたい。すなわち、多くの地役人を幕臣に登用し奉行所組織に取り込んだのは、長崎の特性を生かしつつ、可能な限り都市機能の混乱を避けようとする長崎奉行に通底した考え方が反映されたものであった。そのために、事前に地役人側の意見聴取も行われたと考えられる。

改革が断行された七月、これまで在勤していたすべての定役に「帰府」が申し渡され、それまで定役が扱っていた御用向は、「当分之内場所々掛同心ニ而取扱候様」に命じられた(72)。これにより、新旧の支配向が一体となり幕臣による奉行所の運営体制が完成した。もはや幕府の倒壊は目前に迫っていたが、ここにおいて、町人が貿易業務や都市運営の実務を担うという近世長崎の統治体制は終わり、幕府による直接統治に至ったのである。

おわりに

鎖国体制から開国への幕府対外政策の転換は、長崎の統治体制にも大きな転換を迫った。安政三年（一八五六）に支配吟味役（のち組頭）が新設され、同五年には調役以下の支配向が増設された。また長崎奉行も従来の毎年交代ではなく、複数年現地に詰めるようになった。このように奉行所の運営は、ある程度腰を据えて業務に専念できるようになった長崎奉行と、幕臣である支配向により主導されるようになったのである。従来の奉行所運営が奉行家臣と手附出役によって行われていたことを踏まえると、支配向の設置は奉行の主導性を強めたといえよう。

支配向による奉行所運営が行われるようになると、御用所が新たに中核的な行政空間となり、文書処理の手続きや職務規定が改められていった。また支配向は新設の諸掛に配置され、長崎会所さえも支配向の指導による運営へとシフトしていった。

ただし統治体制の再編は、奉行所内部の組織を改組するだけで済むものではなかった。従来、都市長崎の運営は、奉行所役人と地役人とが密接に絡み合いながら行ってきたため、地役人への対処も大きな課題であった。奉行所では、地役人に対する統制を強化しながらも、貿易業務や都市運営の実務を熟知している彼らを即戦力として活用していった。とはいえ、地役人個人の能力の有用性と、地役人制度自体の有用性は別問題であり、制度の弊害を克服する必要があった。

さらに、自由貿易の開始は長崎会所の財政を悪化させ、都市運営の財源が確保できないという問題も生じさせていた。長崎奉行や幕府は、なんとか会所財政を立て直し、かつ持続可能な都市運営の仕組みを構築するために、抜本的な改革を模索していた。だが、長い間会所貿易の利潤に依存して成り立ってきた都市構造に対して、急激な改革の実施は都市運営を混乱に陥らせる危険も孕んでいたため、改革の立案・実施には慎重にならざるを得なかった。そうした状況で長崎奉行は、清国との貿易仕法を改めて新たな財源を確保しようとするなど、貿易によって成り立ってきた長崎の特性を可能な限り維持させる方向で改革を進めようとしていた。

しかしながら、幕末の政治状況は、その政策を実施し効果が得られるのを待ってはくれなかった。会所の財源として残されていた俵物や銅の独占的集荷が完全に廃止されると、もはや会所の維持は不可能となった。その結果幕府は、会所の廃止を決定し、地役人を幕臣化し奉行所に取り込むという慶応改革を断行したのであった。

註

（1）近松真知子「開国以後における幕府職制の研究」（児玉幸多先生古希記念会編『幕府制度史の研究』吉川弘文館、一九八三年）。なお、個別の研究に関しては、『横浜市史』第二巻（有隣堂、一九五九年）、向井晃「箱館奉行支配向について」（『法政史学』二二、一九七〇年）、加藤英明「徳川幕府外国方：近代的対外事務担当省の先駆―その機構と人―」（『名古屋大学法政論集』九三、一九八二年）などを参照。

（2）『長崎県史』対外交渉編（吉川弘文館、一九八六年）三九〇頁。

（3）添田仁「近世中後期長崎における都市運営と地役人―町乙名の実態的・動態的分析をもとに―」（『ヒストリア』一九九、二〇〇六年）、同「長崎番方地役人と正徳新例―浪人から御役所附へ―」（『九州史学』一四七、二〇〇七年）、同「近世港市長崎の運営と抜荷」（『日本史研究』五四八、二〇〇八年）、戸森麻衣子「近世中後期長崎代官高木氏について―長崎奉行との関係を踏まえて―」（『史料館研究紀要』三五、二〇〇四年）、同「近世中後期長崎代官の手代―地役人と手代の間―」（『九州史学』一四二、二〇〇五年）、安高啓明「長崎に於ける司法権の確立過程―「犯科帳」にみる町年寄の司法的権限―」（『長崎談叢』九三、二〇〇四年、のち『近世長崎司法制度の研究』思文閣出版、二〇一〇年）などを参照。

（4）添田仁「奉行所と地域社会―長崎奉行所の天保改革―」（藪田貫・奥村弘編『近世地域史フォーラム②　地域史の視点』吉川弘文館、二〇〇六年）。

（5）同右。この他奉行所組織に関しては、本馬晴子「長崎奉行所組織の基礎的考察」（『崎陽』二、二〇〇四年）を参照。

（6）前掲添田「奉行所と地域社会」八二頁。

（7）上白石実「安政改革期における外交機構」（『幕末期対外関係の研究』吉川弘文館、二〇一一年、初出一九九三年）、三谷博「限定的開国から積極的開国へ」（『明治維新とナショナリズム―幕末の外交と政治変動―』山川出版社、一九九七年、初出一九八八年）。

（8）藤井哲博『長崎海軍伝習所―十九世紀東西文化の接点―』（中公新書、一九九一年）一二頁。

（9）「安政三年九月―同四年九月　手頭留　目安方」（森永種夫校訂『長崎幕末史料大成』三、長崎文献社、一九七一年、一七八～一七九頁、以下『長幕』と略記する）。

（10）「安政三年九月―同四年九月　手頭留　目安方」（『長幕』三、一八一頁）。

（11）中村質「長崎会所天保改革期の諸問題―鎖国体制崩壊過程の一側面―」（『史淵』一一五、一九七八年、のち『近世長崎貿易史の研究』吉川弘文館、一九八八年）。

（12）前掲添田「奉行所と地域社会」。

（13）大蔵省編纂『日本財政経済史料』巻四（財政経済学会、一九二〇年）四九八頁。

（14）「諸事留　安政三年―同五年」（長崎歴史文化博物館所蔵、オリジナル番号 B14 19-1 4。以下、同館所蔵史料は長歴と略記する）。

（15）「安政三年九月―同四年九月　手頭留　目安方」（『長幕』三、二一〇頁）。

（16）「御用部屋引継目録　嘉永三年」（長歴、オリジナル番号 B14 55-1）には、引継者として、前任奉行の用人と後任奉行の用人が署名している。同史料については、中村質「長崎奉行所関係文書について」(長崎県教育委員会編『長崎県文化財報告書第一三一集　長崎奉行所関係文書調査報告書』一九九七年) を参照。
(17)「安政四年―同五年　手頭留　公事方」(『長幕』三、二二九～二三〇頁)。
(18) 鈴木康子「宝暦～明和期の長崎貿易改革―勘定奉行・長崎奉行兼職石谷備後守の施政―」(『長崎奉行の研究』思文閣出版、二〇〇七年)。
(19)『通航一覧』第四巻 (国書刊行会、一九一三年) 一五五頁。
(20) 鈴木康子氏は、明和期の勘定所役人長崎常駐制度の創設以後、都市長崎の支配体系は「長崎奉行と幕府勘定所が二重支配する構図」となったと指摘している (前掲鈴木『長崎奉行の研究』二七二頁)。
(21) 添田仁氏によると、天保改革以降は、給人と手附出役とで業務を行っていた寛政～文政期と類似の役人編成に戻されたという。ここでは、この役人編成が支配向設置まで継続していたと考えておきたい (前掲添田「奉行所と地域社会」)。
(22) 東京大学史料編纂所編『大日本近世史料　柳営補任』五 (東京大学出版会、一九六五年) 一二一頁。
(23)『幕末外国関係文書』巻二八、九六号。
(24)『大日本近世史料　柳営補任』五、一一九頁。
(25)「安政四年―同五年　手頭留　公事方」(『長幕』三、二五三頁)。
(26)「万延二年正月―文久二年十二月　手頭留　公事方」(『長幕』三、四二三頁)。
(27)『幕末外国関係文書』巻二六、三七号・巻二七、一七八号。
(28)「依田家文書」文久元年六月廿日条 (『金沢文庫古文書』一七、一九六一年)。
(29)『幕末外国関係文書』巻二四、一八二号。
(30) 同右。
(31)「呈別内状留　万延元年」(長歴、オリジナル番号 B14 28-5)。
(32) 同右。
(33)『幕末外国関係文書』巻四六、二六号。
(34) 兵頭徹「幕末開港後における長崎奉行の性格」(『東洋研究』一四五、二〇〇二年)。

(35)「御用処御用留」（長歴、オリジナル番号B14 38-5）。

(36)「金井八朗翁備考録　第七巻上」（長歴、オリジナル番号19 1-1 7-1）。

(37)前掲中村「長崎奉行所関係文書について」。

(38)三野行徳氏は「幕府の公文書政策は（中略）行政手続きを、私的なものから公的なものにする改革の試行錯誤の中で展開してきた。成立した諸帳面は、その文書が取り結ぶ社会の公性を担保する形で近世社会に意味を持ち、またあらゆる手続きにおいて恣意の入る余地を排除する改革が行われつづけた。（中略）〔このような改革は〕文書が「公」性を獲得し、それとあわせて行政が公化していく近世社会を映し出すものであったと考えられるのである」と述べている（「幕府代官所における公文書行政の成立とその継続的運営」大石学編『近世公文書論―公文書システムの形成と発展―』岩田書院、二〇〇八年）。この指摘に従うならば、御用所改革による文書管理の徹底が、奉行所行政の公化をより深めたということができよう。

(39)なお、この改革における御用所への立入規制に関して、改革実施直後に、長崎代官から代官手代の出入許可願いが提出され、許可された事例が紹介されている（前掲戸森「近世中後期長崎代官の手代」）。

(40)「申送帳　明治九年　鎮台交替之節」（長歴、オリジナル番号14 415-6）。

(41)「長崎奉行御用留」（東京大学史料編纂所所蔵、請求記号外務省引継書類43）。

(42)作成者・作成日時は不明だが、この願書に対する調書には「長崎奉行在府之者無之節は、前々ゟ御勘定奉行ニ而御用向取扱罷在候儀ニ而、調役以下江戸詰之者も有之上は、本文往復等之為め江戸詰組頭増人不被　仰付候共、敢而差支候儀も有之間敷、右等之訳を以増人被　仰付候様ニ而は外々江も差響候間、先難被及御沙汰方ニ可有御座哉之事」とある（同右）。

(43)「御用処御用留」。

(44)「安政四年―同五年　手頭留　公事方」（『長幕』三、二六六～二六七頁）。

(45)「安政四年―同五年　手頭留　公事方」（『長幕』三、二五三～二五四頁）。

(46)明和期の長崎奉行石谷備後守は、奉行家臣（用人・給人）について、「長崎見物と「利慾の志」のために来崎」していると指摘し、また長崎の土地柄については、「当地の人心は賄賂等不苦事の様に心得、名聞を専らとして只管取入事、古今多き」と問題視していたという（前掲添田「奉行所と地域社会」）。また木村直樹氏は、天明期ではあるが、奉行末吉利隆を事例に奉行や家中の経済特権について、具体的に分析している（「長崎奉行の特権」『東京大学日本史学研究室紀要別冊「近世政治史論叢」』二〇一〇年）。

(47) 前掲添田「近世港市長崎の運営と抜荷」、戸森麻衣子「長崎地役人」（森下徹編『身分的周縁と近世社会7　武士の周縁に生きる』吉川弘文館、二〇〇七年）。
(48) 前掲戸森「長崎地役人」五六頁。
(49) 「御用処御用留」。
(50) 「万延二年正月―文久二年十二月　手頭留　公事方」（『長幕』三、四三五～四三六頁）。
(51) 年番の町年寄の職務には、地役人支配、奉行所御用の件申渡し、町方支配、唐蘭貿易支配があったが、特に地役人の支配に関しては、諸役人の退役・養子願の審査と上申、役替・加役の評定などがあった（前掲『長崎県史』対外交渉編、四二三頁）。
(52) 同右書三九九頁。
(53) 「長崎事務」（東京大学史料編纂所所蔵、請求記号外務省引継書類44）。このなかで、引用史料について「左ノ書面何職ノ者ヨリ誰江宛申出タルモノナルヤヲ不弁」と記されている。
(54) 「御用処御用留」。
(55) 中村質「長崎会所と安政開港―その勘定帳をめぐる諸問題―」（『九州文化史研究所紀要』二二、一九七七年）。
(56) 石井孝『幕末開港期経済史研究』（有隣堂、一九八七年）。
(57) 前掲『長崎県史』対外交渉編。
(58) 前掲兵頭「幕末開港後における長崎奉行の性格」。
(59) 「長崎事務」。
(60) 「金井八朗翁備考録　第八巻上」（長歴、オリジナル番号19 1-1 8-1）。
(61) 「長崎事務」。
(62) 春名徹「一八六二年幕府千歳丸の上海派遣」（田中健夫編『日本前近代の国家と対外関係』吉川弘文館、一九八七年）。
(63) 前掲石井『幕末開港期経済史研究』。
(64) 「長崎事務」。
(65) 長崎奉行が、幕府の政策・改革を推し進めるに際して、都市住民への配慮を常に意識していたことは、近世を通じた共通する課題であった（木村直樹『幕藩制国家と東アジア世界』吉川弘文館、二〇〇九年、同『長崎奉行の歴史―苦悩する官僚エリート―』

角川選書、二〇一六年)。
(66)「長崎事務」。
(67)「長崎御改革一件御書附類」(長歴、オリジナル番号310-19)、「御改革御用日記」(長歴、オリジナル番号へ14 462)。
(68)「御改革御用日記」。
(69)「長崎御改革一件御書附類」。
(70)添田仁「幕末・維新期にみる長崎港市社会の実像」(『民衆史研究』七六、二〇〇八年)。
(71)前掲戸森「長崎地役人」七二頁。
(72)「慶応三年七月―十二月　御用留　町方掛」(『長幕』五、四二七頁)。

第二章　通商条約の締結と貿易業務体制の変容

はじめに

本章では、通商条約の締結により開港場に新設されることになった運上所に注目し、その業務がどのような体制により遂行されていたのかについて検討する。

運上所とは、custom-house（税関）を意味する幕末から明治初年までの呼称であり、関税徴収をはじめとする、開港場における外交関係の事務全般を扱う組織であった。[1]西洋諸国では、すでに関税法が制定され、国王や大統領に任命された官吏による税関運営がなされていた。[2]当然日本は、そうした体制は未整備で、本来の税関業務ではない外交関連の事務も扱うなど組織として未熟ではあったが、幕府の出先機関であり、開港場を運営する奉行所の中核となる組織であったと考えられる。[3]

しかしながら、運上所を直接扱った研究としては、制度的変遷を追った大蔵省関税局編『税関百年史』[4]など、概説的記述に留まっているのが現状である。また、長崎に限れば、菱谷武平氏が唯一、俵物役所との関係から論じているが、[5]その理解には疑問が残る。菱谷氏の研究は、会所貿易に重要な役割を果した俵物役所が、開港後にいかにその性格を変容させたのかを追究するものであり、それ自体は注目すべき点である。だが、運上所を俵物役所の延長線上に論じているのには問題がある。詳細は後述するが、運上所は当初から俵物役所とは別組織であり、両者を同一の文脈で捉えることは適当ではない。

このように、従来の研究で等閑に付されていたのは、維新期の研究が政治史偏重で、対外関係史研究においても取り上げられる問題が一面的であるとの批判と関連しているように思われる。(6) 国内政治史に直接影響するような外交問題ばかりが注目されるような状況で、必ずしも政治史に直結しない開港場運営における行政については、関心が低かったのではないだろうか。

この点に関しては、門松秀樹氏が維新期の行政史研究の重要性について「政治と行政は表裏の関係にあると言ってもよく、行政面を確立し得ない政府には、政権の維持は事実上不可能であろう」(7) と指摘しているのが示唆的である。条約締結により、その遵守を対外的に宣言した幕府が、実際に貿易が行われる開港場で、どのような対応をしていたのかを具体的に確認する作業は、政治史や対外関係史の理解を深めるうえでも重要であると考える。特に長崎には、鎖国体制下での貿易業務体制がすでに存在しており、その変容を検討することで、近世近代移行期における外交体制の様相を窺い知ることができよう。また先行研究では、運上所が奉行所の組織であるとの認識が希薄なように思われるが、この点を意識することで、開港場を管轄する奉行所の特質を追究する有効な分析視角ともなるであろう。

一方で、近年、近世近代移行期における外交事務担当役人の連続性に注目し、長崎地役人の貿易業務能力の高さがクローズアップされている。添田仁氏は、慶応四年（一八六八）の大坂開港に際して多くの長崎地役人が大坂へ派遣され、その能力をいかして開港業務を遂行したことを明らかにし、そこには近世的な管理貿易の色が強く残っていたという興味深い指摘をしている。(8) ただ、添田氏の研究は幕末期の分析を欠いており、連続性について論じるためには、幕末期における運上所の特質を踏まえる必要があると考える。

そこで本章では、このような先行研究の課題を克服すべく、幕末期における長崎の運上所を対象とし、組織や業務体制の特質について検討を加える。第一節では、幕府の運上所に対する基本方針を踏まえたうえで、開国当初に長崎奉行所がとった運上所への対応を確認する。第二節では、運上所の設置について外国領事らとの交渉を中心にその過程を明らかにし、第三節で組織・業務体制の分析を行う。そして、これらの分析から、開国という新たな局面に、長崎奉行所がどのように対応したのかという点にも言及していきたい。

一　会所貿易から自由貿易へ——貿易業務体制の変容——

1　会所貿易における貿易業務

江戸幕府は、元禄十一年（一六九八）の長崎会所（以下、会所と略記する）設置以降、会所を介して貿易を統制・管理し、その利潤を幕府財政に組み込むことで貿易を「官営」化した。この「官営」化された貿易を維持するための都市運営は、町年寄を頂点として、①町乙名を中心とした町方機構、②通詞などの職能的役人、③出島・唐人屋敷を管理する役人、④主に警備を担う番方地役人、⑤貿易の財務面を総括する会所の五機構により行われていた。[9] 実際の運営を担う地役人は、貿易利銀を財源とした受用銀を支給される町人である。ただし、地役人のなかには、苗字帯刀を許され扶持米を与えられる士分格の者がいるなど、格式のうえでは一様ではなかった。十八世紀中期以降には、地役人社会における帯刀許可を願う格式上昇志向が高まるなど、上層地役人の「役人」化が進んだとされている。[10]

このような特徴を有する長崎における貿易業務体制は、会所の設置によって直ちに確立されたものではなく、十八世紀中期の機構改革を経て整備されたものであった。

寛延三年（一七五〇）、長崎奉行松浦信正は、それまで貿易業務に関する権限を保持していた町年寄を会所に取り込み、その権限を吸収することで貿易業務の一本化を図った。以降、貿易関係の書類は一貫して会所が作成することとなった。また明和元年（一七六四）には、長崎奉行石谷清昌が勘定所役人の長崎常駐を制度化し、彼らを貿易業務や財政の監督者とした。さらに同年、町年寄が就任する会所調役を新設し、最高責任者とすることで会所の支配を強化した。こうした政策は、貿易利潤の地下への流出を防ぎ、会所に集中させるためのものであった(11)。

こうして会所は、次第に役所としての機能を整えていったが、業務の実態面については必ずしも全貌が示されていない。そこで、ここでは比較的明らかにされている勘定帳簿作成の観点から、その特徴を指摘しておきたい。勘定帳作成の制度化は、組織改編と軌を一にして進められた。勘定帳に類する文書は当初から存在したが、制度として確立したのは宝暦二年（一七五二）で、明和二年に書式改定を経て幕末まで維持された。制度が確立すると、勘定帳作成の最終段階で勘定所役人や長崎奉行立合のもと内部監査が行われるようになり、幕府による会計監査が強化された。ただし、その監査は承認手続きに過ぎず、実質的には会所の実務最高責任者である年番町年寄以下、会所役人が業務の遂行及び勘定帳の作成を行っていた(12)。

このように、近世中期以降の貿易業務は、奉行や勘定所役人の監督を受けてはいたが、実務面では地役人に大きく依拠する体制であった。また、序章でも指摘したように、外国貿易に関して幕府が貿易業務の責任者であることを対外的に表明することもなかった。しかし、こうした貿易業務体制は、西洋諸国との通商条約の締結により大きく変容していくこととなる。

2　運上所業務に対する幕府の基本方針

安政四年（一八五七）八月二十九日、幕府は日蘭追加条約を締結し、初めて外国貿易における責任者としての地位を対外的に示した。従来の会所貿易では、輸入品価格の決定権が会所側にあるなど、(13)貿易業務に関して幕府の恣意性は強かったが、以後、条約に規定された貿易の実施が求められるようになっていく。ただしこの時点では、貿易品の売買に会所役人が介入するなど、なお以前の慣習も多く残されていた。

だが、翌五年六月十九日に日米修好通商条約が締結され、本格的に自由貿易体制へと移行すると、貿易業務は大きく変貌を遂げていく。すなわち、従来は会所が貿易業務を行うとともに、貿易取引の唯一の当事者でもあったが、自由貿易の開始により、貿易取引は国内外の商人による相対取引となった。幕府は、その貿易環境を整え管理することを求められ、そのための組織が運上所であった。運上所は、会所とは違い直接貿易をする対象ではないことを確認しておく必要がある。

運上所という用語が正式に条約上明記されたのは、安政四年九月七日締結の日露追加条約であり、(14)この時、外国船の入港手続き・関税徴収・貿易品の積卸など、運上所が行うべき業務の基本的枠組みが規定された。(15)ただし、同条約には附属の貿易章程がなく、次ぐ日米条約附属の貿易章程において、貿易業務に関する細則が明文規定された。こうして、各開港場では、条約に則った同質の貿易業務を遂行する必要に迫られたのである。

では、幕府はこの運上所をいかなる体制で運営しようとしたのだろうか。安政五年十月、外国奉行は老中に対して、翌年の通商開始に向けた「貿易御仕法筋之儀ニ付申上候書付」を提出している。(16)そのなかで、「五箇国新条約」締結による自由貿易の開始に際して、「御取締向は勿論、兼て御規則相立不申候ては相成間敷」として、開港が差し迫った横浜の「開港御場所、外国船々御取扱向、并貿易御取締筋諸事御取扱方之御仕法」の具体案が示されている。この上申書は、横浜開港に関するものであるが、基本方針は各開港場で共有されていると考えられる。(17)まず、実際に外国船への対応等の「港内諸事取扱」を行う役人として、「其所之奉行支配向并外国奉行支配向、立会御勘定方御目付方」(18)

を詰めさせ、「荷物改方目利兼御用達幷通詞七八人」を差し置くことをあげている。ここで外国奉行支配向があげられているのは、当初は外国奉行が神奈川奉行を兼務していたことが関係していると思われ、横浜の特質といえる。そして、彼らが外国船の出入港手続きや関税徴収業務を行うことが記されている。具体的な業務内容については次のようにある。

〔史料1〕

（前略）右入津之船々、出港入港銀、幷積荷税銀、一々帳面に記し、詰合之役々調印いたし、入津之船壱艘毎ニ、主役立合ニも、初発より引合候者、出帆済迄は、都て受持ニいたし、彼方船号を記候帳面江、諸勘定其日毎ニ仕上置、右壱艘ニ付候惣勘定、彼方出帆前日迄ニ突合、退帆後期日を定め、右仕上け勘定奉行所江差出、彼方より受取候税銀其外惣〆高銀は、奉行所御蔵江仮納致置候事、一箇年限御勘定組は、御勘定奉行幷外国奉行宛ニ而、翌年三月中迄ニ差出可申候事

右は御役所詰合壱役一人宛連印、其所奉行奥印いたし、尤自国外国共出入港銀積荷税銀高共、壱箇年限取調申上候事（後略）

ここでは①出入港税や関税徴収に際して「帳面」を作成し、奉行支配向や立会の役人（「詰合之役々」）が「調印」すること、②一艘ごとに「主役立合」の担当を定め入港から出港までを受け持つこと、③「惣勘定」は勘定所へ提出し、徴収した税銀は奉行所で「仮納」すること、④一年単位の勘定記録は勘定奉行・外国奉行宛に翌年三月までに報告することなどが規定されている。特に「帳面」への「調印」については、奉行支配向、立会の勘定方・目付方が一人ずつ捺印し、さらに奉行が奥印することが明記されている。この外国奉行の上申に対する老中からの指示は、次の通りである。

〔史料2〕

覚

開港所御取締之ため、立合之向をも可被仰付候へ共、荷物改方等は、其所奉行支配向之内ニて、改方之もの相立、立合為取扱、税銀請取書付は、主役之者実印、改方之もの押切ニて相渡、右税銀其外御勘定組は、御勘定所江差出候様可被致候[19]（後略）

内容は、ほぼ外国奉行の上申に沿ったものだが、「荷物改方」については、より明確な指示が出されている。すなわち、各開港場の奉行支配向を「改方之もの」に定め立合とすること。そして、税徴収の請取書には「主役」が実印を押し、支配向の「改方之もの」が、それを保証する「押切」（割印）をすることが指示されているのである。

この老中の指示は、出入港税や関税といった条約に定められた税の徴収に関して、その業務の監査役に幕臣である支配向をあてることで、責任の所在を明確にする目的があったと考えられる。

3　長崎における対応

では、このような幕府の基本方針を受けて、長崎ではどのように対応したのだろうか。安政六年七月、長崎奉行岡部長常が老中へ提出した上申書[20]から、おおよその状況が明らかとなる。まず、運上所設置については、「新規御取建之積ニ而、一応取調候得共、追々申上候通、当時長崎会所銀繰差支、定式之諸出方も繰合兼候折柄ニ付、見合置」とあり、会所の資金不足を理由に一時保留としていることがわかる[21]。そこで応急措置として、暫定的に元俵物役所を「港会所」と改称して、そこへ支配調役並・同下役（のちに定役と改称）・御役所附・遠見番・唐人番・船番・町使・唐通事・阿蘭陀通詞・会所頭役・町年寄・宿老・会所請払役・諸目利等を、さらに大浦番所にもこれら諸役人を詰めさせ、港会所と二ヵ所で運上所業務を行うと説明する。

実際に岡部は、同年五月二十七日に支配向に対して、「外国商船運上取立方、其外御用向取扱候支配向幷地役人等、当分元俵物会所幷大浦番所江詰方いたし候筈ニ付、俵物役所は向後湊会所と為称可申候[22]」との指示を出しており、この上申に即した対応がとられていることがわかる。ただし七月十一日には、港会所から蘭・英・米の三ヵ国領事に対して「港会所書取片付中南瀬崎蔵所江役々相詰候処、差支之儀有之候間、明十二日より当分大浦番所ニ而諸用向取扱候[23]」と通達しており、暫定的に大浦番所に港会所の機能を移している点は状況の変化がみられる。その後、文久元年（一八六一）四月二十四日に港会所を交易所（元俵物役所）に移すことが各国領事に伝えられており[24]、初期の運上所業務は事実上大浦番所で遂行されていたことが判明する[25]。

ここで注目しておきたいのは、担当役人の身分についてである。安政三年に長崎奉行支配吟味役（のち組頭に改称）が新設され、同五年にも支配調役以下諸役人が増設されると、長崎奉行支配の幕臣による奉行所運営が行われるようになった（第一部第一章）。これは、他の開港場にある奉行所と同様の組織体制にし、開国による新たな業務に対応するための組織改革であったが、支配向の港会所への配置は、地役人に依拠する従来の業務体制から脱却し、先に確認した徴税業務の監査役には幕臣である支配向を配置せよとの幕府の指示に準拠する姿勢が窺える。具体的な業務内容については第三節で論じるが、この点は貿易業務の意味合いが大きく転換する画期といえよう。

ところで、港会所と改称されることになった元俵物役所は、会所貿易における主要輸出品である俵物の集荷強化のために設置された役所で、寛政十二年（一八〇〇）以降、幕末まで東築町の波戸先に所在していた。この俵物役所と港会所との関係について菱谷武平氏は、「俵物役所は開国にあたって局面を転換して、一面にはなお従来の性格を保持しつつ、半面には「湊会所」という特異の名称変更で新しい「運上」の事務を展開するという、二重性格の推移をなど」[26]ったと指摘しているが、この理解には疑問が残る。菱谷氏の理解の史料的根拠は、先に掲げた安政六年五月二十七日の岡部から支配向への達である。すなわち、俵物役所を港会所と改称するという内容を重視した解釈である。しかし、この達には「元俵物会所」と「俵物役所」と二通りの表現があり、その解釈には注意を要する。恐らく菱谷氏は、この違いを十分に意識しなかった結果、俵物役所と港会所との関係を誤ったのではないだろうか。この点を明確にするには、交易所の存在が重要となるため、その設置経緯から両者の関係について説明してみよう。

安政四年九月の日露追加条約締結後、長崎奉行荒尾成允は「何時商船渡来可致も難計候間、差向俵物役所模様替之上、同所於て持渡之品々取扱候筈手順相定、尤同所囲之品々は、先新地江移替候積相心得可申候」と、会所調役・年番町年寄へ通達している。[27]さらに翌十月には、手附に「是迄之俵物役所模様替之上、仮交易場相成候間、同所表門勤番両組之儀は、西築町俵屋平兵衛蔵当分仮俵物役所ニ相成候ニ付、同所江差移」(傍線筆者)すことを指示している。[28]つまり、ロシアとの通商開始に備えて、それまでの俵物役所を「模様替」のうえ「仮交易場」とし、西築町にある俵屋平兵衛の蔵を「仮俵物役所」としたのである。したがって、この時点で俵物役所と交易所は分離されたことが確認される。菱谷氏も交易所の存在について言及はしているが、その設置に際して俵物役所が移設されたことには言及していないため、両所を同一視し交易所の延長上にある港会所との関係を見誤る結果となったと思われる。

図1は、元治元年(一八六四)十一月、長崎奉行服部常純が幕府に提出した伺書の添付絵図を基に作図したものである。本図に「仮運上所」と記している箇所が従来の俵物役所所在地であり、その後交易所を経て港会所となる。港会所は文久三年八月に運上所と改称されたとされているが、[29]正規の運上所が設置されるまでは「仮運上所」と称されることもあったようである。そして注目すべきは、すぐ東側に俵物役所と記されていることである。すなわち、安政四年十月に西築町に仮移設されていた俵物役所が、遅くとも元治元年十一月までにはこの場所に再移設され、定置さ

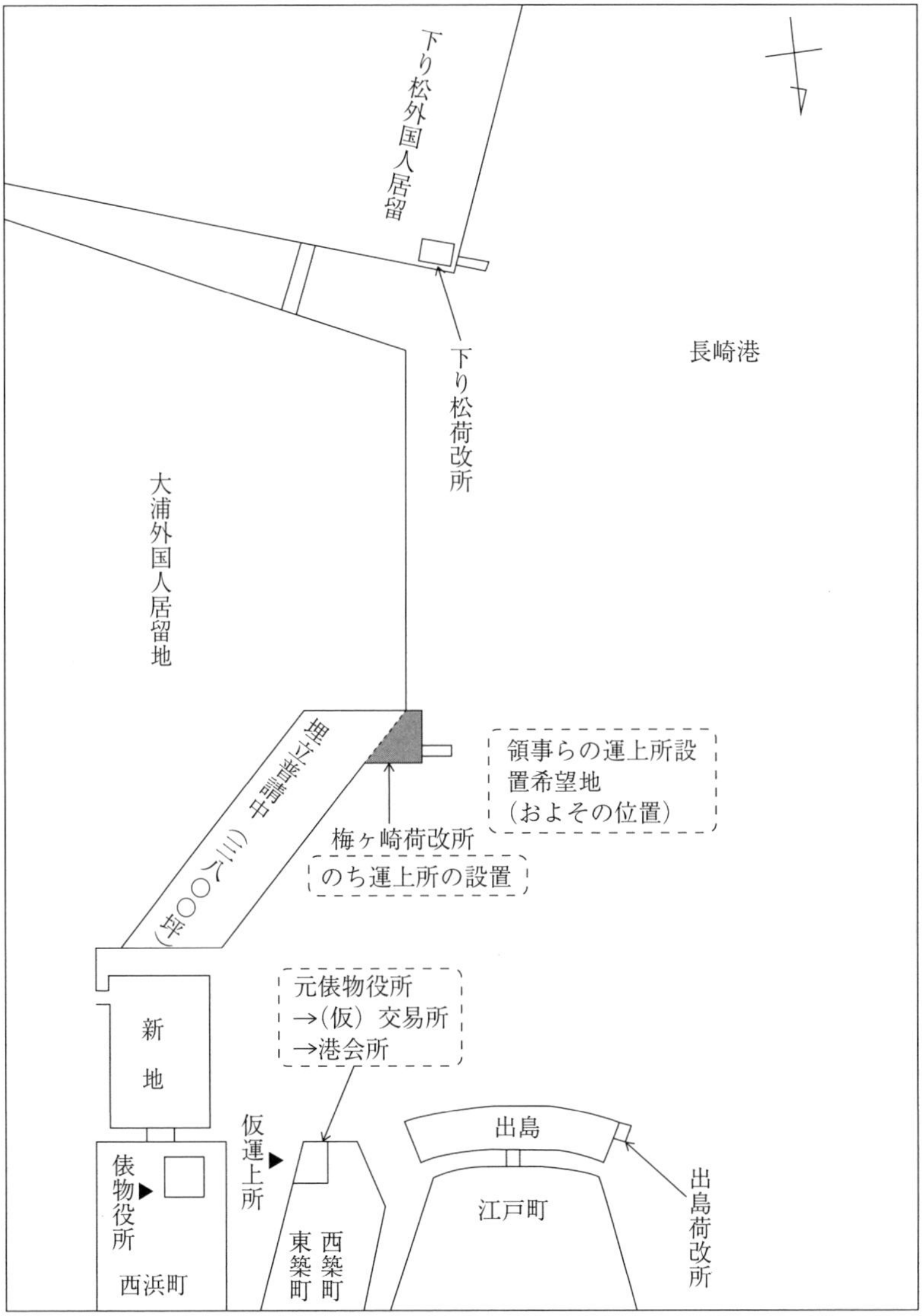

図１　長崎外国人居留地概略図

元治元年 11 月に服部常純が幕府に提出した絵図から作成（「長崎税関及荷物検査所建造地一件 三」『続通信全覧 類輯之部 地処門』）

この絵図が提出された時点では，すでに幕府から梅ヶ崎 3800 坪と荷改所の設置許可は得ており，未確定部分はアミかけ部分のみである（アミかけは筆者による）．ただし，同年 12 月には，この部分についても許可を得ており，この図の内容に変更はない．なお，点線枠内の記述及び地名は筆者が補足した．

れていることが指摘でき、港会所が俵物役所から独立した組織であることが絵図からも確認されるのである。

このように、長崎の運上所業務は暫定的な対応で始まり、役所の位置も不安定だった。では、こうした状況はいつまで続いたのだろうか。次節では、運上所が新設される経緯について、外国領事らとの交渉を追いながらみていきたい。

二　運上所の設置交渉

1　運上所設置交渉の発端

前節で指摘したように、当初は会所財政の窮乏から運上所の新設は見合わせられていたが、早くも文久元年（一八六一）には、運上所の設置構想が持ち上がった。翌二年正月十八日付米国公使ハリス宛在崎同国領事ウォルシュ書翰[30]によると、文久元年初めに長崎奉行から米国領事に対して、下り松に運上所を建設する旨の相談があったという。当時の長崎奉行は岡部長常である。この時外国領事らは、運上所業務がこれまで通りであること（一、二個の荷物を運上所へ送るか、運上所役人が商人の蔵に出向いて荷改めをする）を条件にこの提案に同意している。しかしその後、長崎奉行が大浦と出島に荷改所を追加設置する旨の打診をしたことで、運上所設置交渉は暗礁に乗り上げた。すなわち、領事らは運上所のほかに荷改所を設置することを不都合とし、外国人居留地の中心地に運上所を単独で設置することを求めたのである。では、なぜこの要求が問題となったのであろうか。開国当初から運上所設置構想が持ち上がるまでの経緯も含めて、日本側の視点からみてみよう。

文久二年正月、外国奉行岡部長常[31]と長崎奉行高橋和貫は連名で、幕府に運上所設置に関する上申書を提出した[32]。そこには、①「開港」以来大浦番所を港会所と称して運上所業務を行ってきた、②文久元年四月に大浦地区外国人居留地の埋立が完成し港会所が同域内となったため、元俵物役所へ移転して業務を行っている、③下り松は内港を一望でき船着きもよいため同地に運上所を設置し、また地勢上の観点から大浦と出島にも荷改所を設置したい旨を外国領事らに談判した、④外国領事らが要求する場所は海中の埋立が必要であり、それには費用・水系への影響の問題があること、などが記されている。つまり、外国人居留地の造営に伴い、既存の港会所が使用不可となったことを契機に運上所設置構想が持ち上がり、あわせて荷改所の必要性が認識されたといえよう。

しかし、この交渉は双方の主張が折り合わず難航し、領事らは江戸の公使へ問い合わせるため、その間の運上所設置を見合わせること、その旨を長崎奉行から幕府へ報告することを要求した。これに対して岡部・高橋は「彼（領事らの）申立により弥取建方及遅々候而は御体裁にも拘り候間、ミニストル《公使》より申上候ハヽ、右之趣御含御諭達御座候様仕度奉存候」と、交渉を一時幕府に預け、その指示を待つこととなった。

さて、この件に関して英・米・蘭・仏・葡の各国領事は、自らの主張をまとめた書翰をそれぞれ長崎奉行に提出している[33]。彼らの主張はほぼ足並みを揃えており、運上所設置に関する意見が統一されていたとみられる。高橋は、各書翰の和解を幕府へ提出しており、その内、蘭国領事の書翰には一条ごとに「下札」を付し自らの意見を記している。表1は、両者の主張をまとめたものである。ここからみえてくる双方の意見の特徴は、以下のように指摘できよう。

まず領事らの問題関心は、運上所と荷改所の分離による担当役人の責任能力の相違、そのことによる業務遅滞への懸念（No.4）、居留地の環境悪化に対する懸念（No.2）、そして運上所・荷改所の施設や設備それ自体への懸念（No.5・6）である。領事らの主張は、運上所機能を一ヵ所に集中させ、かつ将来の貿易発展を見越してそれに対応可能な施設を設置することで、担当役人数や諸経費の抑制が可能であると指摘している点に特徴があり、長期的な視野による

No.	領事の主張	長崎奉行の対応策
	〈下り松に運上所を設置するデメリット〉	
1	出島から遠いため，出島に荷改所を設置しなければならない．	掘立柱４本程度の改所を出島に設置する．
2	もし，荷改所を大浦に設置するならば，その場所は海岸一円となり，すでに居住している外国人に支障が生じる（改所の後ろ手となる地所の地税が劣る）．	大浦には出島よりさらに簡易な改所を設置し，下り松運上所から役人を派遣するつもりである．また海岸一円が塞がることはないので，居留地の荷物運送に支障が生じることもない．
3	荷改所の設置費・雑用費・役人の人件費など日本政府の出費が嵩む．	２のようになったとしても莫大な費用がかかるわけではない．
4	このように複数の荷改所を設置するのは交易に不都合である．また，下級役人が詰めることになるから，問題が生じた際には直接運上所まで出向くこととなり，時間がかかってしまう．	荷揚は船主に荷揚免状を渡したうえで行うので，それから司長が出張しても間に合う．
5	荷改所は，雨天の時の荷物保管のために広大でなければならない．	交易が盛んになった時に，その時の状況次第で開港からの積荷高に応じて建設をすれば，当面は問題はない．
6	暫定的に簡易な改所を設置したとしても，交易が盛んになれば手狭になり，広大な改所の設置が必要となり，そのための土地確保も難しくなる．	交易が盛んになれば，海中を埋立てる費用にも余裕ができるので，将来的に支障があるとの理由で今無益に広大な施設を設置するには及ばない．
7	下り松に運上所を設置しなければ，その土地を外国人に貸し渡すことができる．	

典拠　「長崎税関及荷物検査所建造地一件　1」（『続通信全覧』類輯之部地処門）

合理的な意見といえよう。一方高橋は、経費削減を第一の課題としている。これは、開国に伴う新規政策関連の支出増大[34]が影響しているのは想像に難くない。高橋は、厳しい財政状況のなかで求められる開港場運営に必要な設備投資を極限に抑えるために、不確かな将来の貿易発展を前提にはしない、現実的な対応を選択したものと思われる。勘定方出身で保守的な性格と評される[35]高橋らしい主張といえよう。

このように長崎における運上所設置交渉は、外国人居留地が長崎港を隔てて分離されているという地勢上の問題によって生じる、施設の設置方針をめぐって対立していた。長期的かつ合理的な観点からの施設設置

表1　蘭国領事の主張と長崎奉行の対応策一覧

No.	領事の主張	長崎奉行の対応策
	〈領事たちが主張する場所へ運上所を設置するメリット〉	
(1)	運上所が外国人居留地の中間に位置するため，港内や外国人居留地の見張りに都合がよい．	新規に埋め立てを行うのは「大業」であり，下り松の地代で賄うことはできない．
(2)	他に荷改所を設置する必要もなく，また，役人や通訳の人数も少なくてすむ．	これまで，商船が「輻湊」するほどのことはなかったため，2ヵ所に出役し，別段多人数を必要とすることもなかった．もし「輻湊」し，人数が不足するようになれば，それに伴い税銀も増加するので，それまでには「地杭」，「水切杭」などを打ち込んでおき，差し支えが生じた時に建設すればよい．
(3)	問題が生じたとしても，運上所司長や高官がその場に詰めているから，時間をかけずに申し立てることができる．	4の通り，差し支えなく役人を派遣する．
(4)	諸事取り扱いを運上所で行えば，運上所司長や高官が詰めているから，下級役人だけが詰めている場合よりも密売買は減少する．	(3) の通り．密売買の防止は，番船でも厳重にしている．
(5)	希望の場所は現時点では水中であり，地税もない場所なので，地税の損失はない．	地税の損失はないけれども，埋め立ての入費の「見留」(目途) はない．
(6)	出火の際，運上所は被災から免れる．運上所には荷改のために商品を置いてあり，損害があれば日本政府が賠償しなければならない．この点が最も重要である．	運上所に荷物がある時は損じないようにし，改が済み次第元のように始末すべしと税則にあるが，「非常之償」については記載がない．また，条約蘭文・片カナともに書面を預かることは記載があるが，荷物を運上所に預かるとの記載はない．条約外のことは対応できない．
(7)	もし，大浦の外国人居留前に設置すれば，これまで海岸の土地であった場所は後手の地区に組み入れられることになる．	海岸には相違ない．
(8)	(7) のようになれば，地価は下るので借主が意義を申し立てるのは当然である．すなわち，海岸の地区との約定で住宅や土蔵を設置したのだから，後手の地区となるのは不直であり，その賠償を願い出るであろう．	不相当な言い分である．

を求める領事らと、あくまで眼前の経費削減を優先する高橋との交渉はスムースに進まなかった。だが、運上所設置の必要性は両者の共通認識となっており、貿易業務を遂行するために正規の運上所設置が避けて通れない課題だったのは明らかであった。

2　服部常純の運上所設置計画

江戸では、文久二年二月十二日に老中と英国公使オールコックが会談した際に、オールコックから長崎の運上所に関する議題が出された。この時、老中はオールコックへ「何にも望之場所へは取極兼候間、猶同所奉行コンシュル尓《(示カ)》談之上外場所に而見立可申」と返答し、さらに長崎奉行に対しては「梅香崎之内唐船修理場抔埋立取建候而は如何」と指示している(36)。

翌三年十二月に長崎奉行服部常純が幕府へ提出した上申書(37)によれば、幕府からの指示を受けた当時の長崎奉行大久保忠恕は、出島・梅ヶ崎近辺の海中埋立てによる水系への影響について「和蘭造営師レミー、造船師レーマン」に依頼して調査を行い、埋立計画図を提出させている(38)。そして、水系への影響無しとの調査結果を受けて、提出計画図に沿った埋立工事を行い、その埋立地内で、港内の見通しが良好な位置に運上所・荷改所を設置する計画で幕府へ伺いを立てる準備をしていた。ところが、その矢先に攘夷の沙汰が申し渡され、計画は中断となったという。

しかし、この上申書が提出された時点では状況が変化している。服部は、通商開始時に荷改所がなかったために、外国商人個人の倉庫で荷改を行っていた慣行が現在も続いている点を問題として、こうした状況を放置しておけば「取締不行届、御条約面にも相背不都合」と認識し、「大浦弁下り松出嶋等三ヶ所へ荷改所取建」ることを主張し、運上所については「当分据置」く方針で外国側と協議を行ったという。

長崎では、居留地造営までの暫定的措置として、出島近くの江戸町から居留地設定区域にかけての海岸沿いにある社寺・私宅への仮泊が許可されていた[39]。そのため当初の荷改は、外国商人個人の倉庫で行われており、居留地へ移転後もその慣行が継続されていた。そこで服部は、この不健全な運上所業務の環境改善を喫緊の課題として、荷改所の設置を運上所設置に優先させたと考えられる。

このような服部の問題認識の背景には、米国領事ウォルシュからの抗議が関係していると思われる。その抗議内容は、徴税担当役人間の対応の相違や、不正を見逃す役人の存在を指摘し、条約に準拠した徴税を要求するものであった[40]。ウォルシュは、こうした不正により外国商人間で不公平が生じることを問題としており、公正な貿易環境を整えるためには、相応の運上所の業務遂行施設の設置が急務であった。殊に「条約派」とも称される政治集団に属していた服部の政治的立場を考慮すれば[41]、ウォルシュの抗議に対して積極的に改善策を打ち出すことは想像に難くない。開港場で直接外国人と対応する奉行は、条約に調印した幕府の代表者として、条約を順守する姿勢をみせる必要があったのである。

ところで、この時期には、外国人居留地の地所不足も問題となっていた。長崎の外国人居留地は、山手に住居、海岸付の平地に商社・倉庫を設置するという町造りがなされていたが、平地が少ないことから、商社の進出が拡大するに伴い、海岸付地所が不足し始めていた。開国後の長崎港における輸出入額の変遷をみると、文久三年に急激に増加している。その額は、前年の一五九万六〇〇〇ドルに対し、三八五万五九五六ドルと二・五倍近くにも及んでいる。この額は、慶応元年（一八六五）に一時減少するが、同三年には八三二万一八八三ドルにまで増加した[42]。また、文久三年から翌年にかけては、グラバー商会が居留地の借地所有権を利用し、経営規模を拡大させていく時期でもあった[43]。年ごとの商社数の増減は不明だが、万延元年（一八六〇）から文久元年に一五社、慶応三年には二一社あった[44]。

このような貿易拡大に伴う地所不足を解消するため、服部は梅ヶ崎の地先三八〇〇坪の埋立計画を立て、この居留地拡大計画と荷改所三ヵ所の早期設置を幕府に伺ったのであった(45)（図1参照）。これに対し、幕府からは元治元年（一八六四）四月二十三日に「書面伺之通取計」うようにとの指示が届いた(46)。そして、この居留地拡大は、結果的に運上所設置交渉の解決にも繋がっていくこととなる。

ここで留意しておきたいのは、実際の荷改所の設置時期が幕府からの指示と前後している点である。先の上申書提出と同じ文久三年十二月に運上所掛が作成した書付には、「先般御取建相成候下リ松脇荷改所(47)」と、この時すでに荷改所一ヵ所が設置されていることが記されている。右記のように荷改所の設置は幕府の許可を得たが、服部はそれ以前に一部実行に移していたことになる。その事情について詳細は不明だが、同年十月二十二日の各国領事と組頭の会談で「当今御設相成候改所は、全く当分の事ニ可有之旨副奉行〔組頭〕御約束相成(48)」ったことを米国領事ウォルシュが服部に伝えていることを踏まえれば、服部は当面の措置として下り松に荷改所一ヵ所を設置し、その一方で、幕府に荷改所三ヵ所を正式に設置することを願い出たと考えられる。服部の判断には、江戸から遠隔地にあり幕府との意思疎通に時間を要する一方で、領事らとの関係上、迅速な対応が求められる開港場奉行の現実的な対応のあり方を垣間見ることができよう。

元治元年六月、服部は再び幕府へ運上所設置に関する上申を行い、市中続きかつ海岸が遠浅で船の移動に不便という地勢上の問題、施設の老朽化という問題から、やはり現状の仮運上所では不都合である旨を訴えた(49)。そして正式な運上所を設置する場所について、梅ヶ崎埋地の地先をさらに拡張し、そこへ設置することを願い出ている。先の三八〇〇坪の埋地と今回の埋地により、当初外国側が要求していた「外国人居留地中央ニ」近付き、領事らの希望にも沿うこととなる。ここに至って漸く領事らの同意を得ることにも成功した。これに対して幕府は同年十二月二十日付で

「書面之趣は都而伺之通取計」うことを許可し、新設の運上所は、慶応三年正月に出来栄え見分を終え完成した。[50]当初、運上所設置は経費の問題から先延ばしされたが、居留地の拡張という外交課題への財政支出は避けられず、これに便乗することで運上所設置に関する経費の問題も解消されたといえよう。

三　運上所組織と業務体制の確立

1　文久三年の組織改革

運上所及び荷改所の設置計画が奉行所内で持ち上がると、同時に運上所の組織改編についても対策が講じられ、文久三年（一八六三）十月、運上所掛の組頭吉岡静助と調役並（カ）福井金平[51]が次のような改編案を提出した。[52]

〔史料3〕

（朱書）「亥十一月十四日御印済御下ヶ、同廿九日一同申渡相済、十二月朔日ゟ改革」

㊞御勘定方
㊞御目付方
㊞組頭

運上所掛人数其外御改革之儀ニ付申上候書付

運上所掛

運上所掛人数之儀は、御開港之節相定候儘ニ而、当六七月之頃は碇泊船数三十七八艘四十艘ニ及ひ、本船番五役其外品々差支出来、諸向より取人之儀申上候処、何れも差支難出来旨被仰渡候ニ付、八月初旬ゟ諸取扱方都而簡易ニ仕法替之儀申上取計候得共、此度荷改所御取建之儀、各国岡士《（領事）》江御達し相成、何れも差支無之趣ニ付而ハ、早々仕越し取掛候様仕度候間、猶又別紙之通人数手割仕、手詰ニは候得共一同申合差はまり出精仕候ハヽ、却而御用弁宜可有之（中略）

亥十月　　福井金平㊞
吉岡静助㊞

これによると、①運上所掛の人数は「開港之節」に定めたままであり、碇泊船の増加により「本船番五役」などに支障が生じたため諸向からの人員補充を申し上げたが、いずれも差支えがあり補充は困難とのことであったので、八月初旬より「諸取扱方」を簡易にしている、②しかし、今回荷改所の設置について各国領事に通達し異論が出なければ、早急に対応したいので別紙の通りに人員配置を改め、「一同申合差はまり出精」することが「御用弁」によろしいのではないかとある。本船番とは、碇泊の外国商船に乗込み監視する役であり、五役とは御役所附・遠見番・唐人番・町使・船番の番方地役人である（「御役所附四役」「御役所附五組」などとも称される）。すなわち、この組織改編は、碇泊船増加による警備人員の不足に対応するためのものであったといえよう。そのため、総人数を一七二人から一五七人に削減する一方で、探番・本船番などの警備人員は二〇人の増員を図っている（表2参照）。

この改革案は朱書部分にあるように十一月十四日に奉行の「御印済」（許可）を受け、十二月一日より改革が実行に移された。次に、具体的な改革の内容をみていきたい。

書付の別紙をまとめたものが表2であり、さらにそれを基に組織を図化したものが図2である。これ以前の組織は詳細が不明なため変化を示すことは困難だが、表2と図2から、この時確立された組織の特徴を指摘しておこう。まず、基本的な枠組みとして、運上所は組頭をトップに支配向を中心として、そのもとに多くの地役人を取り込んだ組

表2　運上所掛機構改組案

<table>
<tr><th>役　職</th><th>人数</th><th>元の人数</th><th colspan="2">運上所掛における配置</th><th>備　考</th></tr>
<tr><td>組頭</td><td>1</td><td>（1）</td><td colspan="2"></td><td></td></tr>
<tr><td>調役</td><td>1</td><td>2</td><td colspan="2">当番１人</td><td rowspan="3">調役が運上所掛に仰せ付けられる時は調役並が２人，調役がいない場合は調役並を３人とすること．</td></tr>
<tr><td rowspan="2">調役並</td><td rowspan="2">2</td><td rowspan="2">（2）</td><td colspan="2">御収納方１人</td></tr>
<tr><td colspan="2">荷改所見廻・海陸取締1人</td></tr>
<tr><td>定役元〆</td><td>1</td><td>1</td><td colspan="2"></td><td>御収納方・当番・外国人から取り立てる税銀の精算・御入用取扱などすべての取締りを心得ること．</td></tr>
<tr><td rowspan="3">定役</td><td rowspan="3">6</td><td rowspan="3">6</td><td colspan="2">御収納方・当番１人</td><td></td></tr>
<tr><td colspan="2">荷改所３ヵ所３人</td><td>荷改所１ヵ所に１人ずつ．</td></tr>
<tr><td colspan="2">海陸取締方２人</td><td>１人ずつ毎日海陸見廻りをし，１人は運上所で当番やその他定式の御用を勤めること．</td></tr>
<tr><td rowspan="2">御役所附触頭</td><td rowspan="2">2</td><td rowspan="2">3</td><td colspan="2">御収納方１人</td><td></td></tr>
<tr><td colspan="2">御入用筋取扱并五役取締1人</td><td></td></tr>
<tr><td rowspan="8">御役所附四役</td><td rowspan="8">30</td><td rowspan="8">46</td><td colspan="2">御収納方５人</td><td></td></tr>
<tr><td>荷改所3ヵ所2人ずつ</td><td rowspan="3">18人</td><td rowspan="3">18人で申し合わせて勤めること．もっとも，繫番船は昼夜詰切りで見廻ること．また，繫番船はこれまで２艘ずつ差し出していたが，１艘増加させ外国船の碇泊数に応じて増減させること．</td></tr>
<tr><td>繫番船3艘2人ずつ</td></tr>
<tr><td>海陸廻方</td></tr>
<tr><td colspan="2">御入用筋取扱１人</td><td></td></tr>
<tr><td colspan="2">当番２人</td><td></td></tr>
<tr><td colspan="2">書物掛２人</td><td></td></tr>
<tr><td colspan="2">乗糺し・雑御用心得2人</td><td></td></tr>
<tr><td rowspan="3">会所請払役</td><td rowspan="3">5</td><td rowspan="3">5</td><td colspan="2">税銀勘定・受込方３人</td><td></td></tr>
<tr><td colspan="2">外国人銀銭引替・米取扱1人</td><td></td></tr>
<tr><td colspan="2">荷改所１人</td><td></td></tr>
<tr><td>会所筆者</td><td>2</td><td rowspan="3">10</td><td colspan="2">税銀勘定方２人</td><td></td></tr>
<tr><td>会所銀見</td><td>2</td><td colspan="2">銀銭引替・米取扱２人</td><td></td></tr>
<tr><td>会所小役</td><td>2</td><td colspan="2">荷改所２人</td><td></td></tr>
<tr><td rowspan="6">和蘭通詞</td><td rowspan="6">11</td><td rowspan="6">20</td><td colspan="2">大通詞詰切取締１人（２人で交代制）</td><td rowspan="6">掛切で兼勤はさせない．</td></tr>
<tr><td colspan="2">翻訳もの２人</td></tr>
<tr><td colspan="2">荷改所3ヵ所1人ずつ（計3人）</td></tr>
<tr><td colspan="2">乗糺し心得１人</td></tr>
<tr><td colspan="2">当番用諸願訳方２人</td></tr>
<tr><td colspan="2">雑御用心得２人</td></tr>
</table>

<table>
<tr><th>役職</th><th>人数</th><th>元の人数</th><th colspan="2">運上所掛における配置</th><th>備考</th></tr>
<tr><td>和蘭通詞筆者</td><td>1</td><td>1</td><td colspan="2"></td><td></td></tr>
<tr><td rowspan="6">唐通事</td><td rowspan="6">11</td><td rowspan="6">13</td><td colspan="2">大通事詰切取締1人(2人で交代制)</td><td rowspan="6">掛切で兼勤はさせない.</td></tr>
<tr><td colspan="2">翻訳もの2人</td></tr>
<tr><td colspan="2">荷改所3ヵ所1人ずつ(計3人)</td></tr>
<tr><td colspan="2">乗組し心得1人</td></tr>
<tr><td colspan="2">当番用諸願訳方2人</td></tr>
<tr><td colspan="2">雑御用心得2人</td></tr>
<tr><td>唐通事筆者</td><td>1</td><td>1</td><td colspan="2"></td><td></td></tr>
<tr><td>薬種目利</td><td>6</td><td>6</td><td colspan="2"></td><td></td></tr>
<tr><td>反物目利</td><td>4</td><td>4</td><td colspan="2"></td><td></td></tr>
<tr><td>鮫目利</td><td>1</td><td>1</td><td colspan="2">3人で交代制</td><td></td></tr>
<tr><td>帳面掛</td><td>3</td><td rowspan="2">11</td><td colspan="2">荷改所3ヵ所1人ずつ(計3人)</td><td rowspan="2">宿町筆者からの人選.</td></tr>
<tr><td>帳面掛倅見習・手伝</td><td>8</td><td colspan="2">御収納方・その他諸帳面留方8人</td></tr>
<tr><td rowspan="5">探番・本船番・その他</td><td rowspan="5">50</td><td rowspan="5">30</td><td>本船番は,碇泊船数が15艘と見積もり1艘に2人ずつ</td><td>30人</td><td rowspan="5">・これまで「御役所附四役」で本船番を務めてきたが,碇泊船が多い時は人数不足となり差し支えるので,「御役所附四役」からの担当を減らし,新規20人を補充.
・帯刀して本船1艘へ2人ずつ差し置き,繋番船に乗り込んでいる御役所附が差図し取締ること.</td></tr>
<tr><td>荷改所3ヵ所2人ずつ</td><td rowspan="3">18人</td></tr>
<tr><td>繋番船3艘2人ずつ</td></tr>
<tr><td>海陸取締附</td></tr>
<tr><td colspan="2">運上所門番人2人</td></tr>
<tr><td>町年寄</td><td>1</td><td>1</td><td colspan="2"></td><td></td></tr>
<tr><td>宿老</td><td>2</td><td>2</td><td colspan="2"></td><td></td></tr>
<tr><td>宿老筆者</td><td>1</td><td>2</td><td colspan="2"></td><td></td></tr>
<tr><td>市中取締方乙名</td><td>2</td><td>2</td><td colspan="2"></td><td></td></tr>
<tr><td>市中取締方乙名筆者</td><td>1</td><td>2</td><td colspan="2"></td><td></td></tr>
<tr><td>計</td><td>157</td><td>172</td><td colspan="2"></td><td></td></tr>
</table>

典拠 「運上所掛人数其外御改革並御開港以来骨折候者御褒美一件」
元の総数172人から15人を減少し総数157人.
組頭と調役並については,元の人数の記述がないが,合計人数から逆算した.

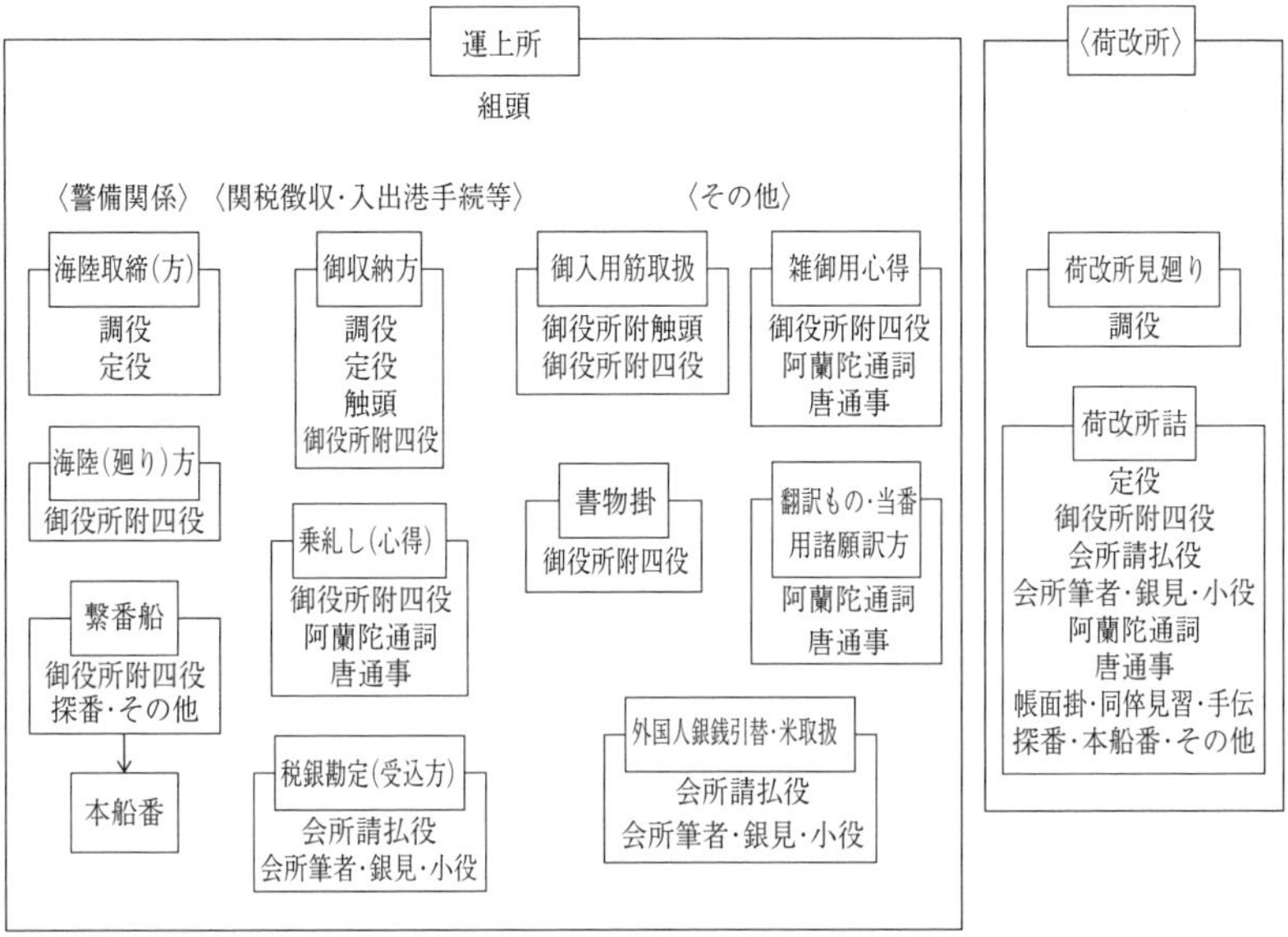

図２　運上所掛組織図

本図は，表２「運上所掛機構改組案」を基に筆者が作成
支配向と地役人間の身分上の序列による指揮系統は当然考えられるが，各部署（役職）間による指揮系統や序列関係については明確に判断する根拠が乏しいため，現時点では当時存在した部署を並列に紹介するにとどめておきたい（ただし，本章で指摘した繋番船と本船番との関係についてのみ，上下関係を明記した）．

織である。

このうち、支配向が実際に配置されているのは「海陸取締方」と「御収納方」及び荷改所である。ここでは、「御収納方」の具体的な業務内容について、「日々取計方大意」(53)に記された同職の部分を抜粋して確認しておきたい。

〔史料4〕

御収納方

入津次第乗紕し相済、船切手・積荷目録等差出候上、其船運上帳等拵直（置カ）、輸入出品願書差出次第、右書面荷調方江遣し荷物相改、直上等之処調方より右書面ニ書加、猶当方江差越候ニ付、其上算当いたし税銀且免状等盛付正算相済後税銀受取候手筈

「御収納方」は、外国商船の入港手続きが済み次第、その船の「運上帳」など関係書類を作成する。相手から「輸入出品願書」（以下、願

書）が提出されると、これを「荷調方」へ廻し、貿易品の改めとその結果を願書に記入する。「御収納方」は、「荷調方」から返却された願書に基づき関税額の決定などの手続きを行う。このことは、第一節で確認したように、関税徴収業務への支配向配置を規定した幕府の指示に符合している。

この他の業務には、地役人が配置されているが、彼らは大きく、番方地役人・職能的地役人・会所役人の三つのグループに分類される。なかでも注目したいのは、番方地役人である。彼らは、地役人ではあるが「帯刀組」と称される士分格であり、(54)御役所附・遠見番は寛政期に、町使・船番の「両組」は天保期に町年寄支配から奉行所直支配へと身分支配が変更されている。そして、安政期に支配向が新設されると調役支配となる（第一部第一章）。これを支配向中心の奉行所運営へとシフトする流れのなかで捉えると、番方地役人の奉行所役人としての性格が一段と強まったと考えることができよう。近世後期以降に上層地役人の「役人」化が進むことはすでに述べたが、彼らが町年寄支配であるのに対して、番方地役人が奉行所直支配であることを踏まえると、地役人社会における彼らの特異性が認められる。

ここで図2をみると、番方地役人である「御役所附四役」が散見され、支配向に次いで運上所業務の主要な担い手となっていることが窺える。会所貿易体制下で業務の中核にいたはずの会所役人は、「税銀勘定」や「外国人銀銭引替」など会計業務の実務を担っていたようだが、必ずしも運上所業務の中核に位置付けられてはいない。

このように地役人の活用には、士分格で支配向直支配の者を中心に活用する傾向が強く出ており、運上所運営を幕臣で行おうとする幕府の方針に沿う姿勢を示しているものと思われる。横浜や箱館には多くの幕臣が派遣されたが、長崎にはすでに多くの地役人が存在したため幕臣の派遣は抑えられていた。そこで長崎奉行所は、他の開港場との人員体制に近づけるための措置として、士分格の番方地役人を多く動員したものと考えられる。

運上所設置交渉において、外国側は運上所役人の責任能力を問題にしていたが、その責任能力を保証するためには、条約締結主体である幕府にとって、担当役人は幕臣である必要があったのである。それは、運上所の派出所である荷改所について「改所へハ定役為相詰置候間、大概之事ハ相捌可申」[55]と定役を責任者として、上役の調役を見廻りにあたらせているように一貫していた。

2 運上所・荷改所開設と業務体制の確立

ところで、運上所と荷改所の分離による役所の分散は、それに即した業務体制の構築が必要となる。そこで、ここでは具体的な業務体制について検討する。

慶応元年（一八六五）、運上所掛の福井金平（調役カ）・浅井新兵衛（不明）が業務改善に関する伺書を提出した。[56]そのなかで、これまでは外国商人から輸入品の陸揚願が申請されると、その手続きは運上所が一手に取り扱っていたが、それでは業務遅滞に繋がり、「〔外国人からの〕苦情申立論端を引起し不取締之儀相生し可申」と現状の問題点が指摘されている。そこで今後は、外国商人には最寄の荷改所・運上所に「荷積卸願書」を提出させ、その場で荷改・関税徴収を行い、免状・請取書を交付する。そうすれば「彼弁利而已ならす一体之御規則御取締も発輝と相立、税銀未納之憂も無之、都而速ニ相片付可申」と、その利点を説明している。もっとも、荷改所で徴収した関税等は、その日の内に運上所へ送付し「一船取纏方其外」は運上所で行い、各荷改所には調役を一人ずつ配置するなどの措置も講じている。

この伺書に対する奉行の指示は不明だが、同年五月に長崎奉行服部常純が各国領事へ送った書翰には、同伺書に沿った手続き変更を伝え、「司長詰切為取計以後都而簡便之所置可致」[57]とある。人員配置に関する言及はないが、「司長」の詰切りが通達されている。

このように複数の役所で同種の業務を行う場合、業務対応の統一が重要となる。そのためには、相互の情報共有が必要であり、それを保証するのが行政文書である。長崎奉行所は、同年九月に、外国船の出入港に関する運上所の業務規程を定めている。その内容をまとめた表3から、運上所における行政文書の特質について指摘しておこう。

入港手続きを行った荷改所では、「積荷目録」を別に二部作成し他の役所に送付する。出入港願いが出された際も同様に通達帳によって他の役所に通達することが規定されている（№2・3）。これはまさに情報共有のための工夫である。また、関税徴収に関する文書への捺印様式が規定され、荷改所では定役が運上所の印鑑を管理することになった（№7・8）。こうして作成された文書は、運上所で最終的に整理され、関税徴収高については調役・定役元〆の監査を経て奉行所へ提出される（№9・10・11）。その他にも関係文書の作成形式が義務付けられた（№13）。

荷改所設置は、運上所業務の厳正化を図ると同時に、役所を分散させることで仕事量の一極集中を避け、迅速に業務を遂行させる側面も持っていた。その時、役所間での業務内容に齟齬を生じさせないために、文書行政の制度を確立し、役所相互の情報共有・業務管理強化を徹底しようとしていたことが窺えるのである。

運上所の文書行政に関しては、慶応二年正月に、運上所で扱う外交文書を峻別する動きが出てくる。運上所掛は、各国往復文書は「是まて都而運上所おゐて取扱来候得共、中ニは外懸々取扱之廉も有之」ことから、文書取扱に関する改善策を申し出た(58)。この背景には、前年まで御書翰方を務めていた何礼之助らが「懸御免」となり文書管理が行き届かなくなるという事情があった(59)。そこで、外交文書は、その内容により該当する掛が取り調べたうえで運上所へ廻すこと、「諸御達案類幷引合向等」については、応接掛と取扱いが混同することで「各国江被為対実々御不都合も相生可申哉」との懸念から、運上所に無関係の文書は応接掛が対応することを主張している。

表3　出入港外国船取扱い手続きに関する書類作成・管理一覧

〈「船々取扱手続」の決まり〉	
1	商船入津時の乗糺し・本船番は，これまでの通り運上所詰から派遣し対応すること．
2	入港手続きを行った荷改所において「積荷目録」を別に2帳作成し，他2ヵ所の荷改所へ即時送付すること．ただし，「記号番号」は厳重に確認すること．
3	出入港願いが出されたら，「通達帳」へ記入し，他2ヵ所の荷改所へ通達すること．
4	米・麦の船積は，運上所からの達によって許可すること．
5	一度陸揚げした貿易品の改めを行った結果，元値不当で増税についての話し合いも纏まらず，船へ積み戻すことになり免状を返却することがあれば，「積荷目録」へ印を付け，他の2ヵ所へ「通達帳」を以て即時通達すること．
6	出港済の「積荷目録」・「告書」ともに出帆の翌日に運上所へ提出すること．
7	「差出和解」は百田紙に丁寧に記入し，直ちに会所請払役へ渡し「税謝取立帳」に記入する．当番の定役は「差出和解」及び「税謝取立帳」双方の洋銀高に見留印を捺印し，立合の調役はこれまで通り「小印」をすること． ただし，元値不当について増税の話し合いが纏まれば「和解」へは朱書で記入し，「取立帳」へも写し取り，その双方へ定役が見留印を捺印すること．提出書面の量目・品名が不分明の場合は，改めのうえ「和解」に朱書きで記入し「横文」へもそのたびに増税高を記入させること．この和解の末尾に船積・陸揚の免状料を記入すること．
8	以上の通りに取り決め，「税謝請取書」と「取立帳」とを突き合わせて，当番の定役が押切判を押すこと．今後，運上所印鑑は当番の定役が預かること．
〈「取立帳」の記入方法〉	
9	国別に1船ごとの「輸出輸入手数料」を記録し，毎月晦日に1帳にまとめること．ただし，「出港入港手数銀」も記録すること．「一船仕上」にも記録し，双方を突き合せたうえで「小印」を捺印すること．
10	一船ごとに①「乗糺書」②「コンシュル告書」③「船目録」④「積荷目録」⑤「出入港手数銀」⑥「輸入税付免状料」⑦「輸出税付免状料」⑧「無税品免状料」を綴込み（「一船仕上」），「寄附」は輸入・輸出・手数料と「三等」に分けること． ただし，年をまたぐ船は，取立高のうちその「年訳」を末尾に記すこと．これは運上所で取り扱うこと．
11	「税謝取立高」の届は，毎月晦日〆で運上所で取り調べ，「取立帳月限寄附」へ定役元〆が見留印を，立合の調役が「小印」を捺印して，「御届書半紙」に記入し奉行所へ提出すること．
12	「差出」・「和解」は該当船の出帆の翌日に運上所へ送付すること．「横文」を紛失しては不都合であるため，各船毎に美濃紙に入れ，枚数を記入して送付すること． ただし，運上所で「差出（和解ヵ）」・「横文」・「取立帳」を突き合わせて「一船仕上」に組み込むこと．
〈荷改所における「帳面類」の作成〉	
13	・「各国税謝取立帳」2冊 ・「改帳」2冊　＊「差出和解」の通りに記入し，これに基づき検査すること． ・「通達帳」2冊　＊内容に拘らず荷改所2ヵ所・運上所へも注進すること． ・「日記」1冊　＊荷改方引合の手続きを記入すること． ・「差出和解銘書帳」1冊　＊提出書類に記入してある大意を控え和訳し，通詞が「小印」捺印済みのものを調役が見廻り時に一覧すること．

典拠 「元治2年正月—慶応元年9月　諸書留　運上所掛」（『長幕』4，429-434頁）

これを受けて同年四月には、応接掛から改善策が提出された(60)。応接掛は、「外国人引合筋其外取扱もの等、是迄は兎角ニ外掛リニ而混同仕応接筋区々相成、夫がため二重之手数ニ相成、御書翰迚も諸向持歩行空敷時刻を移し、外国人苦情を申出候儀毎々有之候」と、従来の問題点を指摘し、運上所掛の改善策が採用される場合は、奉行所内に「一局」部屋を設け、そこへ応接掛が詰めることを申し出ている。また、長崎には運上所・製鉄所・公事方掛等、外国人と関係する部署が多いため、それぞれ事情に通暁している掛がいる場合はその掛が対応し、それ以外の案件を応接掛が一手に引き受けることとしている。応接掛が対応すべき案件としては、外国軍艦関係、近海での遭難、ロシア人関係、奉行所における応接をあげている。この改善策は四月十四日に奉行の許可を得た。

こうした外交文書の取扱いの改善は、運上所だけでなく、他の外交に関わる掛も同様に業務内容を細分化させ、各組織の専門性を高めることになっただろう。また、文書行政の徹底は運上所に限らず、奉行所内でも行われていた。すなわち、文書の提出方法・文書サイクル・管理方法などが改められたのである（第一部第一章）。このような文書行政の確立が、開国後急増した膨大な業務量の処理を可能とし、転換期の奉行所運営を支えていたといえよう。

おわりに

開国による幕府の西洋国際社会への参画は、開港場長崎における行政組織の再構築を迫った。なかでも貿易業務を扱う運上所は、その影響が最も大きかった。会所貿易における貿易業務は、長崎奉行や勘定所役人の監督を受けつつも、実務は地役人である会所役人が担い、幕府が直接「通商の国」と関係を持つことはなかった。しかし幕府は、条約締結により「通商の国」とも正式に外交関係を結ぶことになり、条約に規定された貿易業務を正常に行う義務を負うことになったのである。

運上所が扱う貿易業務のなかで最も重要なものの一つが出入港税や関税徴収であったが、幕府は、これらの業務に開港場を管轄する遠国奉行の支配向を配置することを基本方針とした。対外的に業務内容の責任を明示しなければならない幕府にとって、その業務責任者は幕臣である必要があったのである。そのため、地役人の存在を前提に支配向の人数を抑えられていた長崎では、その補充を、幕臣ではないがそれに準ずる士分格の番方地役人の活用によって果していたものと考えられる。

ただし、運上所の施設に関しては、長崎は独自の動きをみせた。当初、会所財政の窮乏から庁舎の新設が困難で、港会所と称して既存の施設を使用した暫定的な対応をとった。その位置も、新規に運上所が設置されるまでに、数度の変遷を経ていた。

しかし、早くも文久元年（一八六一）初めには、運上所新設構想が持ち上がり、暫定措置の見直しが図られた。だが、ここでも外国人居留地が長崎港を挟んで分離しているという地勢上の問題が絡み、長崎奉行と領事らとの間で設置場所をめぐる意見が対立し、交渉は難航した。特に日本側が懸念していたのは経費の問題であり、領事らの主張を受け入れるためには港の埋立が必要となり、莫大な支出を要した。

こうした膠着状況が打開されるのは同三年頃であった。新たに長崎奉行に就任した服部常純は、米国領事ウォルシュの抗議を受けて、正常な貿易環境を整えるために、荷改所の設置を運上所新設に優先して幕府に働きかけた。一方で同時期は、外国人居留地の地所不足が問題となっており、服部はその解決のために、新たに梅ヶ崎前面の埋立計画を立て幕府の許可を得た。そして服部は、この居留地拡張計画に便乗することで、運上所の設置場所についての妥協点を見出すことにも成功したのである。

このように運上所・荷改所の新設方針が進められるなかで、組織・業務体制の整備が必要となる。文久三年十月以降に始まった組織改革は、組頭をトップとする支配向を中核業務に配し、その下で多くの地役人を活用するものであった。

一方、業務体制については、役所の分散による混乱を防ぐため、文書行政による情報共有の徹底を図った。また、文書作成から最終的に奉行所に提出されるまでの文書サイクルを詳細に規定したことも注目される。ここからは、幕臣である支配向役人を文書作成の責任者として位置付け、体系化された文書行政を構築することで、条約に基づいた貿易業務遂行の責任が主権者である幕府にあることを示し、新たな国際環境のなかで激増する業務に対応しようとする長崎奉行所の姿勢を読み取ることができよう。

では、こうして業務体制が確立された運上所業務の実態はどのようなものだったのだろうか。この点に関しては踏み込んだ検討ができなかったが、以下、現時点で確認できている事項を指摘することで、今後の展望にかえたい。

運上所業務において関税徴収が重要であることは本章で繰り返し指摘してきたが、その際、ポイントとなるのは貿易品価格の査定である。慶応二年（一八六六）五月の「江戸協約」（改税約書）調印まで関税は従価税だったため、貿易品価格の決定が関税額の算定において最も重要であった。この貿易品価格の査定は、運上所の御用達商人によって行われていたことが確認できるが、会所役人の諸目利が配置された形跡はない。その要因は、長崎奉行岡部長常の「金川《（神奈川）》江目利共呼寄之義達も有之承知、乍然此地目利も名而已ニ而真ニ眼力有之者は無之、皆商人之力を借り候」[61]という発言に表れている。すなわち、当時、すでに会所の目利は貿易品価格査定の能力が低下しており、実際は商人によっていたことが判明する。御用達商人には、奉行所へ毎月大坂の諸色相場を報告することが義務付けられていた。[62]それは、外国商人が申請した貿易品価格が不当な場合、運上所には先買権が認められていたことと関係していると思われる。御用達商人は、その貿易品の買い上げと売却までを任されており、その売却先が長崎あるいは大坂であった。そのため大坂の相場情報が重要だったわけだが、実際には、この制度による運上所の利益確保は順調ではなかったようである。その原因は、大坂を中心とする物流構造の変化や御用達商人の性格などが関係してくると思われ、開国直後の運上所業務を分析するうえで興味深い点だと考えているが、詳細については史料の発掘とともに今後の課題としたい。

註

（1）石井孝執筆「運上所」（『国史大辞典』）。
（2）朝倉弘教『世界関税史』（日本関税協会、一九八三年）。
（3）横浜では、神奈川奉行支配向の大半が奉行所ではなく運上所に詰めていた（『横浜市史』第二巻、有隣堂、一九五九年）。
（4）大蔵省関税局編『税関百年史』上（日本関税協会、一九七二年）。他に、明治期に横浜税関が編纂した各開港場税関の沿革史である、横浜税関編『横浜税関沿革史』（一九〇二年）、同編『長崎税関沿革史』（一九〇二年）、同編『函館税関沿革史』（一九〇四年）や、安藤平『通関制度史』上（日本通関業会連合会、一九八七年）などがある。
（5）菱谷武平「内浦の埋築―俵物役所の終末―」（『長崎外国人居留地の研究』九州大学出版会、一九八八年、初出一九六四年）。
（6）鵜飼政志「明治維新史研究と国際関係の視点」（明治維新史学会編『明治維新史研究の今を問う―新たな歴史像を求めて―』有志舎、二〇一一年）。
（7）門松秀樹『開拓使と幕臣―幕末・維新期の行政的連続性―』（慶應義塾大学出版会、二〇〇九年）ⅱ頁。
（8）添田仁「〈開港場行政〉の形成と長崎」（『ヒストリア』二一八、二〇〇九年）。
（9）中村質『近世長崎貿易史の研究』（吉川弘文館、一九八八年）。
（10）戸森麻衣子「長崎地役人」（森下徹編『身分的周縁と近世社会7　武士の周縁に生きる』吉川弘文館、二〇〇七年）。このほか地役人については、添田仁「近世中後期長崎における都市運営と地役人―町乙名の実態的・動態的分析をもとに―」（『ヒストリア』一九九、二〇〇六年）、同「長崎番方地役人と正徳新例―浪人から御役所附へ―」（『九州史学』一四七、二〇〇七年）、同「近世港

市長崎の運営と抜荷」（『日本史研究』五四八、二〇〇八年）、戸森麻衣子「近世中後期長崎代官の手代—地役人と手代の間—」（『九州史学』一四二、二〇〇五年）を参照。

(11)　鈴木康子『長崎奉行の研究』（思文閣出版、二〇〇四年）。

(12)　中村質「長崎会所と安政開港—その勘定帳をめぐる諸問題—」（『九州文化史研究所紀要』二二、一九七七年）。この点については、木﨑弘美氏も「最後に署名している長崎奉行の段階で、どの程度チェック機能が働いたかは疑問が残る」と、貿易業務における「官営」の評価には慎重であるべきことを指摘している（「宝暦期における「長崎会所勘定帳」の分析」『比較文化史研究』一〇、二〇〇九年）。

(13)　森岡美子「長崎貿易における関税—貿易利潤からみた長崎貿易の変遷—」（『文化』一八—一、一九五四年）。

(14)　前掲『税関百年史』五九〜六〇頁。

(15)　外務省条約局『旧条約彙纂』第一巻第二部（一九三四年）。

(16)　『幕末外国関係文書』巻二一、二七二号。

(17)　安政六年七月の長崎奉行の上申書では、この外国奉行の上申書を指して、「此程外国奉行より貿易御仕法筋之儀ニ付申上候件々御下知之趣とも申越候ニ付、取調候処、免状各書類認方振れ候廉も相見（中略）再応取調、猶外国奉行江も打合、各港諸般之手数、可成丈区々不相成様、取計候心得ニ御座候」（『幕末外国関係文書』巻二五、一七四号）とある。

(18)　この部分の引用に際して、刊本では、「外国奉行支配向立会、御勘定方御目付方相詰」とあるが、筆者は「外国奉行支配向、立会御勘定御目付方相詰」と読むべきだと考える。それは、「御勘定方御目付方立合早々被　仰付」（『幕末外国関係文書』巻二三、九七号）や、「御入用筋ニ関係仕候儀は立会御勘定江も談判之上可申上筈」（同巻四二、三五号）など、「立会（合）」が名詞として使用されている例が多く、引用史料においても「外国奉行支配向、立会御勘定御目付」が「相詰」めると読むべきだと判断したためである。

(19)　前掲註(16)。

(20)　『幕末外国関係文書』巻二五、一七四号。

(21)　開国後の会所会計では、居留地関係や新規諸施設費などによる経費の増大がみられ、実質的には幕府の「御金蔵」と化していたことが指摘されている（中村質「終末期における長崎会所の会計史料—ことに産物会所との関連において—」『産業経営研究所報』

五、一九七二年）。ここから長崎では会所による財政支出が幕府による負担と同一視されていたことがわかる。

(22)「安政五年九月―同六年九月　手頭留　公事方」（森永種夫校訂『長崎幕末史料大成』三、長崎文献社、一九七〇年、三〇六頁、以下『長幕』と略記する）。

(23)「自安政六未歳六月至十二月　各国官吏往復留　港会所」（『長幕』二、四二頁）。

(24)「万延酉年正月より十二月迄　各国官吏往復留　港会所」（『長幕』二、一三〇頁）。

(25) 菱谷武平氏は、元俵物役所が「湊会所」と改称する指示を受けながらも、「大浦番所がその支配下に配置転換されると大浦番所を「湊会所」に当てる記録は多く、問題の「俵物役所」を「湊会所」に当てる記録が絶無に近い事実が一つの問題点」（前掲菱谷「内浦の埋築―俵物役所の終末―」三九五頁）と指摘しているが、ここでみた通り、業務開始後すぐに大浦役所へ運上所機能が移されたためであり、特に問題ではないと考える。

(26) 前掲菱谷「内浦の埋築―俵物役所の終末―」三八四頁。

(27)「安政三年九月―同四年九月　手頭留　目安方」（『長幕』三、二二二頁）。

(28)「安政四年―同五年　手頭留　公事方」（『長幕』三、二三三頁）。

(29) 前掲『長崎税関沿革史』一七〇頁。

(30)「長崎税関及荷物検査所建造地一件　二」『続通信全覧』類輯之部地処門。

(31) 岡部は、文久元年九月二十七日に外国奉行へ転任しているが、翌年一月十三日までは「長崎御用引請取扱在府長崎奉行之通支配向をも致指揮候様」命じられている（沼倉延幸「長崎養生所の設立をめぐる長崎奉行の施策と幕府評議―幕末期改革派官僚岡部長常の洋学導入―」『青山学院大学文学部紀要』二八、一九八六年）。

(32)「長崎税関及荷物検査所建造地一件　一」『続通信全覧』類輯之部地処門。

(33) 同右。

(34) 前掲中村「終末期における長崎会所の会計史料」。

(35) 前掲沼倉「長崎養生所の設立をめぐる長崎奉行の施策と幕府評議」。

(36)「長崎税関及荷物検査所建造地一件　二」、「長崎税関及荷物検査所建造地一件　三」『続通信全覧』類輯之部地処門。

(37)「長崎税関及荷物検査所建造地一件　三」。

(38)　造船師カール・レーマン、造営師シャルル・レミーは、文久二年に立神軍艦打立所の建設に際して雇用され来日した人物である。カール・レーマンの日本での経歴については、荒木康彦『近代日独交渉史研究序説—最初のドイツ大学日本人学生馬島済治とカール・レーマン—』（雄松堂出版、二〇〇三年）に詳しい。
(39)　日本側は、前年十二月までに外国商人の居留地移転を完遂しようとしていたが、領事らの抗議によって、文久二年四月十五日まで延期している（菱谷武平「長崎における外国人居留地の成立と外国人の動向」前掲『長崎外国人居留地の研究』初出一九五九年。以下、本項では、特に断らない限り、外国人居留地の状況に関しては同論文による）。
(40)　「文久二戌年十一月ヨリ元治元甲子至十二月　亜米利加官吏往復留　応接掛」（『長幕』一、一六一〜一六二頁）。
(41)　奈良勝司「徳川政権と万国対峙」（明治維新史学会編『講座明治維新第二巻　幕末政治と社会変動』有志舎、二〇一一年）。
(42)　石井孝『幕末貿易史の研究』（日本評論社、一九四四年）五二〜五四頁。
(43)　杉山伸也「グラバー商会—幕末期の長崎貿易と外商—」（『年報近代日本研究』三、山川出版社、一九八一年）。
(44)　前掲菱谷「長崎における外国人居留地の成立と外国人の動向」。
(45)　前掲註(37)。
(46)　「江戸申上綴込」（長崎歴史文化博物館所蔵、オリジナル番号 B14 66-1）。
(47)　「文久三年十一月—元治元年十月　御用留　運上所」（『長幕』五、四頁）。
(48)　前掲註(40)。
(49)　前掲註(37)。
(50)　「慶応三年正月—同年十二月　諸書留　運上所掛」（『長幕』四、五一三〜五二三頁）。
(51)　福井金平は、安政六年三月二十六日に長崎奉行手附出役から同支配調役下役元〆（のちに定役元〆と改称）となり、調役まで昇進し、慶応二年四月七日に新門番に転役するまで長崎奉行支配向を務めている（第一部第四章の表2参照）。その間、居留場掛・運上所掛と一貫して外交関係の掛を務めている。以下取り上げる運上所関連の意見の大半は福井が作成しており、こうした実務役人の役割の大きさは注目できる。
(52)　「運上所掛人数其外御改革並御開港以来骨折候者御褒美一件」（長崎歴史文化博物館所蔵、オリジナル番号 B16 4-4、以下「御改革」と略記する）。

(53) 「文久元年―元治元年　諸書留　運上所掛」（『長幕』四、三一二～三一三頁）。
(54) 前掲戸森「長崎地役人」。
(55) 「長崎税関及荷物検査所建造地一件　二」。
(56) 「元治二年正月―慶応元年九月　諸書留　運上所掛」（『長幕』四、三八五～三八八頁）。
(57) 同右書四〇五頁。
(58) 「慶応元年―慶応二年　御用留　公事方掛」（『長幕』五、一五九～一六〇頁）。
(59) 何礼之助は唐通事であったが、英語を修得していたことから運上所業務に従事し、文久三年七月に長崎奉行支配定役格に抜擢された。慶応元年九月には、長崎奉行や組頭専属の通詞となり運上所掛は免じられているので、この時御書翰方も免じられたのであろう（第二部第三章参照）。
(60) 「慶応元年―慶応二年　御用留　公事方掛」（『長幕』五、一七一～一七三頁）。
(61) 万延元年十月十二日付長崎奉行支配組頭依田克之丞宛岡部長常書状（金沢文庫所蔵「依田家文書」、神奈川県立公文書館所蔵写真帳を利用）。なお『金沢文庫古文書』第一七輯（一九六一年）に翻刻されている。
(62) 前掲註(53)。

第三章　居留場掛の設置と居留地運営

はじめに

開港場に外国人居留地が設置されると、開港場を管轄する奉行所は、居留地の造成や地所の貸渡業務をはじめとする、それまで経験したことのない新たな業務に奔走することになった。

居留地の研究については、これまでもさまざまな観点から研究が蓄積されている。なかでも本格的な居留地研究の礎を築いた大山梓氏の研究は、各居留地の規則上の特質を詳細に明らかにし、居留地の問題を包括的に論じた研究としては、現在でもなお唯一のものであり、高く評価されるものである(1)。

一方で、個々の居留地に注目した研究は、『横浜市史』など開港場があった地域の自治体史を中心に進められてきた(2)。特に政治・外交の中心に近く、また最大の貿易港に発展した横浜の居留地研究は、質・量ともに最も精力的に行われている。これらの研究は、大きく分類すると、①制度や規則面を中心としたもの(3)、②外交問題を中心に論じるもの(4)、③地域における異文化交流を論じるもの(5)、とに大別される。しかし、制度や規則を定めることと、実際に現場で運用する行政の問題は必ずしも即応するものではない。また、外交問題や異文化交流は、ある局面に限定されるという側面がある。したがって従来の研究には、居留地の日常的な運営を支える行政のあり方を正面に据えたものがなかった(6)。開港場の奉行所が居留地の運営にどのように機能していたのかといった点については、ほとんど関心が向けられなかったのである。

外国人襲撃事件や行政規則をめぐる問題など課題も多かったが、大局的にみれば居留地の運営が大混乱を招くことはなかった。そして幕府倒壊後、新政府がその運営体制を引き継ぎ再編していくことを踏まえれば[7]、幕末段階における居留地運営の実態を明らかにしておく必要があると考える。

前章まで検討してきたように、長崎奉行所は日常的な開港場運営をスムースに遂行するための組織や業務体制を構築し、支配向が諸掛を分担して業務を遂行していた。居留地をどのように運営していたかは、このような奉行所組織の基本的な構造を踏まえたうえで論じる必要がある。

そこで本章では、長崎奉行所に設置された居留場掛という部局に注目して、長崎奉行所による居留地の運営体制について検討を加えていく。長崎の居留地研究は、外国商人との間に生じた訴訟問題を論じた重藤威夫氏の研究[8]や、古図を駆使して居留地造成の過程を克明に描き、さらに外国人居留民による自治制や借地料の問題などまで包括的に論じた菱谷武平氏の研究[9]が代表的である。しかし、これらの研究においても居留場掛に関しては論じられていない。近年、織田毅氏によって初めて居留場掛が取り上げられ、その基本的な情報が提示された[10]。だが氏の研究は、正確には町乙名の加役としての居留場掛乙名に注目しているためか、居留場掛の奉行所内における位置付けが不正確であるという問題がある。また添田仁氏は、維新期の地役人について論じるなかで、居留場掛に言及し、「幕府は、外国人居留地というあらたに生まれた異域・異人との接点の維持・運営を、担当する町乙名の経済力や人脈に裏付けられた個々の裁量に委ねていた」と述べている[11]。これは重要な指摘であるが、居留場掛を中心に分析した論考ではないため、十分な分析がなされているわけではない。

このような先行研究の課題を踏まえたうえで、本章では、まず居留場掛の基本的な役職や構成員について明らかにする。次いで、職務の中心である地所の貸渡やインフラ整備をいかなる業務体制で遂行していたのかを追究する。最後に居留場掛の組織構成を可能とした地域的特質について検討する。

一　居留場掛の新設と構成

1　居留場掛の設置

居留場掛の設置とその組織構成については、織田毅氏がすでに明らかにしている。[12]そこで、最初に氏の研究に依拠して、その特徴をまとめておきたい。

万延元年（一八六〇）九月十八日に本籠町乙名の田口牧三郎と新橋町乙名の岩清谷亀三郎が「外国人居留場取扱掛」（居留場掛乙名）に任命された。定員は二、三人で、その下に乙名助・同手伝・同下役・小使・普請方役・詰合通詞・懸り庄屋・同下役・掛り普請方役・詰所賄方下働・外国通ひ船請負人・同小頭・日雇請負人・部屋附並定日雇請負人・詰所附通船水夫・外国人道案内之者請負人・梅ヶ崎町門番人があり、文久四年（一八六四）正月には四五人であったという。そして、慶応三年（一八六七）には運上所掛に吸収され、翌年六月十九日に外国管事役所掛と改称された。

しかし織田氏は、居留場掛乙名（以下、掛乙名とする）を居留場掛の責任者と規定しており、居留場掛と掛乙名との違いを意識していない点に問題がある。右記二人の町乙名は、あくまで掛乙名なのであって居留場掛ではない。居留場掛は、奉行所組織における諸掛の内の一つであり、掛には長崎奉行支配向である幕臣が配置されていた。諸掛は改廃が流動的であり、また設置・廃止時期が必ずしも明確でない場合も多いが、表1のように、文久二年十二月に組織整理が行われた際には、商法掛に附属して居留場掛（居留地掛）が配置されていることがわかる。右記の町乙名二人が掛乙名に任命された日の日記には、「当時居留場・埋地懸り福井金平殿・沼間平六郎殿・松田十一郎殿・牧羽幸兵衛殿・橋本良之進殿江附属相勤候様、金平殿ゟ御達相成(13)」と記されており、ここに記されている人物はすべて支配向であることから、掛乙名が奉行所内の掛に附属する役職であることは明らかである。

ここで、居留場掛が開港場の奉行所においてどのような位置付けにあったのかを確認しておきたい。慶応元年八月に組頭から居留場掛に宛てて出された書付(14)には、居留場掛について次のように記されている。

〔史料1〕

居留場掛之儀は、外国人引合向第一之事ニ而、此方不都合之取計等有之候而は、奉行衆之御不行届と申而已ならす、品ニ寄江戸表へ苦情申立不容易御手数ニ至り可申も難計、其本を取扱候事故、此処能々御勘弁之上格別ニ心を用ひ、此方之手抜不調等無之様、御一同厚申合、調之間にハ掛り切之者ハ日々、兼勤之者ハ折々、大風大汐等之跡は別而気を付御見廻り深切ニ取扱候様いたし度、尤兼勤ニてハ本掛之御用多端ニ付、左様ニハ相成間敷候得共、出勤退散掛等見計候ても、可也見廻り等は出来可申、且掛切之者は前文之通相心得、乙名等之者へ打任せ置、巨細之事ハ手ニ不触候間、夫は乙名江尋不申候半而は不相分抔申事之無之様い

表1　諸掛の管轄・附属関係

管轄	附属掛	管轄	附属掛
御用所	産業掛	書物掛	普請掛
	陶器所掛		養生所掛
	植物掛	会所掛	銅座掛
	製茶掛	製鉄所掛	修船場掛
	波戸場掛		御軍艦打建
	御船掛（運用掛名目改）		石炭
		商法掛	応接掛
	文学世話掛		外国公事方掛
	武術世話掛		居留地掛
	洋学世話掛		石炭掛
	町方掛	公事方掛	寄場掛

典拠「万延２年正月—文久２年12月　手頭留　公事方」（『長幕』3）

たし度候事（後略）

居留場掛は、外国人への対応が第一であり、何か不都合があれば奉行の監督不行届きとなるだけではなく、江戸にまで苦情が出されてしまい大事になることもあり得る。したがって、こちらに不手際がないように「御一同厚申合」て職務にあたらなければならない。実務を掛乙名たちに任せきりにして、詳細を把握していないというようなことがないようにせよ、とある。ここからは、外国人への対応を中心的な業務とする開港場の奉行所において、居留場掛がいかに重要であるかが端的に示されている。後略部分には、居留地の地所貸渡の状況を常に正確に把握しておくこと、掛乙名らの勤務態度を把握し、「格別之働」の者には褒賞を願い出るべきこと、地所に関して外国側から苦情を出させないように「唯吾か掛之職務を飽迄尽し遂け候事を主に」せよ、と具体的な指示が記されている。居留場掛は支配向が責任者となり、外交問題に発展しないように細心の注意を払いながら業務を行う必要があったのである。

とはいえ、支配向だけで居留地に関する実務全般を行うことは不可能であり、そのために掛乙名以下の地役人を活用していた。地役人の具体的な構成については次項で述べることとし、ここでは居留場掛と掛乙名の関係を概観するにとどめる。

居留場掛で作成された「諸事留」の文久元年六月頃の記事には次のように記されている。(15)

〔史料2〕

地所貸渡・地代夫銀取立方等を始メ、都而区内之儀は、重ニ町乙名ニ為取計、庄屋は御年貢筋幷村並ニ拘り候儀為取扱、惣体取締等之儀は、支配調役並・定役等ニ而相心得候様可仕奉存候

この史料は、「外国人居留場一区域取扱方之儀伺書之内」との但書があるので、居留地の取扱いに関する内容であり、ここから居留場掛における支配向と掛乙名の関係が明らかになる。すなわち、地所の貸渡や地代の取立など「区

内」（居留地内）のことは「町乙名」（掛乙名）に取り扱わせ、「惣体取締等之儀」は支配向である調役並・定役が行う。つまり、日常的な業務は掛乙名に扱わせて、支配向はその統括者との位置付けである。庄屋について記されているのは、長崎の居留地には民有地が多く含まれていたためである。

このように、現場責任者として支配向から任じられる居留場掛と、実務役人としての掛乙名は明確に区別されており、この点を看過すると、居留場掛の性格を見誤る恐れがあるため、ここで強調しておきたい。

2　居留場掛の構成

掛乙名の二人は、掛に仰せ付けられたその日の内に、各国領事へ就任の挨拶を済ませ、これから居留地が造成される予定地の視察を行っている。また詰所については、「差向埋地懸り小屋場江日々相詰御用取扱可申」ことが命じられている。[16] この詰所は、万延元年十月に埋地が完成すると引き払われることになり、新たに梅ヶ崎岸下に「仮詰所」が設置されることになった。[17] その後、慶応元年十月に、外国人へ対応する役所が掛け隔てているのは不便だという理由から、運上所へ詰めるようになった。[18] なお、居留場掛で作成された「日記」には、万延元年十二月二日の記事から、居留場掛の出勤の有無が冒頭に記されるようになっている。

さて掛乙名の二人は、就任してすぐに居留場掛福井金平（定役元締カ）から「手附之義も人撰いたし可申立」[19]と達せられていた。つまり、掛乙名の職務を補助する下役の人選は、掛乙名となる町乙名の人脈によっていたことになる。以下、表2を参照しながらその実態を具体的にみていきたい。

表2は、居留場掛に関係した町方の人物を一覧にしたものである。ここから、一部には下役小使のように地役人ではない町人も含まれているが（№17〜20）、多くが町乙名や日行使という地役人から構成されていることがわかる。

14	文久3年3月	中嶋亀助	西古川町日行使	手附増雇→掛乙名下役（文久3年12月7日）	銀1貫80匁（下役）	勤中「年始・八朔・五節句礼」出席
15	元治元年2月10日	鶴田嘉平太	本石灰町日行使	掛乙名下役当分増掛→乙名下役助→乙名下役	銀900匁/年(慶応元年7月12日～)	慶応3年3月1日差免
16	慶応3年2月	松崎與三郎	島原町日行使	掛乙名下役		
17	文久元年2月	嘉吉	八百屋町人別	居留場雇小使→居留場小使（文久3年11月）	銀720匁	
18	文久元年2月	岩吉	本籠町	手附		
19	文久3年12月	政五郎	本籠町人別	居留場雇小使→居留場小使（文久3年11月）	銀720匁	慶応2年2月6日差免
20	文久3年12月	亀五郎	八百屋町人別	居留場雇小使→居留場小使（文久3年11月）	銀720匁	
21	*文久3年3月	若杉吉太郎	—	掛会所請払役(会所役人の兼勤ヵ)		
22	文久2年12月23日	笹山八郎	会所請払役	地料取扱掛		若杉吉太郎の代役
23	文久元年8月	初村孫四郎	—	普請方役（頭取）→居留場定式普請掛（慶応元年閏5月改称）	銀30匁／月	
24	慶応元年閏5月19日	初村芳三郎	孫四郎倅・普請方役	居留場定式普請掛	銀30匁／月	
25	文久2年2月	荒木昌三	—	唐通事手加勢英語兼学居留場掛通事	銀2匁／日	
26	元治元年6月18日	荒木伊助		外国人居留場用達		
27	慶応元年閏5月25日	伊太郎	炉粕町	外国人居留場日雇頭	銭5貫／年	

典拠 「元治元年—慶応元年　申上留」(『長幕』4),「万延元年—慶応4年　諸事留」(『長幕』4),「諸被仰渡御手頭留　万延元年」
＊は就任日時が不明のもので史料上の初出の時期を，—は不明を示している．

表2　居留場掛を構成する長崎地役人と町人（慶応3年7月まで）

	就任日	名	居町・身分	居留場掛役職	手　当	備　考
1	万延元年9月18日	田口牧三郎	本籠町乙名	掛乙名	銀1貫3人扶持	慶応元年6月23日差免
2	万延元年9月18日	岩清谷亀三郎	新橋町乙名	掛乙名	銀1貫3人扶持	勤中「席礼」
3	文久2年8月29日	若杉常重郎	出来大工町乙名	掛乙名	銀1貫3人扶持	田口牧三郎・田中菊太郎の病気中の兼勤．同年12月29日から本勤
4	文久2年2月22日	田中菊太郎	唐人屋敷乙名本勤過人	掛乙名当分過人		のち唐人屋敷乙名へ転出
5	文久3年3月9日	北嶋又三郎	本興善町乙名	掛乙名当分助勤→掛乙名助勤（文久3年12月）	銀1貫（文久3年12月～）	勤中「席礼」元治元年12月10日差免
6	文久3年12月6日	沢井猶太郎	豊後町乙名	掛乙名当分助勤→掛乙名助勤（元治元年12月28日）	銀1貫（元治元年12月28日～）	勤中「席礼」慶応3年5月4日差免
7	元治元年11月10日	黒川菊次郎	新大工町乙名見習	掛乙名手伝	銀300匁（慶応元年7月ヵ～）	
8	元治元年11月10日	田口甲太郎	本籠町乙名見習	掛乙名手伝→掛乙名当分助（慶応3年2月26日）	銀300匁（慶応元年7月ヵ～）	勤中「席礼」田中牧三郎倅
9	元治元年12月23日	伊東福太郎	恵美酒町乙名	当分掛乙名→掛2名（慶応元年12月28日）	銀1貫3人扶持（慶応元年12月28日～）	田口牧三郎の病気のため
10	文久元年2月	大城義右衛門	元炉粕町日行使	手附→掛乙名下役（文久3年11月15日）	銀1貫80匁（下役）	勤中「年始・八朔・五節句礼」出席
11	文久元年2月	向井源三郎	豊後町（内中町日行使喜代助弟）	手附→掛乙名下役（文久3年11月15日）	銀1貫80匁（下役）	慶応2年2月6日差免
12	文久元年5月	渡辺敬次郎	勝山町日行使	手附→掛乙名下役兼勤（文久3年11月15日）	銀1貫80匁（下役）	
13	文久3年3月	吉田宗七郎	本籠町日行使	手附増雇→掛乙名下役（文久3年12月7日）	銀1貫80匁（下役）	慶応2年2月6日差免

下役の人選を任された掛乙名は、大城義右衛門・向井源三郎・渡辺敬次郎・吉田宗七郎・中嶋亀助を下役としているが、彼らはいずれも、町乙名のもとで各町の業務を行う日行使であり、「町乙名—日行使」という町政機構の序列を保ちながら居留場掛という組織に組み込まれていることが指摘できる。そして、関係している地役人の居町に偏りがみられないことから、特定の乙名の意思のみで人選されたものではなく、惣町の総意として居留地運営を支える業務を展開していたと推測される。

このほかにも居留場掛には、通詞や普請方のように専門的な業務を補佐する者もいた。言うまでもなく、外国人への応対を主要な職務とする居留場掛にとって通詞の存在は必要不可欠である。当初は港会所詰の通詞一人が居留場掛の詰所に詰めていたが、領事や居留民との応対が多く人手不足の状況であった。しかも、居留場掛の詰所で勤務している通詞には定まった手当もなかった。そこで文久元年八月に、人数の定数化などを含んだ通詞の勤務体制に関する改善策が提出された(20)。これを受けて奉行所では、品川藤十郎・岩瀬孫四郎・三嶋末太郎・今村朔郎・森田又市郎・馬場敬次郎・何礼之助・平野栄三郎を「外国人居留場掛」の通詞に任命した(21)。

こうして通詞が増員されたが、彼らは唐通事・阿蘭陀通詞としての本来の職務もあり、「外国人居留場掛」は「兼勤」という扱いであったため、そのことによる不都合もあった。そこで掛乙名は、同年十二月に荒木昌三を「居留場掛英語兼学唐通事手加勢」とすることを願い出て許可を得た(22)。荒木昌三は安政五年（一八五八）に、中国語の会話能力を買われて英国領事モリソンの依頼により「御雇」となり、彼のもとへ派遣されていた。しかし、モリソンが帰国した後は手空きとなっていたため、中国語に加え英語も一程度の能力があるとのことで候補にあがったのである。

一方、居留地の普請を行っていたのは、初村孫四郎である。孫四郎は、普請方を務める地役人で、居留地造成の当所から「普請方頭取助」として普請を行っていた熟練者であった。当初、居留地の普請は孫四郎一人で指揮していたが、居留地が拡張され、また日常的な「小破取繕」が多く、人手不足となったことで業務に遅滞が生じ、外国人からの苦情も出ていた。そこで慶応元年閏五月、息子の芳三郎一人が増員された[23]。

このほかにも元治元年（一八六四）五月には、居留地の普請などの諸経費の管理をめぐり、御用達が任命されている。本来は、居留場掛の詰所で管理すべきものと思われるが、「仮詰所」では取締り上問題があるとの判断から、居留地に近く身元が確かな町人として、本石灰町の家持荒木伊助が任命された[24]。

これまでみてきたように、居留地の運営は奉行所内に設置された居留場掛において、統括者である支配向の指揮を受け、掛乙名以下の地役人が中心となって業務が遂行されていた。構成していた地役人の人選は、彼らの地域的ネットワークに依拠していたのであり、奉行所は地役人社会の構造を上手く取り込むことで、居留地運営を円滑に進めようとしていたと指摘できよう。

二　居留地の地所貸渡業務

掛乙名の職務内容に関して、織田氏は慶応二年（一八六六）三月の「勤方大意書」の分析から、以下のようにまとめている[25]。①居留地造成・添増時の居住者引越料の取調べなど地所に関係するもの全般、②地所の貸渡に関する業務、③道筋など居留地内の普請、④居留地同様の出島の取扱い、⑤外国人居留民と附属清国人の名前取調べ、⑥外国人に雇われた日本人の監督、⑦居留地内の取締りである。しかし、この職務がいかに遂行されていたかという点にまで踏み込んだ分析はなされていない。そこで、これらの職務の内、日常的かつ中心となる職務と思われる地所の貸渡（本節）、インフラ整備（次節）について、節を分けて具体的な分析を試みたい。

地所の貸渡に関する業務は、居留地運営の根幹となる業務といえる。そこでまず、万延元年（一八六〇）八月に長崎奉行と各国領事との間で調印された長崎地所規則(26)（以下、「地所規則」とする）から、地所の貸渡に関する規定を確認しておきたい。

「地所規則」第一条では、外国人が地所を借り受ける際の手続きについて規定している。すなわち、借地を希望する者は、まず書面により自国の領事に申し出て、申し出を受けた領事は、「地所掛りの役人」および他国領事へ希望地に対する支障の有無を確認することとなっている。第三条では、第一条の手続きを経た借地希望者は、領事の氏名と印が捺された書類を受け取り、「地所掛りの役人」に提出することが定められている。この書類を受け取った役人は、直ちに希望者と共に地所の測量を行う。測量が済んだ後、借地人は一年分の地代を「地所掛りの上役」へ支払い、上役は坪数・境界を記載した請取書三通を作成し翻訳を添えて希望者へ渡す。希望者はこの三通のうち二通を自国の領事へ提出し、一通が改めて領事から奉行へ提出される。そのうえで、奉行が三通の地券を発行し、奉行所・領事・希望者が一通ずつ所持することとなる。このように、居留地の地所配分手続きは、〈希望者→領事→希望者→「地所掛り」（居留場掛）→希望者→領事→奉行→領事・希望者〉と多くの過程を経て地券が発行される仕組みになっていた。それは、「地所規則」に調印した双方の責任者が、地券の有効性を保証するために必要な手続きだったといえよう。

さて、先述したように掛乙名は、万延元年九月十八日に設置されたが、その設置に際して最初に具体的な職務内容が示されたのは、同月二十日の居留場掛福井金平からの指示であった。その指示は「借屋之儀は、向後拙者共ニ而引請世話いたし遣候様(27)」との内容であり、居留場掛が借地貸渡業務を行うことを明示している。長崎では、居留地が造成されるまでの間、暫定的な外国人居住地区を設定していたが、万延元年十月に居留地の第一期埋立が完了し、居留民は移転を始めたため、[28]掛乙名は設置当初その対応に多忙を極めたと思われる。それを裏付けるように、「日記」には「御借地分間改」など、借地の貸渡業務に関する記述が散見される。「日記」の記述によれば、「御場所地割」は同年十月五日に開始されている。[29]

借地希望者は「地所掛りの役人」に書類を提出することになっていたが、例えば「英商メジョル罷出、第五番之地所相渡呉候様申之ニ付、牧三郎地所間数打改証書相渡」[30]とあるように、掛乙名の田口牧三郎が「地所間数」の改めを行っており、掛乙名が日常的に対応していた。

このような地所貸渡に関する実務を遂行するための必要な業務に、地所の測量と分間絵図の作成がある。「地所規則」の規定にあったように、掛乙名は借地人からの申出を受けると、該当地所を測量する必要があった。「日記」には、掛乙名が測量に赴いたと書かれているが、実際には専門の技術を持った者を随伴していたと考えられる。この測量の専門技術を備えていた人物は、渡辺敬次郎である。敬次郎は、当初から居留地となる埋立地の測量や借地の測量、絵図作成を一人で行っていた。その後人手不足から、文久四年（一八六四）正月に算術を心得ている波ノ平住人の勝右衛門なる人物を「分間手伝」とすること、[31]さらに慶応三年三月には、敬次郎の息子で済美館[32]で西洋算術世話役を務めていた渡辺一郎を「分間掛兼勤」とする動きがみられる。[33]

このような地所の測量と絵図の作成は、例えば、「英人メショル罷出、昨日一見いたし候山手之地所絵図面相渡呉候様申立ニ付、図面相渡置」[34]とあるように、地所を借りる側も貸す側もその管理のために重要であった。それゆえ掛乙名は、地所配分がおおよそ完了した慶応二年正月、「外国人居留地区別分間縮図」の版木作成を願い出た。[35]「外国人居留地区別分間縮図」は、奉行所役人だけでなく各国領事や居留民も必要とし、これまでは必要のたびに下役へ作成させていたが、「御用多」の際には支障が出る恐れがあるため、版木を作成しておきたいとの趣意である。この版木作成が許可されたかは不明だが、居留地の整備が進むにつれて、居留地の管理上、絵図が業務に欠かせないものになっていったことは確認できる。

一方で、居留場掛の詰所に備え置くための絵図も作成されている。(36)この絵図は、居留地惣体一〇万坪余を描いたもので、広渡盛之助が作成している。盛之助は、桂洲という号の広渡系の長崎絵師であり、また唐絵目利でもあった。(37)これは、日常の業務で作成されていた絵図とは異なり、役所に備えるに相応しいある程度大掛かりな絵図だったと考えられる。なお、こうした絵図の需要は、公的な場面に限らず民間からも高まっており、慶応二年二月に梅ヶ崎町居住の与右衛門という人物が居留地絵図の販売許可を願い出て、奉行所での審議の結果、「長崎外国人居留場全図」として販売が許可された。(38)

三　居留地のインフラ整備

居留地のインフラに関しては、「地所規則」第五条において日本側の責任において整備することが規定されていた。この担当が居留場掛であり、居留民からのたび重なる要求に対処するために居留地のインフラ整備に奔走していた。長崎の居留地では、「地所規則」で借地人による自治が認められており、文久元年（一八六一）三月の借地人集会によって、初めて自治機関である「ミュニシパル・カウンシル」(Municipal Council) が構成された。同年五月十一日に開かれた会議での決議内容は、インフラ整備に対する改善要求と自治に対する意見であった。(39)特にインフラ整備に関しては、現状の問題点とそれに対する具体的な要望を示しており、居留民にとって重大な関心事となっていたことが窺える。奉行所は、この要望に応じなければならない根拠を「地所規則」に示されていたのである。この点、横浜の場合は、長崎と同様に居留民自治が認められていながらも、インフラ整備は居留民による負担とされていたのとは大きく事情が異なる。(40)

都市機能維持のためのインフラ整備に関する問題は、日常的に生じるものであり、常に居留民からの要求に応える必要があった。それだけに、業務は煩雑にならざるを得なかったし、対応が遅れると居留民からの苦情を受けることとなる。そのため居留場掛には、インフラ整備に迅速に対応するための業務体制が求められていた。

文久三年正月、掛乙名は日常的な手入・修繕に関する手続きの簡略化を願い出た。(41) これまでは「聊宛之繕ひ所ニ付、時々御見分御手数も申上兼」るので、他の普請場所のついでに申し上げるようにしていた。しかし、それでは居留民から「取扱方等閑之様」に苦情を受けるため、今後はあらかじめ修繕の「手間賃」を定めておき、損所が出来次第「御掛御詰合御見届」を受けて、すぐに修繕に取り掛かりたいというものであった。

この願いがどのように処理されたかは不明だが、元治元年(一八六四)四月十八日には、「以来少々之修覆ハ、異国人申出次第、早速手限ニ而手入為致候儀」(42)が福井金平から長崎奉行服部常純に上申されている。これにより、日常的な「少々之修覆」は、居留場掛の判断で居留民からの要求に即時対応可能となった。だが、居留地の拡張が進められるに伴いインフラ整備の範囲も拡張し、対応が追いつかない状況が依然として課題であった。

慶応元年(一八六五)五月、「ミュニシパル・カウンシル」の「地所取扱掛」から居留地の改善すべき点に関する報告書が提出された。その要旨をまとめたものが表3である。この表をみてみると、個々の状況はさまざまであるが、大半は道路と排水処理(第1・2・4・5・8・10・12)に関することである。排水に関しては、例えば「下水ハ何分出来方あしく候間、底ニ敷石いたし、落口ニ潮留之戸を拵、石垣茂仕直し、石灰塗立丈夫ニ仕上被遣度」(43)との要求が当初から出されていた。これは、「渠溝」の設置について、飽ノ浦にいる「欧羅巴人」(44)に尋ねるべき(第8)と指摘

表3 「ミュニシパル・カウンシル」によるインフラ整備要望の要旨

第1　道路
・海岸手とすべての道路は残らず平にして敷石を置き換えること．敷石の状態が悪く，道路に溝ができている．場所によっては，溝が堀のように大きくなっており，そのせいで，居留地の水気が捌けずに満潮の後は多くの海水を保つことになっている．
第2　海岸地所
・大きい溝は水捌けのために不益であり，また不用である．特に夜中は危険なので埋めること．道路の敷石は砕けているので敷き直すこと． ・灯台は道路の外に移動すること． ・海岸地所は，水捌けのために道路から海手の石垣に向けて1フィートだけ傾け，また波戸入り口に溜水を捌くために，海岸の石垣の内に直線に流れるような浅い溝を設置すること．
第3　川縁道路
・海岸手から「玉投場」の端まで地均しをし，また「篤斎」居宅の近傍新番所から「玉投場」まで石胸檣を建てること．
第4　溝　ただし大浦海岸手
・溝を通している地所は海水に浸るため，居留地の水捌けをよくし，海水が滞らないように溝底を斜めにすること．またその幅を狭めてよく石灰で練り立てること．
第5　礼拝堂への道路
・ウォルシュ商会の新茶製所の角から礼拝堂の入口までの道路，かつグラバー商会の新石蔵の脇坂から右の道路出会いまでに敷石を敷くこと．この通路がないために日曜日・雨天の時は往来に大いに難儀している．
第6　橋
・橋への上がり際の段差を整備すること．
第7　川
・川上に深い堀を作り，その内に水が絶えないようにすること．川が浅くて日々数刻の間川内が乾いては，蒸発気が立ち昇り甚だ不堅固である．
第8　渠溝
・すべての渠溝をさらに都合よく拵える方法を会得するには，飽ノ浦にいる「欧羅巴人」に尋ねることが要緊である．
第9　新橋
・大浦から下り松の外国人居留地へ架ける「新橋」は大規模な修造であるが，現在架けている橋は修覆しないとのことなので必要である．
第10　海岸及び波戸
・大浦海岸手のように，海岸の石垣は修覆を加え，石を敷いて道路をつくる．また石の波除を築き，中に渠溝を掘ること． ・下り松の荷改所から小曽根までの海岸に石の波戸をつくること．
第11　51番地の近所にある街市
・あまりに狭小であるので元の規定通り広げること．
第12　地面の窪り込み
・「旅店」の近所からミッチェル造船場に向かっている道路および小路は，修覆を加え十全にすること．また坂の向手にあるオールトの小舎までの道路は沼地のようになり，雨天の時はほとんど通行できないので，適宜渠溝を設置すること． ・「旅店」に通っている坂の頂上から礼拝堂までの道路は雨天の時は状態が悪いので，修覆を加え渠溝を設置すること．礼拝堂の向手から波の平の地所までの道路，フランス領事館の上の道路は至って険しく，また路傍の土手もないので夜中の通行は大変危険である．そのため石垣を築き，道路も急な下りにならないように改造すること． ・グラバーの地所からオールト・シムソン・ミッチェル・ステハルト・ロウレイロ等の地所への道路が完備されないので，この借主たちから厳しく告訴を受けている． ・山手地所の道路，及び大浦・下り松へ通じる道路は修覆を加え，かつ渠溝を設置すること． ・グラバーの「鋸車」の所からアダムスの住家までの街市にも，他の道路と同様に渠溝を設けること．小道などはいずれも相応に修覆を加ること．

典拠 「外国人ゟ居留地之儀ニ付申出候書面」

されているように、外国側と日本側の技術レベルの問題でもあった。表3では、主に通行のための排水処理を求めているが、居留民は下水問題と感染症との関連を強く意識していたとの指摘を踏まえれば[45]、通行上の不便のみならず、衛生環境の問題も内包されていたと考えられる。

このような居留民からの要求に対し、奉行所はどのように応じていたのか。慶応元年閏五月十九日、「長崎地所掛り[46]」のノルトンが居留場掛へ提出した書翰によれば、「当処外国人居留場に在る道路等の工作急に始めんとの儀、先日約言ありし処、未た取掛り賜はさる儀を怪しめり[47]」と、修復着工を約束したにも拘らず、その対応が遅いことに不信感を抱いている様子がわかる。さらにこの不信感は、領事団に「積置し地料の弐割を交付へき我等か約諾ハ、道路等を修覆之ためニ極めし事なれは、若当年の末ニ只成功せし而已ニ而全備せす、悪くなるに至てハ、修覆之ため弐割ハ差出し難き事を想像せり[48]」と、言わしめる事態にまで及んでいる。

この「修覆之ため弐割ハ差出し難」いとの領事団の主張の背景には、元治元年十一月に調印された「横浜居留地覚書」で、インフラ整備のために借地料の二割を横浜の居留民の自治運営費とすると規定されたことが影響している[49]。長崎の場合、居留民の自治は認められていたが、その運営費として借地料の二割を充てるという規定はなかったため、規則上は領事団の主張に根拠はなかった。しかし領事団は、居留地造成当初に借地料の支払いを差し押さえて有利に事態を展開させることに成功した経験から、二割金制を主張することで奉行所にインフラ整備の責任を保障させようとしていた[50]。この領事団の主張に対して、長崎奉行能勢頼之は「〔二割金は〕小民共可請取地税之内を以道敷等修覆入用ニ充候処、右弐割預り置かれ候而は、差向修覆入用差支は勿論、小民共より入用償置候様相成事実差支、随而道路修覆向も遅延およひ候[51]」と、借地料の滞納はかえって修覆を遅らせることになると抗議している。

このような財政面の問題に対応すべく、居留場掛は当面の打開策を会所掛に提案している。これまでは「御普請仕様御入用」の伺いが済んだうえで、そのたびに「銀出」（経費の支出）を伺っていたが、それでは手数がかかって普請が遅延してしまう。そこで、現在居留場掛が保管している借地料洋銀一〇〇〇枚の内、金六〇〇両を普請費として「前渡」してもらいたいというものであった。これに対する会所掛の返答は、「前金出方之儀ハ名義も立兼差支候」との理由から、普請予算の見積りを受けて、会所が立て替えるというものであった。(52)

このようにインフラ整備の問題には、解決困難な財政的課題が重くのしかかっていたが、そうしたなかでも、業務体制の改善により解決しようとする試みも模索されていた。例えば慶応元年九月、居留地の清掃活動に、「外国人幷支那人共売買荷物持運ひ日雇ひ人夫」の取締りを仰せ付けられた「差配人」が冥加として、一ヵ月一五人の人足を差し出すこととなった。(53)このような居留地に関係する渡世の請負人からの冥加金は、居留場掛の財源の一部となっていた。(54)だが、居留民が人足を相対で雇用することを阻止するための政策だった「差配人」による日雇統制策は、結局のところ貫徹されず（第二部第一章）、慶応三年九月に「差配人」による人足提供が困難となり免除を願い出るなど、(55)その基盤は脆弱なものであった。

一方で、慶応元年八月に掛乙名が提案した改善策は、従来の道路・排水設備の整備方法の問題点を次のように指摘している。(56)山手を中心に、元来高低差がある畑地をそのまま借地とし、かつ広大な範囲に及ぶ居留地では、道路や下水に草木がすぐに茂り塵芥も溜まりやすく、その結果水捌けが悪くなる。そして、支障が生じるたびに修復を施しているが、それは一時凌ぎに過ぎず耐久性に乏しく、このままでは支出を減らすことは困難である。そこで、今後は「道草摘取或は溝縁繕ひ掃除等之定人夫」を設けて、日常的に「小破之内不絶繕ひ候様」にすれば経費削減にも繋がるのではないかと提案している。具体的な計画としては、人員を一日人夫平均八人と見積り、掛乙名や下役が人夫を引き連れて日々「小修覆場所」の手入をするとしている。掛乙名の改善策は、日々の手入により諸設備の環境維持に努め、大掛かりな修復工事を減少させて経費を削減することを目的としている点に特徴がある。

この改善策の具体的な処理は不明だが、慶応二年六月から「居留地惣体道敷草刈・下水浚日雇、一日弐人半宛之積を以一ヶ月七拾五人」(57)を炉粕町の伊太郎が請け負っていることから、結果的には同様の対策がとられたことが推測される。先述したように、「少々之修覆」は居留場掛の判断で対応が可能だったため、この対策で、日常的にインフラの維持に努め大規模な破損を防ぎ、また、小規模な破損のうちに即時対応することで、経費削減を図るという業務体制の改善がなされたのである。

四　居留場掛構成員の身分・格式

ところで、居留場掛の下役として実務を行っていた地役人たちにとって、その構成員となることにどのような意味があったのだろうか。ここでは、身分・格式の視点から検討してみたい。

近世中後期以降、長崎の地役人のなかで、帯刀御免となる者が急増する。元来、帯刀が許されていた地役人は番方の地役人に限られていたが、明和元年(一七六四)に長崎会所のトップである会所調役(58)が帯刀御免となったことで、帯刀御免の格式を得ようとする風潮が地役人たちの間に広がったのである(59)。そこには、町人身分でありながらも、他の都市の一般的な町人とは異なるという身分の曖昧さのなかで、自己の正当性を示そうとする長崎地役人の葛藤が存在していた(60)。それゆえ、地役人にとって自らの職務に見合った格式を獲得することは重要であるとともに、新たな役職への就任は、現状より高い格式を得るチャンスであったということもできよう。

次の史料は、文久元年(一八六一)十一月に居留場掛の福井金平と沼間平六郎が、掛乙名の奉行所における席次に

ついて上申したものである。(61)

〔史料3〕

居留場掛リ乙名席順之儀、未タ御沙汰無御座、然ニ同所之儀は、各国之もの共を引請御用取扱、外国商人は勿論、コンシユル始メ士官之向江も引合、乙名身分ニ取ては不軽勤向ニ御座候間、席順之儀勘弁仕候処、是迄乙名勤向ニ而可見競場所も無御座候得共、先ス元出嶋、当時ニ而は唐人屋敷乙名抔之場合ニも可有之哉ニ付、右等之席合ニ被仰付不相当も有之間敷哉、尤乙名頭取共よりも同様之見込申上候趣ニも承知仕候間、何卒右席順之儀、早々御沙汰御座候様仕度、此段申上候、以上

酉十一月　　　　福井金平㊞
　　　　　　　　沼間平六郎㊞

居留場掛は外国人を相手にして御用を取り扱うが、相手の外国人は商人のみならず領事や士官もいるため、その職務は町乙名の身分にとって決して軽くはない。他に町乙名の勤向きで比較できる場所もないが、元出島乙名や唐人屋敷乙名などに相当するのではないか。これが居留場掛の主張である。また乙名頭取も同様の主張をしていることから、この主張が「町乙名中」の総意であるとみなせる。(62)翌月には、会所頭役も同意の旨を奉行所に伝えている。(63)これを受けて奉行所では、翌年正月に、掛乙名の席順を唐人屋敷乙名次席とすることに決定した。唐人屋敷乙名は、惣町乙名と比較して受用銀が倍額以上と高額で、(64)地役人のなかでも上位にあった。その唐人屋敷乙名に次ぐ席次を許可されたことは、掛乙名の地役人社会における格式が著しく上昇したことを意味する。

また同三年十月、運上所掛の福井金平(65)と吉岡静助が、掛乙名の田口牧三郎を居留地の運営に際して「殊ニ外異之性質兎角苦情多く種々入組候儀をも品能取纏メ、其余居留場内波戸場往来道敷・山手地所道造等之御普請ニ至迄、右牧

三郎重ニ引受、諸般不都合無之取扱」ったとの理由で会所目付格とすることを奉行所に願い出て許可された。[66] これは当人の励みのみならず、「掛リ一同跡々励之ため」でもあった。会所目付は、会所調役が設置されるまでの長崎会所における実質的な統括者であり、[67] 地役人のなかでも数少ない扶持を与えられる役職である。[68] それだけに、会所目付格とはいえ、本人の出精次第でさらなる格式上昇が可能となることは、地役人の士気を高めるには十分な効果があったと推測される。

このような身分や格式の上昇は、掛乙名に限ったことではもちろんなく、小使や下役たちに対してもみられる。文久三年十月、下役の身分を筆者とすることを福井と吉岡が願い出て認められた。[69] 市中の各町には、町乙名の下に〈組頭─筆者─日行使─町小使〉という序列で町役人が配されていたが、居留場掛では、役名の区別は不便なため、組頭・筆者・日行使を一括して「乙名下役」とすることで、掛乙名の繁忙時には代役を務められるようにした。そして、その身分を筆者同様としたのである。表2にも示したように、下役は日行使層が務めていたため、身分が筆者同様となることは身分の上昇である。

下役の身分が筆者同様と改められると、次に格式の上昇を要求する動きが出てくる。元治元年（一八六四）三月、掛乙名は一刀勤である下役の現状に対して、「外国人引合且夜廻リ等之節一刀勤ニ而は小使同様相心得無覚束」く、外国人からも侮られるとして、勤中の帯刀が許可されている宿町筆者や探番等を引き合いに出し、居留地での勤中の帯刀許可を福井に願い出ている。[70] 町乙名一統は帯刀が許されていたため、[71] 掛乙名が新たに帯刀許可を願い出る必要はなかったが、下役に関しては帯刀は許可されていなかった。しかし、外国人と接する居留地での御用を十分に務めるためには、一刀勤では不十分であることから、類似の地役人の例を根拠に帯刀許可を求めたのである。

だが、この時には許可されず、翌年二月に再度掛乙名からの申出を受けた居留場掛が改めて奉行所に伺い出て、ようやく下役の帯刀が許可された。[72]この帯刀許可の背景には、伺書に「当時御警衛組日行司は勿論、諸向加役詰番之者共何レも帯刀御免相成候振合も有之、右下役之儀も右ニ必的いたし候勤柄」であると記されているように、警衛組の新設が影響していた。警衛組は、元治元年三月に奉行所と居留地の警備を目的に、市中の下層町人や近隣諸国からの流入者などを含む約二五〇人で組織された。奉行所では、警備のために居留地に四ヵ所の柵門と番所を設置して警備人員を配置した。[73]警備体制強化に伴い帯刀許可者が増加するなかで、下役の格式も相当なものに引き上げようとする様子が窺えよう。

先に田口牧三郎が会所目付格に仰せ付けられた例を示したが、下役にも個人的に格式を上昇させた例がある。下役の渡辺敬次郎は、居留地の分間絵図作成などを一人で引き受け、精勤な者であると評価されていた。敬次郎は、この労を評価されて、慶応二年（一八六六）十二月に年始・八朔・五節句の礼席への「届出御礼」を務めることが許可された。[74]特に五節句の奉行所への御礼勤は、上級地役人の総出仕とされており、地役人社会において重要な意味を持った。[75]

このように、奉行所は実務の担い手を地役人に求めることで、居留地運営を円滑に遂行させていたが、そこに関与する地役人の側からすれば、自らの身分・格式上昇に繋がる論理的根拠を獲得することができたのである。ただし、注意しておく必要があるのは、元来地役人制度は会所貿易を前提としていたため、自由貿易への移行はその前提を突き崩すものであったことである。当人たちがどれほど自覚的に行動していたのかは、さらなる史料の発掘が必要だが、結果的に新しい時代への移行過程で、自らの存立のより所を居留地に求めることを可能にした側面があっとことは、地役人たちの主体性を考えるうえで注目すべき点であろう。

おわりに

万延元年（一八六〇）九月に奉行所に設置された居留場掛は、支配向を統括者として、地役人の居留場掛乙名が実務を担っていた。これは、出島や唐人屋敷を乙名が管理していた開国以前の管理体制と類似しているようにもみえるが、決定的に異なるのは、支配向の居留場掛に直属していたことである。このことは、慶応元年（一八六五）八月の組頭の書付に示されていたように、ただ地役人に実務を丸投げするのではなく、責任者として幕臣である支配向が統括し、幕臣と地役人が一体となって職務を遂行していたという意味で重要である。

居留場掛の根幹業務である地所の貸渡に関しては、長崎奉行と各国領事との間で調印された「地所規則」の規則を保証するために、借地希望者に地券が交付されるまでに、領事と奉行所側の間で複数回の文書の往復を要した。外国人への対応は、外交問題へ発展する可能性を常に有していたため、居留場掛の業務は責任と正確さが求められていた。そのことが、地券交付の手続きに表れている。

また、居留地運営においてもう一つ重要な業務にインフラ整備があった。長崎の場合、居留民には居留地自治が認められていたが、横浜とは異なりインフラ整備は日本側の責任にあった。しかし、その財源をめぐって居留民側が、横浜では借地料の二割を自己財源としていることを引合いにして、日本側の工事進捗の遅延を非難して借地料支払いを拒否するという問題が生じていたように、困難な業務であった。これに対して長崎奉行は、領事へ抗議をしたが外交交渉のうえでは根本的な解決には至らなかった。こうした状況のなかで、居留場掛では修繕工事の手続きの簡略化、あるいは「小破」の段階で修繕することで大規模修繕を防ぎ経費削減を図るといった内部の行政的努力によって対応しようとしていたのである。

一方で、居留地運営に携わった地役人たちは、居留場掛の構成員となることで身分や格式上昇の機会を得た。近世中後期以降の地役人社会における格式上昇志向の高まりのなかで、居留場掛という新たな組織への参加は、図らずもその実現を果たすことに繋がったのである。特に、開国による会所貿易体制の存続危機は、地役人制度そのものを脅かしたため、それとは直接には関係しない居留地という新しい時代の局面にそのより所を見出せた点は注目されよう。

このように、開港後の居留地運営を支えてきた居留場掛は、慶応三年に運上所掛に吸収され、幕府倒壊後、新政府への引継が進む翌年六月十一日に、外国管事役所掛と改称される。掛乙名や下役だった者たちは、引き続き居留地の運営に携わっていく。こうした過渡期の居留地運営が、新政府の地方行政整備において、いかに継続・改変されていくのか、その変遷については今後の課題である。

註

(1) 大山梓『旧条約下に於ける開市開港の研究』(鳳書房、一九六七年)。
(2) 『横浜市史』第二巻(有隣堂、一九五九年)、『函館市史』通説編第二巻(函館市、一九九〇年)、『長崎県史』対外交渉編(吉川弘文館、一九八六年)など。
(3) 安藤平「幕末開港期の箱館港における開港規則の創設事情―港則の濫觴―」(『港湾労働経済研究』一四、一九九〇年)、斎藤多喜夫「幕末の開港港則」(『横浜開港資料館紀要』二二、二〇〇四年)など。
(4) 横浜対外関係史研究会・横浜開港資料館編『横浜英仏駐屯軍と外国人居留地』(東京堂出版、一九九九年)、石塚裕道『明治維新と横浜居留地―英仏駐屯軍をめぐる国際関係―』(吉川弘文館、二〇一一年)など。
(5) 横浜開港資料館編『横浜居留地と異文化交流―一九世紀後半の国際都市を読む―』(山川出版社、一九九六年)など。
(6) 近年、外交交渉史の視点からではなく、現地の視点から居留地の実態を明らかにしようとする動向もみられる(斎藤多喜夫「横浜居留地成立史の一齣―横浜居留米人ショイヤー貸家徴還一件―」『横浜開港資料館紀要』一三、一九九五年、同「横浜居留地の成

立」『横浜と上海』共同編集委員会編『横浜と上海―近代都市形成史比較研究―』横浜開港資料普及協会、一九九五年）。

（7）箱館奉行所の新政府への引継ぎを検討したものに、門松秀樹『開拓使と幕臣―幕末・維新期の行政的連続性―』（慶應義塾大学出版会、二〇〇九年）がある。

（8）重藤威夫『長崎居留地と外国商人』（風間書房、一九六七年）。

（9）菱谷武平『長崎外国人居留地の研究』（九州大学出版会、一九八八年）。

（10）織田毅「居留場掛初代乙名・田口牧三郎について」（長崎県立図書館郷土史料叢書四『幕末・明治期における長崎居留外国人名簿Ⅲ』二〇〇四年）。

（11）添田仁「幕末・維新期にみる長崎港市社会の実像」（『民衆史研究』七六、二〇〇八年）。

（12）前掲織田「居留場掛初代乙名・田口牧三郎について」。

（13）「日記　万延元年九月～十二月」（長崎歴史文化博物館所蔵、オリジナル番号B14 1-6 1。以下、同館所蔵史料は長歴と略記する）万延元年九月十八日条（以下、「万延元年日記」と略記する）。なお、居留場掛で作成された「日記」は、万延元年九～十二月、文久元年一～十二月、元治元年一～十二月の三冊が残されている。

（14）「諸被仰渡御手頭留　万延元年」（長歴、オリジナル番号B14 3-9）。

（15）「諸事留　元治元年十二月より」（長歴、オリジナル番号B14 3-8 1）。この伺書には年月日が記されていないが、「右之段御伺相成候処、去酉年六月八日紀伊守殿御書取を以伺之通可取計旨被仰渡候」とあり、文久元年六月頃の内容であることが判明する。

（16）「万延元年日記」九月十八日条。

（17）「諸被仰渡御手頭留　万延元年」。なお居留場掛は、「運上所江乙名弐人・下役弐人・小使壱人出勤、下リ松出張所江乙名壱人・下役三人・小使壱人出勤可仕哉奉存候」と伺い出て許可されている（「万延元年―慶応四年　諸事留」慶応元年十月十八日条、森永種夫校訂『長崎幕末史料大成』四、長崎文献社、一九七一年、二五八～二五九頁。以下、同書は『長幕』と略記する）。

（18）「諸被仰渡御手頭留　万延元年」。

（19）「万延元年日記」九月二十日条。

（20）「万延元年―慶応四年　諸事留」（『長幕』四、一九七～一九八頁）。

（21）「日記　万延二年～文久改元」（長歴、オリジナル番号B14 1-6 2）文久元年八月八日条（以下、「文久元年日記」と略記する）。

(22)「万延元年—慶応四年　諸事留」(『長幕』四、二〇一頁)。
(23)「万延元年—慶応四年　諸事留」(『長幕』四、二四九〜二五〇頁)。
(24)「万延元年—慶応四年　諸事留」(『長幕』四、二三八〜二四〇頁)。
(25)前掲織田「居留場掛初代乙名・田口牧三郎について」。
(26)内閣官報局編『法令全書』一巻(原書房、一九七四年復刻版)。以下、「地所規則」に関しては同書を典拠とする。
(27)「万延元年日記」九月二十日条。
(28)菱谷武平「長崎における外国人居留地の成立と外国人の動向」(前掲『長崎外国人居留地の研究』初出一九五九年)。
(29)「万延元年日記」十月五日条。
(30)「万延元年日記」十二月十二日条。
(31)「万延元年—慶応四年　諸事留」(『長幕』四、二三七〜二三八頁)。
(32)済美館は元語学所で、慶応元年八月に新町の元長州藩蔵屋敷跡に新築された校舎に移転し、英語・仏語・独語・露語・中国語、洋算・歴史・地理・物理・経済などを教授していた(『新長崎市史』第二巻近世編、長崎市、二〇一二年、八六六頁)。
(33)「万延元年—慶応四年　諸事留」(『長幕』四、二八二〜二八三頁)。勝右衛門に関しては不明だが、一郎は慶応四年二月時点で「居留場附分間掛」として記録されている(同二八七頁)。
(34)「万延元年日記」十二月五日条。
(35)「慶応二年—慶応三年　申上留」(『長幕』四、一〇三〜一〇四頁)。
(36)「元治元年—慶応元年　申上留」(『長幕』四、七三〜七四頁)。
(37)古賀十二郎『長崎画史彙伝』(大正堂書店、一九八三年、脱稿は一九三四年)。
(38)「万延元年—慶応四年　諸事留」(『長幕』四、二六九〜二七〇頁)。
(39)菱谷武平「長崎居留地におけるミュニシパル・カンスルの最初の決議」(前掲『長崎外国人居留地の研究』初出一九六二年)。
(40)横浜では、万延元年七月に「長崎地所規則」とほぼ同内容の「神奈川地所規則」が英・米・蘭の三ヵ国間において調印されていたが、日本側は調印していなかったため法的拘束力を持っていなかった。そこで、元治元年十一月に「横浜居留地覚書」が調印され居留民の自治が正式に認められた(前掲『横浜市史』二巻、『旧条約下に於ける開市開港の研究』など)。

(41)「文久三年　申上留」(『長幕』四、二～三頁)。
(42)「日記　元治元年」(長歴、オリジナル番号 B14 1-6 3) 四月十八日条。
(43)「文久元年日記」三月十一日条。
(44)文久元年三月、居留地の対岸に位置する飽ノ浦に長崎製鉄所が完成した(楠本寿一『長崎製鉄所―日本近代工業の創始―』中公新書、一九九二年)。
(45)中上郁「明治初期の神戸外国人居留地における下水道の意義」(『人文地理』六二―五、二〇一〇年)。
(46)前出の「地所取扱掛」と同じ職を指すと思われるが、「ミュニシパル・カウンシル」の詳細な内部構造は不明である。
(47)「外国人ョリ居留地之儀ニ付申出候書面　文久元年～慶応二年十二月」(長歴、オリジナル番号 B14 53-4。以下、「外国人ョリ居留地之儀ニ付申出候書面」と略記する)。
(48)「外国人ョリ居留地之儀ニ付申出候書面」。
(49)前掲菱谷「長崎居留地におけるミュニシパル・カンスルの最初の決議」。
(50)菱谷武平「長崎外国人居留地における「二割金制」について」(前掲『長崎外国人居留地の研究』初出一九六二年)。
(51)「外国人ョリ居留地之儀ニ付申出候書面」。
(52)「万延元年―慶応四年　諸事留」(『長幕』四、二六八～二六九頁)。
(53)「元治元年―慶応元年　申上留」(『長幕』四、八六～八七頁)。
(54)例えば、居留地に出入りする職人は請負人が一ヵ月銭五〇〇文、職人が一ヵ月銭二〇〇文の冥加を差し出していた(同右『長幕』四、三〇～三三頁)。
(55)「慶応二年―慶応三年　申上留」(『長幕』四、一六〇～一六一頁)。
(56)「元治元年―慶応元年　申上留」(『長幕』四、八四～八五頁)。
(57)前掲註(55)。
(58)会所調役は、明和元年(一七六四)に創設され、町年寄の後藤惣左衛門を町年寄上座として任命した。これにより、年番の町年寄が会所を統括するという体制から、会所調役という専任の最高責任者が統制するという体制となった(鈴木康子『長崎奉行の研究』思文閣出版、二〇〇七年)。

(59)　戸森麻衣子「長崎地役人」（森下徹編『身分的周縁と近世社会7　武士の周縁に生きる』吉川弘文館、二〇〇七年）。
(60)　添田仁「奉行所と地域社会―長崎奉行所の天保改革―」（藪田貫・奥村弘編『近世地域史フォーラム②　地域史の視点』吉川弘文館、二〇〇六年）。
(61)　「万延元年―慶応四年　諸事留」（『長幕』四、二〇二～二〇三頁）。
(62)　乙名頭取は、天明四年（一七八四）に成立した町乙名の加役であり、「町乙名中」の頭目であった。この乙名頭取の設置は、「惣町の民意を取り扱う「町乙名中」の規律の整備と、都市運営に参画する場合の「町乙名中」としての意思の統一を実現するもの」であった（添田仁「近世中後期長崎における都市運営と地役人―町乙名の実態的・動態的分析をもとに―」『ヒストリア』一九九、二〇〇六年）。
(63)　前掲註(61)。
(64)　前掲『新長崎市史』五四九頁。
(65)　福井金平は、文久元年四月二十五日に港会所掛兼勤となっている（「文久元年日記」同日条）。港会所は後に運上所と改称する。
(66)　「万延元年―慶応四年　諸事留」（『長幕』二二五～二二六頁）。
(67)　前掲鈴木『長崎奉行の研究』。
(68)　慶応元年の分限帳によると、立項されている地役人の職種一九一種の内、扶持が与えられているのは二九種だけである（越中哲也編『慶応元年明細分限帳』一九八五年）。
(69)　「万延元年―慶応四年　諸事留」（『長幕』四、二二六～二三〇頁）。
(70)　「元治元年―慶応元年　中上留」（『長幕』四、二五頁）。
(71)　前掲戸森「長崎地役人」。
(72)　「万延元年―慶応四年　諸事留」（『長幕』四、二四四～二四六頁）。
(73)　福田忠昭『振遠隊』（一九一八年）、前掲『新長崎市史』九二五～九二六頁。
(74)　「万延元年―慶応四年　諸事留」（『長幕』四、二八〇～二八一頁）。
(75)　前掲『新長崎市史』二四六頁。

第四章　長崎奉行所運営における「江戸役所」との連携

はじめに

開港場が横浜・長崎・箱館の三ヵ所となったことで、各港の奉行所は港間で対応に齟齬が生じないように、同様の組織で同質の業務を遂行することが求められるようになった。そのため長崎奉行所でも、他港の奉行所組織に合わせるように、奉行のもとに〈組頭―調役―定役〉の支配向が新設された（第一部第一章）。しかし、他港の奉行所組織と均質化を図るということは、支配向を設置するだけで達成されるわけではない。奉行所間で業務内容の確認や情報交換などを繰り返す必要があり、そのためには、江戸における役所機能の統一も図らなければならない。さらに、貿易や外交に関する事案の処理能力がある人材を確保することも必要である。これらの課題に、長崎奉行がどのような対応をしていたのかを明らかにするのが、本章の目的である。

ところで、これまで長崎奉行研究は、長崎での業務実態や外交交渉に関心が集中し、江戸の長崎奉行がどのような業務を行っていたのかについては、ほとんど関心が向けられてこなかった(1)。したがって、近世を通じて江戸での長崎奉行の実態はよくわかっていないのが現状である。ただし最新の研究により、江戸城内に長崎奉行の詰部屋はあるが、部下たちの執務空間はなく、奉行の屋敷を役宅としていたこと、専用の役所がないため行政文書が先任と後任の奉行間を移動して江戸城に蓄積されないこと、一九世紀初頭には長崎奉行と勘定奉行が一体となって業務を処理するようになっていたことなどが指摘されてきている(2)。しかしながら、幕末についてはなお不明な点が多く、また本章で詳述するように、開国後には長崎奉行の江戸役所が江戸城内に新設され、江戸詰支配向の執務空間になるという変化もある。そのため、江戸役所がどのような機能を持ち、江戸詰の支配向がどのような役割を果たしていたのかを、できる限り具体的に明らかにすることが、ここでの一つ目の課題である。これを第一節で扱う。

なお、神奈川奉行や箱館奉行についても、江戸詰支配向がいたことはわかっているが、その具体的な活動実態については検討されていない(3)。したがって、長崎奉行と江戸役所及び江戸詰支配向との関係の分析は、今後他港の奉行所運営を研究していくためにも必要な作業であろう。

二つ目の課題は、支配向の人事についてである。支配向が設置される以前の長崎奉行は、自身の家臣の他に勘定所から派遣される勘定方・普請役・手附出役などと奉行所の業務を行っていた。ただし、家臣は奉行と主従関係にあって幕臣ではないし、勘定所から派遣されてくる幕臣もあくまで勘定所の役人であり、長崎奉行の支配ではない(4)。これに対して支配向の新設は、奉行直属の幕臣ができたことを意味する。そのため長崎奉行は、組織を維持するために、それまで必要としてこなかった支配向の人事への配慮も新たに求められるようになったのである。

幕末の幕政改革においては、阿部正弘政権による安政改革以降、人材登用が大きな政治課題であった(5)。頻繁に役職の新設・改廃が行われ、各役所での人材の需要も高まっていくなかで、人事の問題は長崎奉行所だけでなく、幕府職制全体に関わる問題であった(6)。近年では、陸軍や海軍などの軍事部門を分析対象として、新設される役職への人材登用をめぐって、「家」制度との関係から論じる研究が進められてきている(7)。だが、人材登用や人事管理に関する問題は、幕末の政治状況に対応するために幕府が行った職制・行政改革一般に共通するものであり、軍事部門だけではなく、役方も含めた実態解明が必要だと考える。

そこで第二節では、このような政治状況における長崎奉行の支配向人事に関する考えと、その実現に向けた江戸との関係を分析し、第三節では、長崎奉行が示す方針に対する幕府の対応を検討する。以上の検討から、人事の問題を中心として、長崎と江戸との関係を踏まえた奉行所運営の実態について追究していきたい。

なお本論に入る前に、使用する史料について簡単に説明しておきたい。第一・二節では、長崎奉行岡部長常から江戸詰支配組頭依田克之丞に宛てた書状を中心に分析している。この依田宛書状は、現在「依田家文庫」として金沢文庫に所蔵されており、約一〇〇点の書状の写しが簿冊にまとめられている。内容は、長崎奉行所の人事や外交問題に関するものが多く、長崎奉行個人の考えがわかる稀有な史料で貴重であるが、これまでの研究で本格的に利用されてはいない。以下本章では、同書状を典拠とする場合は、差出の年月日のみ記載することをあらかじめ断っておく。(8)

一　「江戸役所」の設置と業務内容

1　「江戸役所」の設置

安政五年（一八五八）に長崎奉行の支配向が増設されると、江戸でも彼らの公的な執務空間が必要となった。設置時期や場所については明確でないが、現時点では、安政六年九月二十九日付の長崎奉行岡部長常から江戸詰支配組頭依田克之丞へ宛てた書状に「石州（荒尾成允）転し候後ハ敝屋江御用所御移之旨、万端不行届之事ニ可有之心配仕候」とあるのが、最も早い時期の状況を知らせるものである。岡部の前任荒尾成允は、安政四年十月に岡部と交代で江戸へ戻ったのち、翌年九月十日に小普請奉行へ異動となったが、その後任は任じられず長崎奉行は在勤の岡部一人という体制になっていた。つまり、ここで岡部が述べているのは、荒尾が転任した後は、「御用所」が「敝屋」（岡部の屋敷）に移動となり心配しているということである。

さらに、このまま在府奉行の後任が任命されず在勤の「壱人役」となれば、「已然之如下御勘定所ニ而も可相成」ことが推測され、このように役所が「所々江移り換」るのは「不体裁」であると危惧している（安政六年十月六日付）。以前の執務空間が下勘定所であったというのは、在府奉行が不在の場合は長崎掛勘定奉行がその代役を務めていたことに関係していると思われる。(9) つまりこの時点では、在府長崎奉行及びその支配向の執務空間は、非常に流動的なものだったことが窺われるのである。

ところが、安政六年十月十七日に江戸城本丸が火災で焼失すると、その再建を機に専用の執務空間を設置してもらおうとする動きが出てくる。岡部は、「野生在府中右之目論見下田方と打合せ、浩一郎《（矢口）》・信太郎《（中台）》所々相尋候上、御目付江打合是非出来候計りニ成候得共、何分場所無之と申事ニ而先相延居候事故、此度ハ不可失之機会ニ御座候」（安政六年十一月十九日付）と述べており、長崎に赴任する前にすでに江戸城内に役所を設置することが概ね決まっていながら、適切な場所を確保できずに断念していたことがあったため、今度の再建は「不可失之機会」だと積極的な姿勢をみせている。

このように城内に執務空間を設けることにこだわるのは、職務遂行上の便宜的な理由だけではない。岡部が、「殿中ニ而ハ役所之名目は如何可有之か、遠国奉行江戸役所之名目　殿中ニ而相立候得は、大ニ宜権も相立候姿ニ御座候、外之振合御聞合可被下候、書物御用出役も江戸役所有之故之事故、役所名目之場所聢と相立置候様有之度」（万延元年十二月六日付）と指摘するように、一つには「江戸役所」の名目の有無が長崎奉行の権威に関わるためである。またもう一つは、書物御用出役が江戸役所の設置を前提とした役職であるということである。すなわち、江戸役所という執務空間がなければ、文書作成に必要な人員を確保できなかったのである。

さて、万延元年（一八六〇）に江戸城の再建が完成すると、無事に「大城中江本局之調所」（万延元年六月六日付）ができた。具体的な場所は特定し得ないが、「本局　営中之詰所外国方・箱館等江相加可申哉ニ付、御心配ニ而全別場所ニ引離候由、七畳半ニ而他江属し候ゟは引離候方大ニ宜事（中略）先十四畳も有之候ハヽ、仮也ニは御用便可相成と存候」（万延元年十月十二日付）とあることから、依田の配慮により外国方や箱館奉行の詰所から独立した場所になったこと、広さは一四畳であることが読み取れる。ちなみに東京都立中央図書館所蔵「御本丸御殿向二階絵図」には、外国方・箱館方の詰所が講武所・軍艦方とともに並んで記載されているが、長崎方の記載はない(10)。

一方で、江戸城内に執務空間ができたことで生じる不安もあった。それは、それまで岡部の江戸屋敷が果たしていた役所の機能を完全に城内へ移してしまってよいのか、という問題である。より具体的には、業務上の関係者との面会や文書類の作成・管理に不都合が生じるのではないかという問題である。

前者に関しては、日常的な業務に関する打合せ等が、殿中では行いにくいという懸念だと思われるが、箱館奉行の対応と同様であれば問題なしとしている。後者に関しては、次のように述べている。

〔史料1〕（万延元年十二月六日付）

（前略）殿中ニ有之諸書物は、万一之事有之節は泊番無之而は持去り方も無之、昼ニ而も一両人ニ而は、多之書物は致し方無之、已後異変之事も有之間敷、素より不願事なから毎度之後ニも有之、非常之時之心得もいたし置不申而は不相成、　殿中詰所ニ計相成、差向候御用は相弁可申、此地往復御用状取調、其外殿中ニ而為済候ハヽ、便利ニは可有之候得共、諸書物之処懸念ニ被存候（後略）

殿中で文書を作成するのは便利だが、非常事態が起きた際の搬出方法などの対処をどのようにするのか、という懸念があった。これは直前に起きた江戸城の火災が念頭にあると思われる。この火災は、諸役人が退庁した後に起きたため文書類を搬出することができず、日米修好通商条約批准書などを含む、多くの重要外交文書を焼失させてしまっていた。[11] 岡部はこのことが念頭にあったために、江戸役所以外にも役所機能を確保し、そこで文書類の一部を管理することで、非常時における文書の安全を確保しようと考えたのであろう。

結果的には、「金川《（神奈川）》・箱館等之振合ニ而御座候ハヽ、別ニ異存も無之、書類之置付之事も御申越之通諸向ともニ殿中ニ書類有之義、殊ニ当局は此地ニも都而之書面江戸同様之品備り居候事故、差支無之事ニ御座候」（万延二年二月七日付）と神奈川奉行や箱館奉行と同様の対応であれば問題ないと判断し、文書の管理に関しては江戸と長崎で文書を二重に管理することでその安全性を担保しようとしている。これにより江戸役所は、支配向の執務空間であると同時に、関係文書の蓄積空間としての性格も有するようになった。特定の文書管理空間がなく、前任の奉行と新任の奉行との間で文書を移動させて引き継いでいた従来のあり方とは大きく変化したのである。

ところが、その後江戸役所は殿中からの移転を余儀なくされている。元治元年（一八六四）十月に、殿中への江戸役所移転を願い出た長崎奉行朝比奈昌広の願書[12]によれば、その時点で「当時御殿内御手狭ニ付、二重橋外江詰所御取立相成」と二重橋の外に移転となっていた。これは前年十一月の火災による本丸焼失後、再建されずに本丸の機能が西丸へ移転されたことが関係していると思われる。しかし、執務空間が殿中の外になったことで、支配向は殿中との往復を一日に何度も繰り返すことになり、業務の遂行に遅滞が生じていた。また、「私（長崎奉行）儀も時々詰所江見廻等も致候得共、支配向之者共と一所ニ罷在不申候而は一同勤惰之程も難相分」とあるように、長崎奉行と支配向の執務空間が分離されたことで、奉行による支配向の勤務状況把握が難しくなっていた。そのため長崎奉行朝比奈は、殿中に執務空間を得るべく、ちょうど役職が廃止された御膳奉行（元治元年五月廃止）の詰所を引き渡してくれるように幕府へ願い出たのである。

だが、この願いが聞き届けられたかどうかは残念ながら不明である。それでも、殿中から移転させられたとはいえ、長崎奉行の江戸役所が設置されていたことは、江戸における長崎奉行の権威、支配向の業務環境、文書管理の点などで、大きな画期となったといえよう。

2　江戸詰の職務内容

次に、江戸役所に詰めた支配向の職務内容を確認する。詳細な職務内容がわかる史料は残されていないが、文久元年（一八六一）二月に、それまでの勤務の功労に対して、江戸詰組頭依田克之丞に「御褒美」を願い出た長崎奉行の願書に概要が示されている。依田の職務内容を示したに過ぎないが、概ね江戸役所の職務内容と一致していると考えて差支えないであろう。

〔史料2〕

江戸詰
長崎奉行支配組頭
依田克之丞

右は去未（安政六年）三月中支配組頭被　仰付、江戸詰相勤罷在候処、①昨年来在府同役無御座候ニ付而は、江戸役所取扱向は勿論、御地詰支配向取締筋を初諸般之進退引請心附罷在、②殊ニ近来外夷引合筋、又は長崎会所融通向等ニ付而は、品々入込候往復書類取調方等不容易廉々も有之、加之③当地銀繰之為メ江戸長崎会所於て、小銃・蘭書其余之品々共同済之上売捌き方為仕候ニ付而は、同所取締筋を初右等取調迚も足又手数不少候処、御用便宜敷格別出精相勤候儀ニ而、向後励之為ニも相成候間、出格之訳を以御品宜敷御褒美被下置候様仕度、此段奉願候、(13)

これによると依田の職務内容は、①江戸役所の取扱いと支配向の取締り、②外交・長崎会所関係の文書作成、③江戸長崎会所における「小銃・蘭書其余之品々」の売却であった。「在府同役無御座」との留保があるため、本来は奉行が行うべき役割も含まれている点は考慮する必要があるが、①〜③が江戸役所の役割であることには間違いない。

このほかにも、例えば在崎の英国領事が横浜へ赴いた際に、「箱館表コンシュル《領事》館之儀ニ付在府箱館奉行衆、幷ドック之儀ニ付長崎方組頭一人早々横浜江出張有之候様致度旨、英国公使之命ニ而シーホルトより申出候」[14]ということがあったように、横浜で長崎に関する会談がある場合には、その対応のために江戸詰組頭が横浜に派遣される場合もあった。

①の支配向への対応については次節以降で検討することとし、ここでは②・③について具体例をあげて確認しておきたい。

まず②に関連して重要なことは、他開港場との連絡調整である。「新貿易之事ニ付、取扱方不分明之義も有之候得共、御条約面ニ依而扱方相立置候、金川《神奈川》御開場ニも相成、諸般之義相分候ハヽ、御考之上此地と扱方相違ニも可有之、被御心付候事は相伺候様いたし度」（安政六年カ五月二十九日付）とあるように、開港場では自由貿易の開始に伴い条約の規定に則した業務を行う必要があり、開港場間での共通した対応・認識が必要とされた。そのために、開港場間での連絡調整が重要となってくるのである。

一例をあげると、安政六年十一月に運上所業務の開始・終了時間、休日等を神奈川奉行所に問い合わせた際には、江戸詰支配向は、次のような手順で調整を行っていた[15]。

Ａ　長崎方から神奈川方へ業務時間と休日に関する問合せの文書を提出。

Ｂ　神奈川方では、条約締結国の領事へ通達した文書の写しを添えて、長崎方から受け取った文書に「下札」を付して返却。

C　依田は一連の文書に自身の書状を添えて長崎の組頭へ送付。

役所間での「問合」に「下札」を付して返答するという文書のやり取りそのものは、幕府行政の基本的なあり方となんら変わりはないが、[16]支配向が設置され他奉行所と同様の組織が構築されていたという前提は、重要である。それにより、開港場間の業務内容を統一させるために、各開港場の江戸詰支配向同士が連絡調整することが可能だったのである。

次に③についてみておこう。まず、ここに出てくる「江戸長崎会所」とは何か。江戸では、オランダ商館長が参府する際の定宿として、寛永年間（一六二四—四四）から長崎屋源右衛門が阿蘭陀宿を営んでいた。源右衛門は、享保二十年（一七三五）には、幕府が設置した唐人参座の「座人」も命じられていた。このほか、詳細は不明ながら、「長崎表御用」と称される江戸における長崎関連の金銭出納業務も担っていた。こうした関係から安政五年には、長崎から送られてくる洋書の販売を行うようになり、江戸で最初の外国書籍取次店となった。そして、万延元年三月に、唐人参座が江戸長崎会所と改称されて、源右衛門は長崎から送られてくる書籍・武器類などの輸入品を扱う業者となったという。[17]江戸長崎会所については、これまでほとんど注目されてこなかったが、慶応四年（一八六八）七月に、外国事務局は江戸長崎会所から一万七〇〇〇冊余もの洋書を引き継いでいる。[18]今後関連史料の発掘とともに、実態解明が期待されるテーマである。

さて、江戸長崎会所の設置目的であるが、「源左（右カ）衛門申立も有之候由、いつれニも掛出来候方宜可有之（中略）御地（江戸）小筒之浮金も五千ニ満候由、箱館会所是迄ニ而六七千之由、当地（長崎）之義ハ御益相進候は随分進ミ候得共、兎角長崎と申候と江戸にてハ他人之物之如相成居候ニ付、御世話之薄様ニ被存候、僻見歟ハ不存候得共、司農局ニ而も今一層引受呉候ハヽ、都合宜被存候」（万延元年十一月二十六日付）とあり、「小銃」の売却で五〇〇〇両ほどの利益を得ていることがわかる。そして、勘定所でも対応してもらいたいと述べていることから、その役割は、江戸での売却金の利益によって、長崎奉行所の財政補塡に充てようとするものだったと考えられる。(19)

そのために、長崎屋源右衛門からの指摘にもあるように、業務担当者を任じる必要があり、元治元年二月になり、「江戸長崎会所掛り人数之儀、長崎奉行伺之通被仰渡」と幕府から人員配置の許可が出された。配置された人員には、長崎奉行支配組頭・同調役・同調役並・同定役元〆・同定役・同書物御用出役の役名がみえる。彼らは、「御用向都而於会所取扱、且定式御用をも兼勤候ニ付、日々御城江罷出、夫より会所江罷越候」と、江戸長崎会所での業務と江戸役所での業務を兼ねる勤務体制だったことがわかる。(20)

二　依田克之丞宛書状にみる岡部長常の人事管理

1　支配向の人選基準と江戸詰の役割

組織の人事を考えるうえで重要となるのは、言うまでもなく採用基準である。組織のトップである長崎奉行が、支配向に有能な人材を求めるのは当然だが、実際にはどのようにして人選されていたのだろうか。ここにもう一つの江戸詰の重要な役割がある。

岡部長常は、安政四年（一八五七）十二月に目付から長崎奉行に転じ、翌年四月には幕府外交体制の変更に対応するため二、三年の在勤を命じられている（第一部第一章）。長崎奉行は毎年江戸と長崎勤務を交代するという従来の仕来りからするとまさに異例の事態であり、最終的には文久元年（一八六一）まで約三年間長崎に詰めた。したがって、支配向が設置され新たな奉行所組織の土台を作り上げたのは、岡部ということになる。

岡部は、新規採用者の人選についてたびたび江戸詰の依田克之丞に指示を出しており、そのなかで特徴的なのは、断固として縁故採用を否定している点である。

例えば、安政六年に江戸役所書物御用出役の飯田正之助が、調役並出役として長崎に赴任する際の後任人事に対して、岡部は「跡出役之願人も定而多可有之事と相考申候、可成丈才略よりハ廉直を撰度存候」（安政六年十二月二十七日付）と述べているように、就任希望者が多いなかでできるだけ「才略」より「廉直」な人物を採用することを望んでいる。また、「諸向より之申込等も有之、被成憎き義も候ハヽ、拙者之名ニ而御断ニ成不苦候間、威を以被勧候人ニ不拘撰度と存候」（安政七年正月十八日付）とも述べており、岡部は「威」を以て推薦されるような人物は採用せず、もし依田が断りにくいのであれば、自分の名前を使って断っても構わないと指示している。

岡部の言動からは、職を求めてコネクションを利用した口利きが横行していた状況が窺える。そうした状況に対して、岡部は権威者からの紹介だという理由で採用するべきではないとの方針を強く示していたことが読み取れる。この岡部の方針は、遠藤紀一郎という人物の採用をめぐる判断の際に顕著に反映されている。

文久元年五月八日付の依田に宛てた岡部の書状によると、遠藤家は、岡部の実家太田家とは紀一郎の祖父の代から、岡部家とは父の代から出入り関係にあり、岡部が養子に入る際には世話にもなったという。そのため岡部は、「紀一郎出生之頃より能存知」ており、岡部の江戸在住中にも何かと「心願」があった。だが、「御用立可申とも見不申」との理由で、岡部が就職の世話をしなかったため、紀一郎はそのことを大変恨んでいた。そうしたところ、調役の人選に神奈川奉行支配組頭星野金吾の仲介で紀一郎が推薦されてきた。しかし岡部は、「懇意ハ私之事、撰挙は公之事ニ而、旧来之因有之候共慢ニ人を勧兼候事」と述べているように、人事に関しては公私の区別を明確にすべきとの考

表1　人事採用候補者

名前	身分	岡部との関係・依田への指示内容
丸橋金之助	支配勘定	長崎詰を経験し岡部も知っている人物．遠国勤めや調役への希望はないか，勘定所に根を下ろすつもりなのか様子を探索して欲しい．
小林其作	羽太左京組御徒	目付平山謙次郎の紹介で会ったことがあり「手跡可也ニ出来」る人物であったと記憶している．頭羽太左京からもたびたび心願があった．
細谷縞吉	加藤喜左衛門組御徒	表六尺世話役高橋金平の紹介で会い，支配向の心願がたびたびあった．「可也ニ手跡も出来穏之人物」と記憶している．高橋とは，岡部が番入の頃に世話になった間柄であり，縞吉の状況を高橋に尋ねてみてほしい．

典拠　「長崎奉行御用留」

えを示し、私情による縁故採用は強く否定しているのである。もちろん、私的な関係による紹介であっても、当人に能力があれば採用に問題はない。紀一郎に関しても、岡部は「当時御用立候様ニ相成候ハヽ、聊以異存無之」と現状御用に立つほどに成長しているのであれば、採用に異存はないと述べている。

ではいかにして、岡部は自身の人事採用の方針を実現させていたのだろうか。ここで重要な役割を果たすのが江戸詰の支配向である。岡部は、「兼而存知居候者之名前申進置候ニ付御逢被下」（万延元年〈一八六〇〉十二月二十八日付）と今後の人事のために、採用候補者を自身が知遇を得ている人物からリストアップして依田に伝え、実際に会わせてその様子を判断させようとしている。

表1は、この時候補者となった三人の情報と岡部との関係をまとめたものである。サンプルが多いとはいえないが、岡部の採用方針が貫徹されていることは窺える。丸橋金之助は長崎詰を経験した勘定所の役人であるから、岡部はその能力や勤務態度を直接知る機会があった。また小林其作や細谷縞吉は、知人からの紹介ではあるが、ただの縁故採用ではなく、しっかりその能力を見極めたうえで推薦している。

岡部の指示を受けた依田が、実際に江戸でどのような対応をしたのか、その具体的な様子は不明だが、細谷に関しては実際に面談して「人物宜筆も動候事」（文久元年三月十二日付）を岡部に伝えている。依田からの報告を受けた岡部は、再度細谷の性格を見極めたうえで、「可也ニも御見受被成候ハヽ、書物方ニ而も肯候ハヽ、御申上不苦」（同右）と、最終的には依田の判断で書物御用出役に採用することを許可しているのである。

このように、岡部は自身が知遇を得ていた人物のなかから、求める能力を有している人材をリストアップして、採用のための事前調査を江戸詰の依田に委ねていたのである。

2 人事に関する他役所との関係

ところで、外国奉行や神奈川・箱館奉行の設置は、外交や貿易に関する事務を行う人材の需要を一気に高めた。したがって、その事務能力に長けた人物を長崎にだけ供給すればよいという問題ではなくなり、有能な人材の確保は役所間における課題となった。

安政六年九月二十七日、幕府はそれまでの箱館奉行による蝦夷地全域支配の方針をやめ、会津・仙台・秋田・庄内・津軽・南部の東北六藩に分与して、警衛と開拓にあたらせる政策に転換した[21]。この情報に接した岡部は、支配範囲が狭くなったからには当然支配向の人員は減少されるだろうと考え、「御人減ニも相成候ハヽ、好人物ハ引取候様ニもいたし度、乍去他ニ而出し候人ハ、先々至極宜と申ハ無之筈、是等も模様御尋被下度候」（万延元年十一月二十六日付）と、削減された人材を長崎奉行所で採用できないか模索している。ただし、削減対象となった人物には「至極宜」しい人物はいないだろうから、その辺の様子を探るようにと依田に指示している。このように、他の役所の人事情報に気を配っておくことも重要であった。

また、役所間の人材の引抜も問題となっていた。例えば、安政七年正月に、調役並島田音次郎が外国奉行支配調役へ転出しているが、この人事異動に関して岡部は不満を漏らしている。岡部によれば、当時外国奉行を務めていた水野忠徳が島田を引き抜きたい意向であることが、事前に前任者の荒尾成允から知らされていたという。しかし、これはあくまでも内々の話であり、「一応之打合も無之支配内之者被引取候段は心外千万、長崎奉行之権無之段深赤面、至極自ら恥申候」（安政七年正月十八日付）と述べているように、外国奉行側から正式な連絡もないままに支配向を引き抜かれることに対して憤慨している。長崎奉行の支配向に対する権限に関わる問題であると同時に、「互之打合も無之勝手ニ取候定りニ相成候事ニ候ハヽ、此方よりも外国方其外之支配内之者を撰取可申、互ニ掠奪之姿不穏義ニ御座候」（同右）とも述べているように、役所間の無秩序な人材の取り合いに陥る危険性を孕む問題だったのである。

ただし、事前の調整さえ適切に行われていれば、他の役所からの引抜も問題はなかった。慶応二年（一八六六）二月、神奈川奉行支配調役並斎藤源之丞を長崎奉行支配調役に引き抜くため、長崎奉行は幕府へ願い出る前に神奈川奉行へ掛け合い調整を済ませている。その際神奈川奉行は、「難手放ものニは候得共、当人出身之筋ニ付無余儀」(22)と、斎藤を手放し難い優秀な部下だと認めつつも本人の出世のために許可している。役所間での調整を行うことで、人材の需要と供給、さらに昇進との兼ね合いとを総合的に考慮して、優秀な人材を融通しあい幕府行政を活性化させる人事のサイクルが構築されていたといえよう。

3　組織内昇進と支配向のモチベーション維持

支配向の設置により、長崎奉行は円滑な奉行所運営のために、彼らの業務遂行意欲をどのようにして維持させるかという課題をも抱えるようになった。そのため長崎奉行は、支配向の仕事ぶりに関して細心の注意を払う必要があった。例えば岡部長常は、調役矢口浩一郎の仕事ぶりについて、「昨今之気力始ニ不似甚失望いたし候、按外之事ニて候得共、何と歟不都合無之様いたし申度」と心配し、「何故右様気力之弛候哉、始は必右様ニは無之処、全拙者之扱方不満ニ而、長崎之折合を歎し候より之事と相考候」（安政七年正月二十六日付）と、矢口の態度の変化は自分のやり方に対する不満が原因なのではないかと危惧している。実際には、「性質小事ニ不拘之風ニ付、本港之如き会計多端出納之論耳之地ニは、性ニ反し候哉と被存候」（安政七年三月十六日付）と、矢口本人の性格が開港場の業務内容に不向きだったことが原因で、岡部の取り越し苦労だったわけだが、奉行所組織を円滑に運営するには、このような人事管理が重要な課題であったことは確かだろう。

では、支配向の意欲を維持するために、岡部はどのような考えを持っていたのだろうか。一つは、組織内部での昇進の道を示すことであった。安政六年十二月に調役中台信太郎と同並出役上原賢治が、それぞれ組頭勤方・調役並へ昇進した際、岡部は「支配向中ニ而之操上ニ而、今度は他向之交り無之故、一同之喜悦」（安政六年十二月二十七日付）と述べており、他の役所からの異動ではなく内部昇進であることが、支配向の「喜悦」であったことがわかる。

また、功労者への褒賞も重要である。組頭永持亨次郎は、安政三年に吟味役が設置された際に最初に任じられた人物であり、同五年に吟味役が組頭と改称された後も引き続き長崎に残り、支配向のなかで最も長く六年間務めていた。こうした状況に岡部は、本人も「一廉之規模をも相立首尾能栄転」を望んでいるだろうと気遣い、「御役名始り候而第一号之転故、可相成は抜群之栄遷を祈」（安政七年三月七日付）っている。実際に永持は布衣、一〇〇俵を仰せ付けられており、本人の喜びは言うまでもなく、「実ニ一体之励ニも相成」（文久元年二月二十七日付）ったと他の支配向の勤労意欲を促進させた。

一方で、長崎奉行が関知しない所で人事異動の話が進められ、組織内部の人事管理の統制がとれなくなるのを防ぐ必要もあった。岡部が調役中山誠一郎の内部昇進を考えていた時、業務のために中山が出府する機会があった。中山の出府に関して岡部は、「適出府いたし候者御地ニ而所々江手を入居処ニ、転役ニ而もいたし候様之事ニ而も有之而ハ、在勤之者之気配ニ差響、拙者之難義而已ニ無之、御用筋ニ響候間、何卒右様之事無之、無滞帰崎いたし候様いたし度」（安政六年十一月十六日付）と依田へ伝えている。中山は長崎に赴任する以前は関東取締出役や浦賀奉行所の与力などを歴任しており、「突合広く性質華やかを好」（同上）む性格であった。このような交際関係を踏まえて、岡部は依田に対して「可然御心付可被下候」（同上）と、出府中の様子を見守るように頼んでいる。

内部昇進を果たさせようと目論んでいた人物が、たまたま出府した際に私的な伝手を頼って就職活動を行い、転役を果たしてしまえば、「在勤之者」に悪影響を与えてしまう。奉行所の業務環境を整え維持するためには、責任者である奉行の統制が効かないような人事を認めるわけにはいかない。そうした事態へ発展することを事前に防止するために、江戸詰の組頭へ指示を出しているのである。

以上のように、長崎奉行は支配向の人事を、江戸詰と書状の往復を介して調整していた。人選に際して候補者の面談や他役所との調整も必要となり、その点が江戸詰の重要な役割だった。また、組織内部の人事管理の面では、奉行は支配向の動向を具に監督し、意欲を低下させない努力を不断に行っていたのである。

三　幕府公文書にみる人事の課題

ところで、長崎奉行が考える組織のあり方や人事方針は、そのまま幕府の許可を得て実現されていただろうか。表2は、長崎奉行支配向の一覧である。支配向の職員録のようなまとまった史料が残されているわけではなく、関連の

表２　長崎奉行支配向一覧

	姓　名	任	前　職	免・昇任	転出先	備　考	典拠
長崎奉行支配組頭（安政５年に吟味役から改称）							
1	永持亭次郎	安政 3.10	徒目付	文久2.5.4	外国奉行支配組頭		『通』
2	依田克之丞(盛克)	安政6.3.16	大御番堀田豊前守組学問所教授方出役	文久3.9.10	学問所頭取	小普請組支配組頭五郎八郎倅	『通』/「備」
3	木村敬蔵(勝教)	文久2.6.28	小普請組能勢熊之助支配	文久2.閏8.8	勘定組頭		『通』
4	吉岡静助	(文久2.8.29)					「御」
5	田中哲輔	文久3.2.25	奥右筆留物方	元治元.12.27	開成所頭取		『通』
6	吉岡元平	元治元.1.13	勘定	元治元.10.28	小十人組		『通』
7	吉岡良大夫	慶応元.1.27	新番山名壱岐守組	慶応３	大坂町奉行支配組頭		『通』
8	貝塚彦之丞(典直)	慶応2.11.18	兵庫奉行支配組頭	慶応３ (慶応3.6*)	大坂町奉行並 (御勘定組頭*)		『通』 (「長*」)
9	東條八太郎	慶応 3.7	長崎奉行支配組頭勤方				「長」
10	吉岡元平	慶応3.10.21(再)	奥詰銃隊	慶応3.12.24	奥詰銃隊へ帰役		『通』
長崎奉行支配組頭勤方							
11	中台信太郎	文久元	長崎奉行支配調役	慶応4.1.25	長崎奉行並		『通』
12	小川達太郎	文久2.11.7	徒目付	文久3.6.15	(辞)		『通』
13	東條八太郎	元治元.1	長崎奉行支配調役	慶応 3.7	長崎奉行支配組頭		『通』/「長」
14	矢村戸四郎	元治元.11.21	長崎奉行支配調役				『通』
15	加藤金四郎	慶応元.10.13	小普請組本多寛司支配世話取扱	慶応4.2.11	目付		『通』
長崎奉行支配調役							
16	矢口浩一郎	安政5.2.5	長崎奉行支配調役並	万延元.12.29	勘定		『通』
17	中台信太郎	安政5.4.18	徒目付	文久元	組頭勤方		『通』
18	矢村戸四郎	安政6.6.6	支配勘定	元治元.11.21	長崎奉行支配組頭		『通』
19	小柴喜左衛門	(安政6.6)	長崎奉行支配調調役並出役				『幕』23
20	中山誠一郎	安政6.12.11	長崎奉行支配調役並	文久3.2.22	小十人組		『通』
21	寺崎助一郎	文久元.6.8	長崎奉行支配調役並				『通』

	姓　名	任	前　職	免・昇任	転出先	備　考	出拠
22	上原堅治	文久3.8.10	長崎奉行支配調役並	慶応元.2.19	広敷番之頭		『通』
23	安藤鈊之助	元治元.4.27	支配勘定				『通』
24	沼間平六郎	元治元.12.29	富士見，宝蔵番				『通』
25	柴誠一	慶応元.3.16	小十人小笠原三郎右衛門組				『通』
26	斎藤源之丞	慶応元.3.29	神奈川奉行支配調役並	慶応3.10.28	外国奉行支配調役	矢村戸四郎跡	『通』
27	大坪本左衛門	慶応元.9.5	長崎奉行支配調役並				『通』
28	保木旗之助		長崎奉行支配調役並	慶応2.4.7	新門番	御目見以上	『通』/「御」
29	福井金平		長崎奉行支配定役元〆カ	慶応2.4.7	新門番	御目見以上	『通』/「御」
30	橋本良之進	慶応3.6	長崎奉行支配調役並				「長」
31	大熊直次郎	慶応3.7	長崎奉行支配調役並				「長」
32	斎藤次郎太郎	慶応3.7	長崎奉行支配調役並				「長」
長崎奉行支配調役並							
33	嶋田音次郎	安政5.1.22	長崎奉行手附出役	安政7.1	外国奉行支配調役		『幕』20/「備」
34	保木旗之助	安政5.3.23	小花和正助組御徒組頭		長崎奉行支配調役		「備」/『通』
35	寺崎助一郎	安政5.3.23	御賄方長崎奉行支配調役並出役		長崎奉行支配調役		「備」/『通』
36	中山誠一郎	（安政5.7）			長崎奉行支配調役		『幕』20/『通』
37	田中廉太郎	安政6.3.19	浦賀奉行組与力，長崎奉行支配調役並出役				『幕』23
38	沼間平六郎	安政6.6.9	長崎奉行支配調役下役	元治元.12.29	長崎奉行支配調役	長崎奉行支配調役並格	『幕』24/『通』
39	上原賢治	安政6.12	長崎奉行支配調役並出役	文久3.8.10	調役		「御」
40	勝本亮之助	慶応元.3.20	長崎奉行支配定役元〆				「御」
41	松岡仙次郎	（慶応2年カ2.25）					「御」
42	橋本良之進			慶応3.6	長崎奉行支配調役		「長」
43	斎藤次郎太郎			慶応3.7	長崎奉行支配調役		「長」

	姓　名	任	前　職	免・昇任	転出先	備　考	出拠
44	井上広輔(周介)	慶応 3. 6	長崎奉行支配調役並出役				「長」
45	椿程之助	慶応 4	長崎奉行支配定役元〆				「御」
長崎奉行支配調役並出役							
46	田中廉太郎	安政5. 1. 23	浦賀奉行組与力，長崎奉行手附出役	安政6. 3. 19	長崎奉行支配調役並		「備」/『幕』23
47	寺崎助一郎	（安政 5）	御賄方，長崎奉行支配調役並出役	安政5. 3. 23	長崎奉行支配調役並		「備」
48	上原賢治	安政5. 4. 4	御賄方	安政6. 12	長崎奉行支配調役並		「備」
49	三浦栄五郎	安政6. 3. 16	表御台所人長崎奉行支配書物御用出役				『幕』23
50	小杉右藤次	安政6. 3. 19	御賄御酒役世話役				『幕』23
51	山本友輔	安政6. 3. 19	小普請方改役格吟味役勝五郎倅，長崎奉行支配書物御用出役				『幕』23
52	大熊直次郎	安政6. 3. 26	大久保権七衛門組御徒長崎奉行手附出役				『幕』22
53	小柴喜左衛門	安政6. 3. 26	御先手金田式部組与力兵次郎倅長崎奉行手附出役		長崎奉行支配調役		『幕』22/「備」
54	飯田正之助	安政6. 12. 11	御目見持格進物取次上番清七郎惣領長崎奉行江戸役所書物御用出役				『幕』32
55	河久保忠兵衛	（文久2. 4）	小普請組戸田民部組，長崎奉行江戸役所書物御用出役ヵ				「御」
56	松田十一郎	元治元. 12. 晦日	長崎奉行支配定役				「御」
57	柴田米太郎	慶応元. 7. 18	御普請組高力直三郎支配長崎奉行支配書物御用出役				「御」
58	井上広輔(周介)	慶応元. 8. 20	長崎奉行支配定役元〆				「御」
59	上原悦三	慶応元. 10. 24	和宮天璋院御広間番之頭上原賢治倅御作事方当分出役				「御」

	姓　名	任	前　職	免・昇任	転出先	備　考	出拠
60	小嶋銀之丞	慶応 3. 6	長崎奉行支配定役				「長」
長崎奉行支配定役元〆（安政 6. 10 に調役下役元〆から改称）							
61	伊東彌作	安政6. 3. 19	長崎奉行支配調役下役				『幕』23
62	赤沼庄蔵	安政6. 3. 26	御先手竹本肥後守組同心長崎奉行手附出役				『幕』22
63	福井金平	安政6. 3. 26	御弓矢鎗奉行組同心長崎奉行手附出役		長崎奉行支配調役並		『幕』22/「備」
64	勝本亮之助		長崎奉行支配定役	慶応元. 3. 20	長崎奉行支配調役並		「御」
65	山本覚太郎		長崎奉行支配調役下役				「備」
66	井上広輔(周介)	元治元. 12. 晦日	長崎奉行支配定役	慶応元. 8. 20	長崎奉行支配調役並出役		「御」
67	三浦鉎之助	慶応元ヵ. 5. 27	長崎奉行支配定役元〆助				「御」
68	中村良平	慶応元ヵ. 5. 27	長崎奉行支配定役元〆助				「御」
69	黒沢謙蔵	慶応元	長崎奉行支配定役元〆助				「御」
長崎奉行支配定役元〆助							
70	黒沢謙蔵	慶応元. 3. 20	長崎奉行支配定役		長崎奉行支配定役元〆		「御」
71	三浦鉎之助	慶応元. 3. 20	長崎奉行支配定役	慶応元ヵ. 5. 27	長崎奉行支配定役元〆		「御」
72	牧羽幸兵衛	慶応元ヵ	長崎奉行支配定役				「御」
73	中村良平	元治元. 12. 晦日	長崎奉行支配定役	慶応元ヵ. 5. 27	長崎奉行支配定役元〆		「御」
長崎奉行支配定役（安政 6. 10 に調役下役から改称）							
74	伊東彌作	安政5. 1. 22	御作事方書役	安政6. 3. 19	長崎奉行支配定役元〆		「備」/『幕』23
75	山本覚太郎	安政5. 1. 22	御小人目付		長崎奉行支配定役元〆		「備」
76	兼松亀次郎	安政5. 1. 22	御小人目付見習				「備」

	姓　名	任	前　職	免・昇任	転出先	備　考	出拠
77	勝本亮之助	安政5.1.22	御持之頭戸田七内組同心長崎奉行手附書方出役		長崎奉行支配定役元〆		「備」/「御」
78	井上広輔(周介)	安政5.1.22	御持之頭多賀兵庫助組同心長崎奉行手附書方出役	元治元.12.晦日	長崎奉行支配定役元〆		「備」
79	飯山鑑之助	安政5.1.22	御賄六尺				「備」
80	小川徳太郎	安政5.3.13	学問所下番				「備」
81	横山敬一	安政5.3.13	御代官伊奈半左衛門手附御普請役格				「備」
82	鏑木貫一	安政5.4.4	講武所番				「備」
83	内田七兵衛	安政6.3.16	長崎奉行支配調役下役出役				『幕』23
84	中沢善司	安政6.3.19	小普請組支配明キ組，長崎奉行支配調役下役出役				『幕』23
85	金田尚蔵	安政6.3.19	御代官山内甚五左衛門手附，御普請役格　長崎奉行支配調役下役出役				『幕』23
86	沼間平六郎	安政6.3.19	小普請組奥田主馬組	安政6.6.9	長崎奉行支配調役並格		『幕』24
87	松田十一郎	安政6.3.19	闕所物奉行組手代天文方渋川孫太郎手附手伝	元治元.12.晦日	長崎奉行支配調役並出役		『幕』23/「御」
88	中村良平	安政6.3.19	学問所下番	元治元.12.晦日	長崎奉行支配定役元〆助		『幕』23/「御」
89	天笠重平	安政6.3.26	御中間長崎奉行手附書方出役				『幕』22
90	村瀬又左衛門	安政6.6.9	表御台所人				『幕』24
91	鈴木卓太郎	安政6.6.9	高松喜七郎組御小人目付				『幕』24
92	黒沢謙蔵	安政6.6.9	蕃書調所下番	慶応元.3.20	長崎奉行支配定役元〆助		『幕』24/「御」
93	牧羽幸兵衛	万延元.6	長崎奉行支配定役出役	慶応元ヵ	長崎奉行支配定役元〆助		「御」
94	小嶋銀之丞	文久2.7.8	小普請能勢熊之助組金集手伝上下格	慶応3.6	長崎奉行支配調役並出役		「御」「長」

	姓　名	任	前　職	免・昇任	転出先	備　考	出拠
95	渡辺勇太郎	文久2.7.8	御台様天璋院様御広敷伊賀者	慶応元.8.17	西丸御裏門番同心		「御」
96	小川平太左衛門	文久2.7.8	表御台所人二丸御製薬所出役				「御」
97	藤野幸助	文久3.8	御持同心	慶応2.5.28	御持之頭大久保隼人組同心明跡		「御」
98	河合廉平	文久3.12	長崎奉行支配定役出役	慶応2.5.28	御持之頭大久保兵庫組同心明跡		「御」
99	三浦鉎之助		長崎奉行支配定役出役	慶応元.3.20	長崎奉行支配定役元〆助		「御」
100	渥美新作	慶応元.3.20	神奈川奉行支配定番役				「御」
101	遠藤鋳吉郎	慶応元.3.20	御金同心御普請役代り				「御」
102	武村静雄	慶応元.3.20	御軍艦取定役				「御」
103	山田隼太郎	慶応元.3.20	富士見御宝蔵下番				「御」
104	三浦龍次郎	慶応元.8.20	御中間目付				「御」
105	高田冨三郎	慶応元.8.28	浅草御蔵手代				「御」
106	三橋嘉兵衛	慶応元.9.19	御中間目付				「御」
107	周東銀三郎	慶応元.9カ	御作事方出役長崎奉行支配定役出役	慶応2.5.28	御持之頭松平駿河守組同心明跡		「御」
108	横川行蔵	慶応元.11.23	新潟奉行支配並役				「御」
109	池原隆吉	慶応元カ	小普請組支配高力直三郎組代官福田所左衛門手附出役				「御」
長崎奉行支配定役格							
110	楢林栄左衛門	安政6.5.12	阿蘭陀大通詞				『幕』22
111	何礼之助	文久3.7.6	唐通事小頭				「御」
112	平井義十郎	文久3.7.6	唐通事小頭				「御」
長崎奉行支配定役（調役下役）出役							
113	中沢善司	安政5.4.4	小普請組阿部兵庫組	安政6.3.19	長崎奉行支配定役		「備」/『幕』23
114	金田尚蔵	安政5.4.4	御代官山内総左衛門手附御普請役格	安政6.3.19	長崎奉行支配定役		「備」/『幕』23

	姓　名	任	前　職	免・昇任	転出先	備　考	出拠
115	内田七兵衛	安政5. 4. 4	御先手本多大膳組同心長崎奉行手附書方出役	安政6. 3. 16	長崎奉行支配定役		「備」/『幕』23
116	三浦銈之助	安政6. 3. 16	御中間長崎奉行支配書物御用出役		長崎奉行支配定役		『幕』23
117	門谷金一郎	安政6. 6. 9	御細工所同心勘定役頭取				『幕』24
118	牧羽幸兵衛	安政6. 6. 9	御先手桑山六左衛門組同心	万延元. 6	長崎奉行支配定役		『幕』24/「御」
119	山縣米三郎	安政6. 6. 9	美濃部庄右衛門組書替手代				『幕』24
120	橋本良之進	安政6. 6. 9	小普請方手代御雇				『幕』24
121	吉田邦次郎	安政6. 6. 9	寄場奉行安藤伝蔵支配下役，善右衛門倅				『幕』24
122	飯塚攢之進	安政6. 6. 9	御先手中畠宇右衛門組同心				『幕』24
123	河合廉平	文久 3. 1	御台所口石之間番	文久3. 12	長崎奉行支配定役		「御」
124	周東銀三郎	元治元. 7	作事奉行支配小役	慶応元. 9カ	長崎奉行支配定役		「御」
125	腰高礼司	慶応4. 2. 13	御留守居組				「御」
長崎奉行江戸役所書物御用出役							
126	飯田正之助	安政5. 6. 23	御目見持格進物取次上番清七郎惣領	安政6. 12. 11	長崎奉行支配調役並出役		「備」/『幕』32
127	河久保忠兵衛	安政5. 6. 23	御勘定文助倅		長崎奉行支配調役並出役		「備」/「御」
128	山本友輔	安政5. 6. 23	小普請方改役格吟味役勝五郎倅	安政6. 3. 19	長崎奉行支配調役並出役		「備」/『幕』23
129	三浦栄五郎	安政5. 6. 23	表御台所人平十郎倅	安政6. 3. 16	長崎奉行支配調役並出役		「備」/『幕』23
130	三浦銈之助	安政5. 6. 23	御中間	安政6. 3. 16	長崎奉行支配定役出役		「備」/『幕』23
長崎奉行支配書物御用出役							
131	柴田米太郎	文久元	部屋住	慶応元. 7. 18	長崎奉行支配調役並出役	小普請組高田直三郎支配	「御」
132	東條悦三郎						「御」

	姓　名	任	前　職	免・昇任	転出先	備　考	出拠
留記類編集御用御雇（文久2年12月27日書物御用御雇と名目替え）							
133	中山右門太	文久元.3.4					「備」
134	東條保太郎	文久元.3.4					「備」
135	東條悦三郎	文久元.3.4					「備」
136	福井鐘太郎	文久元.3.4					「備」
137	沼間慎次郎	文久元.3.4					「備」
138	小川吉之助	文久元.3.4					「備」

典拠
『通』=「徳川幕府外国関係事務官吏一覧」（田中正弘『通信全覧総目録・解説』雄松堂出版，1989年）
『幕』=『幕末外国関係文書』
「御」=東京大学史料編纂所所蔵「長崎奉行御用留」
「備」=「金井八朗翁備考録　第七上」（長崎歴史文化博物館所蔵，オリジナル番号19 1-1 7-1）
「長」=「長崎」（福岡県立図書館所蔵「黒田家文書」資料番号70）
（　）の年月日は異動日時は不明だが，当該職に就いていることが確認できた日時．
＊貝塚彦之丞（典直）の転出先は，史料により異同があるため併記した．

諸史料から抽出しているため完璧なデータとはいえないが、概要を知ることはできる。安政五年（一八五八）に調役以下の支配向が新設された際には、特定の役所からだけではなく幅広く人材を採用している。どのような基準で採用したのかは不明だが、二〇人もの支配向が幕臣やその倅から集められている。神奈川奉行支配向が八九人(23)（安政六年時点）、箱館奉行支配向が一一六人(24)（安政五年正月時点、いずれも定役以上）であることを踏まえると、二〇〇人以上の幕臣が、ほぼ同時期に大量採用されていることになる。

これだけ大量の役人を一度に集めるには、ある程度は寄せ集めのような状況になっていたことも十分に考えられる。したがって組織を維持するためには、その後の人事と組織をどのように構築していくかということが課題となる。人事の方針を明確に示した史料は今のところ見当たらないが、表2をみてみると、いくつかの特徴が指摘できる。長崎奉行に次いで組織の二番手である組頭は、東條八太郎を除きすべて他の役所からの異動である。しかし、組頭勤方は五人中三人が内部昇進であり、以下、調役は一七人中一一人、調役並は一三人中九人、調役並出役は一五人中一二人、定役元〆・同助は一三人全員、定役は三六人中一〇人、定役出役は一三人中二人が内部昇進となっている（ここでは、他職からの出役も内部昇進に含めた）。定役・同出役の比率が低いのはキャリアのスタートであり当然だが、それより上の職は内部昇進の比率が高いことが注目される。このことは、同一組織内でのある程度長いキャリアを想定して、職務に習熟させてから昇進させていくという方針を取っていたことを窺わせる。例えば三浦鋳之助の経歴は、江戸詰の書物御用出役から始まり、定役出役↓定役↓定役元〆助↓定役元〆と進んでおり、まさにその理想形として捉えることができるだろう。

このような人事計画による組織を構築するためには、キャリアのスタートとなる定役の採用がより重要となってくる。例えば、先述した安政六年十二月に、江戸役所書物御用出役の飯田正之助が調役並出役となり長崎に赴任する際の後任人事をめぐって、江戸詰組頭依田克之丞が調役矢村戸四郎の悴を推薦したのに対して、長崎奉行岡部は、「此度は定役之種を植可申義ニ付」（安政七年三月七日付）と述べて慎重な対応をとっている。[25] つまり岡部は、江戸詰の書物御用出役を定役就任のための準備期間として位置付けていたと考えられる。江戸役所で、長崎に関連する文書の作成を通して知識を身につけ、それから長崎に赴任することで即戦力となる人材の供給が期待されていたのだろう。いわば、江戸での研修を経て長崎に赴任し、現場の叩き上げから昇進していく理想のサイクルが想定されていたといえよう。

また文久二年（一八六二）七月、定役の増員をめぐる人選の際に、長崎奉行高橋和貫・同大久保忠恕は、「定役之儀は篤と人物相撰候上、出役之内ゟ操上相願候心得ニ御座候」[26] と述べ、当面は定役ではなく、定役出役として三人の採用を願い出ている。この二つの事例からは、長崎奉行が定役をキャリアのスタートとして人選に慎重であったことを看取できる。

一方で、もう一つ注目されるのが、即戦力となり得る人材の新規採用である。人事関係の記録を多く収めた長崎奉行の御用留(27)には、慶応年間に長崎奉行から幕府に新規採用を願い出た記録があり、そこには「長崎表江も御用ニ付度々罷越」、「筆算達者ニ出来、会所運上所向等為取扱、必御用弁可相成」、「長崎表商税取立方等ニは適宜之人物」など、長崎奉行所の役人として適任である具体的な理由が記されるようになっている。適材適所での人事を行うことで、奉行所組織の機能維持を図っていたことが窺える。

しかしながら、奉行所運営の統括者の立場にある長崎奉行と、最終的な人事の可否を判断する幕閣との間では判断基準に違いがあり、必ずしも現場からの要望に応え得るような結果になるとは限らなかった。万延元年（一八六〇）十二月二十八日付の江戸詰組頭依田宛長崎奉行岡部の書状には、「御徒より取人ニいたし候は但馬殿（勘定奉行酒井忠行）御嫌ニ而、可成丈御譜代より可申上旨毎々御沙汰も受候得共（中略）人物さへ宜候ハヽ、申上方も可有之筈」とあり、勘定奉行が抱席である徒士からではなく、なるべく譜代の御家人から採用するようにと指示しているのに対して、岡部は当人の「人物さへ」よければ推薦するのは当然であるとの意見を述べている。これは、この時期盛んに行われていた人材登用政策と幕府職制との矛盾から生じる問題であったと考えられる。慶応元年（一八六五）の人事に関する長崎奉行と幕閣とのやりとりは、そのことが鮮明に表れている。

元治二年（一八六五）正月、長崎奉行服部常純と同朝比奈昌広は、支配手附出役四人を廃止し、新たに調役並一人、調役並出役二人の定員を増員することを幕府に願い出て許可された。手附出役は、文久二年七月に、長崎奉行の交代時などに「旅中附添御用向為取扱」るために四人を新規に任命した役職だったが、奉行が長崎在住となり在勤期限がなくなったことや、調役並・同出役と同様の掛を申し付けても、「手附」という肩書では「地役人共気請も不宜」という理由から廃止することを願い出たのである。

幕府の許可を得た服部と朝比奈は、組頭勤方東條八太郎の養子で書物御用出役東條悦三郎と、御書院番頭柴田越前守与力講武所調方出役嘉平次悴で同与力見習長崎奉行支配手附出役の戸木鐘作を調役並出役とするように願い出た[28]。これに対して奥右筆は、悦三郎は父が御目見以上の役職に就いているため、その悴が御目見以下の役職に就くのは不都合である、鐘作は父が席以下の役職を務めており、悴が席以上の役職を務めるのは父より席上となるので不都合であるという「しらへ」を作成し、老中の評議に提出している[29]。

譜代の御家人には、御目見以上・以下とは別に、上下役で家督相続が躑躅の間で行われる席以上の格と、羽織袴役で熨斗目の着用が認められず、家督相続が焼火の間で行われる席以下の格があったとされている[30]。幕末には幕府職制の改廃が頻繁にあり、特に下位の役職については、その格が明確にできない場合が多い。調役並の格も明確にはわからないが、この幕府の評議からは、御目見以下で席以上に相当する役職だと認識されていたことはわかる。

老中の審議結果を直接示す史料はないため、奥右筆の意見にある格について老中がどのような判断を示したかは不明だが、このあと再び服部と朝比奈が提出した願書によると、結果は無高部屋住ではない者から人選し直すべきとの内容だったようである。

これに対して服部と朝比奈は、五月に「部屋住之故を以申上候通難被仰付と之上は無拠、其儘居置候ゟ外無御座候得共、左候而は、折角出精御用立候もの出身之路も失ひ、当人は勿論、支配向一同之励ニも拘」わると述べ、部屋住であることが不採用の理由となれば、当人だけでなく支配向全体の意欲にも影響すると反論して再度鐘作の採用を願い出た。だが、結果は「席以下之者悴且無高之もの」であるとの理由から不採用だった。

この結果を受けて、服部・朝比奈は六月に、小普請組高力直三郎支配長崎奉行支配書物御用出役柴田米太郎と定役元〆井上周介を調役並出役として、井上の跡役に定役元〆助黒沢謙蔵を昇進させる案を願い出た。七月十八日に柴田の採用は許可されたが、井上は不許可となり、「他向」から人選するようにと命じられた。服部・朝比奈は同月中に、再度井上の昇進を願い出たが、そのなかで井上昇進の意図を次のように述べている。

〔史料3〕

（前略）都而御奉公相勤候軽輩ハ別而之儀、出精致し一ト廉御取立をも可蒙と心掛候は今日人々之常情ニ而、不得止筋ニ有之、就而は支配向役々之内転役等いたし明キ出来候得は、其節之模様ニ寄、他向よりも人撰仕申上候得共、先ツは支配向之内御用立候もの繰上ヶ候様不仕候而は、其ものニ取平常出精致し候詮も不相立、且此度被仰渡之趣を以調役並出役等明キ出来候節は、跡役之者必他向より人撰申上、支配定役元〆等より繰上は容易ニ難相叶儀ニ相成候ハヽ、定役元〆等御用立候ものも終身青雲之望を失ひ、如何ニも勤甲斐無之事と存成し、自然一体之気込相挫、御用弁ニも拘り可申と深く心配仕候（後略）

服部と朝比奈は、「軽輩」の者が役務に励み、取り立てられるようにと心掛けているのは「今日人々之常情」だとして、支配向に空きが出た際に内部昇進を優先させなければ、日頃の努力が報われず、御用に立つ人材であっても「終身青雲之望を失」い、結果としてモチベーションが下がり役務に支障が生じてしまうことを懸念していることがわかる。

しかし幕府の判断基準は別にあり、結果は不許可であった。その理由は、定役元〆の周介を調役並出役としても、出役である限りは、本役は定役元〆のままであり、黒沢謙蔵を定役元〆に昇進させれば、実質的には定役元〆の人員を一人増員させることになる。また、黒沢を定役元〆とした場合、現状の三〇俵から五〇俵・役扶持二人扶持の足高となり、多額の出費となる。定員内での人事異動であれば内部昇進で構わないが、増員の場合は、「他向」から採用すべきだというものであった。幕府は、調役並出役二人のうち、残る一人の再々推挙を長崎奉行に指示した。

九月に服部と朝比奈は、御作事方当分出役上原悦三を推挙すると同時に、この時さらに欠員が出たことから、追加で御中間頭梅村熊次郎組御普請役格御中間目付の中山七太郎を同役に推挙した。

今回の長崎奉行の推挙に対する奥右筆の意見は、悦三の父上原賢治は、御目見以上の役職（御広敷番頭）を務めており、その悴が御目見以下の役職に就くのはいかがなものか、それだけでなく部屋住に「御役名場所」へ出役を仰せ付けてはならないとの触書にも抵触するというものであった。「御役名場所」とは、幕府職制に正規に設置されている役職のことを指す。[31] またここで示されている触書は、文久二年十月五日に出されたもので、部屋住を「御役名之場所」に出役させることを禁止したが、「業前」の場所については例外として許可している。[32]

ところが、老中がどのような審議をしたのかは不明ながら、十月二十四日に上原悦三が調役並出役に任じられた。文久二年の触書に関しては、調役並出役が「業前」の場所だと判断されたと考えれば理解できるが、同じように部屋住であることを理由に不採用となった戸木鐘作の先例があることに対しては、どのような判断がなされたのだろうか。鐘作と悦三の違いは、父親との関係である。悦三の場合は、調役並出役となっても父親の役職の格を上回ることはない。やはり、父親の格を超えるか否かが、大きな判断基準となっていたのだろう。

一方で、中山七太郎に対しての奥右筆の意見は、調役並出役となりさらにその後本役の調役並となった場合には、「莫太之御出高」となるので「高相応之者」から人選すべきというものであった。御中間目付の待遇は一五俵一人扶持で、この時の七太郎は御普請役格だったために足高を受けており、三〇俵二人扶持であった。しかし調役並の待遇は一〇〇俵、役扶持七人扶持・役金三〇両であるため、その差は七〇俵五人扶持と三〇両となり、確かに多額の足高が必要となる。結果、この時七太郎は採用されず、長崎奉行は翌年正月に再び七太郎を推挙した。だが、ここでも奥右筆は支出増への懸念を示し、「抜群之人物」であれば例外もあり得るが、そこまでの人物ではないとして採用を否定した。老中も奥右筆に同意し、不採用の判断が下された。

以上の事例からは、現場の視点に立って適材適所の人材採用を要求する長崎奉行に対して、財政抑制と身分制に基づいた人事の双方を考慮せざるを得ない老中や奥右筆は、人事に対する優先課題が違ったことが読み取れる。現場対応を軸として、数十人規模の新たな幕臣を受け入れ、即座に組織を作り上げたという点においては、幕府職制の柔軟性をみることができる。その一方で、役職の格と本人の家格とのバランスや親子間の格差といった、役務に対する個人の能力とは別の理由に人事が規定されていた点に、身分制に基づく幕府職制の限界が示されているのである。

おわりに

長崎奉行は、新たに組頭以下の支配向が設置されたことで、それまでになかった役割を求められるようになった。まず、江戸との関係である。江戸にも支配向が配置されるようになると、江戸での公的な執務空間が必要となった。当初は定まった執務空間がなかったが、万延元年（一八六〇）の江戸城再建を契機としてようやく長崎奉行支配向の「江戸役所」が設置された。江戸役所では、長崎に関する対外関係事務の文書作成、江戸長崎会所関係業務を基本業務としていた。江戸役所が設置されたことで、長崎奉行所関係の文書が江戸城に体系的に蓄積されるようになったと考えられる。また、他港の奉行所との連絡調整も江戸役所の重要な役割であった。長崎の現地からは、直接他港との調整を行うのは困難なため、江戸詰がその仲介役を担っていたのである。

一方で、支配向の人事面への配慮も必要となった。支配向が設置された当初に、異例である三年間の長崎在勤を務めた長崎奉行岡部長常は、奉行所組織の基礎を築いた重要な人物である。その岡部が組織運営のうえで重視したのは、支配向の人事管理であった。岡部は、有能な人材を採用するために縁故採用を強く否定し、支配向の職務を問題なく遂行できるような人材を確保するために、江戸詰に当人の面談を含めた事前の調整を行わせていた。さらに、他の役所との人材の融通にも神経を尖らせ、事前の調査・調整を徹底させる考えを示していた。この人事管理の面でも江戸詰の役割は、当然重要だったものと考えられる。

また人材の採用だけではなく、組織内部の支配向の職務意欲を高め、維持することも必要であった。そのために岡部は、各支配向の動向を注視し状況を把握するだけでなく、内部昇進の道を示したり、無秩序な人事異動がなされないよう人事管理を強く意識したのであった。

だが、このような現場の意向も、身分制に基づく幕府職制においてそのまま貫徹されたわけではなかった。幕府は、ラディカルな軍事改革を行うために、軍事部門において相当の柔軟性をみせ身分制の制限を一程度は緩めていた。しかし、それも完全には撤廃することができず、海軍の最下層の役人がそうであったように、身分制の桎梏は大きかった(33)。そういう条件の下では、岡部が理想としたような内部昇進の道も、該当者の身分によって制限を受けざるを得なかった。その弊害が明瞭に表れたのが、慶応元年の人事問題だったといえよう。有能な人材を求める現場責任者に対して、下級役人たちが「一ト廉御取立をも可蒙と心掛」ることは、まさに「今日人々之常情」だったのである。しかし一方では、それを制限する幕府の人事方針があり、意欲のある下級役人たちの「終身青雲之望を失」うような状況もあった。

それでも、幕末の混乱のなかで、短期間に奉行所組織を再編して、新しい対外関係事務を処理し、開港場を混乱させずに運営していたのも事実である。ここに身分制に基づく幕府職制の限界をみるとともに、江戸幕府が構築した行政機構のなかで幕臣が身に着けていた行政能力の高さを評価することができよう。

註

(1) 例えば、長崎奉行という役職自体に注目した鈴木康子氏も、江戸城内の長崎奉行の控え席が、元禄十二年（一六九九）に上昇したことについては論じているが、江戸での職務内容などの具体的な活動については言及がない（『長崎奉行の研究』思文閣出版、二〇〇七年）。

(2) 木村直樹『長崎奉行の歴史―苦悩する官僚エリート―』（角川選書、二〇一六年）、同「江戸幕府の指揮系統と長崎奉行」（藤田覚編『幕藩制国家の政治構造』吉川弘文館、二〇一六年）。

(3) 『横浜市史』第二巻（有隣堂、一九五九年）、『函館市史』通説編第二巻（函館市、一九九〇年）。

(4) 近世前期の貞享三年（一六八六）までの間、長崎の天保改革が行われていた天保十三年（一八四二）から弘化四年（一八四七）までの間には、与力が設置されていたが、この期間以外に、長崎奉行支配の幕臣は派遣されていない（添田仁「奉行所と地域社会―長崎奉行所の天保改革―」藪田貫・奥村弘編『近世地域史フォーラム② 地域史の視点』吉川弘文館、二〇〇六年）。

(5) 守屋嘉美「阿部政権論」（『講座日本近世史7 開国』有斐閣、一九八五年）。

(6) 近松真知子「開国以後における幕府職制の研究」（児玉幸多先生古希記念会編『幕府制度史の研究』吉川弘文館、一九八三年）。

(7) 三谷博「人材登用と「家」の変化」（『明治維新とナショナリズム―幕末の外交と政治変動―』山川出版社、一九九七年、初出一九九三年）、水上たかね「幕府海軍における「業前」と身分」（『史学雑誌』一二二―一一、二〇一三年）。

(8) なお、同書状は、すでに全点が『金沢文庫古文書』第一七輯（一九六一年）で翻刻されているが、本章では適宜原史料（神奈川県立公文書館所蔵写真帳を利用）も参照した。

(9) 長崎掛勘定奉行がいつ設置されたのか明確なことは不明だが、延享三年（一七四六）九月以前には存在していたらしく、同月に勘定奉行の勝手方を専任とすることが決められている（『通航一覧』四巻、国書刊行会、一九一三年、五一頁）。

(10) 本丸が完成して外国方などが本丸役所に詰め始めるのは十一月九日（『幕末外国関係文書』四四巻、五二号）。

(11) 田中正弘「徳川幕府外国方と外交文書整備問題」（『近代日本と幕末外交文書編纂の研究』思文閣出版、一九九八年、初出一九八七年）。

(12) 「長崎奉行并支配向詰所之儀ニ付申上候書付」（国立公文書館所蔵、請求番号多 028860）。

(13) 「長崎奉行御用留」（東京大学史料編纂所所蔵、請求記号外務省引継書類43）。

(14)「各国官史文通録」(北海道立文書館所蔵、請求記号 A1-3/20)。
(15)「神奈川箱館御用状問合書留」(長崎歴史文化博物館所蔵、オリジナル番号 B14 84-2)。
(16)藤田覚「付箋―その名称と機能―」(『近世史料論の世界』校倉書房、二〇一二年、初出一九八八年)。
(17)片桐一男『阿蘭陀宿長崎屋の史料研究』(雄松堂出版、二〇〇七年)。
(18)「江戸長崎会所の洋書と東京運上所の業務」(『東京都公文書館だより』一四、二〇〇九年)。なお、江戸長崎会所は船松町二丁目(現中央区明石町六~七番地隅田川沿)にあった。
(19)例えば、文久二年(一八六二)に新しく長崎奉行に任じられた大久保忠恕が赴任する際に受けた拝借金は、江戸長崎会所から支出されている(「長崎奉行御用留」)。
(20)「御勝手帳」十四(国立公文書館所蔵、請求番号 181-0100)。
(21)麓慎一「幕末における蝦夷地政策と樺太問題―一八五九(安政六年)の分割分領政策を中心に―」(『日本史研究』三七一、一九九三年)。
(22)「長崎奉行御用留」。
(23)前掲『横浜市史』第二巻。
(24)前掲『函館市史』通説編第二巻。
(25)ただし、実際には矢村戸四郎の悴戸村小四郎が書物御用出役になっている(「呈別内状留」長崎歴史文化博物館所蔵、オリジナル番号 B14 28-5)。
(26)以下本節では、特に断らない限り、史料の典拠は「長崎奉行御用留」によっている。
(27)「長崎奉行御用留」。
(28)なお、経緯は不詳だが、調役並には定役元〆勝本亮之助の昇進が認められている。
(29)多聞櫓文書のなかから人事に関する史料を分析した太田尚宏氏は、幕府の人事に関する手続きを次のように説明している(「江戸城多聞櫓文書「職制の部」解題」『北の丸』三一、一九九九年)。奥右筆が人事の原案を作成し「書抜」と呼ばれる類例書などの関連文書とともに担当老中へ提出→老中の審議=(「御しらへ」)→老中が審議内容を下ケ札に記し(「御しらへ下ケ札」)返却。なお太田氏は、老中の審議内容は、下ケ札以外にも別紙で「しらへ」と題される文書が作成される場合があったとされている。しかし、例えば、このあと検討する上原悦三の「しらへ」には、「右十月廿三日和泉守殿飛驒守殿江御しらへ上ケ候処、達書之通被仰付之」との記載がある（「長崎奉行御用留」）。したがって、右記の手続きとあわせ考えると、「しらへ」は老中の審議内容ではなく、奥右筆が作成して老中へ提出した文書であり、それに対して老中が審議することを「御しらへ」と呼ばれていたと考えられる。

(30)　小川恭一『徳川幕府の昇進制度―寛政十年末旗本昇進表―』（岩田書院、二〇〇六年）。

(31)　前掲三谷「人材登用と「家」の変化」。

(32)　石井良助・服藤弘司編『幕末御触書集成』第三巻（岩波書店、一九九三年）二七九四号。

(33)　前掲水上「幕府海軍における「業前」と身分」。

第五章　横浜・長崎・箱館三開港場間の行政手続き

――外国艦船の海上移動と「水先案内」をめぐって――

はじめに

本章では、横浜・長崎・箱館の開港場間における行政手続きがどのように連携・形成されていたのかについて、外国艦船が開港場間を移動する際に雇用された「水先案内」(1)をめぐる対応から検討する。

鎖国体制下では、琉球・朝鮮を除く外国船の来航は長崎に限定されていたため、外国船が日本国内の各地点を日常的に往来するということは想定されていなかった。だが、通商条約の締結により三ヵ所の開港場が設定されると、条約締結国の軍艦や商船が開港場間を移動するようになり、開港場を管轄する奉行所では、それまで想定していなかった事態への対応を求められることになった。また当時の日本では、最新の科学技術に基づいた水深測量と海図作成が遅れていたため、日本近海は外国船からすれば未知の領域であり、通航は危険を伴うものであった。アメリカやイギリスなど列強により海図作成が少しずつ進められていたとはいえ、その情報量は圧倒的に不足しており、未知の水路を移動するには航海に関する知識を有する水先案内が必要とされたのである(2)。

しかしながら、水先案内について具体的に言及した研究は管見の限りない。近代法における水先案内＝水先人(pilot)の定義は、「浅瀬・岩礁・潮流などについての地方的な知識を有し、通常、公の機関によって免許され、河川もしくは水道を通航する船舶または港を入出港する船舶を嚮導するため、主要な海港に法令によって設置され、当該法令にしたがって権利を有し義務を遂行する者」(3)とされている。日本で最初に水先人に関する近代法が整備されたのは、明治九年（一八七六）十二月の太政官布告一五四号である。(4)同法令西洋形船水先免状規則第二条には、「水先ノ事業ニ関係シタル諸般ノ事務ハ内務省ノ統括ニ属シ、同省ニ於テハ充分其筋ニ明カナル者ヲ撰ミ、此規則ニ準拠シテ各試験出願人ヲ試験スヘシ」(5)とあり、内務省管轄のもとで免許制度が敷かれていたことがわかる。

だが、これ以前に明確な法的根拠はなく、当然、開国直後に明確な制度や規定が設けられていたわけではなかった。ただし、例えば日英通商条約第十三条には「貌利太尼亜商船日本の開きたる港に来る時並に規定の租税及ひ逋債払済にて港を出る時水先案内を雇ふ事勝手たるへし」(6)とあり、水先案内の自由な雇用は明記されていた。これに対して幕府や開港場の奉行所がどのように対応していたのかが問題となってくる。雇用の自由とはいえ、まったくの自由で行政対応を放棄していたとは考えられない。そこで本章では、水先案内をめぐって開国直後にどのような問題が生じ、それに対して開港場の奉行所間でどのような対応をとり、制度が整えられていったのかを具体的な事例に即しながら検討していきたい。(7)

一　水先案内問題の発端

安政六年（一八五九）九月、長崎奉行岡部長常は、水先案内の対応に関する伺書を幕府に提出した。(8)それによれば、同年四月に米国軍艦に水先案内の乗船を幕府が許可したと江戸から報告があったため、岡部は長崎でも同国官吏から同様の申請を出された際に即時許可した。ところが、米国官吏に許可するより前にオランダから同様の申し出があった際には「先前之御規則に基き」拒否していたため、対応に相違があるとの苦情を受けた。この苦情に対して岡部は、「各国一様之御取扱ニ相成候方可然」と幕府に伺いを立てていたが、今回の伺書提出の九月時点では、まだ下知がなかった。そうしたところ、横浜の蘭国領事から各国領事が「召使之日本人」を開港場へ帯同させることが許可されているとの情報が長崎の同国領事に伝えられ、その旨を記した書類が長崎奉行に提出された。そこで岡部は、未だ下知のない水先案内に関する対応と、蘭国領事が提出した書類の内容についての状況説明を江戸に求めている。つまりオランダ側は、水先案内や小使の外国船への乗船許可に関する対応の齟齬を問題としているのである。(9)

この時横浜の蘭国領事から長崎の同国領事へなされた報告の背景には、横浜在留の同国商人が長崎との往復航海に際して「船中用弁之ため是迄召遣居候小遣之者連越度」いと願い出て拒否されたことにある。(10)これに関する九月の外国奉行評議をみてみよう。

外国奉行は、条約上外国人による日本人雇用は「官人商人之差別無之」自由となっており、被雇用者の乗船を禁じる法的根拠がないことを確認したうえで、今回の件については、これまでの対応に問題があったことを指摘している。すなわち、箱館の米国領事ライスが下田に移動する際に、日本人の小使を帯同したことがあった。さらに、この例に准じてハリスが下田から長崎へ航海する際にも日本人の小使を帯同させたことがあった。だが、ライスの先例は幕府の許可がなく、箱館奉行の判断で「御条約ニ基水陸之差別無之取計」たものであり、ハリスの例も「別段論段を遂」げたものではなかった。したがって、これらの対応は幕府の最終的な許可を得たものではないが、結果的には二件の先例をつくってしまっており、そのうえ、条約上拒否する根拠もないので今さら拒否することは難しい。そこで、日本人の帯同は国内に限って許可し、万一外国へ連行するようなことがあれば、「罰銀」を取り立てる規則を定めればよいのではないかと提言している。

このように、開国直後の安政六年九月の段階で、外国船への水先案内や小使の乗船許可をめぐり、開港場間や相手国によって対応に相違が生じていた。江戸でもいまだ十分な方針を定められず情報が錯綜するなかで、長崎ではその対応に困惑していた様子が窺える。

九月の長崎奉行の伺書に対して、江戸では十一月から十二月にかけて外国・神奈川奉行（万延元年〈一八六〇〉まで兼帯）、勘定方、外国掛大目付・目付らがそれぞれ評議を行っている。このうち外国奉行は、これまでの経緯を次のように説明する。四月に米国軍艦に対して水先案内と通詞らの乗船を許可したのは、同国官吏による新規開港予定地の視察が目的だったためであり、開港場へ帯同させることを許可したわけではない。したがって、先例となるべきものではない。通商条約では、万延元年に西海岸に一つの開港場を設置することが定められており、その開港場選定のために外国側が独自に現場調査を行っていた。ここで問題とされている米国軍艦の事例は、この調査の一環であり特例だとする主張である。一方で、小使の帯同については、九月に横浜で蘭国商人から申し出があった際に不許可としたが、八月にあった横浜在留英国領事付き通訳官からの申出ついては、「商人等共身分違候者」であるため、外国へは連れて行かない旨の誓約書提出を条件に許可したとある。すなわち八月時点では、商人と領事を身分的に区別し、後者に限って小使の帯同を許可する方針だったことがわかる。

しかしながら、九月以降に問題が表面化すると、先の評議内容にも示されている通り、外国奉行は条約上外国人は身分の区別なく自由に日本人を雇用することが認められているとの認識を有するようになっていた。そのため、国内に限定し水先案内・小使の外国船への同乗を許可し、海外渡航の禁止に違反した場合の罰則を設けるべきことを主張したのである。ただしこの罰則は、九月の段階では「罰銀」の徴収だったが、十一月の評議では違反者を出した該当国には、船中での日本人雇用を一切禁止すると厳罰化の方針に変わっている。

次いで勘定方の評議は、官吏が小使を開港場間の移動に帯同させることは先例を根拠に許可すべきというものであった。外国掛大目付・目付の評議は、九月二日に横浜から箱館へ向かった英国領事に対して、外国奉行の手限で小使や「通弁官」の帯同を許可したことを他の開港場へ連絡すべきだったが、それを怠ったために長崎で不都合が生じたのだと、外国奉行の瑕疵を指摘している。ただし、開港場間での連絡調整を徹底すべきとは主張するが、水先案内への対応については、すでに五月にも評議を申し上げている（詳細不明）として具体的な言及はない。

これらの評議を受けた老中は、勘定所に再評議を命じている。翌安政七年三月の勘定方の評議では、水先案内の許可には同意するが、小使の帯同を海陸や身分の区別なく自由に許可するのは、条約の拡大解釈だと反論している。小使の帯同に対する勘定方の本心は、「役人以上之分」については許可せざるを得ないが、「商人之分」についてはなんとか「別法」を立てて拒否したいというものだった。ただ、西洋の慣習が「商を以国を立候習風、士商之階級不相立」るため、実際に身分の違いによって対応を変えるのは困難であることも認識していた。そのため、最終的には外国奉行の主張通り許可もやむを得ないとの判断を下している。

だが、海外への連行禁止違反に対する罰則については、一人の規定違反の罰則を該当国全体へ適用させる外国奉行の主張は現実的ではないと否定する。そこで勘定方は、規定違反があった場合には、「其もの御国居留は勿論、再渡之儀被相禁、便船次第早々御国地為引払候積」と、違反者本人の国外退去と再入国禁止を規定すべきだと主張している。

こうして、万延元年三月に、長崎奉行に対して勘定方の再評議の結果を記した覚書が達せられた。重複部分もあるが、覚書の内容を簡単にまとめておこう。水先案内や小使の派遣については、新規開港予定地の視察を例外として、その他はすべて申し出があるたびに伺いを立てること。そして、雇用する日本人を海外へ連行しないことを条件に

「士商」の身分の区別なく一般に許可し、規定違反者は、国外退去と再入国禁止とすることをあらかじめ領事に通達し、誓約書を提出させるというものである。

ところが、七月二十七日に再び長崎奉行岡部から水先案内への対応に関する上申書が幕府に提出された[11]。この時問題となったのは、英国軍艦「バルニース」への水先案内乗船許可をめぐる手続きである。「バルニース」は、長崎から下関・瀬戸内経由で横浜へ通航するに際して水先案内の乗船を申請した。前述したように、水先案内に関する行政対応については三月に規定が出されていたが、上申書によると実は前年十二月にも別の指示があったという。それは、長崎から横浜への「内海通航」に関しては、その目的を糺したうえで、もっとものことであれば許可すべきというものであった。三月の規定では、外国側からの申請があればすべて江戸に伺いを立てる必要があったが、十二月の指示に従えばその必要はない。また、横浜からは水先案内を乗せた外国船が頻繁に来航しているため、長崎で拒否する口実もなく、「バルニース」には長崎奉行の判断で許可したと説明する。三月の規定に従って、江戸へ伺いを立てる必要があると外国側に説明したところで、横浜で許可されていれば同様に許可すべきと抗議を受けるだろう。したがって、十二月の指示に従い、申請目的を糺したうえで許可し、江戸にはその報告をするだけでもよいのではないかというものである。

つまり、水先案内の許可を出すのに、開港場奉行の判断だけでよいのか、幕府の許可を得る必要があるのかが問題とされているのである。開国によって、開港場間の外国船移動が増加することは容易に想定されるが、ここでは具体的に横浜から来航する艦船がポイントとなっている。

江戸では、この上申に対して外国奉行・勘定方・外国掛大目付・目付による評議が行われている。そのうち外国奉行の評議によると、問題とされている横浜の事情は、水先案内を許可している外国船の多くが「英国馬運送船」などであり、これについては先例もあるため即時許可を出し、幕府へは事後報告としているとのことであった。「英国馬運送船」とは、一八五九年末から一八六〇年半ばにかけて、第二次アヘン戦争に関連して英・仏両国が日本産馬を輸出していたことに関係している。(12)「英国馬運送船」については、外交交渉を経た例外的な措置の一環として扱っていたことを説明しているのである。ただし、通常水先案内の申請は、船の出港直前に出されるものであり、長崎や箱館のような遠隔地から、その都度江戸に伺いを立てるのは現実的ではない。したがって、開港場奉行の判断で許可を出すべきであるとする。

勘定方は、不開港場への上陸禁止を厳重にすることを条件とすべきとの意見を示した。これには次のような事情があった。勘定方の評議によると、万延元年七月に長崎を出港した英国軍艦一艘が長門国赤間関に繋泊し、長崎で上陸許可を得ている旨を水先案内から説明させて上陸した事件があった。八月にも兵庫で同様の事件が起きている。こうした事件を受けて、勘定方では水先案内を「上陸用弁」のために帯同させているようにみえるため、不開港場への上陸禁止を外国側にも、水先案内にも厳重に言い含めるべきだと主張しているのである。

表1　赤間関への外国船来航状況

万延元年	7月21日	蘭国船1隻
	7月23日	蘭国船1隻
	7月27日	英国船1隻
	9月5日	米国船1隻
	10月28日	英国船1隻
文久元年	2月1日	露国船1隻（石炭供給）
	4月29日	英国船4隻（測量・石炭供給）
	10月11日	英国測量船

典拠『下関市史　藩制—明治前期—』

表1は、万延元年から翌年にかけて赤間関に来航した外国船の一覧である。これがすべてかどうかは確証を得られないが、少なくとも一、二回の例外的なものではなかったようである。来航した外国船は、上陸して不法行為を働くこともあり、長府藩では住民に対して外国人に応対することを禁じていたという。(13)

さらに、外国掛大目付・目付の評議では別の問題点が指摘されている。それは、ハリスが下田から長崎への航海に足軽の瀧蔵を帯同することを下田奉行の独断で許可したあげく、中国まで連れて行ってしまったことがあったが、「別段厳敷御沙汰も無之」かったこと。それだけでなく、水先案内の乗船許可を外国奉行の判断でするようになったことに対しても「厳敷御沙汰も無御座」く、結果として瀬戸内通航については「水先之もの召連候儀は勿論と申様成勢ニ罷成」っていることである。

また、幕藩関係の視点からも問題が指摘されている点は注目される。すなわち、水先案内乗船の外国船が薩摩藩領海に碇泊している事例を取り上げ、外国船の藩領侵入に対して、水先案内が乗船していなければ外国人の不法行為として大名が幕府を恨むことはないが、水先案内が乗船していれば幕府の許可を得ていると思い、幕府を恨むのは当然であり、「国家之乱機を促し候程も難計」いというのである。攘夷の風潮が高まるなかで、外国船の所領への来航・上陸により混乱が生じることを危惧していたことがわかる。ただし、水先案内の乗船を拒否すべきだとはしない。今後の対応については、勘定方の意見と同様に、上陸の禁止を外国側と水先案内に徹底したうえで各港の奉行が許可することを明確にし、このことを大名に対しても事前に達しておくことを主張している。

以上の評議を受けて、幕府は十二月三日、不開港場への寄港・上陸禁止を領事と水先案内本人に厳達し、さらに該当者の身元を確認し不取締りがないようにしたうえで、奉行の判断で許可すべきことを達した。これにより、ようやく水先案内派遣許可の方針は確定したのである。

二　長崎における行政手続きの実態

1　水先案内派遣の初期行政手続き

前節でみたように、開国直後には水先案内や小使をめぐって混乱が生じていたが、実際にどの程度の艦船が移動し、どのような人々が水先案内として乗船していたのだろうか。また、現場の奉行所では、具体的にどのような行政手続きがとられていたのだろうか。本節では、具体例に沿って可能な限りその実態を明らかにしたい。

表2は、万延元年（一八六〇）・翌文久元年（一八六一）に外国船に乗船した水先案内の出港日時・人名・出身地・乗船の船名・出港地→渡航先の一覧である。出身地は不明な事例も多いが、長崎や神奈川以外にも房州・兵庫・四国・芸州・塩飽島・豊後など広範囲の地域が確認される。特に注目されるのは、瀬戸内の沿岸地域出身者が多いことである。また水先案内の人名と乗船の船名との関係を見ると、来航時と出港時とでは別の船に乗船している例が多い。一例を挙げれば、万延元年七月二十三日に横浜から蘭国軍艦「コローニンケン」で来航した佐吉は、八月十四日に英国商船「エンケラント」で横浜へ戻っている（№2・6）。このように、水先案内は特定の外国船付きとしてではなく、渡航先では次に出港予定の外国船を待ち、要望があり次第乗船して戻るという形態が一般的だったようである。なお国別にみるとイギリスが圧倒的に多い。

では、水先案内を派遣するに際して、出港地及び渡航先の奉行所間ではどのような行政手続きがなされていたのかをみていこう。ここでは万延元年におけるいくつかの事例を紹介して、現場レヴェルで制度が整備されていく様子を検討する。

表2　横浜—長崎間の水先案内一覧

和暦	No.	出港日時	人　名	出身地	船　名	行　先	備　考
万延元年	1	5月16日	松五郎	兵庫	英国商船「チウセン」	横浜→長崎	5月22日入港.
			米太郎	大村			
			庄蔵	房州			
	2	7月	佐吉	神奈川宿百姓与兵衛弟（蘭国領事館召仕）	蘭国軍艦「コローニンケン」	横浜→長崎	7月23日入港.
	3	7月11日	利七	—	英国軍艦「アリケン」	横浜→長崎	7月17日夕刻入港.
			宗次郎	—			
	4	8月	豊作	長崎江戸町（米国領事召仕）	米国軍艦「ハルフトフヲルト」	長崎→横浜	
			清七	長崎戸町村大浦			
	5	8月10日	富吉	長崎船津町源之助倅（蘭国商人ニイス召仕）	英国軍艦「アリケン」（英国馬運送船）	横浜→長崎	8月17日入港
			利七	—			
			宗次郎	—			
	6	8月14日	佐吉	神奈川宿与兵衛弟	英国商船「エンケラント」	長崎→横浜	
	7	9月3日	利七	—	米国軍艦「ハルフトフヲルト」	長崎→横浜	
			宗次郎	—			
			豊作	（長崎）			
			清七	（長崎）			
	8	9月8日	庄蔵	—	英国軍艦	横浜→長崎	
			万次郎	—			
	9	10月	松五郎	—	英国商船「エンケランド」	横浜→長崎	
			菅次郎	—			
	10	10月13日	淳太	—	蘭国軍艦「カーセロット」		船中召仕として.
			（ほか1名）	—			
	11	10月22日	徳蔵	—	仏国軍艦「フヲルビン」	長崎→横浜	到着後，徳蔵は横浜に滞在，清七は長崎への船便があり次第帰港.
			清七	—			

和暦	No.	出港日時	人　名	出身地	船　名	行　先	備　考
万延元年	12	10月23日	庄蔵	神奈川横浜	英国軍艦「パイ子ール」	長崎→横浜	横浜から英国軍艦「ベルニーシー」に乗船し，9月15日に長崎に入港.
			万次郎	兵庫西手町			
	13	12月7日	仁作	長崎大浦（英商ホーイ召仕）	英国商船「ケーテイス」	長崎→横浜	富吉は蘭国領事の依頼. 助五郎･宗次郎は11月24日に入港した英国船「カラナタ」に，菅次郎は11月15日に入港した英国商船「インゲラレト」に，富吉は8月17日に入港した英国軍艦「アリケン」にそれぞれ乗船し，横浜から来航.
			助五郎	四国大津			
			宗次郎	芸州岩瀬島			
			菅次郎	横浜			
			富吉	—			
	14	12月18日	菅次郎	—	英国商船「ケーテイス」	横浜→長崎	
			助五郎	—			
			梅吉	—			
文久元年	15	正月5日	利吉	塩飽島	露国軍艦「ポサドニック」	長崎→箱館	
			慶次郎	伊予西條			
	16	正月	喜助	—	露国軍艦	長崎→横浜	
			平蔵	—			
	17	2月晦日	米太郎	—	英国軍艦「エンコントル」	横浜→長崎	
			(ほか1名)	—			
	18	3月5日	周三	長崎銅座跡（シーボルト召仕）	英国商船「スコットラント」	長崎→横浜	シーボルトと倅，「部屋働之者」2人の計4名が乗船.
			恵三郎	長崎東中町			
	19	3月22日	武三郎	長崎村	英国商船「チユーサン」	長崎→横浜	武三郎は英領事から，ほか三人は仏領事からの依頼. 武三郎は，英商人エスキリッチが長崎滞在中の召仕. エスキリッチは現在横浜滞在中なので，横浜到着後は，再び同人の召仕となる. ほか三人は，正月2日に英商船「ケーテイス」に乗船し長崎に来航.
			菅次郎	伊予大津			
			梅吉	浦賀横須賀村			
			助五郎	神奈川			

和暦	No.	出港日時	人　名	出身地	船　名	行　先	備　考
文久元年	20	4月3日	勇次郎	(葡国領事ロレロ召仕)	英国商船「チユーサン」	横浜→長崎	葡国領事が仏人カールクに葡領事職を譲り長崎へ行くので，召仕勇次郎を同伴する.
	21	4月20日	喜助	大黒町	蘭国軍艦「カセロット」	長崎→横浜	
			岩吉	豊後高田			
	22	4月25日	万蔵	摂州阿辺村	英国軍艦「フリングドン」	長崎→横浜	万蔵は，横浜から英国軍艦「エンコントン」で来航.
	23	7月9日	万蔵	—	英国軍艦「リングトフ」	横浜→長崎	7月17日入港.
	24	7月12日	松五郎	神奈川	仏国軍艦「コンフイシース」	長崎→横浜	松五郎は，昨年11月15日に英国商船「エンケラント」に，菅太郎は正月2日に同商船「ケーデイス」に乗船し来航.
			菅太郎	伊予大淵			
	25	7月20日	万蔵	—	英国軍艦「ヲーテイン」	長崎→横浜	
	26	8月5日	菅太郎	伊予大淵	米国軍艦「サギノウ」	長崎→横浜	菅太郎は，7月24日に横浜から入港した仏国軍艦「コンフユシユース」で，芳次郎は，正月2日に横浜から入港した英国商船「ケーテイス」に乗船して来航.
			芳次郎	薩州			
	27	8月7日	元右衛門	讃州塩飽島	英国軍艦「リンドーフ」	長崎→横浜	
	28	9月22日	元右衛門	讃州塩飽島	英国軍艦「セントオール」	長崎→横浜	
	29	12月	万蔵	武州橘樹郡帷子町	蘭国軍艦「フイースアドミラルコープマン」	長崎→横浜	
	30	12月8日	松五郎	横浜	英国軍艦「セントオール」	横浜→長崎	
			庄蔵	横浜			

典拠　「神奈川箱館御用状問合書留」
船名は史料の表記に従った.
アミかけ部分は商船.

事例1

万延元年五月、横浜から英国商船「チウセン」の水先案内として松五郎・米太郎・庄蔵が来航した。次の史料は、この三人の扱いに関する長崎奉行支配向から神奈川奉行支配向への問合せである。

〔史料1〕

一筆致啓上候、然は、英国チウセン船去ル十六日貴港出帆、同廿二日当港入津有之、右船路案内として乗組相越候旨ニ而、松五郎・米太郎・庄蔵三人之者届出候ニ付相尋候処、別紙之通申立疑敷儀も相聞不申候得共、御地ゟ之御書翰も持参無之ニ付、帰路之儀は此方ゟ差送り候積取計中、英国コンシユルモリソンより英軍艦シットニー船御地江相廻候水先案内として、右之者為乗組度旨申出候得共、水先案内之儀ニ付而は、従江府御下知之趣も有之候間、奉行手限難承届ニ付、いつれニも此方ゟ差送り候様致し度、右等モリソン江談判中、右之者共最早船中江為乗組出帆致し候様子ニ付、巨細之儀は其奉行衆江奉行より可申進候得とも、不取敢此段得御意度、如此御座候、謹言

長崎奉行支配
調役並出役
小杉右藤次
同
調役
矢口浩一郎

五月廿七日

神奈川

運上所
調役衆(14)

来航した際に三人から届け出があり審査したところ、不審な点はなかったが神奈川奉行からの書状を持参していなかったため、長崎から送り返す手配をしていた。ところが、英国領事モリソンから同国軍艦「シットニー」が横浜へ渡航する際の水先案内としてこの三人を乗船させたいとの要望があった。長崎奉行の権限だけでは許可できないとモリソンに交渉中、三人は乗船してしまった。長崎奉行から問い合わせるべきだが、ひとまず支配向間でのやり取りで連絡している。

ここでは、神奈川奉行からの書状を持参していない点を問題にしていることを踏まえると、開港場間での行政手続きとしては、出港地から渡航先の奉行宛書状を持参して水先案内を派遣するのが原則だと長崎では認識されていたことが推察できる。

ところで、松五郎・米太郎・庄蔵の三人はどのような経緯で横浜から派遣されるに至ったのだろうか。次の史料は、史料1に記されている「別紙」である。

〔史料2〕

神奈川
横浜

兵庫　松五郎
大村　米太郎
房州　庄蔵

私共於神奈川表水主頭油屋勘四郎（次カ）ゟ英船為案内水指申付（被脱カ）、英チウセン船江乗組当月十六日同所出船仕、紀州沖手ゟ紀州と阿波嶋之間乗通り、夫ゟ瀬戸内下ノ関江参り、ケンカイ通り、昨夕御当所江到着仕候、尤神奈川表ゟ御書物等も無御座候、於同所英人ゟ相願御聞届相成、右勘次郎江被　仰付候事と奉存候、於御番所ニも英人ゟ其段申立候由ニ御座候、且私共賃銭は、銀銭九十五枚請取申候、尤帰郷之儀は、近々当所之英船ゟ便船有之筈ニ付、夫より返し遣し可申旨申聞候間、別ニ船宿等も無御座候、然ル処、神奈川ゟ当所迄之内、所々港江碇入、又は上陸等致し候儀は無之哉御尋ニ御座候得共、左様之儀は決而無御座候、地方江は瀬方を恐れ船寄不申候段、一同申立候、

申五月廿二日

三人は、神奈川の水主頭油屋勘次郎という人物から「英船為案内水指」を申し付けられた。彼らは、「英国人→神奈川奉行所→勘次郎→水先案内」というルートを経て雇用されたと認識している。賃銭は銀銭九五枚。長崎から横浜への帰郷は、近々出港予定の英国船に同乗する予定でいる。そのため「別ニ船宿等も無御座」い状況である。

横浜では開港直後に、幕府が横浜村の漁師勘次郎・九蔵を水主頭取に命じて扶持を与え、数百人の水主集団を指揮するようになっていた(15)。基本的には、沖合に停泊する外国船と波止場とを往復する艀船の運行を担っていたようだが、そうした水主集団の一部が水先案内として開港場間を移動していた様子が窺える。

事例2

万延元年八月十日、横浜から英国軍艦「アリケン」（「英国馬運送船」）に利七ほか一名が乗船して長崎に渡来した。この時利七らは、次のような神奈川奉行から長崎奉行宛の書状を持参している。

〔史料3〕

以書状致啓上候、然は、当港碇泊之英国馬運送船瀬戸内通其御地江渡海致し候ニ付、水先案内之者同国コンシュル願出候間、是迄之振合を以水夫利七外壱人案内として為乗組差遣し、着岸之上当港江便船有之候ハヽ、猶為乗組帰港致し候積有之候、右之趣可得御意、如斯御座候、以上、

八月十日　　松平石見守（神奈川奉行松平康英）

岡部駿河守様（長崎奉行岡部長常）

「是迄之振合を以」とあるように、この時点では水先案内の派遣方法はある程度定着していたことがわかる。同様の手続きは、横浜—箱館間でも行われており文言も同じであることから、すべての開港場間で共通した対応であることも確認される。(16)ただし、横浜—箱館間では、水先案内に対して神奈川運上所から「箱館行切手」が発行されている点は注目される。ここからは、奉行間では水先案内を派遣する旨を通知し、水先案内本人への許可証は運上所において発行されていたことが判明する。水先案内は、この奉行書状と運上所発行許可証を持参して渡航先へ向かうのが原則であったと考えられる。

事例3

万延元年十月二十三日、長崎から横浜へ向けて庄蔵・万次郎の二人が英国軍艦「パイ子ール」に乗船。この時長崎奉行から神奈川奉行宛の書状は、事例2とほぼ同様であるが、最後に「右之段（水先案内を派遣すること）定便之節外国掛御老中江可申上候と存候」との一文が加筆されている。すなわち、事例2の手続きに加えて、出港地の奉行から江戸の外国掛老中へ御用飛脚で報告することが追加されているのである。かくして、出港地・渡航先の奉行所、及び江戸の老中の三者で水先案内の移動情報を共有する体制が敷かれていたのである。

なお、水先案内本人に対しては、長崎でも港会所（運上所）から渡航切手である「覚」が発行されている。本事例

からは追加して次の情報を得ることができる。

〔史料4〕

御請証文之事

（朱書）「十月廿三日英軍艦ハイ子ール船乗組罷帰候ニ付、御奉行所ゟ書翰一通、申渡書一通、請取書差出候」

一、御書翰　　壱通

一、被　仰渡書　　壱通

右は英吉利船江乗組神奈川表江被　差遣候ニ付、御渡被遊慥ニ奉請取候、以上、

申十月廿三日

兵庫西手町
万次郎㊞

神奈川横浜
庄　蔵㊞

長崎
港御会所

水先案内派遣の許可が出ると、奉行所から港会所へ奉行書状と「被　仰渡書」各一通が廻され、水先案内はこの二通の請取証文を提出する。「被　仰渡書」は渡航切手のことだと思われ、港会所ではこれに捺印をして奉行書状とともに水先案内に交付していたのである。

以上の事例1～3のように、幕府からの指示を受けることなく現場レヴェルでは相応の行政手続きを行い、現状を見極めながら臨機応変に対応していた。幕府は、こうした現場レヴェルでの実態を踏まえて、それぞれの問題を調整、

あるいは追認していく形で制度を整備していくのである。

2　外国船の瀬戸内通航

次に、長崎―横浜間の航海でよく利用されていた瀬戸内航路について、外国船にとってその航路がどのようなものだったのかを確認しておきたい。例えば、幕末に日本を訪れた英国人プラントハンターのロバート・フォーチュンは、瀬戸内航路について、「外国船は軍艦と輸送船以外は、この水域を航行できなかった。航路を測量できないので、ここを渡航する場合は必ず事前に、日本政府から水先案内を手配してもらう必要があった(17)」と記録している。フォーチュンが乗っていた船は、軍艦でも英国政府の船でもなかったので、本来であれば瀬戸内航路は通航できなかったが、徳川将軍から英国女王への贈答品を搭載していることを理由に特別に許可されたという。この記録からは、開国当初は原則として外国船が瀬戸内航路をとることは許されていなかったことがわかる。また、例外的に許可されたとしても、未測量地帯であるがために、水先案内の存在が必要不可欠であったことも読み取れる。

このほかにも、英国公使館付通訳官アーネスト・サトウは、「外国船は従来長崎に寄港してから、風波の高いチチャコフ岬（訳注　九州南端の佐多岬）を避けて、愉快に楽に瀬戸内海を通って横浜へ回航するのを常としていた(18)」と記録しており、瀬戸内航路が風波などの自然からの影響を受けにくい安全な航路だったことがわかる。ただし、例えば孛国人地理学者フェルディナンド・フォン・リヒトホーフェンが「船はつねに山地の斜面のすぐ下を進んでいく。しかし船は毎晩停泊しなければならないし、いつも日本人の水先案内を乗せていなければならないのだ(19)」と記録しているように、海岸線が入り組み小島が多くある地形は、海図がない状況では座礁の可能性が高く、航路を選ぶうえでは危険性も孕んでいた。

表3　露国軍艦「オビツニツキ」の旅程

月　日	時　間	航　程
2月2日	朝6ツ時	長崎出港，9時36分大村領松島通行.
	夕4時	平戸領田弁前通り，夜通し帆＋蒸気で走行.
3日	夕4時	下関着．碇泊．船将から石炭調達の旨願い出.
5日	朝6時	下関出港.
	夕5時	上関に着船，夜碇泊.
6日	朝6時	上関出港.
	夕6時	備後国鞆に着船.
7日	暁5時	鞆出港.
	夕4時	「すゝきさを村」に着船.
8日	6時	「すゝきさを村」出港．舞子の浜・一ノ谷・谷須・広ノ浦を通過.
	10時頃	大坂天保山で蒸気を留め，船中から見物.
	夕5時	由良港に着.
9日	朝5時	由良港出港．10里ほどで蒸気を留め帆走.
10日		熊野山から4〜5里沖を走行.
11日	6時	富士山を見る.
12日	朝6時	神津島に並ぶ.
13日	朝6時	蒸気に切り替える．米良崎に並ぶ.
	1時頃	神奈川沖で英国商人が食用品の注文を尋ね来る．露国軍艦は神奈川には1艘もいないこと，品川には「ゼルトヒン」の船が1艘，領事もいるとの情報を得る.
	夕4時	品川沖に碇泊.
	夕5時〜5時半頃	「乗付糺」として外国方吉野岩之助・宍戸郗之介・田口儀八郎，目付春山権六・足立八郎次，御勘定土屋左一が乗り組む．長崎奉行の添翰・添触をみせる．品川上陸は待機.

典拠　「東京親朋書翰綴込」（長崎歴史文化博物館所蔵，オリジナル番号13 68-1 1）文久元年2月15日付志賀九郎助宛志賀浦太郎書状
浦太郎は，文久元年2月に露国領事の求めに応じて長崎から箱館に派遣されており，同国軍艦で移動中の様子を故郷の父へ書き送っている.

長崎―横浜間の航海行程が比較的詳細にわかる事例をみてみよう。表3は、万延二年二月二日に長崎を出港した露国軍艦「オビツニツキ」の行程をまとめたものである。三日に下関に寄港し石炭を補給した後、五日に同地を出港し、同日夜上関、六日備後国鞆、七日「すゝきさを村」、八日由良港と、毎日少しずつ移動し、夜は碇泊して寄港と出港を繰り返しながら航行している様子が窺える。瀬戸内から太平洋へ出た後は寄港・碇泊もせず横浜まで直行している。「オビツニツキ」の航行は、まさにリヒトホーフェンが記録している状況と一致している。

このような航路環境が、長崎―横浜間における水先案内需要を高めていたものと考えられる。そのため、水先案内をめぐる制度は、長崎から問題提起がなされる形で整備されていったと推測されるのである。

三　水先案内派遣手続きの制度化

本節では、前節で明らかにした開港場間での行政手続きが、幕府によって正式に制度化されていく過程を検証する。

文久元年（一八六一）十二月に、米国商船「ストロウイス」が横浜から長崎へ航行する際に水先案内を申請すると、神奈川奉行は、「是迄一と通り之商船江水先案内差遣し候儀無之、何とか子細有之ミニストル等より申立候儀に無之而は難聞届」と、これまでは一般の商船に水先案内を派遣しておらず、公使からの特別な申請がない商船に対しては許可できないと返答している。[20]第一節で指摘したように、万延元年（一八六〇）三月の時点で「士商」の区別なく一般に水先案内の雇用を許可していたことを踏まえれば、この神奈川奉行の拒否は矛盾しているようにみえる。おそらく、この時点でもなお、「士商」の別と軍艦・商船との別とが正確に理解されていなかったのではないだろうか。

ただし、神奈川奉行の判断に対して、翌年二月に上申書を提出した外国奉行の意見は違った。外国奉行は、長崎では商船であっても事情によっては許可していることを指摘し、横浜・箱館でも同様の対応をすべきだと主張した。そのうえで、現在検討中の水先案内に関する規則が決定するまでは、当面長崎の振合いに准ずるべきだと提言している。[21]確かに表2をみると、長崎では商船に対して水先案内の許可を出している。ただ、横浜からも商船が来ているのは、おそらく公使・領事の仲介があったのだろう。

では、ここで述べられている長崎の振合いとは具体的に何か。外国奉行の上申書には、長崎での対応のひな型が添付されている。その内容は、水先案内の身元確認をしたうえで問題がなければ、渡航先奉行宛の書状と証書を交付するという、まさに前節で確認した事例2・3の行政手続きである。結局老中は、神奈川・箱館両奉行に対して、開港場間の水先案内の移動は、追って規則を設けるまでは、長崎での対応に准ずるべきことを通達した。

ところが、同年十一月二十九日に三開港場奉行へ送付された「水先案内規則書」[22]は、開港場間の移動を伴わない、出入港時の対応を専門とする水先案内に関する規定が中心であった。[23]開港場間を移動する水先案内に関しては、「神奈川より長崎、或は箱館へ之水先案内之噸数積荷の高に応して相当之賃を払理あるへし、其定則は大概左の表を遵用すへし」と、船の規模に応じた水先案内の賃銭を定めたに過ぎず、行政手続きは明記されていない。したがって、具体的に幕府がどのような指示を出したのかは不明だが、その後の関連史料から、長崎の振合いに准じるとされた暫定的措置が追認されていたことが確認される。

慶応二年（一八六六）五月に、税率改定や貿易環境改善の規定を含む江戸協約が調印されると、第十条に「其筋より政府の印章を得れは修行又は商売する為各外国に赴く事並に日本と親睦なる各外国の船中に於て諸般の職事を勤る事故障なし、外国人雇置く日本人海外へ出る時は開港場の奉行へ願出、政府の印章を得る事妨けなし」[24]との条文が設けられた。幕府はすでに四月七日、学問修行か商売のための海外渡航については海外渡航を解禁していたが、[25]江戸協約によってその対象が広がり、外国船での日本人雇用者の海外渡航も認められたわけである。これは、「寛永鎖国」に日本人の海外渡航が禁止されて以来の幕府の対外政策を大きく転換させた画期であった。

江戸協約の締結に伴って、水先案内に関する行政手続きも変更すべきとの意見が出るようになり、そのなかで従来の手続きに言及されている。慶応二年七月の神奈川奉行早川庄次郎の上申(26)によれば、水先案内の派遣には、該当国の領事からの申請と水先案内の海外渡航禁止遵守の誓約書を提出させたうえで、出港地の奉行から渡航先の奉行宛書状・証書を交付するのが従来の仕来りだという。つまり、長崎での対応に准ずるべきとの暫定的措置が追認されて、行政手続きとして機能していたことが判明する。

ところが今回、英国商人キングトンが横浜から長崎へ渡航するに際して、小使・水夫を同行させたい旨を直接願い出たことが問題となった。早川は、従来の仕来りに則り、領事からの必要書類提出がないことを理由に拒否したが、英国公使館付通訳アーネスト・サトウから「商人共小仕等御国開港場へ連行候都度々、岡士《領事》より書面差出相願候様に而ハ、手数相掛り候」ため、以後は、雇用主から直接申請させるようにしたいとの申出を受けた。これに対して早川は、日本人の海外渡航が解禁された現状では、「御国内開港へ小仕等連行候儀ハ小事之儀に而、仮令コンシュル《領事》より申立無之とも不取締之儀有之間敷」と、領事を窓口とした手続きが不要だと認識を改めている。

さらに十二月にも神奈川奉行早川庄次郎・同水野良輔は、手続きの簡略化を求めて意見書を提出している(27)。すなわち、日本人の海外渡航の手続きが印章の交付のみであることから、水先案内の手続きにおいても、開港場奉行間の書状のやりとりは廃止し、事前に各開港場に配布する印鑑を捺印した証書のみを交付すれば問題ないと述べている。海外渡航用の印章が実際に完成したのは同年九月であり、外国奉行が発給する印章を事前に開港場の奉行に配布しておく制度であった(28)。神奈川奉行は、海外渡航を許可する行政手続きと同様のものに改めようとしていたのである。

ところが、それでも幕府は従来通り領事を窓口とする手続きの維持を指示した。これに対して神奈川奉行は、江戸協約十条「外国人雇置く日本人海外へ出る時は開港場の奉行へ願出、政府の印章を得る事妨けなし」との文面を根拠に、国内の開港場間の移動にも同様の対応をとるべきだと反論している。この件について評議を行った勘定奉行も「岡士《(領事)》より書面為差出候は、海外江連行候懸念有之候故之儀」であると述べ、日本人の海外渡航が解禁された現状では、密かに日本人を海外へ連れ出す恐れもないだろうとの認識を示した。結果として、この意見は外国掛大目付・目付の同意も得ることができ、慶応三年三月にようやく簡略化が認められたのであった。

おわりに

以上、開港場間を外国船に乗って移動する水先案内をめぐる行政手続きが整備されていく過程を概観してきた。近代海図の作成が追い付いていない状況で、未知の水路を通航しなければならない外国船にとって、日本人の水先案内は必要不可欠な存在であった。だが幕府の対外政策では、日本人が外国船に乗って移動することは想定されていなかったこともあり、開国直後はその対応をめぐり許可すべき相手の身分や軍艦・商船の区別、あるいは許可の出し方をどうするのかという点で幕府の判断は混乱した。

しかしながら、外国船の通航は現実に繰り返され、水先案内が必要なことが幕府内でも次第に認識されるようになると、問題は行政手続きの制度化に絞られていった。当初幕府は、外国船の不開港場への寄港・碇泊禁止、水先案内の海外渡航禁止の厳守を領事に保証させ、各開港場の奉行の申請を受けて許可する方針を示した。だが、外国奉行をはじめとする幕府内部での議論で、長崎や箱館のような遠隔地にある開港場から毎回幕府に許可を得るのは現実的ではないとの意見が出された結果、開港場の奉行の判断で許可することが万延元年（一八六〇）十二月になって漸く確定された。

一方で、現場となる開港場では、幕府からの具体的な指示がない状況で、水先案内の許可をどのような行政手続きを経て出すべきか、独自に判断しなければならなかった。具体的な事例から検討したように、開港場の奉行所では、出港地の奉行から渡航先の奉行宛書状と水先案内本人へ交付する運上所発行の許可証の二通を水先案内に渡し、さらに水先案内派遣許可の情報を別便で老中に事後報告するという制度を、実際の業務を行いながら徐々に整備し、統一を図っていた。幕府は、こうした開港場間で自主的に制度化されたものを追認していたのである。

慶応二年（一八六六）五月に江戸協約が締結され、日本人の海外渡航が解禁されると、その許可のための印章発行が制度化された。海外渡航が解禁されたことで、国内を移動する水先案内の許可をこれまでのように厳重にする必要はなくなり、水先案内許可の手続きも印章の発行に統一された。結果としては、幕府主導で制度化された海外渡航のための印章発行制度(29)に則するように、水先案内の行政手続きは変更されたことになるが、開国直後の混乱のなかで開港場の奉行所が、相互に調整しながら主体的に制度を構築していたことは注目される。現場を統治する奉行所の主体性によって、幕府の開港場運営は支えられていたのである。

註

（1）　以下、幕末段階についての叙述は、史料用語としての「水先案内」を使用する。

（2）　幕末期の日本近海の海図作成については、横山伊徳「一九世紀日本近海測量について」（黒田日出男・メアリ＝エリザベス＝ベリー・杉本史子編『地図と絵図の政治文化史』東京大学出版会、二〇〇一年）、杉本史子「新たな海洋把握と「日本」の創出―開成所と幕末維新―」（『日本史研究』六三四、二〇一五年）、後藤敦史『忘れられた黒船』（講談社、二〇一七年）などを参照のこと。

（3）　藤崎道好『水先契約の研究』（成山堂書店、一九七〇年）一四頁。

(4) 清浦奎吾『明治法制史全』(明法堂、一八九九年)。
(5) 『法令全書　明治九年』(内閣官報局、一八九〇年)。
(6) 外務省条約局編『旧条約彙纂』第一巻第二部、一九三四年。
(7) 神谷大介氏は、日本国内を移動する外国船の海難事故に対する幕府の対応を分析し、外国船との関係を「外圧」の一側面としてのみ切り取るのではなく、幕府による主体的な海保体制構築＝対外平和構築として評価している(「十九世紀における西洋艦船の海難問題と海保体制」平川新編『通説を見直す―一六～一九世紀の日本―』清文堂出版、二〇一五年)。本章でも、この指摘に学び、海上交通に対する幕府の主体的な行政対応を検討することを意図している。
(8) 「外国人雇僕婢他港へ随従ノ件七件」(『続通信全覧』類輯之部傭雇門)。
(9) 史料上では「小遣」「召遣」と表現されるが、以下、「小使」に統一する。
(10) 「外国人雇僕婢他港へ随従ノ件七件」。
(11) 「水先案内ニ関スル雑件七件」(『続通信全覧』類輯之部傭雇門)。
(12) 日本産馬の輸出については、軍事目的利用か否か等をめぐって幕府との間で交渉が行われたが、結果として輸出が許可されていた。こうした兵站輸送のために英国の雇用船が中国―長崎―横浜間で頻繁に航行していた(熊澤(保谷)徹「アロー戦争と日本」横浜対外関係史研究会・横浜開港資料館編『横浜英仏駐屯軍と外国人居留地』東京堂出版、一九九九年)。
(13) 下関市市史編修委員会編『下関市史　藩制―明治前期―』(名著出版、一九七三年)。
(14) 「神奈川箱館御用状問合書留」(長崎歴史文化博物館所蔵、オリジナル番号 B14 84-2)。以下、本節では特に断らない限り、同史料を典拠とする。
(15) 西川武臣『江戸内湾の湊と流通』(岩田書院、一九九三年)。
(16) 「達懸合留」(北海道立文書館所蔵、請求記号 A1-3/32)には、万延元年八月の事例として次のような史料が残されている。

以書状致啓上候、然は、当港碇泊之英国馬運送船其御地江渡海致し候ニ付、水先案内之者同国コンシュル願出承届候間、水夫庄蔵外壱人案内として為乗組差遣し、着岸之上当港江便船有之候ハヽ、猶為乗組帰港致し候積有之候、右之趣可得御意、如斯御座候、以上、

八月九日　　松平石見守印

(包表書)
「箱館行
(箱館奉行竹内保徳)
竹内下野守様
(同津田正路)
津田近江守様

切手

水夫
庄蔵
万次郎」

覚

水夫
庄蔵
万次郎

其方共儀、英吉利軍艦箱館表江渡海ニ付、水先案内として為乗組差遣候条、得其意、船中不作法無之様可心得もの也、

申八月
神奈川
運上所判

(17)　ロバート・フォーチュン・三宅馨訳『幕末日本探訪記』(講談社学術文庫、一九九七年)一六〇頁。
(18)　坂田精一訳、アーネスト・サトウ『一外交官の見た明治維新(上)』(岩波文庫、一九六〇年)一一六頁。
(19)　上村直己訳、フェルディナンド・フォン・リヒトホーフェン『リヒトホーフェン日本滞在記―ドイツ人地理学者の観た幕末明治―』(九州大学出版会、二〇一三年)一一二頁。
(20)　「水先案内ニ関スル雑件及外船水夫雇入ノ件十一件」(『続通信全覧』類輯之部傭雇門)。
(21)　同右。
(22)　「水先案内雇入ニ関スル件及同規則商議一件三件」(『続通信全覧』類輯之部傭雇門)。
(23)　ここでは開港場間の移動を伴う水先案内を問題とするため、出入港に対応する水先案内については別途検討したい。
(24)　前掲『旧条約彙纂』。
(25)　上白石実「明治維新期旅券制度の基礎的研究」(『史苑』七三―一、二〇一三年)。
(26)　「水先案内雇入ニ関スル件及同規則商議一件三件」。

(27) 同右。
(28) 前掲上白石「明治維新期旅券制度の基礎的研究」。
(29) 同右。

第二部　開港場の社会変容と政治状況

第一章　外国人居留地の労働力需要と治安維持政策

はじめに

本章は、長崎奉行所による開港場運営の実態を、都市社会の変容への対応という視点から究明することを目的として、外国人に雇用される港湾労働力の統制問題について検討する。

安政六年（一八五九）正月、差し迫る自由貿易開始の準備に奔走する幕府は、「神奈川、長崎、箱館三港、追々御開相成候ニ付而は、右場所々江出稼又は移住いたし勝手ニ商売可為致候条、望之ものは其港々之所役人江引合候様可致候」(1)との触書を出し、開港場への出稼ぎ・移住、さらには商売の自由を認め、民衆の移動を積極的に促した。

従来このことに関しては、横浜を事例として在方商人や都市商人の進出の様相が指摘されてきたように、もっぱら諸商人の動向に関心が向けられていた(2)。だが当然ながら、開港場へは商人だけが流入したわけではなく、大工や職人、あるいは港湾労働従事者など、多様な労働力が流入していた。開港場は、こうした多くの労働力に支えられて維持されていたのであり、彼らは開港場の運営にとって欠くことのできない構成員だったのである。

しかしながら、従来の研究ではこのような開港場の労働力問題に対しては、ほとんど関心が向けられてこなかった(3)。これは、開港場を扱った諸研究が、政治・外交問題や貿易などに関心が集中しがちな研究動向の影響によると思われる(4)。だが開港場とは、貿易を中心とした日本人と外国人との日常的な接触が展開される空間であり、幕府や開港場を統治する奉行所は、日常的な行政のなかで開港場としての機能を維持することが求められていた。したがって、そうした側面へも視野を広げることで、より立体的に開港場を捉えることが可能となるのではないだろうか。

そこで本章では、開港場を維持するうえで不可欠である港湾労働力の流入・統制問題について、主に日雇に注目して検討を加えていく。本章で詳述するように、長崎では外国商人が経営する茶製所が労働力需要の核をなしていた。だが、こうした労働力には他所からの流入者も多く、その管理・統制の無秩序は、治安悪化など都市機能を著しく低下させる可能性を孕んでいた。そのため長崎奉行所は、彼らをいかに統制するかという課題を抱えることとなったのである。

なお近世長崎には、貿易都市としてすでに日雇の統制システムが存在していた。したがって、開国後の日雇対策を考察するに際しては、そうした既存の秩序を踏まえる必要があり、その点も意識しながら検討していきたい。

如上の分析は、日雇対策のみならず、開港場の創出によりどのような社会状況が生み出され、近世社会が変容したのかについて考察するための一助にもなると考える。

一　外国人居留地への労働力流入と日雇問題の発生

1　近世長崎における日雇統制

まず、先行研究によりながら、開国以前の長崎における、外国貿易に携わる日雇の特質について確認しておこう。唐船貿易に携わる日雇の統制について論じた若松正志氏によると、宿町附町制により来航唐船の世話を担当する町は、日雇頭を介して町方に散在する下層町人を雇い入れており、その雇用の仕組みは、唐人→唐通事→年番通事→宿町乙名→日雇頭というルートを経て発効される「日雇札」により管理・制限され、雇用される日雇は船の規模ごとに定数化されていたという。そして日雇を雇用する町は、外国人相手の労働という性質上、国家の体面を維持するために彼らの人柄を重視していたことが長崎の特質だったと指摘している。(5)また出島での下層労働力に注目した横山伊徳氏は、年番通詞→出島乙名→「日用頭」(6)というルートを経て、「日用頭（一人）―日用（四〇人）」というユニットでの労働力供給がなされていたこと、労働の平等分配策として労働者は毎年の交代制であったこと、日雇の賃銀がオランダ人負担だけでなく、会所負担分も含まれていたことなどを指摘している。(7)日雇の労働機会の分配という点に関連する問題としては、小山幸伸氏が唐船貿易における「日用」の労務管理や賃銀支給についての分析から、近世中期以降の唐船来航数減少のなかで、町を介した「日用」の「成り立ち」助成が実施されていたことを明らかにしている。(8)

これらの研究は、対象とする貿易相手や史料的制約による分析視角の相違もあるが、ここから抽出される近世長崎における日雇の特徴は、概ね次のようにまとめられよう。すなわち、必要とされる日雇は長崎町方の下層町人であり、彼らは「日雇頭―日雇」という関係において労働の場に派遣され、年番通詞や町役人を介した統制を受ける一方で、助成を受けていた。このように長崎の日雇は、労働の場への出入りは厳しく統制されながらも、町を介して守られるべき存在でもあったのである。

ここではさらに、町を介した統制に関連して日雇の人別について補足しておきたい。次の史料は、天保七年（一八三六）八月に市中に対して、人別取締の徹底を命じた旨を長崎代官へ通達したものである。(9)

〔史料1〕

今度市中町々人別幷住居帳面改方之義ニ付、追々申渡候処、唐方本船幷新地蔵元ニ日雇罷出候もの共之内、勝手合を以、当分郷地住居致シ居候ものも有之、右場所江雇入候もの共ハ、是迄市中人別之もの候故雇来、身元糺等

之儀、都而精荷役立会乙名致差配、於仕役場所不埒之義有之節、右立会乙名江引渡為取計候義ニ付、郷方人別之ものニ而ハ、掛合等行届兼候義有之（中略）

右之通申渡候間、得其意支配之向江も相心得候様可被触候

天保七申八月

この史料は戸森麻衣子氏が、市中人別の日雇の郷方移入と郷方百姓の日雇化による相互流動性を論じるなかで紹介しているが、(10)ここでは次の点に注目したい。すなわち、「唐方本船幷新地蔵元ニ日雇罷出候もの」は、市中人別者に限定されており、「身元糺等之儀」は精荷役立会乙名（町乙名の加役）の差配によるものとされている。だが、この触れが出された時点では原則が遵守されず、勝手に郷地に住居していることが問題となっている。このことが問題となるのは、彼らが仕役場所（作業場）で罪を犯した際、当該者を精荷役立会乙名に引き渡すのが規定であるが、「郷方人別之もの」ではそれが貫徹できないためだと指摘されている。おそらくこれは、出島で雇用される日雇についても同じだったであろう。このように、市中人別であることを条件としていた理由の一つは、町を介した日雇の統制を徹底するためであった。

しかし一方で、町が実際の労働の局面で一人ひとりの日雇を統制していたわけではない。この点について、次の史料から検討してみよう。(11)

〔史料2-①〕

両館〔唐人屋敷・出島〕幷会所其外江罷出候日雇稼之もの共儀、其日之賃銭を以妻子扶助いたすといへとも、素ゟ身薄之身分ニ有之、他所ゟ立入、当分借家、又は同居之輩も不少候故、法式不弁、当座之利欲に迷ひ、荷揚・荷渡之節落盈候品々隠置、持出候類年来不相止歎敷事ニ候、たとへ聊之品たりとも、仕役人之目間見合隠し置候

は、則賊心難遁盗賊之類ニ而候、一旦右ニ落入上は、外聞ハ勿論、心中ニ深く可恥入事ニは無之哉、於奉行所、厳敷遂穿鑿仕置申付候儀、当人ハ猶更、諸人江之懲ニ而不得止事儀ニ候、当座之利潤ニ迷ひ候心得違より、果は稼場も無之、妻子ニも別れ、当所住居難成次第ニ可至、右は畢竟其身ゟ事を求る儀ニ候、以来弁へ薄き輩江は、右之趣日雇頭より能々教示いたし場所江可差出候事（後略）

これは、安政七年（一八六〇）二月に奉行所から出された触れのなかに引用されている、弘化元年（一八四四）の触れの内容である。冒頭部分には、唐人屋敷・出島・長崎会所などの貿易関連の労働に従事する「日雇稼之もの」は、「妻子扶助いたす」存在であることが記されており、家族を有する存在として認識されていたことがわかる。だが、「素ゟ身薄之身分」で他所から流入して借家や同居をする者も多く、「当座之利欲」に目がくらみ窃盗などの罪を犯すケースが後を絶たず、その結果、働く場所がなくなり妻子とも別れ、長崎には住めないようになってしまう。そのため長崎奉行は、日雇頭がよく言い聞かせて日雇を仕事に派遣するようにと命じている。ここから、実際の労働の現場では、日雇頭が日雇の統括者として位置付けられていたことがわかる。

日雇頭については、安政四年六月に、日雇頭宗次郎が病気のために自身の弟宗五郎へ「跡御抱入」を願い出ていることから、家業として成り立ち、その地位は相続されていたことが推測される。(12)さらにこの願書には、「頭取日雇頭」の四人が「仲ヶ間一同」として添書きしていることから、利害を共有する日雇頭の仲間が成立しており、頭取日雇頭・日雇頭という内部構造を有していたことが読み取れる。

以上の紹介した史料と先行研究の成果を踏まえると、「日雇頭―日雇」の内部構造の詳細はよくわからないものの、①家業層として仲間を形成する日雇頭たちが存在し、彼らが媒介となり町方に日雇を派遣していたこと、(13)②日雇は市中人別であることを条件として、町からの統制を受けつつ、労働の機会均等と成り立ちの保証を受けていたことが指摘できるであろう。つまり、原則的には、長崎で外国貿易に携わる日雇は、日雇頭に統率される市中人別者に独占されていたのである。近世後期には市中人別者の郷方移入が問題となっていたように、必ずしも統制が徹底されていたとはいえないが、開国以前の日雇統制の原則として押さえておきたい。

2　開国と労働力流入問題

では、このような原則は、開国によってどのようにして崩れていくのだろうか。幕府は通商条約締結以降、開港場の整備を急ピッチで進め、その政策の一つとして、「はじめに」で述べたように安政六年正月に開港場への労働力移動を促す触れを出した。同時に受け入れる側の長崎では、同年六月に奉行所から市中や近隣郷村に対して、無宿や往来手形不所持者の止宿を禁じる触れが出され、「追々外国之ものとも多人数居留致候折柄」であるとして、いっそう厳重な取締りが命じられている(14)。

実際に自由貿易が開始されると、外国商人らによる港湾労働力需要を目当てに不法流入してくる日雇の取締りが問題となった。次に掲げる史料は、史料2-①の後半部分であり、外国人に雇用される日雇に関する安政七年の状況を述べたものである。

〔史料2-②〕

(前略)外国人ニ被雇候者之内ニハ、無宿之身分押隠し、取拵を以書上旅人と成相稼候者も有之、右体之もの立交候故、猶更不宜風儀押移、賊心無之ものも終ニハ賊徒ニ陥り歎敷事ニ候、以来日雇稼致し候もの共互ニ吟味致し、他所ゟ参り候者共之身性得と相糺、正路ニ渡世可致候、此上心得違之もの於有之は、厳科可申付条、町々乙名共ゟ日雇頭は勿論、其日稼之もの共江無洩落申諭、心得違之儀無之様精々可申渡候(後略)

まず、外国人に雇用されている者に「無宿之身分押隠し、取拵を以書上旅人と成相稼候者」がいるという点だが、これは具体的にどのようなことを指しているのかが問題となる。そこで次の事例から考えてみたい。

文久元年（一八六一）二月二十三日、豊後国日田大佐古村百姓の倅金左衛門は、盗品の売却に関与した罪により奉行所で吟味を受けた。その供述書で、金左衛門は長崎に辿り着くまでの経緯を次のように述べている。金左衛門は、両親が死亡した後、郷里で農業をしていたが、困窮したため村を欠落し無宿となった。長崎に職を求めて移動している途中に長崎は旅人の取締りが厳重であることを知り、無宿のままでは職を得られないのではないかと危惧した。そこで、筑後国久留米辺の旅籠屋で相宿となった旅人に事情を伝え、「往来手形取拵之儀」を頼み偽造してもらった。金左衛門はこれを所持して長崎に赴き、当地で知り合った寄合町の「玉泉院住持栄長」なる人物に請人になってもらい、偽造手形を以て五年間の滞在許可を得た(15)。

この事例からは、他所からやって来て外国人に雇われる日雇には、旅人の取締りが厳重であるとの情報を事前に入手し、周辺諸国で偶然知り合った相宿の者に往来手形の偽造を依頼し、その偽造手形を利用して滞在許可を得る者がいたことが判明する。つまり、史料2-②で問題となっているのは、このように不正に流入した日雇が外国人に雇用されているという状況なのである。

金左衛門の事例以外にも、いくつか具体例が知られる。表1は、裁判記録の供述書である「口書」から、外国人に雇用された流入者で、その来歴がわかる者を抜き出したものである。裁判記録という史料の性格上、犯罪者の来歴に限定され、また事例も少数ではあるが、多くは本来の人別地で困窮して身持ちが悪くなった結果、無宿となり長崎に辿り着いている。そして、無宿の身分を隠して知人に請人を頼み滞在許可を得たり、住所不定で無許可のまま外国人に雇われたりしている。請人となった者の言い分にあるように、出身地が長崎から一〇里以内であれば、往来手形不

表１「口書」所載の流入者来歴

	出身・身分・名前(歳)	来歴	請人の言い分
1	堂崎村無宿弥助(31)	肥前国高来郡堂崎村百姓巳三郎倅．父親の死後農業をしていたが困窮し，文久３年５月に村方を欠落して無宿となる．元治元年５月に長崎に到着したところ，無宿では稼ぎ先が少なく，そのうえ旅人の取締りも厳重であったため，無宿を隠して知人の長崎村高野平郷文珠院覚盈を請人に頼み５年間の滞在許可申請の手続きを行った．同年10月に覚盈から「請合証文」を貰い受け，戸町村浪ノ平豊三郎貸家を借り受けて日雇稼を行っていた．慶応元年２月９日に船号も知らない外国船に荷揚日雇に赴いた際に盗みに関与した．	知人の弥助が長崎で日雇稼をしたいとのことで，届出手続きを頼まれた．身許を糺したところ往来手形を所持していなかったが，在所を無断で出てきたわけではないとの言い分に間違いはないだろうと思い，また10里以内であれば往来手形がなくても手続きが済まされる仕来りだったので，関係先へ「請合証文」を提出した．
2	赤間無宿喜市(20)／江戸無宿勝蔵(19)	喜市は筑前国宗像郡赤間松吉倅．父親の死後は独身で菓子商売をしていたが困窮し文久３年５月に国許を無断で出立．勝蔵は江戸新橋三王町清蔵倅で「野菜商ひ」をしていたが，身持ちが悪く慶応元年９月に町方に無断で出立．両人とも無宿となり，慶応元年11月に長崎に到着し住所不定のまま日雇稼や外国人道案内などしていた．	—
3	筑前無宿助七(42)	筑前国宗像郡津屋崎村百姓で農間に肴振売渡世をしていた．その後困窮し，文久３年９月に村方を無断で出立し無宿となった．長崎に来て無宿を隠して「孛漏生人キニフル方」で部屋働していたが，無届旅人では稼ぎ方も薄く，そのうえ取締りも厳重であることを知り，「外国人定雇之もの差配人」である本下町久兵衛を請人に頼み元治元年５月から１年間の滞在許可申請をしてもらった．慶応元年４月12日からは，キニフル筆者スミツの下働きに雇われた．	元治元年５月に，兼ねてからの知人である助七に，長崎で日雇稼をするために，届出手続きを頼まれた．身許を糺したところ，往来手形を所持していなかったが，在所を無断で出てきたわけではないとの言い分に間違いはないだろうと思い，また往来手形がなくても手続きが済まされる仕来りだったので，身許が確かであるとの「請合証文」を提出し，１年間の滞在許可を受けた．

4	薩州無宿栄吉(33)	薩摩国長嶋村百姓喜右衛門倅．父親の死後4,5歳の頃母に連れられ村方を出立し無宿となる．その後肥後国天草辺で母が行方不明となり，1人で物貰いをしながら万延元年に長崎に到着．住所不定のまま居留地で外国人の日雇をしていたところ，文久元年7月「酒商ひ」の外国人マールに雇われた．	—
5	浅草無宿又蔵(27)	江戸浅草猿若町の歌舞伎役者竹十郎の倅．「繁井」と名乗り中村勘三郎座で歌舞伎稼をしていたが，身持ちが悪く文久元年正月に親許を無断で出立し，無宿となる．所々手踊場を立ち廻り，元治元年9月に長崎に辿り着いた．無宿では稼ぎ先が少なく，そのうえ旅人の取締りも厳重であることを知ったため，肥前国島原城下の者と偽り，知人の「外国人居留場日雇受負人与右衛門」を請人として1年間の滞在許可を申請．英人ラウター方で「部屋働」に雇われ，同年12月中には暇を申し受けた後，英人グラバー方で雇われた．	元治元年10月兼ねてからの顔見知りだった肥前国島原城下出生という又蔵から，長崎で日雇稼をしたいとのことで，届出手続きを頼まれた．身許を糺したところ往来手形を所持していなかったが，在所を無断で出てきたわけではないとの言い分に間違いはないだろうと思い，また10里以内であれば往来手形がなくても手続きが済まされる仕来りだったので，関係先へ「請合証文」を提出した．
6	大和無宿啓蔵(26)	大和五条医師柴田謙庵倅．両親の死去後，兄啓輔の手許にいたところ，万延元年に国許を出立し無宿となる．医学修行として長崎にやってきて斎藤退蔵寺本一軒宅で修業をしたが，思わしい成果が出ず，元治元年3月に仏国領事館で「賄方日雇」募集の情報を得た．そのうえ，この仏国領事が「医学達者之由」であったので「医術之道をも問ひ尋度」と思い雇われた．	—
7	豊後府内伊助(29)	豊後府内百姓孝之助の倅．文久2年2月に往来申請をしたうえで国許を出立し長崎に来訪．英商ヲールト方，その他所々の「異国人部屋働」をして，元治元年9月から「仏蘭西之僧ボツテヂヤン方」に給料金2両で「賄方日雇」として雇われている．	—

典拠　森永種夫編『口書集』下巻

所持であっても滞在許可となる仕来りがあったことも、人別取締りが徹底しなかった一因として注目される。

このように長崎への流入者には、往来手形を偽造する者や、無宿の身分を隠して知人を頼り滞在許可を得る者、あるいは何の手続きも経ずに自由に外国人に雇われる者などが混在していた。森下徹氏は、「日用」が職にありつくための重要な要素として「縁」のネットワークの存在を指摘しているが[16]、長崎でも、わずかな「縁」を頼ることで滞在許可を得て職にありついている様子は確認される。ただし注目したいのは、特段の「縁」がなくても長崎に辿り着けさえすれば、外国人に相対で雇用される機会があったという事実である。このような雇用環境は、統制する側からすると政策の徹底をいっそう困難なものにする。ここに、開港場特有の日雇対策の問題点を看取できる。

こうした不法流入者の混在は、「不宜風儀」が広がり「賊心無之もの」までもが「賊徒ニ陥」り治安悪化の原因となってしまうものであった。そのためこれを取り締まる必要があり、開国直後に長崎奉行がとった対策の一つが、史料2-②の後半部分にあるように、町乙名たちが日雇頭を介して統制を強化するという従来の日雇統制システムを踏襲するものであった。ただし、市中人別であるという条件には言及がなく、流入者を「日雇稼致し候もの共」相互による監視で、「正路ニ渡世」させるように指示している。

一方で、無宿の保護対策も行っている。長崎では、天保十三年の幕府の人足寄場設置指示に従い、翌年に長崎代官が具体的な設置計画案を幕府に提出していたが、その時は実現に至らず、安政六年三月になって漸く設置された[17]。人足寄場へ収容される者については、「無宿共所々立廻り悪事いたし、良民之害に相成候者を被遣[18]」とされている。ここで、表2をみてみよう。表2は、「犯科帳」に収録されている無宿犯罪者の量刑と人足寄場への収容・非収容の統計だが、量刑の内容と収容・非収容との相関関係は明確でない。しかし、無宿犯罪者全体のおよそ八五%が収容されていることから、奉行所が積極的に無宿を人足寄場に収容させる政策をとっていたことは確認される。

表2　人足寄場収容無宿者数

和　暦	収容数	量　刑			非収容数	量　刑					被告者数
		身体刑	追放刑	無刑		身体刑	追放刑	生命刑	拘束刑	無刑	
万延元年	49	43	6	1	12	6	1	1	4	0	61
文久元年	71	49	10	9	8	2	3	0	1	2	79
〃2年	20	17	3	0	14	2	7	4	0	1	34
〃3年	48	31	11	6	5	1	1	1	2	1	53
元治元年	59	52	7	0	8	1	1	0	5	2	67
慶応元年	43	29	10	4	4	2	1	0	1	1	47
〃2年	8	6	1	1	3	0	0	0	3	0	11
〃3年	22	18	0	3	4	0	0	0	3	1	26
計	320	245	48	24	58	14	14	6	19	8	378

典拠　森永種夫編『犯科帳：長崎奉行所判決記録』第11巻（犯科帳刊行会，1961年）
なお，量刑の詳細は以下の通りである．
・身体刑＝敲・重敲・入墨・入墨敲・入墨之上重敲
・追放刑＝軽追放・中追放・重追放・入墨之上長崎市中構江戸払・入墨之上中追放など
・無刑＝無構・その他
・拘束刑＝手鎖・入墨之上過怠牢
・生命刑＝死罪

次いで、こうした無宿の保護を行いつつ、さらに流入を防ぐための旅人の取締りを強化した。文久三年九月、長崎奉行所は、手続きを経ずに内々に無宿を「差置」いている状況を「以之外」であると糾弾し、無宿の改めを行ったうえで「以来商売用或は神社・仏閣参詣其外共、旅人宿又は船宿江止宿之外、猥ニ相対ニ而滞留為致候儀は差止、尤自然所用有之滞留罷在候ものは、早々旅人宿・船宿等江止宿替」(19)することを命じている。これは、流入者の滞在先を旅人宿・船宿に一元化することで彼らの把握を徹底させ無宿を排除しようとするものと考えられる(20)。

このように、開国後の長崎では、不法流入者が外国人に雇用されているという状況に対して、日雇の取締り強化、無宿の保護政策、旅人の取締り強化を並行して行っていた。それは、不法流入者の存在によって「賊心無之もの」や「良民」に悪影響を及ぼし、治安が悪化するのを防ぐ必要があったからである。

しかしながら、長崎の都市行政を規定していた貿易体制が変化している状況下で、従来の方針を踏襲した日雇の取締り対策には、自ずから限界があった。町が日雇頭を介して日雇を統制し労働の現場に派遣するというのは、鎖国体制下における幕府の強力な管理貿易によって、貿易業務全般に関する日本側の恣意性が強いシステムを前提としたものであった。そしてこの条件のもとでは、実際に労働力を必要とする外国人が直接雇用の場に介入することは不可能であった。だが、自由貿易に基づく外国人居留地における労働力需要は、そうした前提を根底から覆すものであり、従来の日雇の取締り方法では通用しない状況にあったとみるべきである。では、その状況とは具体的にどのようなものだったのかを、次節以降でみていこう。

二　外国人居留地の労働力需要

1　開国と日雇の雇用環境の変化

開国後の都市問題の一つに物価高騰の問題があった。急激な物価高騰に対して、幕府は五品江戸廻送令の発令や両港両都開港開市延期交渉などの貿易統制を図ったように、貿易開始が大きな一因となっていた(21)。長崎でも、安政七年(一八六〇)二月に奉行所から、利潤を過度に追求し不当に商品価格を引き上げることを戒め、「相当之売値を以正路ニ渡世可致」ことを命じる触れが出されている(22)。この触れでは、同時に日雇の賃銀の高騰も問題視され、相当の賃銀で「稼方可致」ことが命じられている。

文久三年(一八六三)にも同様の触れが出されるが(23)、そこでは、日雇の賃銀を雇用主側から引き上げている状況を「以之外」であると糺している点が注目される。

このような日雇の賃銀高騰は、市中・郷方の労働力偏頗という問題を引き起こした。元治元年(一八六四)二月、奉行所から同所で必要とする奉公人供出を指示された「郷方」三ヵ村の庄屋は、郷方における労働力事情について次のように申し出ている。すなわち、農業や漁業をしない男は、市中や居留地・製鉄所などで「日雇稼」をして、女は居留地の茶製所に出ており、その収入は「並以上之賃銭」であるために、「色々難渋」を言い張り奉公に出る者が減少し、郷方でも奉公人不足に陥っていると。(24)

三ヵ村庄屋の説明からは、居留地などでの高賃銀の労働力需要により労働力が偏頗し、他所では労働力不足を招いていたことがわかる。そうした状況では、労働力確保のために雇用主は賃銀を引き上げざるを得なかった。ただし、高賃銀だけが労働者を引き寄せる要因ではなかった。むしろ、無宿などの不法流入者を引き寄せる最大の要因は、次にみるような外国人の相対雇用による労働者の身許チェック機能の不全にあった。

文久二年十二月五日、在長崎英国領事ウィンチェスターは、オールト商会・グラバー商会・モルトビー商会からの苦情を受けて、「外国人荷物、且所持物之紛失を御取締相成候速（様脱ヵ）なる尊下之御趣向を書面ニ而相伺候義、肝要と拙者存候」と、自国商人の盗難被害への対策を講じるよう長崎奉行大久保忠恕に抗議した。(25)大久保は、支配向から「臨時廻り方掛」を任じ、盗賊吟味方・旅人方などの治安維持に携わる地役人に対して、「臨時廻り方掛」の差図を受けるようにとの指示を出すなどして、居留地周辺の治安対策強化に乗り出した。(26)

このようななかで、居留地で雇用されている日本人労働者の問題が浮き彫りになっていく。翌三年二月、居留場掛は、外国人に雇用されている日本人の人別取調に関して、次のような伺いを奉行所に立てた。

〔史料3〕

居留場外国人共雇付候部屋附其外之者人別取調之儀ニ付掛リ乙名ゟ存寄候趣伺出候書付

福井金平㊞

居留場外国人共、区別毎雇付罷在候部屋附其外定日雇并水夫之類、当地人別・他国もの打込ニ而、惣体凡三百人余も入込居候処、旅人之分は過半無届ものニ而、其内ニも風聞不宜者入交リ、右は外国人とも雇入候砌、其身元人柄相調子候儀も無御座様子ニ付、自然と居留場内江悪徒とも相集リ候儀ニ而、往々如何之悪事出来、御手数相掛リ候儀も可有御座候哉奉存候間、右外国人雇付候ものは、都而名・所・人別等私共ニ而承置候様被　仰付候ハヽ、同所一体之御取締ニ相成可申哉奉存候、右之趣被　仰聞置候儀ニ御座候得は、当時外国人共雇付居候者共を始、名・所・人別取調、其内無届之旅人は身許承糺、別条無之ものは滞在願為仕、若烏乱ニ見聞およひ候者ハ篤と取調、其品ニ寄御伺申上取計可仕奉存候、且此後之儀は、月々人高取調名前帳江相糺、惣而以来区別毎雇付之もの出入之時々、部屋附と唱頭立候者ゟ私共江届出候様為仕度奉存候、（中略）

亥二月

田口牧三郎㊞

（他二名）

前半部分には居留地内での日本人労働者の雇用状況が記されている。その概要は、①外国人が借地単位（「区別毎」）で部屋附・定日雇・水夫などを雇用していること、②長崎人別者と他所人別者三〇〇人余が混在していること、③旅人のうちの過半は無届で「風聞不宜者」もいること、④その原因が、雇用の際に外国人が身元確認を行わないことにあり、その結果として居留地に「悪徒」が集まることである。

そこで改善策として、外国人に雇用されている者の名前・居場所・人別などを居留場掛乙名で把握することを提案している。具体的な方法は、毎月の人数を調査・記録した「名前帳」を作成すること、借地ごとに被雇用者の増減があれば、「頭立候者」である部屋附に居留場掛乙名へ届け出させるというものである。

この件に関して評議を命じられた旅人方は、次のような意見を上申している。

〔史料4〕

（前略）是迄雇入之者共身許・生所も不相糺、異国人共勝手ニ雇附候ニ付、自然と遠近国江流布仕候哉、追々無切手ニ而稼江罷越候者夥敷入込、間ニハ盗筋等ニ携候者も有之趣ニ付、今般往来切手有無取調、無切手之者ハ帰国申諭候御規定ニ御座候得共、差向雇入罷在候外国人共手支ニも相成、殊ニ同所之儀は一纏之場所柄ニ付、右旅人共居留所掛リ乙名ニ而引請人相立、往来切手ニ不拘、名前帳を以私共方江掛合候ハヽ、本人生所・身許相糺、別条無御座候ハヽ、往来切手追々為取寄候様申付、先壱ヶ年限リ滞在申渡、居付雇入之者江は、滞在中鑑札相渡置、日々雇入之分は日毎鑑札相渡稼方為致候ハヽ、此末無届之者は勿論、無頼之者紛込不申候様相成、随而外国人共俄ニ船積、其外荷物持運等ニ火急雇入候儀、繁々有之趣ニ付、私共役場駈隔候而は、右等之節行届不申候ニ付、為御用弁居留所掛リ乙名詰所江出張夫々之取計（中略）

（旅人方）

亥三月　野口豊作㊞

（他二名）

不法流入の原因に関しては、旅人方も居留場掛乙名と同様に、外国人による雇用の際に身許確認がないことを問題視し、そうした情報が近辺に流布しているのではないかと分析する。そして居留地は「一纏之場所」であるため、居留場掛乙名に「引請人」を立てさせ、往来手形の有無に拘らず「名前帳」を旅人方に提出させれば、旅人方で身元確認を行う。その結果別条がなければ「壱ヶ年限リ」の滞在を許可し、各雇用形態に即して鑑札を交付するとの対策案を述べている。

表3は、この時に居留場掛乙名が調査したものと考えられる結果を一覧にしたものである。ここからは、多様な職

表3　外国人部屋付幷定雇人一覧

地　所	雇　主	仕事の種類	附属唐人の雇入れ
1番	ローレイロ	部屋附（4），茶製所附（2），蔵日雇（1），荷揚船水主（8），バッテイラ水夫（4），通船水夫（1），小使（2），夜廻り（2），賄方（3）	(3)
2番	ゴロウル	部屋附（3），蔵掛日雇（3），部屋小使（2），通船水夫（2），バッテイラ水夫（5），荷揚船水夫（7），賄方（4），山手休息所賄方（12），下働（3），植木作方（1），馬日雇（3），茶製所附（10）	
3番	ウヲルス	部屋附（5），蔵元日雇（5），部屋日雇（2），水夫（7），山手休息所賄方（9）	
6番	モルトパイ	(8)	
7番	オールト	部屋附（2），同手伝（2），(10)，蔵掛日雇（2），馬日雇（2），茶製所掛（6）	
9番	カーイマンス	部屋附（1），馬方（1），賄方（4），船頭（2）	
10番	唐人キンサイ	(1)	
11番	ハーケトルン	(9)	
12番	ニッコルス	(5)	(1)
15番	唐人	(6)	
16番	ケワトル ハルス	(4) (4)	(2)
19番	オールト茶製所掛唐人	(1)	
21番	ゴロウル茶製所掛唐人	(3)	
22番	フレンチー	(3)	(8)
23番	唐人	(5)	
25番	唐人	(2)	
26番甲	フロデリック	(3)	
26番乙	唐人	(2)	
27番	ワルレン	(5)，船頭（2）	
29番	ジョンスミツト	(2)	
30番	コロスル	(6)	
31番	トーマン	(1)	
32番甲	ヘートルソン	(3)	
36番甲	ジョンスン	(3)	
38番甲乙	カベナー	(6)	
40番甲乙	レーキ	(8)	
41番	コーリンス	(4)	
造船場甲	ミッチエル	(1)	
造船場乙	ヒフツセアルト	(1)	
東山手5番	ウイリヤムス	(2)	
東山手6番	ライト	(1)	
東山手11番	礼拝堂番人	(2)	
南山手5番乙	シキュート	(4)，蔵日雇（1）	
南山手10番	ケッフル	(1)	
南山手12番	モールデウィス	(8)	
南山手16番	アントーニローレイロ サトン	部屋附（1），(8) (2)	
妙行寺	マイボロク スミット キリーン	部屋附（3） (2) (1)	
大浦	仕立屋唐人	(1)	
大浦	パーベンテイツキ	(2)	
計		294人	

典拠「居留場掛書類綴込」
（ ）の数字は雇用人数.
職種が記されていないケースが多い.

種の存在と労働者が借地単位で雇用されていることが確認できる。ただ、ここに示されているのは雇主専属の労働者であり、例えば部屋附については、従来から出島でオランダ人の日常生活に密着したシャドウ・ワーカーとして存在していたことが指摘されている。(27)旅人方が「居付雇入之者」と表現しているのは、こうした存在のことである。

しかしながら、居留地での労働力需要はこれだけで満たされるものではなく、膨大な貿易品の積荷・積卸作業を行う際の労働力などは別途必要とされたはずである。旅人方の意見書にある「外国人共俄ニ船積、其外荷物持運等ニ火急雇入候儀、繁々有之」とは、まさにそうした労働力需要を指しており、彼らが「日々雇入之分」なのである。

このような外国人による労働力の相対雇用では、言語不通という問題もあるなかで身許確認の術がないのは自明である。したがって、労働力の身許を保証するには、日本側による管理・統制が必要となる。

結果として、奉行所は他所から流入してくる日雇の身許「引受人」を立てることで、居留地の日雇の統制、及び治安維持対策を図ることとなった。

2　請負人による日雇の取締り

慶応元年（一八六五）七月、居留場掛乙名は公事方掛に「於居留場外国人共雇入候部屋附幷下働共之儀ニ付是迄仕来候手続左ニ申上候」と、外国人に雇用される日雇の統制方法に関する説明を行っている。そのなかで「引受人之儀は、諸雇請負人と唱三人程居留場江定雇之者」であり、「引請人ゟ外国人方江雇入遣候手筈」であると述べている。ここからは、居留地には三人ほどの請負人が「定雇」として常駐し、彼らから外国人へ労働力が供給されていることが判明する。

また、文久三年十月の居留場掛乙名の説明によれば、請負人は「万一雇之者盗ミ悪事等有之逃去候節は、其受負人難渋引受候」とあるように、自身が身元引受人となっている者が不法行為をして逃亡した場合には、その「難渋」をも引き受けて責任をとる立場にあった。そして、この請負人は史料上①「部屋附弁定雇人足請負人」、②「日雇人足請負人」、③「通船水夫請負人」の三種が確認でき、請負人が三人ほど居留地に常駐していたというのは、この職種の区分と関係していると思われる。

ここでは、比較的具体像がわかる②と③についてみていきたい。

文久三年十二月に、「日雇人足請負人」が自身と日雇の法被着用を願い出た際の願書で、自分たちの職務を「外国人共ゟ雇入候時々旅人は不及申、市中之ものニ而も人柄相撰雇遣し候」と述べているように、「日雇人足請負人」は、外国人からの労働力需要に応えて、人柄を見極めて労働力を供給していた。ここで注目しておきたいのは、請負人が、市中人別の者であっても外国人に雇用される日雇の派遣を差配している点である。本来請負人は、旅人の身許引受人として設けられたが、労働力差配の場面では人別地の区別に関係なく、外国人雇用の日雇の差配全般を担っていたのである。

また、「仕役場ニ而諸方之雇人足多勢混合候砌、外国人共見分ケ兼、折々行違出来、人足撰方致遣し候廉相見江不申」と説明していることから、実際の労働の場面では、「諸方之雇人足」との見分けがつかず混乱している様子が窺える。これは、日本人に雇用される日雇との混同を問題にしているものと推測され、外国人に雇用される日雇とは明確に区別されていることが確認される。つまり、労働の質からすれば類似の労働であり、かつ同じ空間にありながらも、雇用主の相違により別の統制システムがとられていたことで現場に混乱を生じさせていたのである。当然そこには、相互に流動的な労働力の移動が想定され、ここに統制を困難にさせる一つの側面を指摘できよう。

次に「通船水夫請負人」であるが、彼らは「兼而船方相心得人柄無別条もの共」として、居留場掛乙名から万屋町重助・同町重吉・江戸町八百吉・本籠町太郎右衛門が推挙されている。いずれも市中人別の町人であるが、肩書は「外国人通船舟持惣代」とあることから、以前から港湾労働に従事する船持集団の惣代であったと思われる。のちに、人員不足により船持から小頭八人が補充され、水夫は、〈請負人―小頭〉のもとに編成されていた。

また、請負人設置当初、居留場掛乙名は「船主水夫配分致来候賃銭之内ゟ以来一日船主ゟ弐拾四文、水夫ゟ弐拾四文ツヽ、請負人中江差出させ候を請負人共四人ニ而配当為致」ることを想定していた。実際には一艘につき一日銭六八文を冥加として役所へ差し出させ、そこから諸経費を差し引いた残額の半分を請負人の手当に、もう半分を「居留場江備銀」とすることになった。

冥加金の納入は「日雇人足」にもみられ、居留地の清掃費に充てられたりしていた（第一部第三章）。このように、請負人による外国人への労働力供給は、その排他的営業特権の代償として冥加金を上納するという「役」の体系に組み込まれた極めて近世的なあり方であった(28)。

ただし、鎖国体制下と大きく異なるのは、日雇の統制に町が介在していない点である。これは、都市全体が「役」として貿易業務を行うなかで、日雇統制が各町の業務に組み込まれていた段階から、日雇統制が個別の問題として抽出されたことを意味する。その結果、近世長崎の貿易都市としての特権や特質を前提とする統制システムは否定され、諸都市のあり方に均質化していくものと捉えることができよう。

三　外国商人と身分制社会の摩擦

では、居留地の外国人及び日雇は、請負人による取締り制度についてどのような反応をみせただろうか。本節では、居留地における茶製所での労働環境に焦点を絞って、この問題を検討していく。

1　請負人に対する外国側の批判

文久三年（一八六三）八月二十七日、在長崎英国領事代理マイバーグは、長崎奉行服部常純に対して、日本役人が外国人が雇用する日本人から賃銀のピンハネをしているとの苦情を訴え出た(29)。その内容は、「英吉利商家江立入、其雇の日本人日々請取候賃銀之内ゟ十分一丈を日本役人江差出事ニ被致候様相見へ候（中略）右役人と申は大浦近傍の地所掛詰所に属する役人のよし」とあり、「地所掛詰所」の日本役人が英国商人宅に入り込み、その被雇用者から賃銀の一割を搾取しているというものであった。ここで問題とされている日本役人とは、「下輩住所幷名前等を不残取調子候由」とあることから、請負人であることは間違いない。マイバーグは、「市中下々の者外国人より被相雇、潤沢なる賃銀を得る儀、格別謝恩あるへき」なのに、かえって賃銀のピンハネをするなど「大成誤なるへし」と厳しく批判している。

これに対して服部は、日雇を取り締まるための調査は居留場掛の職権であり、その一環として請負人を派遣しているのであり、「素より日雇之もの賃銀歩割等取立候は勿論、妨等いたし候儀ニは決而無之」と反論した。

しかし、再度九月十八日にマイバーグから抗議を受けると、奉行所では居留場掛に対して実態に関する報告書の提出を命じた。

これを受けて十月に居留場掛乙名が作成した書付によれば、八月末に請負人たちを問い糺したところ、「部屋付幷定雇之者受負人」は「茶製所江雇入候者」から、「日雇人足請負人」は「日雇人足」から、いずれも身許引受を理由に、無断で「心付」を取り立てていたことが判明した。その時の「日雇請負人」の申出によれば、「壱人前四拾八文」

を受け取っており、調査対象となった八月二十七日から九月一日までに計一二貫七四八文を徴収していた。そこで居留場掛乙名は、九月二日に「手限ニ而急度申付」け、今後口銭を徴収しないようにと厳命したとのことであった。

翌年正月十一日、服部はマイバーグに対して、居留場掛乙名からの報告内容と高額な口銭の徴収をやめさせる旨を伝えた。ただし、「日雇共不埒致し候節は、請負之もの万事引請取計候義ニ付、平生日々一人前ニ少々之口銭取立候は当然之事ニ有之候（中略）日本人雇入候日雇共は、前同様請負之もの口銭取立候は従来之仕来ニ而、政府より其筋之者江差許置候儀ニ有之」と、口銭の取立行為そのものについては公認する意向を示している。そこには、服部が指摘しているように、身元保証の者が罪を犯し逃亡した際など、その責任を負わなければならない請負人自身の保障という問題もあった。

だが、外国商人はこのような近世日本の慣習を認めず、自らが雇用している者に対して、日本側が何らかの介入をすることに強い拒絶反応を示す。

結果的にこの問題に対する両者の言い分は平行線をたどったまま、明快な決着をみることはなかったようである。ただし、請負人による日雇の取締りが、外国商人から強い批判を受けていたことは事実であり、留意しておきたい。

では取締りを受ける側の日雇は、この制度に対してどのような認識だったのか。その点について、労働環境の面から考察を進めてみたい。

2　茶製所における労働環境と日雇

文久元年にトマス・ブレイク・グラバーが長崎で製茶事業を開始した。グラバーが商会を設立後に最初に力を入れた事業が日本茶の輸出であり、ジャーディン・マセソン商会の資金融資を得ながら設備投資を行い事業を展開していた。ただ、事業はなかなか軌道に乗らず、特に労働力不足が深刻であったという。それでも翌年には一〇〇〇人以上の日本人労働者を抱えており、製茶事業が膨大な労働力を必要とする事業であることが窺える。(30) また、莫大な収益が得られないとしても、長崎では茶が主要な輸出品であり、(31) 経営は維持されていたため、労働力の観点からすればこの事業が大規模雇用を生み続けていたことは確かである。

ところで、茶製所では、日本人労働者はグラバー商会が雇用する「tea boy」という清国人再製工の指揮のもとで労働していた。(32) ここに、ある問題が生じる原因があった。それは、この清国人と日本人労働者とが結びつくことで起きる、小銭の大量国外流出問題である。ここでは、この問題の分析を通して、外国商人による日本人雇用と賃銀をめぐる労働環境の変化に注目して、請負人による取締りが貫徹し得ない構造的な問題について検討する。

小銭の大量流出の背景には、茶製所内での労働が清国人の指揮によるものであることに加えて、賃銀の支払いが百文銭（天保通宝）であることが大きく関係していた。そこで、この問題について調査した公事方掛が元治元年（一八六四）九月に作成した書付から、具体的な背景について分析してみよう。

開国後の長崎では、市中で小銭が払底して商人たちが難渋するという事態が生じていた。その原因は、外国人の使用人である清国人が、鉄銭の相場が日本の「倍々」にもなる本国に密輸出していることにあった。ではなぜ、そのような密輸出が可能だったのか。茶製所では、一日に一人三〇〇文から五〇〇文ほどの収入が得られ、「農日雇抔ゟ遥銭設ニ相成」るため、多くの労働者が集中していた。彼らの賃銀は、百文銭で支払われることになっており、ここに小銭が大量に生じるからくりが存在していた。百文銭は、発行数が圧倒的に多く幕末期における主要な銭貨とされ、一枚一〇〇文通用が原則とされていたが、減価通用が実際であった。(33) そうすると、例えば、賃銀が三〇〇文の場合は、減価通用の百文銭で同等の貨幣価値を支給するには百文銭三枚では不足し、実際の支払いの際には、減価分を付加する必要から百文銭四枚を支給し労働者側に釣銭を用意させていた。これが、大量の小銭がプールされる構造であり、茶製所は労働者が多かったために、この釣銭は「中々以夥敷数万貫」にも及んだという。茶製場では日雇のなかから「改方・勘定方」などの掛を分担して賃銀を支給していたといい、この掛の日雇と清国人との癒着が、小銭を大量に国外流出させる原因となっていた。すなわち、「古く入込候日雇取共之内ニは唐人ニ懇意を結候もの出来、内々示合小銭取隠持参リ、相場能取替候ものも御座候哉ニ相聞申候」とあるように、古参の「日雇取共」と茶製所内の清国人とが示し合わせて小銭を収集し、その結果、小銭は清国人に集中し市中では払底するという状況に陥っていたのである。

こうした状況の打開策として公事方掛は、茶製所での「日雇取共と唐人賃銭直取遣いたし候を禁」じて、奉行所が賃銀支給に介入することを提案した。それは、「日雇之もの改所」を設置し、そこで労働者の出入りを管理し、彼らに鑑札を交付する。茶製所への金銭の持ち込みは禁じ、賃銀はあらかじめ前日に茶製所経営者から改所に預かっておき、茶製所内で労働者個人に「稼高ニ応し銭代リ之焼印付木札為渡」せ、その木札と引換えに支払うという仕組みである（図参照）。これにより、小銭が中国人に集中し密輸出されることを防ごうとしたのである。

ここで、茶製所における具体的な労働環境をみておきたい。表4-1は、右の公事方掛の書付に添付された「大浦茶製所江罷出候日雇取共人数其外共凡積書」から作成したものである。おそらく、書付作成のために公事方掛が現状調査したものと思われる。この表4-1からは、元治元年の時点で、グラバー商会以外の英国人商会の茶製所も含めて四事業者が茶製所を経営しており、計一五〇〇の竈が設置されていることがわかる。この内現状稼働している竈は六五〇だが、一つの竈には平均一日二・五人の労働力を必要としており、一日に茶製所だけで要する労働力は一六二五人にも及ぶ。この数値の面だけでも、近代的な工場労働の萌芽的状況を読み取ることができよう。(34)

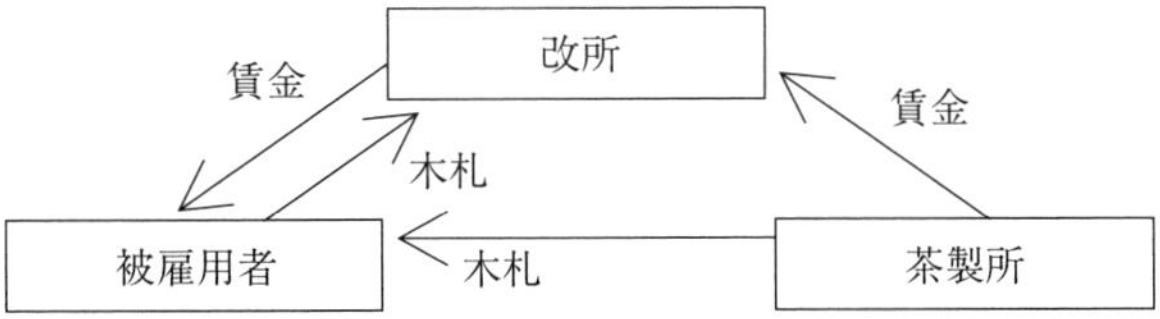

図　賃金支給の流れ

表 4-1　茶製所日雇人数見積（元治元年 9 月現在）

番　地	事業者	所有竈数	稼動竈数	日雇数	勘定方掛
21 番地	英商ゴロウル（グラバー）	600	200	500 余	盛太郎（十善寺郷），吉五郎（東中町），大蔵（波ノ平），儀三次（八幡町），豊五郎（今博多町）
19 番地	英商ヂムリン	300	150	375	久兵衛（内中町），俊蔵（小川町），勘次郎（同），要助（東中町）
23 番地	英商モルトビー	300	150	375	清吉（大浦），伝作（同），新八（今魚町），浦吉（戸町村）
33 番地	英商レインボー	300	150	375	政七（柳川瀬高），戸三郎（同），直吉（天草坂瀬川），金作（西泊）
計		1500	650	1625	

典拠 「居留場掛書類綴込」
日雇人数の概算は，1 竈あたり 2.5 人平均で計算されている．
（ ）内の地名は人別地．

表 4-2　職種別賃銭表

仕事内容	賃　銭	性別
茶煎り方	400 文	男女
茶ふるい分方	500 文	男
同撰分方	200 文〜600 文余	男女

典拠 「居留場掛書類綴込」

ここで注目しておきたいのは、すでに少し触れたが、茶製所の労働力について、「何れも窮民共故、賃銭其日限ニ請取、多人数入込（中略）近辺は勿論、遠在ゟも競而集来候由、右之内ゟ人撰いたし、改方・勘定方等其外掛々手分ヶ有之」というように、労働者自身のなかで独自に「改方・勘定方等」の掛分担を行っている点である。「勘定方掛之もの」は、各茶製所に四、五人ずつおり、「壱ヶ月壱人前手当金三両宛、通ひ勤、手弁当持参之由」とあるように、月雇で手当金三両を得る存在であった。より詳細な性格は不明だが、労働者の賃銀の決定や会計業務を行っており、他の茶製所労働者とは一線を画していたものと考えられる。

このような掛が必要とされたのには、茶製所における労働のあり方が関係している。表4-2は、表4-1と同じ「凡積書」に記載されていた労働内容と賃銀についてまとめたものである。特に注目したいのは、茶の「撰分方」である。「撰分方」とは、「是は八寸四方深弐三寸之升形成箱壱ぱい江撰分候得は、三拾弐文宛と極、精出し候ものは拾四五箱ゟ弐拾箱余も出来候由」と説明されているように、一箱選分けが済むごとに三二文支払われ、努力次第では一日に一四〜二〇箱の作業量をこなすことができた[35]。「勘定方掛之もの」は、こうした作業を監督し賃銀の精算などを行っていたものと推測され、居留場掛乙名が「頭立候差配人共」と表現しているのも同じ存在と考えてよいだろう。

ところで、先述の公事方掛が提案した茶製所における賃銀支給システムに対しては、経営者側からの強い反対を受けた。その理由には、奉行所の介入を忌避する経営者側の思惑と、今みてきたような労働条件に加えて、さらに次のような外国商人による雇用がもたらす特有の問題が介在していた。

〔史料5〕

（前略）一体自分共ニ而賃銭差出し相対雇入候ものハ、政府ゟ御世話ニ不及、別而茶製所内取締之儀ハ、附属支那人等江兼而手配リ申付、十分行届居候旨を以何分納得不仕、且又被雇参リ候もの共儀も、稼之御多少ニ随ひ賃銭厚薄有之趣ニ付、互ニ時刻を争ひ未明ゟ一時ニ数千人群集仕候を逸々名・住所巨細書記し引合候得は、数刻を移し、賃銭高ニも相響キ候故、外国人ニ而右等之手数相拒ミ候を幸ひニ存し、密々罷越候様成行、右は茶製所日雇ニ不限、惣而外国人抱入候部屋附・定日雇等右ニ準し自儘相働、何分取扱兼候（中略）

子十月　　　　　　　　　　　　　　　　　　　居留場掛乙名

これは、元治元年十月に居留場掛乙名が茶製所における雇用状況について調査した際の報告内容の一部である。省略した部分では、茶製所では労働者への交付が義務付けられている鑑札を外国人が奪い上げるという問題が生じていること、それに対して居留場掛では、請負人を派遣して茶製所の入口で鑑札を回収するなどの対策を講じているが、十分には行き届いていないことが述べられている。

引用は、それへの対応と問題点を指摘した部分だが、まず外国側は、自分たちが賃銀を支給している雇用者に対して、奉行所が介入する必要を認めない理由として、茶製所では兼ねてより附属の清国人に指揮を指示しており、それで十分に対応できていることを挙げている。そして、こうした外国側の主張に対して、行政権を制限されていた日本側には、一方的に規則を設ける強制力はなかったのである。(36)

先述したように、茶製所には「tea boy」と呼ばれる清国人がおり、製茶の専門家ではないグラバーらの経営者は、実際の労働の場面ではこうした上海から呼び寄せた清国人再製工に依拠せざるを得なかった。すなわち、外国商人は労働の管理を附属清国人に委任し、彼らのもとで、労働者のなかから自生的に成長した日本人の「頭立候差配人」が日本人労働者を統制するという構図ができあがっていたことになる。

さらに重要なのは、このような労働環境に対する日雇の認識である。先にみた茶の「撰分方」は、「稼之御多少ニ随ひ賃銭厚薄有之趣ニ付、互ニ時刻を争」うように茶製所に集まっていた。そのため、日雇は煩雑な手続きを嫌う傾向にあり、また外国人側が奉行所の取締りを拒んでいることにつけこみ「密々罷越」している状況にあった。そして注目すべきは、実はこうした問題は「茶製所日雇ニ不限、惣而外国人抱入候部屋附・定日雇等右ニ準し自儘相働、何分取扱兼候」という状況にあったことである。

「稼之御多少」により賃銀に差が出るのは茶製所における労働の特徴であり、それだけ問題点が顕著でありはしたが、外国人が奉行所の介入に拒否の姿勢を示すことを盾として、奉行所の統制から逃れようとする日雇の行動は、茶製所にとどまらず、居留地で外国人に雇用される日雇の一般的な問題となっていたのである。このような状況では、奉行所が定める請負人に日雇統制をそのまま貫徹させることは困難であった。

奉行所による請負人を介した日雇の統制は、権力による営業独占の特権認可とそれへの反対給付としての冥加金上納という近世身分制社会に基づくあり方であった。それゆえ、長崎奉行は、請負人による日雇からの口銭徴収に関して、その額の譲歩はみせつつも、徴収自体は旧来の慣習として継続を公認する姿勢を示した。しかしながら、日雇の行動はこの枠組みに収まりきれなくなっていた。行政権が制限されている居留地という特殊空間において、身分制社会の論理がまったく通用せず、奉行所が強制力をもって介入できない外国商人の庇護のもと、権力の規制を突き破ろうとする日雇の活力を見出すことができる。この点にこそ、開港場特有の事情がもたらす、請負人による取締りが貫徹し得ない最大の要因を見出すことができるのである。

おわりに

開国直後、幕府は開港場の環境を整備するために、開港場への民衆の自由な移動を促した。これにより、受け入れる側の開港場では、流入者を正しく受け入れて治安悪化を防止するための対策が求められた。

とりわけ長崎では、外国人居留地で雇用される日雇の統制が課題となっていた。居留地では、外国人が相対で労働力を雇用していたため、無宿や往来手形不所持者の日雇が多く流入して治安対策の面から問題となっていたのである。こうした状況に対して、開国直後の長崎奉行は、既存の秩序による日雇の取締り強化を図ったが、文久二年（一八六二）に英国領事ウィンチェスターから盗難事件多発に対する抗議を受けると、その取締り体制の再編に踏み切った。奉行所は、他所から流入し外国人に雇用される日雇に対して、身許引受の請負人を立てることを義務化した。これは、従来の町や日雇頭を介した統制とは違う方法であったが、冥加金を納めて奉行所から日雇の派遣を独占的に公認される請負人の設定は、身分制社会に基づいた近世的なものであった。

しかしながら、外国人居留地には、このシステムが有効に機能しない、特殊な状況があった。それは、幕府には条約締結国に対する行政権が制限されていたということである。そのため、奉行所が日雇を取り締まるための行政規則を設けたとしても、外国側の同意なしにはそれを強制し得なかった。また当然のごとく、外国商人たちは、自らの雇用者に対する奉行所の介入を拒絶した。そして、こうした外国商人たちの意向を盾にした日雇の行動こそが、近世的な取締りのあり方を突き崩す最大の問題であった。

外国商人が経営する茶製所では、合理的経営による資本蓄積を求めるため、日雇個人の労働成果によって賃銀に差がつけられていた。そのため日雇は、「互ニ時刻を争」って労働する環境にあり、奉行所の介入による煩雑な手続きは忌避された。幕府の行政権が制限されている居留地という特殊空間のなかで、日雇たちは奉行所の規制から逃れていたのである。ここに、請負人による取締りが貫徹し得ない最大の要因を見出すことができるのである。

開国による自由貿易の開始は、鎖国体制下で認められていた貿易都市長崎の特権を大きく制限し、最終的には剝奪へと導いた。当然、都市に守られていた日雇もその特権を奪われ、労働の機会も「自由」化した。これに対して奉行所は、本章で述べてきた諸政策によって対応しようとしたが、外国側が主張する「自由」と、それに便乗する日雇の抵抗のもとでは有効な政策となり得なかったのである。

幕末維新期の都市が抱えた人別把握の問題では、下層民衆の流動化による、その管理の困難が大きな課題となっており、明治新政府に移っても当初は試行錯誤を繰り返し、漸く辿り着いた一つの帰結が明治四年（一八七一）四月制定の戸籍法であった。同法の全国実施は翌年二月一日以降とされたが、三府と開港場に限っては寄留人調査が実施され、やはり開港場は流入者取締りの重要地点として見なされていた。(37)だが、本章で指摘したように、開港場の流入者には多くの日雇が含まれており、彼らをどう把握するかという問題は、戸籍政策に加え固有の行政的対応も求められた。外国商人の経営状態が、直接雇用状況に影響する労働環境は、日雇の生活を不安定なものとしたが、それでは居住地の安定は望めず戸籍の把握徹底も困難となる。そこに彼らの生活保障問題という課題が表出してくるのである。この問題は、明治二十年代には外国人と日雇との全国的なトラブルの広がりへと深刻化し、外交問題へと発展するという。(38)近世近代移行期の開港場行政の再編過程は重要な論点であるが、研究が乏しい現状では個別事例の蓄積が必要である。

註

（1）石井良助・服藤弘司編『幕末御触書集成』第五巻（岩波書店、一九九四年）五〇八三号。

（2）『横浜市史』第二巻（有隣堂、一九五九年）、西川武臣『幕末明治の国際市場と日本―生糸貿易と横浜―』（雄山閣、一九九七年）など。

（3）開港場ではないが、横須賀製鉄所建設に携わった請負人を取り上げた研究に、森田朋子「幕末維新期の建設請負業者―横須賀製鉄所の建設と蔵田清右衛門―」（横浜開港資料館・横浜近世史研究会編『日記が語る一九世紀の横浜―関口日記と堤家文書―』山川出版社、一九九八年）がある。

(4) 例えば、石塚裕道『明治維新と横浜居留地―英仏駐屯軍をめぐる国際関係―』（吉川弘文館、二〇一一年）など。

(5) 若松正志「近世中期における貿易都市長崎の特質」（『日本史研究』四一五、一九九七年）。

(6) 本章では、史料用語の「日雇」を使用するが、先行研究を参照する場合は、当該論文の使用用語に従う。

(7) 横山伊徳「出島下層労働力研究序説―大使用人マツをめぐって―」（同編『オランダ商館長の見た日本』吉川弘文館、二〇〇五年）。

(8) 小山幸伸「近世長崎における日雇層助成の意義」（『敬愛大学研究論集』七三、二〇〇八年）。

(9) 「金井八郎翁備考録　長崎諸取計方」（長崎歴史文化博物館所蔵、オリジナル番号19 1-1 3-2。以下、同館所蔵史料は長歴と略記する）。

(10) 戸森麻衣子「近世都市長崎と「郷方」三ヵ村」（『年報都市史研究』一一、二〇〇三年）。

(11) 「御触留　安政六年」（長歴、オリジナル番号14 58-2）。この史料の表題には、安政六年とあるが、内容は慶応四年まで書き継がれている。

(12) 「乍恐奉願候口上書」（長歴、オリジナル番号ト17 53-2）。

(13) 吉田伸之氏の、日用頭は日用層をプールし、諸権力と日用層の媒介者としての性格を持つ請負商人とする規定と同様の存在である（「日本近世都市下層社会の存立構造」『近世都市社会の身分構造』東京大学出版会、一九九八年、初出一九八四年）。

(14) 「御触留　安政六年」。

(15) 森永種夫編『口書集』下巻（犯科帳刊行会、一九六四年）二一三頁。

(16) 森下徹『近世都市の労働社会』（吉川弘文館、二〇一四年）終章。

(17) 森永種夫「長崎人足寄場」（人足寄場顕彰会編『人足寄場』創文社、一九七四年）。

(18) 「御触留　安政六年」。

(19) 同右。

(20) 長崎では、文化七年（一八一〇）に初めて旅人宿が三軒公認された。旅人宿は「当地ニ用達幷問屋等無之国々ゟ奉公稼として罷越候もの」（文化十四年十月達）で、かつ引請人がいない者の身元確認と奉公の際の「請人」となった（「金井八郎翁備考録　長崎諸取計方」）。
(21) 石井孝『増訂明治維新の国際的環境』分冊一（吉川弘文館、一九七三年）。
(22)「御触留　安政六年」。
(23) 同右。
(24) 森永種夫編『長崎代官記録集』下巻（犯科帳刊行会、一九六八年）一九三頁。
(25)「御用留　文久二年」（長歴、オリジナル番号 14 7-1 18）。
(26) 以下、本節では特に断らない限り引用・典拠は、「居留場掛書類綴込　文久三年〜慶応二年」（長歴、オリジナル番号 14 182-5）による。
(27) 前掲横山「出島下層労働力研究序説」。
(28) 尾藤正英『江戸時代とはなにか』（岩波書店、一九九二年）、高木昭作「幕藩体制と役」（朝尾直弘編『日本の社会史三　権威と支配』岩波書店、一九八七年）。
(29) 以下、本節も特に断らない限り、「居留場掛書類綴込」を典拠としている。
(30) 杉山伸也「グラバー商会―幕末期の長崎貿易と外商―」（『年報近代日本研究』三、一九八一年）、同『明治維新とイギリス商人』（岩波新書、一九九三年）。
(31) 石井孝『幕末貿易史の研究』（日本評論社、一九四四年）。
(32) 水田丞「初期長崎居留地における茶再製場設立と操業の経緯―グラバー商会経営の茶再製場を事例として―」（『日本建築学会計画系論文集』七三―六三三、二〇〇八年）。
(33) 滝沢武雄『日本の貨幣の歴史』（吉川弘文館、一九九六年）。
(34) 石井寛治氏は、外商による製茶事業が資本制生産の先駆例として重要でありながら、研究史が無視してきたことを指摘し、茶製所の具体像を一八八〇年代の横浜を事例に紹介している（『近代日本とイギリス資本―ジャーディン＝マセソン商会を中心に―』東京大学出版会、一九八四年）。ただし、これは回顧録に基づいたものであり、また幕末期の事例については触れられていない。本章でも茶製所の全貌を明らかにするには至っていないが、一次史料に基づいた分析により、多少なりとも幕末期の茶製所をめぐる社会状況の一事例を提示することができるものと考える。

(35) 製茶の仕上工程の掌握が外商の利益源泉となっており（前掲石井『近代日本とイギリス資本』）、グラバーは日本人労働者の訓練の困難を認めつつも、再製過程の効率化による経費削減を見込んでいた（前掲杉山「グラバー商会」）。

(36) 近年五百旗頭薫氏がつとに指摘しているように、幕末から明治前期にかけての主たる外交交渉目標は行政権の回復であった（『条約改正史―法権回復への展望とナショナリズム―』有斐閣、二〇一〇年）。領事裁判の拡大運用により行政権を制限された状況では、日本側が定める行政規則を、条約国の同意なしに彼らに適用することができなかったのである。なお、開国直後の具体的な問題については、外国人の遊猟をめぐる問題を扱った森田朋子『開国と治外法権―領事裁判制度の運用とマリア・ルス号事件―』（吉川弘文館、二〇〇四年）を参照のこと。

(37) 横山百合子「近世身分制の解体と戸籍法」（『明治維新と近世身分制の解体』山川出版社、二〇〇五年）。

(38) 布川弘『神戸における都市「下層社会」の形成と構造』（兵庫部落問題研究所、一九九三年）。

（付記）本章脱稿後に、添田仁「幕末長崎居留地の異国人雇い人足について―部屋附・茶製所日雇・ぽん引き・通船水夫―」（『長崎歴史文化博物館研究紀要』一一、二〇一七年）を得た。同じ史料を使用していることから、内容にかなりの重なりがあるが、論に組み込めていない。あわせて参照されたい。

第二章　長崎奉行所の開港場運営と「ロシア村」

はじめに

本章では、開港場の出現が周辺地域にどのような影響を与えたのかついて検討する。従来、こうした問題に関しては横浜における生糸売込商の動向が注目され、「巨大売込商」が幕藩権力と結びつきながら成長し、その経済力により都市の町政に影響力を及ぼしていたことなどが指摘されてきた(1)。しかし、開港場を管轄する奉行所による開港場運営と周辺地域との関係について言及した研究は少ない(2)。奉行所が周辺地域を取り込みながら開港場運営を行っていたことが看過されてきたのである。

開港場には、外国人居留地や外国人遊歩区域のみならず、蒸気船へ石炭を供給するための石炭貯蓄所、船のメンテナンスを行う製鉄所などさまざまな施設が新設され、明らかに従来とは異質な空間へと変化していった。こうした変化が周辺地域に影響を及ぼしたであろうことは容易に想定される。したがって、開港場を管轄する奉行所は、都市部のみならず周辺地域を含んだ包括的な開港場運営を行わなければならなかったのであり、その実態を解明するためには、周辺地域と奉行所との関係を追究する必要があると考える。

さて、ここで対象とする浦上村淵という地域は、貿易都市である市中から長崎港を隔てた対岸に位置しており、長崎代官の支配地である。浦上村淵は、長崎製鉄所の建設、ロシア海軍の「居留」、幕府の軍艦建造計画など、開国による影響を大きく受けた地域であり、それゆえに開港場の特質が如実に表れる。

この地域を扱った先行研究には、主に開国以前を対象として、ロシア船の来航による地域社会の負担増加と変容を論じた岩崎義則氏の研究(3)や、「郷方」三ヵ村と呼ばれる市中周辺の幕領を含んだ、長崎の政治的地域構造を解明した戸森麻衣子氏の研究(4)がある。特に戸森氏の研究は、「長崎奉行所と長崎代官所連携による一体的な幕領長崎行政(5)」という、従来の長崎研究に欠けていた視点を提起しており、筆者もこの問題意識を共有している。しかし、両氏の研究では、この地域と長崎奉行所との関係にまで踏み込んだ分析は行われていない。それは分析時期の違いによる社会状況の相違が関係していると思われるが、本章が目的とする、周辺地域を組み込んだ奉行所の開港場運営について分析するためには、両者の関係を明らかにすることが必要である。

このような問題を議論する際、近年の神谷大介氏の一連の研究が注目される(6)。神谷氏は、「軍港」を持つ浦賀奉行所に着目し、「軍港」機能維持のために負担を強いられた在地に対して、奉行所は経済的・身分的特権付与によって合意形成を行い、両者が共生関係にあったと論じており、示唆に富んでいる。だが長崎の場合、本章で詳述するように浦賀とは違い、負担増加が地域社会全体の問題として捉えられる傾向は弱く、村役人に負担が集中した点に特徴がある。この点が、開港場が持つ特質を示すものと推測される。

そこで本章では、浦上村淵庄屋志賀九郎助の動向に注目し、奉行所と九郎助の関係を解明する。それにより、開国によって大きく変容する周辺地域を内部に抱えた開港場運営の特質について検討する。

一　外国船来航による地域の変容と役割

ここでは、浦上村淵の地域社会構造の特質と外国船の来航による変容について、先行研究によりつつ[7]、本章に関係する範囲でまとめておきたい。

市中周辺には、代官支配地で「郷方」三ヵ村と称される長崎村・浦上村山里・同村淵のほか[8]、日見・古賀・茂木・川原・高浜・野母・椛島七ヵ村の幕領（安政四年〈一八五七〉に戸町村が上知）と、佐賀藩領の村が入り組んでいた（図参照）。このうち「郷方」三ヵ村は、都市部での消費品を生産するだけでなく、町方の役を補完するという特異な性格を有し、村側も「往古之儀奉行所御直御支配ニ而、其後市中郷中と引分レ候迄ニ而、都而市中同様之仕癖ニ御座候[9]」と市中に准ずる格式であると認識していた。支配関係は、代官の下に各村庄屋が一人ずつ置かれ、そのもとには村を形成する郷や浦それぞれに乙名一人が置かれていた。庄屋や乙名は苗字・帯刀が許され、また、町方の御用も務めたため、長崎会所から受用銀を支給されるという長崎地役人の性格をあわせ持っていた。

浦上村淵の概況は、万延元年（一八六〇）のデータによると、村高六六四石七斗一合、家数五七六軒（専業漁師一八九軒、農間漁師三八七軒）、人口三六七八人で、村内構造は一〇の郷と三つの浦から構成されていた[10]。一見すると村高に対して人口が多く感じられるが、これは「郷方」三ヵ村に共通した特徴である。浦上村淵の特質は、小瀬戸遠見番所、西泊番所、稲佐崎・岩瀬道郷両台場があり、長崎港警衛の要衝であることや、諸藩の抱地や石炭囲所が設置されていることにある。また役負担には、奉行所・幕府役人の巡見時や異国船来航時の御用船の水主供出があった[11]。このように長崎港警衛に深く関与する地域であったため、警衛担当の福岡・佐賀・大村などの諸藩は、庄屋と御館入の関係を結び、「藩の警衛体制に組み込」んでいた。

このような地域の特質から、非常時の外国船来航による影響は、他の地域に比して多大であった。文化元年（一八〇四）九月のレザノフ来航時には、村内の木鉢郷が「余程人家離れ候浜手に、三百坪余之場所相見え候」[12]との理由で上陸地に選定された。これが先例となり、嘉永六年（一八五三）七月のプチャーチン来航の際にも上陸地に指定されている。[13]しかし、プチャーチンが不満を示したため、奉行所では「稲佐村俉(悟)真寺と申所ニ阿蘭陀之寺先年ゟ之頼寺ニ而（中略）此所江仮入ニも可相成哉之旨御内々御評義」[14]があり、稲佐郷の悟真寺を上陸場とした。[15]悟真寺が上陸場となったのは、右の評議にあるように、同寺が以前から唐人やオランダ人の死者を埋葬し、[16]外国人と関係を有していたためと推測される。上陸場となった同寺には勤番所が設置され、番方の地役人が「魯西亜人上陸場勤番掛」を命じられた。[17]だが、奉行所が提示した上陸時の掟書を[18]ロシア側が拒否したため、結局上陸は実現しなかった。[19]

ロシア船の来航と彼らの上陸への対応は、浦上村淵の村役人の負担を増加させた。嘉永七年二月十九日に、九郎

図　長崎市中と周辺村々

助は「魯西亜船渡来中は昼夜之無差別、前代未聞之烈敷御用相勤」（傍点筆者）と負担の激増を理由に、庄屋と散使に対する手当を代官所に要求している。これを受けた代官所では、「一代限り」で庄屋に銀二〇〇目、散使に銀一〇〇目の手当を支給した。(20)

ところで、実現しなかったとはいえ、ロシア人に上陸を許可したことの意味は、外国船の来航が増加している情勢においては決して小さくなかった。嘉永六年十二月に長崎奉行大沢秉哲・同水野忠徳が老中に提出した上申書(21)には、そのことがよく示されている。すなわち、長崎奉行は、今後「書翰持参渡来」してくる外国船が、今回のロシア船に対する「取扱振」を心得ている場合の対応を危惧し、江戸からの指示を待つ間「〔外国人の〕上陸之儀も木鉢限ニ候ハヽ、私共限り之心得を以承届遣御下知迄為相待置候様可仕」と手限による外国人の上陸許可を主張している。

この上申に対する老中からの具体的な指示は不明だが、翌年八月、奉行所は福岡藩の抱地であった村内の鼠島を御用地として買い上げ、「異国人とも養生運動之ため」の上陸地として指定している。実際、安政二年に来航したイギリス船の乗組員に対して、同所への上陸が許可されるとともに、異国人休息所が設置され、日本人の上陸は禁止された。(22)

安政三年正月には、村内の平戸小屋郷にも異国人休息所が設置され、同郷乙名の茂助が「異国人休息所取締方」となった。ただし、「異船渡来役々詰方之上は屋鋪番共之内両人ツヽ詰方申付候間、村方番人之儀は引払可申候」とあるように、外国船来航時の対応は奉行所の管轄となり、村役人は平時の監視に過ぎなかった。そこには、開国以前において、村役人と外国人との直接的な接触を極力避けようとする奉行所の意図があったと推測される。

一方で、浦上村淵は軍事的拠点としての性格も強めていく。安政三年に稲佐郷の土地九五五坪（のち一七坪増地）が幕府の石炭囲所となると、同郷乙名市郎太が「石炭囲所取締方」になった。(23)また同六年以降、飽ノ浦郷の土地一五〇〇坪余が「外国人江御渡方ニ相成候諸家国産石炭」の囲所として用意されたほか、唐津・平戸・佐賀・小倉・福岡など諸藩の国産石炭の囲所も設置されていった。[24] 同四年には長崎製鉄所が設置され、元治元年（一八六四）の御軍艦打建場の設置計画もあった。[25]

このように、浦上村淵は外国人の上陸地として定着していく一方で、軍事施設が整備され環境の大きな変化に直面していた。また、異国人休息所の設置は、外国人を相手とする諸色売込の許可を求める動きを誘発し、[26] 地域社会の様相も変化し始めていた。だが、こうした動きは、村役人のさらなる負担増加にも繋がっていく。そして、それを決定づけたのが安政五年のロシア軍艦「アスコリド」の来航であり、同艦修復中のロシア人の上陸が、「ロシア村」形成の契機となるのである。

二 「ロシア村」の形成と地域社会

安政五年（一八五八）九月、ロシア軍艦「アスコリド」の修復のため、乗員五〇〇人余の上陸が許可された。彼らの旅宿には、先例により悟真寺境内の畑地が指定され、軍艦の修復地には岩瀬道郷新地が指定された。[27] 近隣の飽ノ浦郷には長崎製鉄所が設置されていたため、軍艦の修復地としては最適な地である。この時奉行所は、悟真寺に勤番所を設置して、プチャーチン来航時と同様に番方地役人や通詞を詰めさせ、九郎助に「村内取締」を命じた。[28] ここでも、ロシア人の取締りは奉行所、村内は村役人という分担がなされていた点に留意しておきたい。

「アスコリド」の修復は、翌年六月までおよそ一〇ヵ月間続き、五〇〇人もの外国人が長期間滞在するという非日常空間の出現は、地域を活性化させた。悟真寺周辺は、「食物類其外諸色売込人共数拾人悟真寺近辺ニ店ヲ出し、市郷之もの多人数入込候」(29)という状況になっていた。しかし、「アスコリド」の退帆後は、これらの諸施設は撤去されており、この時点ではなお一時的な措置との認識だったようである。

この状況に大きな転換をもたらしたのは、万延元年（一八六〇）五月のロシア軍艦再来航である。この時も、前回同様悟真寺への上陸が許可されている。だが、取締り体制に関しては、前回までとは明らかに異なる点があった。それは、奉行所が「取締之ため役々出役不致候」と直接取締りに関与せず、村役人に委任した点である。それは、「魯人共乱妨狼藉」の場合には取り押えて港会所へ連行させるという、ロシア人の逮捕権の認可も含むものであった。(30)すなわち、従来の取締り体制は取り締まる対象を村内とロシア人とに区分し、担当者も村役人と奉行所派遣の地役人とにそれぞれ区別していたが、今回はその区別を廃して村役人に一本化したのである（＝村への委任）。(31)

一方で、ロシア人の上陸中、ロシア海軍の諸施設や彼らの宿泊先として、近隣の百姓宅が相対貸借されるようになる。例えば施設利用のため、万延元年七月四日に飽ノ浦郷百姓甚五郎の物置の借用願が出されている。この願出の可否を九郎助が代官所に伺うと、応対した代官手代徳田善右衛門は、奉行所に指示を仰いでいる。(32)奉行所は「悟真寺最寄稲佐・船津・平戸小屋近隣ニ而相応之家宅貸渡可申」と願出を却下しており、借地範囲を悟真寺周辺に限定しようとする意図が窺える。

また同月十九日には、稲佐崎台場付近にある福松宅の借家願が出されているが、これは「福松宅は屯所之儀ニ付差支候」との理由で拒否され、「村内寺院其外百姓家ニ相応之家宅」を貸し渡すようにとの指示がなされている。(33)ただ、この福松宅をめぐる借家交渉は、奉行所と艦長ビリレフとの直接交渉となり、奉行所は船津浦郷の百姓福松宅など四軒を買い上げ、御用地とすることで対応した。(34)その結果、御用地に設置された休息所を含め、平戸小屋郷異国人休息所・悟真寺・光明庵がロシア海軍専用施設となった。(35)だが、文久二年（一八六二）四月十四日に船津浦・平戸小屋郷

両休息所が入札払いとなると、ロシア人のための御用地は消失し、管理はすべて村へ委任されることとなった。(36)

宿泊先としての百姓宅の相対貸借に関しては、万延元年七月二十四日の稲佐郷百姓やい宅の借家願が史料上の初見で、以降借家願は頻出し、ロシア人の一時「居留」が常態化していく。このロシア人の一時「居留」は、彼らと家主との相対契約だが、手続き上は奉行所への申請が義務付けられていた。右記のやい宅の場合、九郎助が借家願を代官所に提出すると、代官所では即座に奉行所に伺いを立て、「御掛り調役並田中殿伺之通借渡候様達相成候」との許可を、代官手代が九郎助に伝達している。(37)この事例が示すように、ロシア人から借家申請があると、その願書は、庄屋→代官所→奉行所→代官所→庄屋という行政ルートを経て処理されるシステムが構築されていたのである。

ロシア人の滞在が常態化すると、浦上村淵は借家による家賃収入を中心とする、ロシア人がもたらす経済的な恩恵を受けるようになった。表1は、村内で渡世許可の鑑札を奉行所から受けた者の一覧である。売込人や洗濯職、本船と陸地間の交通手段となる通船渡世など、滞在中のロシア人の生活を支えるための労働市場が生じていたことがわか

表1　村内における渡世許可の鑑札一覧

居住地	名　前	職　業
稲佐郷	重五郎 市蔵 七郎太 和助 八十郎	売込人
	幾三郎 藤蔵 栄太郎	野菜売込人
	関蔵 富太郎 常太郎 嘉吉 藤蔵	洗濯職
船津浦郷	福松 弥吉 貞次郎 市五郎 伝蔵 弥吉 米太郎	通船渡世
立神郷	茂三郎	洗濯職

典拠「外国御用留」,「露西亜人上陸場取締番所其他露人借宅願綴込　慶応3年以降」(長歴，オリジナル番号14 98-3)
ただし，通船渡世は明治元年9月，それ以外は文久2年～元治元年頃の記録.

る。おそらく、鑑札所持者のもとには、さらに多くの関係者が存在したと思われる。また、万延元年八月十六日には、稲佐郷の和助・甚八・伊太郎の三人が、「魯マタロス共止宿所と表向は相唱江、内意は遊女ヲ商ひ候」ための建屋を取得しており[38]、ロシア人向けの遊廓が営まれていた[39]。

このようなロシア人相手の渡世は、「支配村内は稲佐ゟ立神迄大繁じやう」[40]というように地域社会に経済的利益をもたらし、奉行所役人にも「彼土地〔浦上村淵〕之儀は、御開港前は僅之一落村故為差民家迚も無之候処、魯人上陸仕候様相成候以来、諸品売込、又は貸家宿料等莫太之利潤ヲ得、次第ニ饒大之勢ニ相移リ、八九分は是か為ニ生活之道ヲ開キ候儀ニも有之候」[41]と言わしめるほどに環境を一変させたのである。このことは、地域住民がロシア人の「居留」を受け容れる大きな根拠と成り得た。実際「御用留」には、地域住民がロシア人の「居留」に対して抵抗を示す史料はほとんどみられない。その結果、ロシア人と浦上村淵との結びつきは深まり、ロシア人たちはこの地域を「ロシア村」と称するようになった[42]。

だが一方では、ロシア人の取締り体制が村側に委任されながらも、その負担が地域全体に転嫁されることなく、そのしわ寄せが九郎助を始めとする村役人に集中するという問題を孕んでいた。次節では、この問題をめぐる九郎助と奉行所との関係について検討する。

三　「ロシア村」の維持と浦上村淵の役割

1　庄屋志賀九郎助と長崎奉行所役人

浦上村淵の「ロシア村」化は、地域社会に大きな経済的メリットをもたらす一方で、取締りを行う村役人の負担を

表2　志賀家宛書翰数一覧

所　属	差出者	嘉永6年	嘉永7年	安政3年	安政6年	万延元年	文久元年	文久2年	文久3年	元治元年	慶応元年	慶応2年	慶応3年
諸　藩	佐賀藩	2	5	8	2	6							
	福岡藩	22	22	4	4	2		1					2
	大村藩	9	13	9	10	9							3
	小倉藩			2		1							
	肥後藩			1	2								
	柳川藩		1		1	1							
	平戸藩	4	1	5	5	3							
	対馬藩				1								
	島原藩	1											
奉行所	諸掛（寄場・居留場・養生所・製鉄所・運上所掛など）				3	10	13	21	6			9	5
	長崎奉行支配向				1		1	4	10	2		2	
	田中廉太郎（魯人取扱掛）					15	5						
	大熊直次郎（　〃　）							1	23	8	13	19	
	その他の幕府役人	3	1	1	1	3	1						
地　方	「郷方」三ヶ村役人	2	1		2	1							1
	御預所役所												3
	代官所役人	10	6	3		2	1		1				
	近傍村役人												3
その他	地役人	6	5	2	1	8	2	6	2	1	5	2	7
	所属不明	1	2	2						1	2		2

典拠「御用留　嘉永6年」,「御用留　嘉永7年」,「御用留　安政3年」,「御用留　安政6年」,「御用留　安政7年」,「外国御用留　万延2年（文久元年）」,「御用留　慶応3年」

慶応元年	〃 23 日	書翰の送付
	3 月 1 日	応接対応
	8 月 19 日	応接対応
	〃 19 日	応接対応
	〃 21 日	栄之助同伴で出勤
	〃 24 日	養生所に入院中のロシア人対応のため，通詞の派遣依頼
	10 月 9 日	栄之助同伴で出勤
	〃 10 日	洋銀引替について
	〃 18 日	同上
	11 月 9 日	運上所におけるロシア船対応について
慶応2年	1 月 7 日	通詞同伴で出勤
	〃 18 日	応接対応
	〃 19 日	洋銀引き換えに関して伝達
	〃 22 日	洋銀引換について
慶応2年	〃 25 日	書翰の翻訳．通詞同伴で出勤
	2 月 23 日	応接対応
	3 月 26 日	応接対応
	4 月 10 日	応接対応
	〃 28 日	乗馬で市中を遊歩した者の探索について
	5 月 11 日	ロシア船出港の連絡について
	7 月 29 日	応接対応
	8 月 4 日	応接対応
	〃 5 日	応接対応
	〃 28 日	栄之助の出勤
	9 月 6 日	応接対応．通詞の出勤
	〃 7 日	応接対応
	〃 17 日	応接対応

典拠　「外国御用留　万延２年（文久元年）」

激増させた。奉行所は、「ロシア村」の実質的な管理を村側に委任しつつ、その情報管理やロシア人の応接は、庄屋の志賀九郎助を介して行っていたため、特に九郎助の負担が大きかった。

奉行所では、ロシア担当の掛として、「魯西亜御取扱掛」が長崎奉行支配向から任じられていた。当初は、調役並田中廉太郎がその任に就いていたが[43]、文久二年（一八六二）十一月には調役並大熊直次郎に交代している[44]。

では、この「魯西亜御取扱掛」を含む奉行所役人と九郎助は、具体的にどのような関係にあったのだろうか。表2は、浦上村淵の「御用留」に書き留められた、志賀家宛書状の差出者別の統計である。ただし、文久元年から慶応二年（一八六六）に関しては、本来作成されるべき通常の「御用留」が現存せず、「外国御用留」の分析のみによっている点は留意しなければならない。それでも、奉行所役人との関係を知るうえでは、その特徴を十分に示してくれている。

表2をみると、万延元年（一八六〇）以降、奉行所役人からの来状が急増していることがわかる。先述のように、万延元年はロシア人の借家が常態化して、「ロシア村」が形成されていく画期となる時期である。すなわち、ロシア人対応という行政的要請を媒介として、九郎助は奉行所役人と頻繁に連絡を取り合うようになったのである。

表3　ロシア人関係の御用について奉行所からの来状大意

文久元年	1月9日	ロシア人の様子を報告
	〃13日	ロシア人と奉行所役人との応接対応（以下，「応接対応」と略記）．通詞の出勤
	〃18日	応接対応
	〃21日	通詞の出勤
	〃24日	書翰の翻訳
	〃24日	砲台見分へのロシア人の同伴確認
	〃25日	書翰の仲介
	2月10日	銅延板代金の取立について
	〃17日	応接対応
	3月11日	書翰の翻訳
	〃12日	書翰翻訳の催促
	〃12日	書翰の翻訳．翻訳者の奉行所への出頭
	4月27日	書翰の翻訳
	〃28日	書翰の翻訳
	7月18日	ロシア人からの預り品への指示
	10月19日	ロシア人の宿料に関する問合せ
文久2年	1月晦日	栄之助の出勤
	2月3日	栄之助の出勤
	〃25日	応接対応
	3月2日	応接対応．通詞同伴で出勤
	〃5日	栄之助同伴で出勤
	〃8日	応接対応．栄之助の出勤
	4月10日	ロシア人の宿料の納め方について
	〃25日	ロシア人の宿料の現状調査
	5月8日	休息所の入札について
	6月25日	応接対応
	〃26日	応接対応
	〃27日	波戸場番所へ通詞の出勤
	〃27日	通詞の出勤
	〃29日	応接対応
	7月4日	応接対応
	〃14日	養生所に入院中のロシア人対応のため，通詞の派遣依頼
	〃28日	通詞の出勤
	閏8月13日	応接対応．通詞同伴で出勤
	〃16日	応接対応
	〃21日	応接対応
	〃23日	応接対応
	〃28日	休息所の入札について
	〃29日	「魯西亜人諸色売込人」の鑑札願書提出について
	12月5日	休息所の落札金納入について
	〃20日	応接対応
文久3年	1月19日	栄之助の出勤
	〃19日	応接対応
	〃20日	ロシア人の養生所退院について
	〃24日	応接対応．栄之助・敬太郎の出勤
	〃28日	応接対応
	2月11日	応接対応
	3月4日	書翰の翻訳及び仲介
	〃11日	応接対応．書翰の翻訳
	〃25日	ロシア船に使う「密旗」について
	4月8日	栄之助の出勤
	〃8日	応接対応
	〃10日	ロシアへ注文していた「鉄砲」の到着について
	〃11日	同上
	〃13日	応接対応．栄之助の出勤
	〃16日	応接対応
	〃18日	応接対応．栄之助の出勤
	〃22日	ロシア人への伝達仲介
	5月2日	応接対応
	〃8日	応接対応
	〃9日	応接対応
	〃9日	蒸気船売買に関してロシア人に問合せ
	〃14日	応接対応
	〃19日	応接対応
	〃30日	応接対応
	6月6日	昨年のロシア船の滞船数・日数の問合せ
	〃15日	ロシア人への伝達仲介
	〃29日	応接対応
	7月8日	応接対応
	9月15日	「ポサドニック」号事件でのロシア人志望者の埋葬について
元治元年	9月18日	応接対応
	〃26日	応接対応
	10月23日	書翰の提出延期の旨通達
	〃26日	奉行所へ出勤
	〃29日	奉行所へ出勤
	11月18日	洋銀引替について
	12月10日	平山儀三郎と栄之助の出勤
	〃23日	栄之助同伴で出勤
慶応元年	1月29日	勤番所で使う「御幕」の引き渡し
	2月3日	奉行所からの書翰の内容を口頭でロシア人に伝達
	〃6日	栄之助の出勤
	〃7日	栄之助の出勤

表3は、ロシア関係の御用について奉行所役人からの来状の大意を示したものである。ここから、奉行所役人とロシア人の応接対応を中心として、往復書簡の翻訳、応接時の通訳といった両者の仲介者としての役目を求められていることが読み取れる。九郎助は、こうした御用を務める過程で、奉行所役人との関係を深めていったものと推察される。

このような奉行所役人との関係は、次節で述べるように、九郎助の政治的立場にも少なからぬ影響を及ぼすことになる。だがそれは、「庄屋之勤向は十分一も無之、日夜臨時御用而已」(45)を務めていると九郎助自身が嘆いているように、開国に付随して創出された「臨時御用」との引き替えによるものだった。(46)

2　「ロシア通詞」の誕生

安政五年（一八五八）の「アスコリド」修復中、上陸した乗員の内、牧師らが約四〇人の日本人にロシア語や数学を教授していたという。(47)また、万延元年にも、地域住民の要請と長崎奉行の許可を得て、寺院の一室でロシア語が教授された。(48)その結果、志賀浦太郎・諸岡栄之助・平山儀三郎・山本敬三郎が「ロシア通詞」(49)として成長した。

浦太郎は九郎助の長男で、のちにロシア語の能力を在箱館露国領事に買われて箱館に派遣されている。(50)また栄之助は、浦太郎の派遣後「ロシア通詞」の中核として御用を務め、文久元年四月二十五日には「ポサドニック」事件の対応のため対馬への派遣を命じられている。(51)さらに元治元年（一八六四）には手当の増額と、町年寄支配、阿蘭陀大通詞の「差図」を受けるという待遇になった。(52)このことは、単に地域住民がロシア語能力を身につけたというだけでなく、阿蘭陀通詞・唐通事という地役人の通詞集団に正式に組み込まれたことを意味しよう。

ここで再び表3をみてみると、通詞、特に栄之助の派遣要請が多いことに気付く。九郎助はロシア語の素養がなかったため、通訳の存在が欠かせない奉行所役人とロシア人の応接に、栄之助が必要とされたのである。それは九郎助自身が、「鎮台ゟ魯御用申来候得は諸岡江相尋、何事ニよらす通弁和解いたし御用相勤」[53]と述べていることからも明らかである。そして、奉行所も「諸岡栄之助壱人ニ而は何分魯通弁人不足ニ付、たれそ村役人之内壱人早々少シニ而も魯語相覚江候者名許書出し候様被申聞」[54]と、「ロシア通詞」の供給を渕の村民に依存する傾向にあった。

この他にも奉行所では、ロシア海軍提督に通詞（事）へのロシア語伝習を依頼し[55]、語学所でロシア語を教授するなどの対策をとっているが[56]、これらがどの程度体系化され、成果が得られたかは不明である。だがいずれにせよ、栄之助が中心に通訳を務め、ロシア関連の御用が当該地域の自給自足で務められていたことは指摘できよう。それだけに庄屋の負担が過重であったことは想像に難くない。

四　庄屋の格式上昇願望――奉行所への根回し――

1　浦太郎の箱館派遣をめぐる奉行所役人との関係

先述のように、九郎助の倅浦太郎は、ロシア語の能力を買われて箱館に派遣されていた。だが、九郎助は浦太郎の箱館派遣に関して否定的であり、奉行所が派遣を決定した際には代人として栄之助を推薦していた[57]。庄屋見習の浦太郎は、村政運営のための重要な戦力だったのである。この九郎助の認識には留意しておきたい。

さて、箱館に派遣された浦太郎は、自身の待遇に不満を抱き、同じく箱館に派遣されている阿蘭陀通詞と同様の待遇に改善されるよう、奉行所に掛け合って欲しいとの旨を九郎助に要請している[58]。

九郎助は、長崎奉行支配組頭中台信太郎と同助勤中山誠一郎を訪って浦太郎の待遇改善を掛け合い、両者から願いの旨趣は「至極尤之義」であるとの返答を得ている。特に中山からは、「浦上村淵庄屋義は、御備場ニも罷出、蘭通詞〻も御取扱宜敷相成候様」との「御内意」も得ている。(59) ここで中山から「蘭通詞〻も御取扱宜敷」との言質を得ているのは興味深い。この時点における、浦上村淵庄屋の地役人社会での位置付けが垣間見えてくる。その後九郎助は、正式に願書を提出するために草稿を作成し、文面の添削を中山に受けている。中山からは、「付紙之分除キ早々清書調印、其筋江差出候様」との指示を受け、代官所に提出した。代官所は願書を奉行所へ提出し、中山の審査を経て箱館に掛け合う手筈が整えられた。(60)

このように、九郎助は浦太郎の箱館派遣をめぐって組頭らの役宅に出入りし、個人的関係を築いている様子が窺えるが、それはロシア人をめぐる御用を務めるなかで構築された彼らとの関係を前提としていたのである。

2　格式上昇活動

九郎助は、浦太郎の待遇改善を奉行所に掛け合う一方で、浦太郎の箱館派遣を梃として、志賀家の格式上昇について画策していた。その様子を文久二年（一八六二）三月五日付の浦太郎宛書翰からみてみよう。(61)

〔史料1〕

（前略）

一、是迄其許江何たる義も不申聞候得共、其許承知之通、三ヶ村庄屋、当表御奉行所年始・五節句・式日・歳暮御礼村順ニ相勤甚不都合ニ付、入役出順ニ相勤候様極々内密《ミツ》ニ心願いたし居候得共出来不申、勿論同役ニは極密《ミツ》、其許之寸法《スン》ヲ以、帰郷之節は箱館御奉行様〻当表御奉行様江其許親留守中格別壱人ニ而勤労いたし候ニ付、何とか身分御引立被下候様内願いたし、夫ヲ箱館之土産いたし候へば立派之土産、先祖共もよろこび可申候、

郵 便 は が き

料金受取人払郵便

本郷局承認

2263

差出有効期間
平成32年1月
31日まで

113-8790

251

東京都文京区本郷7丁目2番8号

吉川弘文館 行

愛読者カード

本書をお買い上げいただきまして、まことにありがとうございました。このハガキを、小社へのご意見またはご注文にご利用下さい。

お買上 **書名**

＊本書に関するご感想、ご批判をお聞かせ下さい。

＊出版を希望するテーマ・執筆者名をお聞かせ下さい。

お買上書店名　区市町　書店

◆新刊情報はホームページで　http://www.yoshikawa-k.co.jp/

◆ご注文、ご意見については　E-mail:sales@yoshikawa-k.co.jp

ご氏名《ふりがな》	年齢　　歳　男・女
〒 □□□-□□□□ ご住所	電話
ご職業	所属学会等
ご購読新聞名	ご購読雑誌名

今後、吉川弘文館の「新刊案内」等をお送りいたします(年に数回を予定)。
ご承諾いただける方は右の□の中に✓をご記入ください。　□

注文書

月　日

書名	定価	部数
	円	部
	円	部
	円	部
	円	部
	円	部

配本は、○印を付けた方法にして下さい。

イ. 下記書店へ配本して下さい。
（直接書店にお渡し下さい）
（書店・取次帖合印）

書店様へ＝書店帖合印を捺印下さい。

ロ. 直接送本して下さい。
代金（書籍代＋送料・手数料）は、お届けの際に現品と引換えにお支払下さい。送料・手数料は、書籍代計 1,500 円未満 530 円、1,500 円以上 230 円です（いずれも税込）。

＊お急ぎのご注文には電話、FAXもご利用ください。
電話 03－3813－9151（代）
FAX 03－3812－3544

左候得共、以来三庄御礼順入役出順共被　仰付度極密々拙者心願也（後略）

九郎助は、奉行所で三ヵ村庄屋が務める「御礼」が「村順」（長崎村→浦上村山里→同村淵）であることに不満であり、「入役出順」となることを「極々内密ニ心願」していた。そこで、浦太郎不在中に九郎助が一人で「勤労」したことを理由に格式を引き立てられるよう、箱館奉行から長崎奉行に「内願」してもらえないかと画策しているのである。当然この画策は、「同役ニは極密」で進められており、淵は特別であるとの九郎助の自負心が垣間見える。

その一方で、九郎助は独自に組頭中台信太郎や調役並大坪本左衛門・同大熊直次郎・代官元〆塚田平蔵などへの内願を行っている[62]。それが功を奏したのか、文久三年七月五日、代官から奉行へ九郎助の席次に関する上申がなされた。そこには、浦上村淵は「御備場」もあることから、他の郷方二ヵ村とは異質であることを説明したうえで、次のように格式上昇の根拠を記している[63]。

〔史料2〕

（前略）去ル卯年（安政二年）鼠嶋取締方御書付を以被仰渡、勤方相増、同年平戸小屋郷異国人休息所取締方之儀も御書付を以被仰渡、翌辰年稲佐郷石炭囲所村方請負ニ而御取建被仰付、出精相勤取締仕、其上飽ノ浦郷製鉄所御取建以来は猶更勤方相増骨折相勤、且去ル申年以来魯西亜人悟真寺・光明庵幷百姓家等ニ止宿被仰付、取締方御書付を以被仰渡、去戌年（文久二年）製鉄所幷修船場人夫雇入等之取締方日々見廻候様可致旨、是又御書付を以被仰渡候ニ付ては、弥以勤方相増昼夜見廻取締仕、就中魯西亜人ニ付ては急場勝之御用有之、風波荒之無厭渡海いたし筋々相勤、夫是廉々格別骨折出精相勤、殊倅浦太郎儀、去々酉年（文久元年）箱館表江被差遣通弁御用御雇被仰付候、（中略）親子共出精相勤候、（後略）

ロシア人を主とする外国人関係の取締り、石炭囲所の設置、製鉄所や修船場での取締りといった開国に伴う新規事業に付随した御用の激増、そのうえ、庄屋見習で共に御用を務めるべき浦太郎の箱館派遣など、その過酷さはまさに「前代未聞之烈敷」ものである。

この上申を奉行所で審議した大坪と大熊は、九郎助の功績について「入役順ニ不拘三ヶ村役人上席被仰付候ても可然」であり、現状の「座階」は「最不都合至極」として、上申内容を認める見解を示している(64)。大坪と大熊は、九郎助からの内願を受けており、九郎助の意向は十分に汲み取られたといえよう。結果として、席順は役入順とすることが許可され、九郎助は三庄屋の二番目となった(65)。同時に長崎奉行服部常純は、九郎助を「筆頭ニも被　仰付候様、魯御掛り大熊直次郎殿江御内定御座候由(66)」と高く評価しており、この点は注目される（後述）。

こうして奉行所の儀礼の場における格式上昇を果たすと、次いで「席礼」の格式への願望をみせ始める。「席礼」とは、奉行への「御礼」を畳の上で務めることであり、地役人のなかでは会所吟味役や唐蘭大小通詞、乙名頭取などが許されていたが、三ヵ村の庄屋には許されていなかった。そこで、「三庄之規模ニ付、夫迄は願望成就いたし度」と庄屋の「規模」に関わるため、「席礼」の格式を得ることを望んだのである(67)。先の席次に関しては、三ヵ村の庄屋間における志賀家の位置付けが問題となっていたが、ここでは、三ヵ村の庄屋の地役人社会における位置付けが問題となっている。「都而市中同様之仕癖」であるという認識を持っていた庄屋にとって、地役人社会における現在の自身の位置付けは不満だったのだろう。まして、奉行所役人から阿蘭陀通詞よりも扱いをよくするとの言質を得ている志賀家にすれば、なおさらである。

具体的に九郎助がどのような働きかけをしたのかは不明だが、慶応二年（一八六六）九月に奉行支配向の「魯艦取締掛」から九郎助の身分と席礼に関する願書が奉行所に提出され、許可された(68)。その願書には、「魯艦取締掛」は九郎助の負担の多さと勤務態度の良好に加えて、元治元年（一八六四）までは「魯人渡来之都度々々御手当等」が支給されていたが、同年七月以降はそれもなくなっていることから、「市中乙名共之振合ニ准、此度庄屋頭取・席礼御免、二男礼三郎江庄屋被仰付被下候様仕度」と記されている。「市中乙名共之振合」とは、天明四年（一七八四）に成立した「乙名頭取」を指しているのだろう。乙名頭取は、「「町乙名中」の事実上の頭目」であり、「惣町の民意を取り扱う「町乙名中」の規律の整備と、都市運営に参画する場合の「町乙名中」としての意思の統一を実現するもの」[69]と評価されているので、それに準じる庄屋頭取も、三ヵ村庄屋の意思統一を図る指導的立場として想定されていたと考えられる。先述した、奉行が「筆頭ニも被　仰付候様」と九郎助を評価していたことが、この時実現したのである。それと同時に席礼についても許可され、九郎助の願いは叶えられた。

さらに慶応三年七月の慶応改革による地役人制度廃止に伴い、三ヵ村庄屋の「席礼」が改められた。これに対して、十二月八日、庄屋頭取志賀和一郎（九郎助が改名）、庄屋同礼三郎、浦上村山里庄屋高谷官十郎の三人が福岡藩の「御預御役所」へ「礼席」の改善を願い出ている。[70]その願書によると、慶応改革において地役人の「御礼席」に関する達があり、朱座名代役・御貸附請払役頭取・庄屋頭取は「御対面所縁頬畳ノ間」、御貸附方・三ヵ村庄屋は「同所板ノ間」に出席することが決められたが、三人は、庄屋頭取の座席をさらに「畳壱枚丈ケ進」めること、庄屋は頭取の座席であった「御対面所縁頬畳ノ間」を許されることを願い出たのである。

願書を受け取った福岡藩預所役所は、奉行所へ伺いを立てて、庄屋の願いは全面的に認められた。それと同時に、奉行所は朱座名代役や御貸附請払役頭取など同列の役職についても同様に礼席を改めている。こうした点に、無闇に身分秩序が混乱することを抑止しようとする、奉行所の意図を読み取ることができよう。

このように、九郎助は格式に対する自身の願望を叶えることに成功した。その背景には、これまで述べてきたように、急増する過重な臨時御用を梃として、奉行所役人とのコネクションを築いていく九郎助の主体的な行動があった。

奉行所側も、「ロシア村」化した浦上村淵の安定的な把握のためには、庄屋である九郎助の存在が不可欠であった。そのため奉行所は、負担増加に不満を募らせる九郎助の「身上り」要求を受け容れることで対応したのである。幕末には、「身上り」の事例が多く存在するが、(71)周辺地域を組み込む開港場では、そこで生じる御用負担の見返りとして負担者の要求を認めることで、安定した開港場運営の維持を図っていたことが窺えよう。

おわりに

浦上村淵は、幕末期の異国船来航の増加、開国の影響をたいへん強く受けた地域であった。なかでも、レザノフ来航時に村内に上陸場が設定されたことは大きな画期となった。これが先例となり、プチャーチン来航時には稲佐郷の悟真寺が上陸場となり、その後の「ロシア村」の形成へと繋がったのである。

「ロシア村」の形成は、それまで閑散としていたこの地域に大きな経済効果をもたらした。ロシア人の宿泊地として住民は自家を相対で賃貸し、さらに彼らの滞在中の生活を支える渡世により収入を得ていたのである。その結果、地域住民内でロシア人の滞在に対する大きな抵抗が共有されることはなく、反対運動が生じることもなかったと推測される。この点は、外国人相手に直接経済活動を行い得る開港場の特徴が大きく関係していたといえよう。

しかしその一方で、長崎奉行所が「ロシア村」の取締り体制を村側に委任したことにより、対応する村役人の負担は激増した。なかでも庄屋志賀九郎助の負担は著しかった。庄屋見習である倅の浦太郎が箱館に派遣され不在のなかで、村の取締りに加えて奉行所役人とロシア人との仲介役を果たすなど、通常の庄屋としての業務を行う暇がないほどに、ロシア関係の御用に忙殺されたのである。

こうした状況に対して、九郎助は不満を抱きつつも単にそれを甘受するだけではなかった。九郎助は、この機会に年来の願望であった格式の上昇を果たすべく奉行所役人に働きかけたのである。

九郎助は、ロシア関連の御用を介して築いた奉行所役人との関係を活用して、志賀家の格式上昇のための内願活動を行った。この九郎助の行動は、奉行所役人の理解を得て、奉行所での儀礼の場における待遇改善へと結実した。開港場運営のために新たに創出された御用は、長崎市中周辺の地域を巻き込んで果たされていた。換言すれば、奉行所は、周辺地域に負担を強いることで開港場運営を実現していたのであり、本章で検討した事例に即せば、その負担は村役人、特に庄屋に集中していた。そのため九郎助は、そこに自身の格式上昇願望を実現する根拠を見出し、奉行所側もそれを認めざるを得ない状況があったのである。

開港場運営は、単に領事等の外国人相手に外交交渉を行うだけでなく、彼らの居留空間や生活・貿易環境などを整備・維持することも求められていた。浦上村淵のように、それが在地へも波及すれば当然奉行所はそこへの配慮も必要となった。このように、開港場運営の実態を構造的に理解するためには、検討対象の視野を広げ奉行所の対応を総合的にみていく必要がある。

註

（1）西川武臣『幕末明治の国際市場と日本―生糸貿易と横浜―』（雄山閣出版、一九九七年）。
（2）例えば、西川武臣「神奈川奉行所の軍制改革―集められた農民兵たち―」（横浜対外関係史研究会・横浜開港資料館編『横浜英仏駐屯軍と外国人居留地』東京堂出版、一九九九年）。
（3）岩崎義則「ロシア船の来航と長崎稲佐の地域社会―志賀文庫の分析から―」（『歴史評論』六六九、二〇〇六年）。
（4）戸森麻衣子「近世都市長崎と「郷方」三カ村―「郷方」土地所持と都市民移動の問題を中心に―」（『年報都市史研究』一一、二〇〇三年）、同「直轄都市長崎近隣「郷方」三ヶ村の特質―浦上村淵を中心に―」（『論集きんせい』二九、二〇〇七年）。

（5）前掲戸森「直轄都市長崎近隣「郷方」三ヶ村の特質」三六頁。
（6）神谷大介『幕末期軍事技術の基盤形成―砲術・海軍・地域―』（岩田書院、二〇一三年）、同「文久・元治期の将軍上洛と「軍港」の展開―相州浦賀湊を事例に―」（『関東近世史研究』七二、二〇一二年）。
（7）以下、浦上村淵の地域的特質の概略については、特に断らない限り、前掲戸森「直轄都市長崎近隣「郷方」三ヶ村の特質」に依拠している。
（8）浦上村山里、浦上村淵は、「御用留」などの諸史料で、それぞれ庄屋を有す独立した村として扱われている。なお、旧高旧領取調帳においても両村は独立して記され、明治十一年の郡区町村編成法の成立に伴い、村名が浦上山里村、浦上淵村と改称された（『日本歴史地名大系　第四三巻　長崎県の地名』平凡社、二〇〇一年）。
（9）「御用留　安政七年」（長崎歴史文化博物館所蔵、オリジナル番号 14 58-3 4。以下、同館所蔵史料は長歴と略記する）。
（10）同右。
（11）山本博文『長崎聞役日記』（ちくま新書、一九九九年）。
（12）『通航一覧』第七（国書刊行会、一九一三年）一四〇～一四一頁。
（13）「御用留　嘉永六年」（長歴、オリジナル番号 14 58-3 1）。
（14）「癸丑長崎異事聞書」（「大日本維新史料稿本」嘉永六年十月二十三日条）。
（15）『幕末外国関係文書』巻三、一〇八号。
（16）『長崎市史』地誌編佛寺部上（清文堂出版、一九六七年再刊、一九三八年初刊）。
（17）「嘉永六年　手頭留」（森永種夫校訂『長崎幕末史料大成』三、長崎文献社、一九七〇年、以下『長幕』と略記、九八～九九頁）。
（18）『幕末外国関係文書』巻三、一四九号。
（19）『幕末外国関係文書』巻四、二二号。
（20）「御用留　嘉永七年」（長歴、オリジナル番号 14 58-3 2）。
（21）嘉永六年十二月付「長崎奉行上申書老中宛」（「大日本維新史料稿本」嘉永六年十二月二十六日条）。
（22）越中哲也監修『長崎代官手控―金井八郎備考録―』第一巻（長崎文献社、一九八〇年）八四～九二頁。
（23）以上、安政三年の事項については、「御用留　安政三年」（長歴、オリジナル番号 14 58-8 33）。

(24)「御用留　安政六年」(長歴、オリジナル番号ヘ14 434)、「御用留　安政七年」。なお、長崎における外国船への石炭供給に関しては、保谷(熊澤)徹「英国海軍の長崎貯炭所―アロー戦争と日本炭―」(『論集きんせい』二一、一九九九年)、西澤美穂子「長崎における石炭供給とクリミア戦争」(西川正雄・青木美智男監修『近代社会の諸相―個・地域・国家―』ゆまに書房、二〇〇五年)を参照。

(25)楠木寿一『長崎製鉄所―日本近代工業の創始―』(中公新書、一九九二年)。

(26)「御用留　安政三年」。

(27)「御用留　安政六年」。

(28)「御用留　安政七年」。

(29)「御用留　安政六年」。

(30)「御用留　安政七年」。日露修好通商条約第十四条で、領事不在の港では日本側にロシア人の逮捕権が認められていた(外務省条約局『旧条約彙纂』第一巻第二部、一九三四年)。

(31)奉行所が、なぜロシア人への対応を村側に委任したのかは判然としない。ただ、この地域へのロシア人の「居留」は、居留地外雑居となり条約上は認められていなかった。そのため奉行所は、「居留」の実態を認めつつも、公式な関与を避けるとの政治的判断をした可能性が考えられる。この点は、今後の課題とせざるを得ない。

(32)「御用留　安政七年」。

(33)同右。

(34)同右、宮地正人「ロシア国立海軍文書館所蔵一八六〇～六一年長崎関係史料について」(『東京大学史料編纂所研究紀要』一一、二〇〇一年)。

(35)前掲宮地「ロシア国立海軍文書館所蔵一八六〇～六一年長崎関係史料について」。

(36)「外国御用留　万延二年(文久元年)」(長歴、オリジナル番号14 58-4)。

(37)「御用留　安政七年」。

(38)同右。

(39)古賀十二郎『丸山遊女と紅毛人』後編(長崎文献社、一九六九年)、宮崎千穂「日本最初の梅毒検査とロシア艦隊―幕末の長崎港における「ロシア村」形成の端緒―」（福田眞人・鈴木則子編『日本梅毒史の研究―医療・社会・国家―』思文閣出版、二〇〇五年）。
(40) 文久三年二月五日付志賀浦太郎宛志賀九郎助書翰（「志賀九郎助書翰集」長歴、オリジナル番号13 67-5 2'、以下、「書翰」年月日と略記する）。
(41) 「外国御用留　万延二年（文久元年）」。
(42) 前掲宮崎「日本最初の梅毒検査とロシア艦隊」。
(43) 「御用留　安政七年」。
(44) 「外国御用留　万延二年（文久元年）」。
(45) 「書翰」文久三年二月五日。
(46) 九郎助の庄屋としての本来の業務が遂行困難な場合、それが他の村役人に転嫁されることも想定されるが、史料的制約により地域社会内部の全体像や庄屋以外の村役人の動向を明らかにするのは現状では困難な状況にある。
(47) 沼田次郎・荒瀬進共訳『ポンペ日本滞在見聞記』（雄松堂書店、一九六八年）二一二～二一三頁。
(48) ウラジミル・S・ソボレフ「露日関係史料としてのI・F・リハチョフの中国海域艦隊の文書」（『東京大学史料編纂所研究紀要』一七、二〇〇七年）。
(49) 史料上では「魯通詞」「魯通弁」などと記されているが、便宜上、本章では「ロシア通詞」と表記する。
(50) 拙稿「「ロシア通詞」志賀親朋の明治維新」（松尾正人編『近代日本成立期の研究―政治・外交編―』岩田書院、二〇一八年）。
(51) 「外国御用留　万延二年（文久元年）」。
(52) 「金井八朗翁備考録　第八上」（長歴、オリジナル番号19 1-1 8-1）。
(53) 「書翰」文久四年二月十七日。
(54) 「書翰」元治元年二月十九日。
(55) 倉沢剛『幕末教育史の研究』一（吉川弘文館、一九八三年）五五八頁。
(56) 語学所は慶応元年に済美館と改称し、さらに同四年の長崎裁判所設置時に広運館と改称して新政府に引き継がれた（『新長崎市史』第二巻近世編、長崎市、二〇一二年、八六四～八六七頁）。

(57)「外国御用留　万延二年（文久元年）」。
(58)前掲拙稿「「ロシア通詞」志賀親朋の明治維新」。
(59)「書翰」文久元年七月十八日。
(60)「書翰」文久元年九月二十三日。
(61)「書翰」文久二年三月五日。
(62)「書翰」文久三年十一月二十二日。
(63)森永種夫校訂『長崎代官記録集』下（長崎文献社、一九六八年）一八四〜一八五頁。
(64)同右一八五〜一八六頁。
(65)志賀家が筆頭となるのは、慶応元年三月の前筆頭長崎村庄屋の死去後である（「書翰」慶応元年三月二十九日）。
(66)「書翰」文久三年十一月二十二日。
(67)「書翰」元治元年四月十三日。
(68)「金井八朗翁備考録　第八下」（長歴、オリジナル番号19 1-1 8-2）。
(69)添田仁「近世中後期長崎における都市運営と地役人」（『ヒストリア』一九九、二〇〇六年）四三頁。
(70)「御用留　慶応三年」（長歴、オリジナル番号14 58-3 5）。願書の宛先が福岡藩の「御預御役所」となっているのは、この年、長崎港警衛体制の整備のために、浦上村淵全域と同村山里の一部が福岡藩の預所となった（第二部第四章）ためである。これにより、それまで代官所を介していた、淵と奉行所を結ぶ行政ルートは、福岡藩の預所役所を介するようになった。ただし、ロシア人関係の御用に関しては、行政手続きのルート変更以外は、原則従来通りとされている（慶応三年十二月八日付国許御用人中宛聞役粟田貢・岡村文右衛門書翰〈「慶応三丁卯年長崎御用状下」福岡県立図書館所蔵「黒田家文書」資料番号71〉）。
(71)深谷克己『江戸時代の身分願望—身上りと上下無し—』（吉川弘文館、二〇〇六年）。

第三章　開国と長崎通詞制度の課題

――唐通事何礼之助の制度改革案を中心に――

はじめに

近世長崎において、外国人との言語によるコミュニケーションは、長崎地役人である阿蘭陀通詞や唐通事（以下、両者を総称する場合は「長崎通詞」と表記）によって担われていた。長崎通詞の基本的な職掌は、外交文書の翻訳や貿易業務に付随する通訳・翻訳であり、その職制は大まかには大通詞・小通詞・内通詞から成っていた。このうち大小通詞は、正規の通詞集団として特定の「家」により世襲されて、地役人としての役料を支給されていた。つまり、特定の通詞集団によってその職が独占されていたのである。(1)

ところが、開港・開国によってこのような通詞制度は変化を求められるようになった。和親条約・通商条約締結の結果、長崎以外にも開港場が設置されると、即戦力となる通詞の確保が喫緊の課題となった。そのため、長崎から通詞を派遣し当面の対応にあたらせるとともに、現地でも役人の子弟らを対象に語学教育を行い通詞を育成したのである。(2)

だが、こうした優秀な通詞の他開港場への派遣は、長崎からすれば人材の流出に他ならず、皮肉にも通詞の枯渇という問題に直面した。(3)そこで安政二年（一八五五）十二月、老中阿部正弘は、「長崎表阿蘭陀通事《ママ》共熟達之者ハ御取立又は病死等致し、当時は御用弁熟達之者も自然人数少ニ而未熟之者多、翻訳通弁等差支候哉ニ相聞候間、向後厚く世話致し、一同格別勉励熟達致し御用弁宜者多分出来候」ために「通事之外ニも有志之輩ハ勝手次第稽古為致翻訳通弁等出来候方可然」と旧来の通詞集団以外への語学学習、及び翻訳・通訳業務への門戸を開放するよう長崎奉行に命じた。(4)

しかしながら、この指示はそれまでの通詞制度を否定するものではなかったため、新たに通詞への道を開かれた者たちと、旧来の慣習・秩序に立脚した地役人である長崎通詞たちとの関係性をどのように位置付けるのかという問題が生じるのは必然であった。

さらに、求められる言語の多様化という問題もあった。すでに長崎では、嘉永元年(一八四八)に、阿蘭陀通詞が密入国の罪で入牢していたアメリカ人ラナルド・マクドナルドから直接英語を学ぶ機会があったが、その需要は開国後ますます高まっていた。(5)

地役人としての諸権利は保持される一方で、オランダ語や中国語以外の語学習得を求められるようになり、新規参入者も出現した。新たな外交体制に適応する通詞育成のために、旧来の地役人制度との兼ね合いを考慮しながら新たな育成制度を構築する必要があった。したがって、幕末期の長崎通詞制度をめぐる問題は、近世的な対外関係のあり方から近代的外交体制へと移行する過程の一側面を検討することにも繫がるのである。

そこで本章では、唐通事何礼之助の通詞制度改革案からこの問題に迫ってみたい。その際、当該期に通詞という職が幕府職制においてどのような位置にあったのかを踏まえたうえで考察する。そのため第一節では、礼之助が唐通事から幕臣に取り立てられる経歴を確認し、第二節では、幕臣となった礼之助の待遇をめぐる幕閣での議論を分析し、通詞職が幕府レヴェルでどのように認識されていたのかを明らかにする。それを前提に第三節では、礼之助の制度改革案を検討し、現場レヴェルでの通詞制度の弊害や改善策を分析する。地役人と幕臣双方の立場を経験した何礼之助は、当該期の政治情勢のなかで長崎通詞の問題点を考えるためには格好の素材であろう。なお、礼之助は明治になると礼之（のりゆき）と名乗るが、本章では礼之助に統一する。

一　「長崎唐通事何礼之関係史料」と何礼之助の履歴

1　関係史料の概要

現在、東京大学史料編纂所に「長崎唐通事何礼之関係史料」が所蔵され、一般に公開されている。同史料群は、二〇一五年一月にご子孫から寄贈され、筆者はその整理を行う好機を得た。史料は全体で四四六点（文書史料三五一点、古写真九五点）あり、明治以降のものが中心だが、これまで知られていなかった幕末維新期の史料も含まれている。[6]例えば何家の日記は、文久二年（一八六二）から大正十年（一九二一）までのものがすでに知られているが、[7]欠年部分があった。だが今回、慶応三年（一八六七）に礼之助が上京する際の「上京日記」や慶応四年から明治四年（一八七一）にかけての日記などが新たに公開されたことで、一部の欠年を除きほぼすべての日記が網羅された。特に幕末維新期の日記は、政権移行期の礼之助の動向を知るうえで貴重である。なお、この日記に関しては礼之助の日記とされてきたが、少なくとも「公私日録」と題されている幕末から明治初年のものに関しては、内容から判断して父親である静谷の自筆である。

そのほか、安政五年（一八五八）から慶応三年にかけての長崎奉行所からの達留や文久元年のポサドニック号事件に際して対馬に派遣された時の日記、あるいは外国領事らと長崎奉行所との往復書簡の翻訳草稿留など、礼之助の通詞としての活躍を窺わせる史料も含まれている。なかでも、長崎の通詞制度の問題点を指摘し制度改革を提言している草稿は、鎖国体制下での通詞から開国後に求められる通詞への過渡的段階を考えるうえで非常に興味深く、詳細は第三節で検討する。

また、礼之助の履歴を知るうえで貴重な史料に「年譜藁」(8)がある。礼之助の履歴については、大正期に弟子たちが作成したものなどが知られており、ほぼその経歴は明らかとなっている。(9)ただし「年譜藁」は、すべてではないが幕府や明治政府からの辞令書原本を貼り付けており、また、その内容から礼之助本人が記した履歴の草稿と考えられる点で貴重である。例えば、礼之助が五歳だった天保十五年(一八四四)の記事には、オランダ商館長が江戸参府に向かう行列を見学した際の記憶として、「殊ニ記憶スルハ列中ニ二頭ノ洋犬ヲ牽ク、其色黒黄ノ班アリテ大ナラス、見ルコ凡ソ二回、路上鎗ヲ立タル役人ニ逢フ、王母給ハク「お前モ役ニ出タレハ大キクナレハ之ニ礼セサル可ラス」ト」と「洋犬」を見たことや、祖母からの言葉など本人にしか知り得ない内容が記されているのである。

なお、幕末期の日記には通詞の職務に関すること以外にも、長崎地役人社会の様子を知ることができる記述が散見される。長崎通詞や地役人の関連史料は残存状況が芳しくなく、これまで研究が少なかったため、今後積極的な活用が期待される史料といえよう。

さて、ここで唐通事何家の系譜を確認しておきたい。明治三十年に礼之助がまとめた「何家系譜要覧」(10)によれば、何家は明末に浙江省温州府永嘉県人の存赤が帰化したことをはじまりとする。初代長左衛門から四代庄左衛門まで内通事小頭を務め、五代吉郎右衛門が天明四年(一七八四)に一代限り稽古通事、文化三年(一八〇六)に小通事末席に任ぜられたのが一つの画期となる。

唐通事は慶長九年(一六〇四)に創設されたといい、寛永十七年(一六四〇)に大小通事の二階級の区分ができ、承応二年（一六五三）に設置された稽古通事とあわせて本通事といわれる。一方で、私的な通訳から発生し、のちに公認された内通事は本通事とは区別された。いずれも世襲であり、近世中期以降には内通事から本通事への移行がみられるようになるといわれている。[11] 何家では、吉郎右衛門の稽古通事就任が本通事への道を開いたことになり、その後、六代庄左衛門が小通事並、七代栄三郎が小通事末席にまで昇進している。そして、八代礼之助が家職である唐通事を務める一方で、開国に伴い需要が高まった英語を習得し、その語学力をいかして外交業務で活躍するのである。

2　礼之助の幕臣登用

何礼之助は、天保十一年に何栄三郎（静谷）の長男として生まれ、弘化元年（一八四四）年十二月六日には数え五歳で唐稽古通事に就いた。[12] 幼くして職に就いたが、翌年には田辺仙太郎（聖堂書記役）に入門し、習字・『大学』の素読を学ぶなど唐通事としての基礎的な学問を学んでいる。その後、小通事末席・小通事助過人・小通事助と昇進し、最終的には文久二年七月に小通事過人にまで達した。何家の系譜上、唐通事として最も出世したことになる。

この間礼之助は、独学で英語の学習を始めていた。その始期は明確ではないが、安政年間に入ってから唐通事としての利点をいかして、アメリカ人宣教師が中国で出版した「華英・英華字典」（『五車韻府』）を参考書にして学んだという。[13]

長崎では嘉永三年（一八五〇）に阿蘭陀通詞は英語・ロシア語を、唐通事は満州語を習得するように指示が出され、[14] 安政二年には長崎通詞以外への門戸開放もなされていた。和親条約により下田・箱館が開港されると、長崎の阿蘭陀通詞は各開港場へ派遣されるようになる。だが、森山多吉郎のような一部の優秀な通詞を除くと、彼らが話すオランダ語はかなり古い時代のものであり、最新の貿易用語などに十分に対応できるレヴェルではなかった。また、安政二年に始まる海軍伝習では、オランダ人教師の講義を通訳するために阿蘭陀通詞が動員されるが、この伝習も同六年初頭には終了となってしまう。(15)従来のままでは、阿蘭陀通詞でさえ存在意義を示すことができない状況となっていた。礼之助は、このような社会状況のなかで積極的に英語の習得を目指したのである。

通商条約が締結されると、幕府の語学需要は、もはや一刻の猶予も許されない状況となった。例えば、日英条約第二十一条は、外交文書で使用する言語を英語と規定し、五年間の猶予期間のオランダ語使用を認めている。(16)つまり、条約締結の五年以降は、英語のみの使用ということになる。

通商条約締結の年の十二月、一九歳となった礼之助は、その後の人生を大きく左右するきっかけを摑む。長崎奉行所から、碇泊中のイギリス船の船員で英語を話せる中国人から「英語習学」を受けるように命じられたのである。(17)唐通事が英語習得を命じられたのはこれが最初だと思われ、唐通事にとっても礼之助にとっても大きな画期となった。以後、礼之助は英語を武器として唐通事の枠を飛び越えていく。

自由貿易が開始された安政六年には、税関の役割を担う港会所（のち運上所）詰となり、帯刀を許可された。文久元年には、「別廉商法掛」「製鉄所幷石炭取扱方」「外国人居留所掛（外国人貸家取扱通弁）」を務め、同三年には「各国来翰幷御達書写和解」を申し付けられた。また、文久元年に起きたポサドニック号事件の際には、通訳として対馬に派遣され、翌年には、結果としては病を理由に派遣されなかったが、御殿山公使館詰の通弁御用として江戸詰を申し付けられていた。

かくして、ついに文久三年七月六日、「家学幷英語兼学格別」のため長崎奉行支配定役格を仰せ付けられ、三〇俵三人扶持、役扶持三人扶持、役金三〇両の待遇で一代限りの幕臣に取り立てられた。(18)次の史料は、礼之助の幕臣取り立てに関して長崎奉行大久保忠恕と同服部常純が幕府へ提出した上申書である。(19)

〔史料1〕

当三月以来不穏ノ形勢ニ候処、薩長ノ両州已ニ一乱ニ及候次第ハ追々申上候通ニ御座候、然ルニ当港ニ於テハ、各国御定(条)約御破壊不相成限ハ、是迄ノ通リ接待罷在、時々コンシュル(領事)、或ハ軍艦船将等へ引合及居候処、当今非常ノ場合ヨリ応接向自然機密ニ渉リ候義モ相漏候哉ニ相聞不容易次第ニテ、何様ノ御不都合出来候哉モ難計、甚心配罷在、篤ト勘弁仕候処、当地通詞等ノ義ハ、素身分モ無之者ニテ、術業ヲ以テ御抱ヘ相成候義ニ付、何分御家人同様ノ心底ニハ相成兼候次第モ有之、御地并ニ神奈川・箱館ニテハ、通弁は夫々格合被仰付、御家人ニ御取立被成置候故、機密之御応接向御懸念之筋モ無御座、尤御当地ニ於テモ岡部駿河守勤役中、去未四月中和蘭大通辞(詞)楢林栄左衛門之儀、支配定役格被仰付先例モ御座候間、篤ト人撰仕、書面之者共栄左衛門振合ヲ以テ定役格申渡シ、是迄取来リ候受用銀両人共三貫目宛ハ上カリ、定役弁(並)ノ通三拾俵三人扶持被下、勤候内会所金之内ヲ以テ御手当金トシテ五拾両、筆墨料一ヶ月金壱両ツヽ、被下候旨申渡候、(後略)

文久三年前半は、五月十日の長州藩による攘夷実行とそれに対する外国側の反撃や前年の生麦事件への対応など、対外的な緊張感が非常に高まった時期であった。そうした状況で、幕府や開港場の遠国奉行所と外国領事・軍艦船将との交渉内容は機密情報を含み、情報漏洩の防止が課題となっていた。ところが長崎の通詞は、「身分モ無之者」(町人身分)であり、幕臣である御家人同様の「心底」ではないことが問題であった。長崎奉行は、江戸や神奈川・箱館の通詞は御家人に取り立てられているため情報漏洩の心配はないと指摘し、また長崎でも安政五年に阿蘭陀通詞楢林栄左衛門が幕臣に取り立てられた先例を示し、それに准じて礼之助と同じく唐通事で英語に堪能な平井義十郎二名の幕臣取立てを上申しているのである。礼之助と義十郎は、同年五月には「各国来翰并御達書写和解」を申し付けられていた。外交問題に発展する可能性がある機密情報は、国家主権者である幕府の役人＝幕臣による管理・統制が求められるようになっていた。

幕臣に取り立てられた直後の七月十一日、礼之助と義十郎は「英語稽古所学頭」を申し付けられた。長崎では安政五年七月に、楢林栄左衛門と同じく阿蘭陀通詞西吉十郎を学頭として長崎奉行所の立山役所内に英語稽古所が設置されていたが[20]、西は幕臣に取り立てられ江戸に派遣されたため、楢林・何・平井の三人の学頭による体制で支配向の子弟や厄介、あるいは市中の希望者を対象に語学教育が行われるようになった。

また、礼之助はこの年十一月鎖港談判のために派遣される池田長発使節団に随行するため出府を命じられ、十二月に長崎を出立している。だが江戸に到着すると、理由は不明ながら「洋行見合」となり、帰崎する旨が長崎の父へ報告されている。いずれにせよ、前年にも命じられつつ病のため実現できずにいた出府が、ようやく実現されたことになる。

一度長崎に戻った礼之助は、慶応元年六月二十九日、これまで江戸町にあった語学所が手狭になったことを申し立て、新町の元長州藩蔵屋敷跡地に移設することになった。八月には済美館と改称されることが達せられ、礼之助は引き続き学頭を務めた。

また同年九月に、礼之助および義十郎が「応接幷組頭応接之節ニ限通弁」することを命じられ、運上所掛は免じられた。長崎奉行や組頭と外国人との応接時のみ通訳を務める、いわば、奉行所高官の専属通訳となったことになる。

一方で礼之助は、済美館とは別に元治元年（一八六四）に自宅で私塾を開き子弟の教育を行っている。慶応元年には、長崎奉行服部常純の援助で金九九両もの拝借金を受け、宅地内の空地に塾舎を新築している。この私塾への幕府公金投入という点からも、服部の礼之助による語学教育への評価の高さが窺える。塾生には、のちに明治政府で活躍する前島密や山口尚芳、陸奥宗光らが在籍し、諸藩士や地役人などを含めて一〇〇名を超えていたという[21]。

このように、礼之助は英語が堪能だったことから幕臣に取り立てられ、外交上の機密情報を扱う上級通訳官としての業務を行う傍らで、後進の育成を担う教育者としての役割をも担い、まさに幕末長崎の通詞社会の中心的存在へと成長したのである。そして、慶応三年三月二十四日、長崎奉行能勢頼之に随行し上京するように仰せ渡された。

礼之助は、四月十一日に長崎を出て上京したあと、そのまま江戸へ向かい七月十二日に開成所教授職並に任ぜられた。次いで九月五日に御目見以上を仰せ付けられ、十一月には軍艦役並格兼海軍生徒取締となっている。

京都滞在時の礼之助の具体的な行動がわかる日記が残っている(22)。その四月二十四日の記事に「一、明廿五日栗本芸州・平山図書頭長崎丸ニ而出府ニ就而は、同船致し候様内達有之、随而出府之一件ハ筑州之周旋故、右薦書等之手数有之、両方之寓居へ度々奔趨致す、到底明日之下坂ハ間ニ合わすと返答す」という記載がある。礼之助は、外国総奉行平山敬忠と外国奉行栗本鋤雲の出府に随行するようにとの内達を受けたが、今回の出府については「筑州」の周旋であるため、「筑州」からの推薦書等必要な書類の手続きに手間取り、二人の出府には間に合わない様子がわかる。この「筑州」とは、以前左衛門佐と称し筑前守と改めた服部常純である。服部は長崎奉行から勘定奉行へ転任し、慶応三年五月に海軍奉行並となっている(23)。これらのことから、長崎にいた頃から幕臣への取立てや私塾への大金の援助など礼之助を高く評価していた服部が、江戸へ引き抜いたことがわかる。

二　幕府職制と通詞待遇問題

先述したように、長崎では安政二年（一八五五）十二月に長崎通詞以外へ語学教育の門戸を開き、同五年七月に英語稽古所を設置して以降、英語所・語学所と名称変更を繰り返しながら語学教育の体制を整備していた。慶応元年

（一八六五）八月に元長州藩蔵屋敷跡地に新校舎が落成すると、済美館と改称し幕府崩壊まで長崎の洋学教育機関として機能した。

何礼之助は文久三年（一八六三）七月に英語所の学頭となり、済美館でも引き続き学頭を続けていた。その教育の功労が認められて、慶応二年十二月晦日に進物取次上番格、手当一〇人扶持、役金五〇両を仰せ付けられ、長崎奉行支配定役格から昇進した。これは長崎奉行からの願い出によるものだったが、本節では、この礼之助の昇進をめぐる幕府内での評議内容を分析し、幕末に盛んに行われた人材登用の問題点と、そのなかでの通詞の位置付けを検討してみたい。

慶応二年十一月、長崎奉行服部常純と同能勢頼之は連名で、何礼之助と平井義十郎を長崎奉行支配調役並格に昇進させ、足高・役扶持・役金は並の通り、通弁御用の手当・筆墨料はこれまで通りに支給してもらいたいと幕府へ願い出た(24)。「並格」ではあるが、調役は奉行・組頭の次に位置する奉行所の要職である。昇格理由は、済美館での教育が充実し、「支配向次三男を初め、土人ハ勿論、諸藩士共日々出席相増、百人以上ニも至り申候」という状況が、二人の「教便方等行届」いた結果であり、「当今必要之人材を生育仕候（は脱カ）一廉之御為ニも成」るので、その功労を労い、今後のさらなる発展を促進するためであった。

幕府の右筆が長崎奉行関連の記録を写した「長崎奉行御用留」には、この評議に際して奥右筆が作成した「しらへ」が収録されている。その要点をまとめると次のようになる。

①通弁御用を務めている者は、そのために「別段御手当」を支給されており、ある役職の格式を仰せ付けられたとしても、本役の務めをするわけではないので、本役同様の役扶持や役金を支給するのは「相当」ではない。

②通弁御用は、「一ト通之勤向」とも違って、身分引立てがなければ励みが薄くなる。だが、「一概ニ身分御引立」

になれば、のちの引立てに支障をきたすので、段階を経て「漸々」引き立てるべきである。

③定役は、定役元〆を経て調役並に昇格するのが「順席」であるから、定役格がただちに調役並となっては飛び級人事となってしまう。とはいえ、定役元〆格では、「席以下之格式」となり「規模」が立たないので、元阿蘭陀通詞名村五八郎の先例に見合わせて支配勘定格とするべきではないか。

④これまで「通弁御用」を務める者が格式を引き上げられた際に、格式と足高を同時に上げられた者と、格式だけを上げて、足高は以後のさらなる出精により引き上げることになった者がいる。

⑤臨時の特別な褒賞の場合は、格式と高を同時には引き上げない規則があるが（「一時御賞之廉ニ而は格式高同時ニは不被下筈之者共は取極候趣も有之」）、「一ト通之勤向」とも違う通弁御用の者に対して、この「内規矩」を適用するのも難しい。とはいえ、これまで格式と足高の同時引き上げの有無が区々な状況で、今回、同時に引き上げてしまえば「内規矩」に影響を及ぼすので、やはり格式のみ引き上げるべきではないか。

この「しらへ」に対しては、勘定奉行によるものと思われる「下ケ札」が付されている。そこには、支配勘定格とした場合、のちに足高を支給することになった際に七〇俵三人扶持となり幕府の財政負担が大きくなるので、元唐通事太田源三郎の先例に合わせて、進物取次上番格とするのがよいと記されている。ただし、進物取次上番格では長崎奉行が要求している調役並と比較して「五十二段席下」となり、支配勘定格であれば調役並より「纔ニ五段席下」で済むから、やはり支配勘定格とすべきかもしれない、と明確な判断を下せない様子が窺える。(25)

ここで指摘されているのは、主に通弁御用の待遇の内容、格式上昇の方法、及び格式とそれに対応する足高支給の問題である。

通弁御用は、幕府職制に公式に位置付けられた本役ではないため、既存の役職の格式に当てはめる必要があった。

このような役格による人材の任用は幕府海軍で採用され、新設された役職を従来の世禄ではなく職俸中心に切り替えようとする方針にみられる。[26]人材登用と幕府財政抑制を両立する政策であり、本人の能力を重視する通弁御用にも同じような対応をとろうとしていたと考えられる。ただし、この時点ではまだ制度が定まっていなかったために評議が行われ、通弁御用に対する諸経費・手当は支給するが、本役に与えられる給与までを同様に支給すべきではないと判断されている。

また、これまで通弁御用の昇格過程に明確な基準がなかったことも問題であった。表は「しらへ」に添付された「書抜」から先例をまとめたものである。この表によれば、前述した幕府評議内で先例とされた太田源三郎は神奈川奉行支配定役格から進物取次上番格へ、名村五八郎は箱館奉行支配定役格から支配勘定格へと昇進しているが、西吉十郎や福地源一郎は外国奉行支配定役格から調役並格へ、石橋助十郎は神奈川奉行支配定役格から調役並格へと昇格していることから、この先例に従えば長崎奉行の主張も妥当な判断といえる。

このような昇進過程の基準が不明確な状況に対して今回の幕府の評議では、やはり順を経た一階級ずつの昇格を徹底すべきではないかと議論されているのである。ただし、そこではある配慮もみせている。支配定役元〆が順当ではであるが、それでは「席以下」の格式となり、本人の「規模」が立たないだろうという点である。譜代席の御家人には、「席以上」・「席以下」という格式があり、「席以上」は上下役と称され躑躅間で家督を申し渡される一方で、「席以下」は小禄・低位の役職で、羽織袴役で焼火間での家督申渡しとされている。[27]幕府の評議では、昇進の順序に意を払いながらも、「席以上」の格式へ昇格させようとしていることがわかる。

もう一つの問題は、格式を引き上げる際の足高の処置である。一般的には、臨時の褒賞として格式を上げる場合の足高は同時に引き上げない規則があるというが（後述）、この規則を特殊な役職である通弁御用に適用させてよいの

表　幕臣に取り立てられた通詞の履歴

氏　名	年　月	役　職	待　遇	出　身
西吉十郎	文久元年8月	外国奉行支配定役格通弁御用→外国奉行支配調役並格通弁御用頭取助	50俵3人扶持（内30俵3人扶持元高＋御扶持方10人扶持）	阿蘭陀通詞
	文久2年11月	外国奉行支配調役並格通弁御用頭取助	勤め中100俵の高に足高	
	文久3年12月	外国奉行支配調役格通弁御用頭取	100俵3人扶持（内30俵3人扶持元高＋御扶持方15人扶持）	
石橋助十郎	文久元年5月	小通事末席→神奈川奉行支配定役格通弁御用	並の通りに御宛行，勤め中御扶持方10人扶持・手当50両・筆墨料1ヵ月1両	阿蘭陀通詞
	文久3年4月	神奈川奉行支配調役並格通弁御用	勤め中100俵の高に足高	
	文久3年8月	御勘定格通弁御用頭取	100俵3人扶持（内70俵足高＋別段御扶持方10人扶持・御手当金50両）	
	慶応元年4月	御勘定格通弁御用頭取	別段御扶持方5人扶持加増	
名村五八郎	安政3年8月	阿蘭陀通詞見習→箱館奉行支配定役格通弁御用	御切米30俵・3人扶持＋手当金50両・別段金30両・筆墨料1ヵ月金1両	阿蘭陀通詞
	万延元年12月	支配勘定格通弁御用	勤め中70俵3人扶持＋別段御扶持方10人扶持	
	元治元年5月	箱館奉行支配調役格通弁御用	勤め中100俵3人扶持＋御扶持方10人扶持	
太田源三郎	慶応元年9月	神奈川奉行支配定役格通弁御用→進物取次上番格通弁御用	30俵3人扶持＋御扶持方3人扶持（一生之内）・10人扶持・手当金50両・筆墨料1ヵ月金1両 ＊神奈川奉行は，調役並格，100俵の高への足高を願っていた	唐通事
福地源一郎	元治元年7月	外国奉行支配定役格通弁御用→外国奉行支配調役並格通弁御用頭取	50俵2人扶持（内30俵2人扶持元高＋御扶持方10人扶持）→勤め中100俵の高に足高	町人

典拠　「長崎奉行御用留」
なお，出身の欄については筆者が補った．

か判断に迷いがある。

このように、幕府職制に明確な位置付けがない通弁御用は、既存の役職の格式に引き合わせてその身分を表していたが、どの役職の格式に相当させるべきなのか、また、その他の一般的な役職における身分引立てに関する規定を適用させてよいのか、判断が難しい役職であった。

ところで、⑤で問題とされている規則（「内規矩」）とは何であろうか。幕府は慶応元年十二月に、幕府人事の待遇に関する内部規定を定めている。[28] この規定に関する具体的な政策主体等の詳細は不明だが、その時の評議内容が参考資料として「しらへ」に添付されており、礼之助の待遇に関係すると考えられる内容が次の部分である。

〔史料2〕

（前略）以来は、一ト場所格別年久敷相勤候者年来之規模相顕れ候様御賞誉被成下候分は、格式・高とも被下、其外抜群之功労有之者は格別、非常之御用筋等相勤候歟、又は格別之人才等ニ而御用立、一時御賞誉之ため被下候分は、席格斗被下、右場所十ヶ年も相勤候ハヽ、其節高も被下、都而席格被下候者不都合之儀等有之、他場所江転役被　仰付候節は、其節之次第にも寄り候得共、先ハ最前之席格は不被下候方ニ内規矩取極置候方ニ可有御座哉之事、

右しらへ之通済、以来内規矩ニ取極之、

ここで決められた規則の内容は、一つの役職を長年務め、その功労を賞する時には格式・高ともに与えるが、「非常之御用筋」や「格別之人才等」を賞する時には「席格」だけを与え、その後に、勤続年数十年を経過した場合には、その時点で高を与える。「不都合之儀等」により転役となった場合には「席格」は取り上げることとする、というものである。ただし、「抜群之功労」がある者についての例外を設けた点に留意する必要がある。

礼之助と義十郎の処遇をめぐる幕閣での評議にみられた、「臨時の特別な褒賞の場合は、格式と高を同時には引き上げない規則」（前述⑤）とは、まさにこの規則を指していることが判明する。そして、通弁御用を他の役職とは区別し、当規則の適用を躊躇していたのは、例外規定とされた「抜群之功労」の者に通弁御用が該当する可能性が考慮されたためであることが推察される。

長崎奉行は、何礼之助と平井義十郎の語学教育の功労を賞するために彼らの昇進を願い出て、幕閣も通弁御用という職の重要性を理解し、その身分引立てについては同意していた。問題は、どのような基準・方法で身分を引き立てるべきかであった。幕府は、役職の新設・改廃を繰り返し(29)、人材登用を盛んに行うなかで、格式の秩序混乱を防ぎ、なおかつ、幕府財政逼迫のもとで人件費を可能な限り抑制するために格式・高の付与に関する明確な規則を定める必要があった。そのため慶応元年十二月に人事に関する内部規定を設けていたが、それさえも通弁御用への適用は議論が起きるような状況であった。このように通弁御用は、幕府外交を支える重要なポジションでありながらも、幕府職制に正式に位置付けられた役職ではなかったために、その待遇をめぐっては非常に不安定な存在だったのである。

三　礼之助の長崎通詞制度改革案

1　改革案の紹介と翻刻

ところで、何礼之助と平井義十郎の昇進理由は済美館での語学教育の功労だったが、実際にその教育効果はどの程度のものだったのだろうか。済美館では、英・仏・独・露・中の語学教育のみならず、洋算・歴史・地理・物理・経済などの教育が行われて、外国人教師も雇い入れていた。日本人教師に関しても、例えば町乙名を隠居した北嶋仁兵衛が英語教授方を務めていたように、従来の長崎通詞を中心としつつも、それ以外の人材も取り入れ門戸開放を現実化した組織であった。ただし、制度面では不安定な部分もあり、慶応二年（一八六六）末から翌年にかけて通詞の待遇改善や外国人教師の給与支給を求める長崎奉行と幕閣との間で議論が行われており、前節でみた礼之助の身分引立てもその一環として位置付けられる。(30) 人材育成のための教育の充実だけでなく、その評価・待遇をどのようにすべきかが課題だったのである。

ここでは、次に紹介する「何礼之関係史料」にある通詞育成に関する改革案の草稿から、(31) その具体的な問題点と改善策について検討してみたい。この草案は後半部分が欠けているものの、残されている部分だけでも三七〇〇字余に及ぶ。たいへん長文ではあるが、新発見の興味深い史料であるため、全文を掲げたい。ただし、訂正・加筆の痕が多く煩雑なため、筆者が整序したことを断っておく。

〔史料3〕

一、近来外国御交際筋繁多ニ相成候、就而は通詞并洋学者多人数御用有之時節ニ而、追々学校御取開き相成、人材御植育之御世話有之、御用達之者も出来候処、頃日ニ至り諸藩ニ於ても、西洋之技芸・伝習、并国産貿易之道相開き候、就而ハ、競て洋学者を用ひ候様相成、加之諸色沸騰致し、彼此之事情より当地通詞、其他洋学修行人之内、家計之窮迫ニ堪へ兼ね、或は諸藩周旋家之利口に誘れ、或ハ父兄之貪心を以て一時之利禄ニ迷ひ、従来御教育被成下候御厚恩を忘却して、諸藩ニ身を委ね候輩も有之候而、深く御心思を被為労候時宜、私共ニ於ても深く恐入候義ニ御座候、就而は、私見込之次第申上候様御内意を蒙り、素より賤劣之私儀可申上画策も無之候得共、洋学興起人材教育之任を汚し居候へは、管見之趣奉呈御内覧候間、不厳之処ハ幾重ニも御宥恕被成下候様奉願候、

一、通詞弁洋学者之御配置ハ種々可有之候得共、其の根本ハ賞罰之両道ニ限り候へは、先ツ此の両道を判然と御施行被遊度奉存候、原来長崎ハ恒産無之、往古より唐蘭通商之利益を以て万家糊口致し、分寸之勤務ニて千百之俸禄を得来候土地故ニ、一体之風俗游怠にして諸芸ニ勉強致し候者無之、就中通詞之儀は、唐蘭人ニ相交り来り、彼此の間ニ交り、双方より利潤を得而家計を保ち候者共故ニ、真実ニ彼国之学問に凝り候へは、自ら迂遠ニ陥り、世才ニ疎く相成候抔と其の父兄朋友より之を諫め、務めて佞利自肥之道に導き候風儀と相成、廉恥之風地を払ひ、唯利欲ニ而已著意致し候儀ニ御座候、然れ共、其職務ハ外役人と違ひ、学術を以て被召遣相成候者ニ候へは、外面ニは清潔之貌を顕し、兎角不遜傲慢ニして、外俗役人同様之御取扱ニ相成候儀を忌み、当節柄御用多ニ而、己等無之而ハ御用相弁し兼候を恃み、俗役人同様之振合ニハ何分至り難き筋も可有之哉と奉存候間、前文申上候通、賞罰之両道を根本と御定被遊、先つ御恩徳を被施候而、深く其心を服し、而し而后ち、万一不義之輩有之候時ハ、速ニ御厳罰ニ被処、所レ謂一人を懲して百人を儆め候御所置ニ相成候ハヽ、其時ハ真ニ恩ニ感し、威ニ畏れ、心服仕候ハ顕然之義と奉存候、

一、先つ御恩徳を被施候而、諸藩ニ傾き候心頭を絶ち、傍ニ学術興起之御世話相成、能く其枢機を得て周旋ニ其人を得候時は、銘々廉恥を羞し、学術を励み、決し而心得違之者ハ有之間敷、縦令万一有之候共、父兄朋友ニ而禁止切諫致し候様相成可申奉存候、一体之風儀を此の如く御取直し相成候ニは、前文申上候賞罰の両道を御活用被為在、下条之五策を御施行相成候ハヽ、其御成効相顕れ、御安心之場ニ至り可申哉ニ奉存候、勿論五ヶ条之策目ハ順席相立置候得共、其期ニ至り臨機之御所置ニ相成、簡易之者より御施行被遊度奉存候、

第一策　通詞之接待を一人ニ委任して従来規則を改む

一、通詞之儀ハ素より芸術を以て被召遣候儀ニ付、外役人とハ違ひ門閥・世才等を以て御抜擢相成候儀ハ有之間敷候得共、従来町年寄之支配ニ付、兎角土地古来之弊風ニ泥み、昇進之法公道之詮議ニ至り兼ね、有志之気を挫き候儀も有之来候処、御開港以来、運上所・製鉄所・養生所・産物所・公事方其他江出役被仰付候者ハ、其の勤惰ニ応して其掛より相当之昇進申立候様相成、以前町年寄一手ニ而申立候時と比較仕候得は、昇進之規則大ニ改正し、一体相励み出精致し相勤候様相成候得共、乍憚未た万全之良法とハ難申処も可有之哉ニ愚考仕候、其故ハ、譬へハ右運上所へ被召遣候者一人、其掛り之申立ニ而昇進被仰付候節ハ、外場所ニ出役致し候者共激動致し、銘々其掛々江内願致し、急速埒明不申時ハ、心得違致し候者も有之、終ニハ御役場之差支ニ相成候義も有之、右等之訳ニ而通詞之昇進ハ不容易と心得、諸掛ニ而見合居候へは、労而無功抔と怨望仕候輩も有之候而、通詞共取扱之義ニ就而は、孰れも相困り居候儀ニ御座候、就中本人より其掛江内願致し候へは、其掛りニ而引請周旋致し兼ね、町年寄へ内願致し候而、其申立を取持候事も有之、間ニハ町年寄も内談を受候を幸ひニ存し、自分ニ而依怙致し候者之名前相加へ候様相成、頗る魚目混珠之謗ニ陥り候義も可有之哉ニ奉存候間、此の如き昇進以来ハ一切御廃止被遊度、此の旧弊御改革被成候、就而は組頭衆、或ハ調役中一人御抜撰を以て通詞一体之取扱方御委任被遊候様仕度、勿論支配之義ハ、町年寄ニ而従来之通相心得不苦奉存候、然る時ハ諸場所ゟ競て申立、或ハ各局見合と申事相廃し可申候、昇進被仰付候者ハ、左之科目を御取立被遊度、一体通詞之義は、両国之不通を弁し候役柄ニ而、不容易之科術ニ有之、彼の貴（ママ）を読み、彼の学問ニ達し、彼の情態を察し、或ハ彼の所長を我国語ニ訳して我国の便益と為し、或ハ彼我の間ニありて不通を解候故、学問・翻訳・通弁之三科相揃ひ、鼎立不仕候而は不叶候へ共、此三科を貫通致し候義ハ大業ニ而、容易ニ難得候故、其中一科ニ達し候者ハ其才を量り、芸を論して御採用有之候様被遊度、右三科御試業之義ハ、第二条ニ委細申上候間、其ニ而御承知可被下候、尤芸術を試候ハ難き者ニ而、外見ハ才芸有之ニ候得共、胸中ニ実学無之輩も有之、頗る監者の心思を迷わし候事も有之、是ハ其術ニ通し候人、其術を試候ニも右之通ニ有之、増而缺舌不通之術を試候ハ、余程危蹈之事と御懸念も可有之候得共、私共義も人材教育之義ニ就而ハ、其職務ニ有之候へは、神明ニ誓ひ至公至当之品評を加へ可申候間、御委任之一人さへ正直之人物ニ候ハヽ、寸差をも不洩様抜擢可仕、自ら祈望仕候、弥此の如く其才芸ニ応して非常之撰抜被仰付候様相成候ハヽ、衆人之意表ニ出て勧めすして勉強致し、幾多之人物ニ而も速ニ蓄植可仕哉ニ奉存候、

第二　学校ニ於て業を試みて賞誉を施す

一、一昨年以来洋学御興起被成度思召を以て済美館御取立相成、各国之語学伝習相開け、各国之教師御雇入相成候上ハ、速ニ人材蓄植致し、通詞ハ勿論、外洋学ニ通し候者最早余程之人数ニ可及処、今ニ至り熟達之者ハ寥々として稀少ニ而、諸役場へ被召使候者も欠員勝ニ相成、殊ニ江府へ旅役被　仰付候者も御入用之人数丈ヶ充分無之、深く恐入候仕合ニ御座候、勿論学校御取建以来、人才を教育し能わす其詮無之と申義ハ無御座候得共、未た根本之御所置ニ於て不定之処有之候故と奉存候、一体学校御開相成候上ハ、通詞ハ勿論、何者たり共語学精通之者ハ速ニ御登庸可被成筈ニ候得共、兎角従来之旧規改革致し兼ね、済美館ニ而出精学問致し候は外役人而已多く有之、通詞社其の専務ニ有之候へは、他人ニ勝れ出精可致処、学術心掛不申而も諸場所へ被召使、世才ニ而追々御取立相成、或ハ見習抔と唱へ幼年無知之時より名を列して順席ニ而昇進致し候故ニ、学校ニ出精致し候義を相怠り、却而已等之害ニ相成候抔と忌み嫌ひ候者も有之、且地役之者ハ数年之辛勤ニ而漸く句読方ニ而相終り、非常之勉強ニ而教授方等被仰付候へ共、微禄ニ而活計之助けと相成難く、

窮迫之処より若年之者ニは慷慨之心を起し不義ニ陥り候儀も有之、既ニ旧冬脱走仕候志築（筑）竜三郎・蔡慎吾両人ハ、通詞ニ而ハ学術も随分出精致し候者ニ而、追々ハ御用達可申処、兎角世才ニ疎く諸場所ニ而取立方充分ニ無之、却而無学之輩より超越被致候故、終ニ右様不義之所行ニ及ひ、内情ハ可憐事ニ御座候、尤当節通詞共御改革有之候ハヽ、本人共ハ屹度厳科ニ被処不申而ハ外一体ニ響き不申候間、嚇然之御所置奉仰候、就而は、此後通詞幷洋学生御登庸被遊候時ハ、前条申上候通、昇進増俸等惣而右学術・翻訳・通弁之三科を以て、一年之内春秋凡両度程も御直試被遊、其優劣ニ準して階級を進め、或ハ俸金を増し、或ハ外場所出役、或ハ旅役被仰付、先つ恩賞を目前ニ被列置、其の試を受け候者の目的と致し御世話相成ハヽ、一統鼓舞発奮仕、斯而文明之御教育ニ洩れ候を恥ち、人才勃起して済々之多士正ニ此時ニ登庸可仕奉存候、右試業科目之義ハ、追而取調子巨細可申上候得共、大略ハ学術・翻訳・通弁之三科兼備致し候を上等と定め、二科相兼候を中等と定め、一科出来候を下等と定め、若し下等ニも至り難き者ハ、来次之御試業迄ニ及第致し候様師伝たる者より勉励加へ、尤此外小児・幼年之者ニハ漢書素読御吟味之振合を以て相当之御褒美被下置候様仕度、右三等之内ニ而、亦各甲乙之優劣を定め、譬へハ上等之者三科共ニ出来宜しく、皆甲ニ属し候者ニハ、階級を進め候上俸金を増し、中等ニ而二科相兼ね、其中ニ而一科ハ甲、一科ハ乙ニ候者ハ、階級、或ハ俸金之一賞を被行、下等ニ而漸く一科ニ通し候者ハ、諸役場江出役被仰付、爰ニて漸く仕路ニ赴き候様御提撕可被成下候、然るニ、此の如く年々春秋ニ御試業有之、其時々御登庸之者有之候而ハ、次第ニ人数相増し、終ニハ階級俸金も限ある事故ニ恩賞の原基出所無之様相成、且諸場所ニ於ても左程之人数ハ不用ニ可相成哉之御懸念も可有之候哉ニ奉存候得共、当節柄人才入用之央ニ候へは、若干之者出来候而も余り候事ハ決し而有之間敷、若し自然其の融通無之時節ニも相成候ハヽ、階級を進め、或ハ俸金を増し候者之次席被仰付、欠員有之

次第、其の本人ニ及ひ候様被仰渡、権時之恩賞被行候ハヽ、本人も其目当を以て弥出精可仕奉存候、

この草稿は、最初の一つ書きに「私見込之次第申上候様御内意を蒙り」とあることから、長崎奉行からの下問を受けて作成されたであろうこと（逆に言えば、長崎奉行からの下問を受ける立場にあった）、また「洋学興起人材教育之任を汚し居候」との記述から、済美館における指導的立場であること、そして、なによりも「何礼之関係史料」のなかに含まれているという伝来状況を勘案すると、何礼之助によるものだと判断してよいだろう。

作成時期については、「第二　学校ニ於て業を試みて賞誉を施す」の書出しに、「一昨年以来洋学御興起被成度思召を以て済美館御取立相成」とあること（済美館の設置は慶応元年）、および礼之助が慶応三年四月に長崎を出立することを踏まえると、慶応三年の正月から四月までの間に作成されたものと考えられる。

構成は、まず前半で開国後の長崎における通詞をめぐる諸問題を包括的に論じつつ、現状の課題を指摘し、次いで後半では、「第一策　通詞之接待を一人ニ委任して従来規則を改む」、「第二　学校ニ於て業を試みて賞誉を施す」の二条からなる具体的な改革案を配している。

2　改革案の内容

では、具体的に改革案の内容をみていこう。

前半部分の最初の一つ書きでは、開国後の通詞や洋学者をめぐる長崎の状況を概観する。長崎では、外交関係が盛んになるなかで通詞や洋学者の需要が高まり、奉行所は学校を設置して人材育成に取り組んでいるが、諸藩でも洋学者の需要は高まっており、物価高騰の影響で家計に困窮している者や「諸藩周旋家」に誘われる者、あるいは「父兄之貪心」による一時の利益に目がくらんだ者が、幕府が設置した学校で教育を受けたという「御厚恩」を忘れて諸藩

へ流出しているという。つまり、幕府外交を支える人材を育成するために、幕府の負担で学校を建設し教育を施しているにも拘らず、そこで育成された人材が諸藩へ流出し、成果が幕府に還元されていない現状が問題だと指摘しているのである。幕府機関による教育成果が外部へ流出することに関しては、開成所による陪臣の事例が指摘されているが[32]、長崎でも同様の問題が生じていたことが窺える。

それでは、どうすれば幕府が意図する人材の確保が実現できるのか。礼之助はそれを「賞罰之両道」を明確にすることに求めている。長崎には特段の産業がなく、往古から中国やオランダとの貿易の利益によって成り立ってきた。住人の多くが地役人として何らかの貿易業務に携わり、貿易利潤から役料を得ている長崎は、「分寸之勤務ニて千百之俸禄を得来候土地」であるため、風俗が遊惰で学問に勤しむ者がいないと嘆く。なかでも通詞は、清国人やオランダ人と日本人との間に立ち「双方より利潤を得」て成り立っているため、相手国の学問に打ち込めば世才が疎くなるなどと「父兄朋友」が学問の弊害を説き、「佞利自肥之道に導」く有様であるという。この記述の訂正前の文面では、「彼〔唐蘭人〕の内願を取次双方之謝儀を貪り候て家を富し」と、より露骨な表現がされており従来の悪習への強い批判が読み取れる。

また通詞は他の役職とは異なり、「学術」により成り立っているとし、外面は「清潔之貌」をしながらも実際には「不遜傲慢」な態度をとり、自分たちがいなくては御用が果たせないだろうとの自尊心ばかりが強いと手厳しい批判が続く。

こうした悪弊を改善するために、「賞罰之両道」を明確にし、幕府の「御恩徳」を施して通詞らの「心を服」すべきことを主張する。それでもなお「不義」があれば、その時は厳罰に処すべきだとしている。幕府の「御恩徳」によって諸藩へ傾いた「心頭」を断ち切り、「学術」を盛んにして、幕府の意図を正しく理解した世話人たり得る人物を得ることができれば、学術に励み心得違いをする者もいなくなるだろうと述べる。

長崎通詞には、開国以降も近世以来続く役料が毎年支払われていた。例えば慶応元年の唐通事を事例にあげると、最高額は大通事の銀一二貫五〇〇目・五人扶持で、そのほか小通事は銀七貫目・三人扶持、全体的には三貫目前後の者が多く、全体で七三人である[33]（内通事を除く）。阿蘭陀通詞もほぼ同程度の規模である[34]。このほか、加役を務める者は別に加役料が支給されていた。だが長崎通詞は、本人の能力に大きく左右されるはずの語学を専門とする役職にも拘らず、基本的に世襲であり、すべての通詞が語学に堪能だったわけではない。また「家」単位でみれば、通詞の家職を相続できない次男・三男などが、貿易関連の利害関係を共有するような他の地役人の家と関係を結び、あるいは長崎に蔵屋敷を置く諸藩と「御館入」の関係を結ぶなどして、多様な社会関係のなかから利益を享受していた[35]。幕末に阿蘭陀通詞のもとで学び、外国方で活躍した福地源一郎が「唐通事・和蘭通詞等は驕奢の生活を為し[36]」と述べているように、全体としては経済的に恵まれた環境にあったといえよう。

通詞出身以外の者や経済的恩恵を享受していない内通詞など下位の通詞たちにも、実力により役職就任や昇進への道が開かれたとはいえ、一方で、このような従来の長崎通詞の特権も温存されていた。このダブルスタンダードを解消しない限り、純粋に語学の能力の評価だけで待遇を決定するのは困難である。そこで礼之助は、「賞罰之両道」を徹底させることで、人材育成とその評価基準を能力主義による正当な評価に一本化すべきだと主張するのである。

後半では、このような問題意識に基づき改善策を「五策」献策すると述べる。ただし、現存している史料は二策分しかなく、続く三策分の内容は不明である。史料は右端一ヵ所で綴られた状態なので、欠落したのかもしれない。ここでは、残されている二策を具体的にみていきたい。

「第一策　通詞之接待を一人ニ委任して従来規則を改む」では、長崎における通詞制度について、①旧来の悪弊、

②開国後の状況、③現状の問題点、④その対策と大きく四つに分けてより具体的に言及している。

①そもそも通詞とは、その「芸術」の能力により召し使われているのであり、門閥や世才によって「御抜擢」されるものではない。だが、これまでの町年寄支配のもとでは、昇進方法は「公道之詮議」に基づくものではなかったため、その結果「有志之気を挫」いてきた。②開国後は、運上所や製鉄所などに出役を仰せつけられた者は、その「勤惰ニ応して」各掛から昇進が申し出されるようになり、以前と比較すればその昇進方法は格段に改善された。それでも、依然として「万全之良法」とは言い難い。③その問題点は、一つの掛から昇進の申立てがあれば、他の掛でも昇進希望者が内部で「内願」するようになり、それが受け入れられない場合には「心得違致」す者が出て、「御役場」に支障をきたしてしまう。その結果、通詞の昇進は容易ではないと各掛が「見合」わせれば、「労而無功抔と怨望」する者も出てくるだろう。そして、各掛で対応できずに町年寄に「内願」することになれば、これを好機とする町年寄は、昇進を推挙する人物に自分の贔屓の者を紛らせ、「魚目混珠」(価値のあるものとないものの混在)となるという。④そのため今後は、このような昇進方法を廃止して、長崎奉行支配組頭か調役のうち一人を通詞専任の行政担当者とする。今後の昇進基準としては、次の「科目」を取り立てるべきだとし、その試験の内容について言及する。

通詞の職分は、相手の真意を読み取り、学問に通じ、「情態を察し」、あるいはよき部分を我国の言葉に訳して自国の「便益」とし、彼我の間に立ち「不通を解」くことである。したがって、「学問・翻訳・通弁之三科」を兼ね備えていることが望ましいが、それは「大業」で容易ではないため、このうち一科に達していれば「採用」するべきだとしている。

次いで「第二　学校ニ於て業を試みて賞誉を施す」の項では、具体的な試験方法について論じる。

ここでは、済美館の設立によって相応の人材が育成されているべきところ、実際には「熟達之者ハ寥々として稀少」という状況であり、それは「未た根本之御所置ニ於て不定之処有之」ためだと指摘する。では、不十分である「根本之御所置」とは何か。礼之助は、済美館という学校が設立されたからには、誰であっても「語学精通之者ハ速ニ御登庸可被成」であるのに、「従来之旧規」を改めることができていない結果、能力主義による登用制度が十分に確立されていないという現状を批判する。

済美館で「出精学問」をしているのは通詞以外の役人ばかりが多く、本来は語学の「専務」である通詞こそが出精すべきだが、学問をせずとも「諸場所へ被召使」れ、あるいは世才で取り立てられ、あるいは幼い頃から通詞の「名を列して」いることから「順席」で昇進できる現実があるため、学問に出精する者が少なく、かえって学問が「己等之害」になると忌み嫌っている者すらいるという。そうした結果、通詞のなかでは学術に出精して、将来は御用に役立つだろうと見込んでいた志筑竜三郎と蔡慎吾が、世才が疎いがために取立てが十分でなく、「無学之輩」に昇進を越されたことに「慷慨之心を起し」て「脱走」してしまった。礼之助は彼らの行動を「不義之所行」とする一方で、「内情は可憐事」だと同情し、以後の通詞や洋学生の取立ては、以下のような厳密な試験制度によって行うべきだと主張するのである。もっとも、それまでにも試験制度がまったくなかったわけではない。文久三年（一八六三）七月の「英語稽古所規則」には「稽古人之内学力見計、毎月十日・廿日会読相試候事」[37]とあり、また礼之助自身も、語学所の世話役・生徒の褒章について、長崎通詞同様に春秋の二度「御試業」を行い「其甲乙を以御手当・御褒美等被下置」たならば、「学生共鼓舞勉強自然ト人材も繁育可仕奉存候」[38]と主張していた。しかし現実には、その意図は貫徹しなかった。

そこでより具体的な対策として、一年に春秋二回試験を行い、「学術・翻訳・通弁之三科」による評価を提案する。試験の結果に応じて階級や俸金あるいは役職の就任を決定するようになれば、「文明之御教育ニ洩れ候を恥ち、人才勃起して済々之多士正ニ此時ニ登庸」されるだろうという主張である。

評価方法は、学術・翻訳・通弁のすべてを満たしている者は「上等」とし、二科を満たしている者は「中等」、一科だけ満たしている者は「下等」と定める。「下等」にも満たない者は、次回の試験までに及第できるように学問に励むようにする。

さらに、「上等」「中等」「下等」のなかにも甲乙の優劣をつけ、例えば、「上等」の者で三科すべてが甲の評価であれば、階級と俸金をともに上げる。「中等」で一科は甲、一科は乙であれば階級か俸金のどちらかを上げ、「下等」に合格すれば各役場への出役を認めるようにすると細かな規定を設けている。

以上が、改革案の内容である。その要旨は端的にいえば、旧来の地役人社会の論理を否定すること、そのうえで、「賞罰之両道」による秩序の安定を図り、合理的な試験制度の創設によって、完全な能力主義による人材登用をしようというものである。

慶応二年から三年にかけては、幕府海軍や開成所においても身分秩序を維持しながら、能力主義による人材登用を推進する動きがあったことが指摘されている(39)。慶応幕政改革は人材登用を積極的に行うものであり、軍事組織や開成所ではそれが顕著であった。礼之助の改革案も、こうした幕府政策の潮流に即したものと評価できる。結果的にこの改革案が長崎奉行に提出されたかどうかは不明だが、幕府中枢のみならず、現場レヴェルにおいても、このような徹底した能力主義による人事の必要が主張されていることに注目すべきだと考える。

だが、海軍や開成所の研究が明らかにしたように、幕府は能力主義による人材登用を志向しながらも、最後まで身分制との矛盾を抱えたまま貫徹することはできなかった（第一部第四章も参照）。長崎の地役人制度は慶応三年七月に廃止となり、一部の地役人たちは「奉行所の下吏組織として再編(40)」された。長崎通詞の多くも奉行所から「御手当金」を支給されて、下吏組織に組み込まれている。(41)とはいえ、貿易利潤の再分配を前提とする地役人制度が廃止されたことは、一旦は「再雇用」された通詞たちも、旧来の慣習にしがみつくだけで家職を維持し、経済的恩恵を享受できるような環境ではなくなったことを意味する。維新後、一部の優秀な通詞は他の開港場に派遣され、あるいは新政府に出仕して幅広い活躍をみせるが、長崎に残った多くの者は消息がよくわからないまま姿を消した。(42)礼之助が構想した通詞制度の改革がどれだけ実現されたかは不明であるが、能力主義へと移行し通詞の「家」が没落していったことが窺えよう。

礼之助は同年四月に長崎を発ち出府すると、その後の長崎での通詞教育の様子を眼にすることなく、幕府崩壊を迎えた。ただ、礼之助が長崎の経験で培った教育への思いは、新政府の洋学興起政策において発揮されていくこととなる。新政府の太政官から命を受けた礼之助は、京都・大坂へ向かい次の活躍の場を見出すのである。

おわりに

開国によりオランダや中国以外の諸外国との日常的な関わりが始まると、当然ながらコミュニケーションをとるための語学が必要となった。そのような日本を取り巻く国際環境の変化に素早く対応した何礼之助は、歴代何家のなかで唐通事として最も出世するだけでなく、幕臣に取り立てられ、最終的には開成所教授職並にまで昇進した。

開国期の長崎は、開港場における通詞の供給地とされたため、かえって地元では優秀な通詞の不足に陥った。そのため、長崎通詞以外にも語学教育の門戸を開放し、幅広い通詞の育成が求められるようになっていた。ただし、旧来の通詞制度は維持されたため、世襲により通詞職を継承し昇進を果たす者と、出自や縁故関係ではなく純粋な語学力の評価による待遇を求める者とが併存する状況にあった。そこで、長崎奉行は能力がある者の待遇改善を図ることで語学学習を奨励しようとした。長崎奉行による何礼之助や平井義十郎の昇進願いは、その一環だったのである。

しかしながら、例え昇進の結果幕臣に取り立てられたとしても、通弁御用という役職が幕府職制に正式に設けられることはなく、海軍のような役格での任用が制度として確立したわけでもなかったため、その処遇はケースバイケースであった。幕臣となった礼之助も、開成所教授職並になるまでは長崎奉行支配定役格や進物取次上番格といった役格による任用であり、昇進の際には身分秩序の維持と人件費の抑制を考慮しながら、どの役職の格に見合うのかを幕閣は評議しなければならなかった。外交上の機密情報を扱うために幕臣であることが求められるような上級通詞でさえも、あくまで語学という特殊技能によって幕府に召し抱えられるという立場に過ぎず、正式な役職としては位置付けられなかったところに、幕末期の通詞職の不安定さが表れている。

一方で、現場レヴェルでも育成体制の刷新を図る動きがみられた。礼之助は、「賞罰之両道」を徹底し、試験制度による評価基準の明確化を図ることで、能力主義による人材育成の必要性を強調した。それは、通詞を家職として世襲してきた近世的なあり方を否定し、純粋な語学の能力のみで評価し、新たな外交体制に対応できる人材を育成しようとする意図であった。自らの能力で地役人から幕臣へ登用された礼之助による現状批判と、その改善策を示した制度改革案は、まさに近世的対外関係から近代外交体制への過渡期に生じる問題を鮮明に示したものであった。

慶応三年（一八六七）七月の地役人制度廃止による旧来の通詞制度の撤廃は、礼之助が近世の悪習だと指摘した問題をひとまず解消した。だが、試験制度・評価方法・待遇など新たな教育制度がどこまで具現化されたかは不明である。おそらくは、礼之助が意図したほどには実行されなかったのではないだろうか。幕府が最後まで通詞職の不安定さを解消せず、登用の道筋を明示できなかったことも、現場における改革が徹底されなかった背景として考えられるであろう。通詞が通訳官として政府の正式な官吏に位置付けられるのは、明治新政府に引き継がれるべき課題として残されたのである。

礼之助は、江戸で幕府倒壊を迎えると、直後に新政府に出仕し大坂へ移る。大坂でも高松藩邸内に私塾を開くが、長崎での苦い経験をいかして、その塾則の第一条には「一、塾中の席順は新古長幼に拘らす毎月会読の点数を算定して黜渉致へき事、但会読の外翻訳通話或は算術等の精不精に随ひ臨時の昇給之ある事」(43)とあり、徹底した能力主義に基づく理念を掲げている。このように、幕末に経験した教育の問題点が、明治新政府のもとでの洋学教育に反省として引き継がれていくのである。

註

(1) 長崎通詞については、主に片桐一男『阿蘭陀通詞の研究』(吉川弘文館、一九八五年)、林陸朗『長崎唐通事―大通事林道栄とその周辺― 増補版』(長崎文献社、二〇一〇年)、木村直樹『〈通訳〉たちの幕末維新』(吉川弘文館、二〇一二年)などを参照。

(2) 箱館では、安政元年から長崎のオランダ通詞が二人ずつ三年交代で詰めるようになる(文久二年まで)一方で、名村五八郎の指導のもと箱館奉行支配下の役人らを対象に語学学習が開始されている。のちに活躍する立広作や塩田三郎はここで学んでいる。万延元年には、運上所内に英語稽古所を設置している(『函館市史』通説編第二巻、函館市、一九九〇年)。同様に横浜でも、文久元年に英学所を設置し、長崎から派遣された石橋助十郎・太田源三郎に指導を行わせている(倉沢剛『幕末教育史の研究』一、吉川弘文館、一九八三年)。

(3) 長崎から派遣されて活躍した個人に注目した研究として、例えば、堀孝彦『開国と英和辞書―評伝・堀達之助―』(港の人、二〇一一年)や江越弘人『幕末の外交官森山栄之助』(弦書房、二〇〇八年)などがある。

(4) 「安政二年―同三年　手頭留　目安方」(森永種夫校訂『長崎幕末史料大成』三、長崎文献社、一九七〇年)。

(5) 古賀十二郎『長崎洋学史』上巻(長崎文献社、一九六六年)。

(6) 文書史料はすべて、東京大学史料編纂所ウェブサイト上で目録と画像が公開されている(http://wwwap.hi.u-tokyo.ac.jp/ships/shipscontroller)。なお、一部史料は、東京大学社会学研究所が所蔵しているマイクロフィルムからデジタル化して補っており

（同所ウェブサイト史料解題）、本章では、東京大学史料編纂所ウェブサイトで公開されているものを利用した。

（7）この日記史料については、大久保利謙「幕末英学史上における何礼之―とくに何礼之塾と鹿児島英学との交流―」（『鹿児島県立短期大学研究年報』六、一九七八年）で、すでに紹介されている。

（8）「年譜藁」（東京大学史料編纂所所蔵、請求記号長崎唐通事何礼之関係史料10-008）。

（9）許海華「長崎唐通事何礼之助の英語習得」（『関西大学東西学術研究所紀要』四四、二〇一一年）。

（10）「何家系譜要覧」（東京大学史料編纂所所蔵、請求記号長崎唐通事何礼之関係史料10-009）。この他に江西省建昌府新城県人の毓楚を高祖とする系譜の家があり、新城何氏（南坊何家）と称し、礼之助の家＝北坊何家と区別したという。なお、北家から分派した天草分家何氏は、同地で代々医業を営んでいる。

（11）前掲林『長崎唐通事』。

（12）本項では、特に断らない限り「年譜藁」および「公私日録」（東京大学史料編纂所所蔵、請求記号長崎唐通事何礼之関係史料01-001）による。

（13）前掲許「長崎唐通事何礼之助の英語習得」。

（14）前掲古賀『長崎洋学史』上巻。

（15）前掲木村『〈通訳〉たちの幕末維新』。

（16）外務省条約局編『旧条約彙纂』第一巻第二部（一九三四年）。

（17）「御達留」（東京大学史料編纂所所蔵、請求記号長崎唐通事何礼之関係史料02-008）。

（18）慶応三年に礼之助が開成所教授職並へ昇進する際の幕府評議において「〔礼之助は〕通弁御用相勤候者ニ而、御譜代之申渡無之候間、此度開成所教授職並被　仰付候共、先達而術業を以陪臣より新規被　召出候者は都而一代限ニ可被　召出旨、去寅九月相達候、以前術業を以陪臣等より新規　御目見以下江被　召出候者も去寅年達以後　御目見以上御役場江被　仰付者は、改而御譜代ニ被　仰付旨申渡無之内は、都而去寅年相達候通可心得旨相達候間、身分は矢張御抱ニ而、全く業前ニ付其身上江御取立相成候迄ニ而、御譜代ニ可被　仰付儀ニも無之候」（「開成所伺等留」東京大学史料編纂所所蔵、請求記号外務省引継書類39）と述べられている。すなわち、礼之助は「御譜代之申渡」がないため、身分は「御抱」（抱席）であるということである。

元来江戸幕府は、御家人の家格を譜代と抱席とに区別し、五代将軍徳川家綱以降に召し抱えられた者はすべて抱席として扱っており、抱席から譜代への昇格は、「御譜代同意」の申渡しを受ける必要があることが享保七年に定められていた（山本英貴『旗本・御家人の就職事情』吉川弘文館、二〇一五年）。慶応二年の段階でも、享保七年令が再確認されていることがわかる。

(19)「御達留」。
(20)前掲倉沢『幕末教育史の研究』一。
(21)前掲大久保「幕末英学史上における何礼之」。
(22)「上京日記」（東京大学史料編纂所所蔵、請求記号長崎唐通事何礼之関係史料01-001-4）。
(23)東京大学史料編纂所編『柳営補任』二（東京大学出版会、一九八三年）。
(24)以下、本節では、特に断らない限り「長崎奉行御用留」（東京大学史料編纂所所蔵、請求記号外務省引継書類43）による。
(25)幕末段階での明確な役職の序列は不明だが、例えば天保期の「大概順」によれば、御目見以下の役職のなかで支配勘定は七番目に、進物取次上番格は四六番目に位置付けられている（小川恭一編『江戸幕府旗本人名事典』別巻、原書房、一九九〇年）。
(26)三谷博「人材登用と「家」の変化」（『明治維新とナショナリズム』山川出版社、一九九七年、初出一九九三年）。
(27)前掲小川『江戸幕府旗本人名事典』別巻。
(28)この時の具体的な評議内容は、①「要路之御役」を務める者が、降格人事ではなく、現在の役職より下位の役職に転役する際の「格式高」の措置、②同一役職での勤続年数が長い者か「格別御用立」つ者への「格式高」の措置、と大きく二点であった。
(29)近松真知子「開国以後における幕府職制の研究」（児玉幸多先生古稀記念会編『幕府制度史の研究』吉川弘文館、一九八三年）。
(30)前掲倉沢『幕末教育史の研究』一。
(31)「通詞育成に関する改革案草稿」（東京大学史料編纂所所蔵、請求記号長崎唐通事何礼之関係史料02-014）。
(32)宮崎ふみ子「蕃書調所＝開成所に於ける陪臣使用問題」（『東京大学史紀要』二、一九七九年）。
(33)前掲林『長崎唐通事』。
(34)総数は五五人で、役料は大通詞の一一貫目を最高額として、通詞目付七貫目、小通事五貫三〇〇目と続き、全体的に三貫目前後の者が多い（前掲木村『〈通訳〉たちの幕末維新』）。
(35)木村直樹『幕藩制国家と東アジア世界』（吉川弘文館、二〇〇九年）。
(36)福地源一郎『長崎三百年間』（博文館、一九〇二年）二一一頁。

(37)「公私日録」文久三年七月十三日条。
(38)同右文久三年九月二十九日条。
(39)宮崎ふみ子「開成所に於ける慶応改革―開成所「学政改革」を中心として―」(『史学雑誌』八九―三、一九八〇年)、同「幕末における幕府の洋学振興政策―開成所の発展を中心に―」(『講座日本教育史　第二巻』第一法規出版、一九八四年)、水上たかね「幕府海軍における「業前」と身分」(『史学雑誌』一二二―一一、二〇一三年)。
(40)戸森麻衣子「長崎地役人」(森下徹『身分的周縁と近世社会七　武士の周縁に生きる』吉川弘文館、二〇〇七年)七二頁。
(41)「御改革ニ付諸役人身分御引直被仰渡書　慶應三年」(長崎歴史文化博物館所蔵、オリジナル番号14 48-5)。
(42)前掲木村『〈通訳〉たちの幕末維新』。
(43)「中ノ島金毘羅町瓊江塾記」(福井県立図書館所蔵)。なお、本章では東京大学史料編纂所所蔵の写真帳を利用した。

第四章　開国期における長崎警衛体制再編と佐賀藩

はじめに

十八世紀末以降のロシアの南下、あるいは北太平洋をめぐるイギリスやアメリカの新たな動向は、近世日本を動揺させた。このような世界史的変動に対し江戸幕府は、ロシア使節レザノフへの対応過程で鎖国祖法観を成立させ、オランダ・清国・朝鮮・琉球以外の外国とは、新規の通商・通信関係を持たないことを明確にした(1)。次いで天保期になると、アヘン戦争での清国の敗戦情報に接した幕府は、いよいよその危機感を強め、軍事技術の近代化、江戸湾海防のさらなる強化、打払い令復活評議など、対外的危機への挙国的対応を図り、鎖国体制の堅持に努めた(2)。研究史のうえでも、この時期の対外政策については分厚い蓄積があり、海防論が積極的に論じられてきた(3)。

しかしながら、和親条約締結以降の研究の関心は幕末政局史に集中し、対外関係・外交史研究もそことの関わりの範囲に限定される傾向にある。こうした研究潮流が影響しているものと思われるが、開国後の開港場の警衛体制に関する研究は、軍事史のわずかな研究(4)を除くと、それ以前の海防をめぐる議論に比して、著しく停滞してしまっているのが現状である。

例えば、本章で対象とする長崎に限定してみても、『長崎県史』対外交渉編(5)は、開港した時点で「長崎警備」の項を終えており、佐賀藩の長崎警衛について分析した木原溥幸氏も、砲台数や配置人員数の減少から体制の縮小を指摘しているが、踏み込んだ分析には至っていない(6)。また、同じ開港場である横浜・箱館に関しても、台場建設の事実を指摘する概説的理解に留まっている(7)。近年では、大坂湾警衛をめぐる幕藩関係(8)や、朝幕関係(9)を分析する研究も出てきているが、開港場に関しては依然として関心が低いままである。

だが開港場とは、外国人居留地が設定され、外国商人らによる貿易活動が行われるとともに、軍艦を含む外国艦船の碇泊が常態化する空間である。したがって、警衛を担当する奉行所や担当諸藩にとって、眼前に広がる外国人や外国艦船の存在は、有事の可能性をより現実的なものとして受け止められたと考えられる。

また、開国後の幕府の軍制改革では、「方今世界之形勢一変いたし、外国人居留をも御差許相成候に付ては、聊之行違より何時何様之変事可差起も難計(10)」や、「鎖国之御制度御一変被遊候上は、御軍制も亦御一変不被遊候ては難相成(11)」など、鎖国体制が終わり外国人の国内居留に対する警戒から、軍制改革の必要が訴えられていた。文久二年（一八六二）には、洋式海陸軍の編成計画(12)や、「万国合従の襲来を防御しうる海軍力(13)」創出を求めた軍制掛による海軍建設構想が立てられている。こうした幕府の政策動向を踏まえれば、開国により開港場警衛の重要性が低下したとみることはできない。そのため、開港場の警衛体制について史料に基づいた具体的な考察が必要であると考える。

そこで本章では、開国期の長崎における警衛体制再編について、従来の警衛体制からどう変容したのか、あるいは再編しようとされていたのかについて、主に長崎奉行所と佐賀藩との協議を中心に検討する。その際、設置する大砲の種類・数量などの軍事的視点も当然重要だが、ここでは、警衛を担う主体の関係性に注目することで、幕末段階における幕藩関係に留意しながら検討を進めていきたい。

本論に入る前に、開国以前の長崎警衛に関して概要を示しておきたい(14)（図参照）。寛永十八年（一六四一）から福岡藩と佐賀藩が、幕府の軍役として隔年で警衛にあたる体制が整えられていた。関連する軍事施設として、慶安期頃に

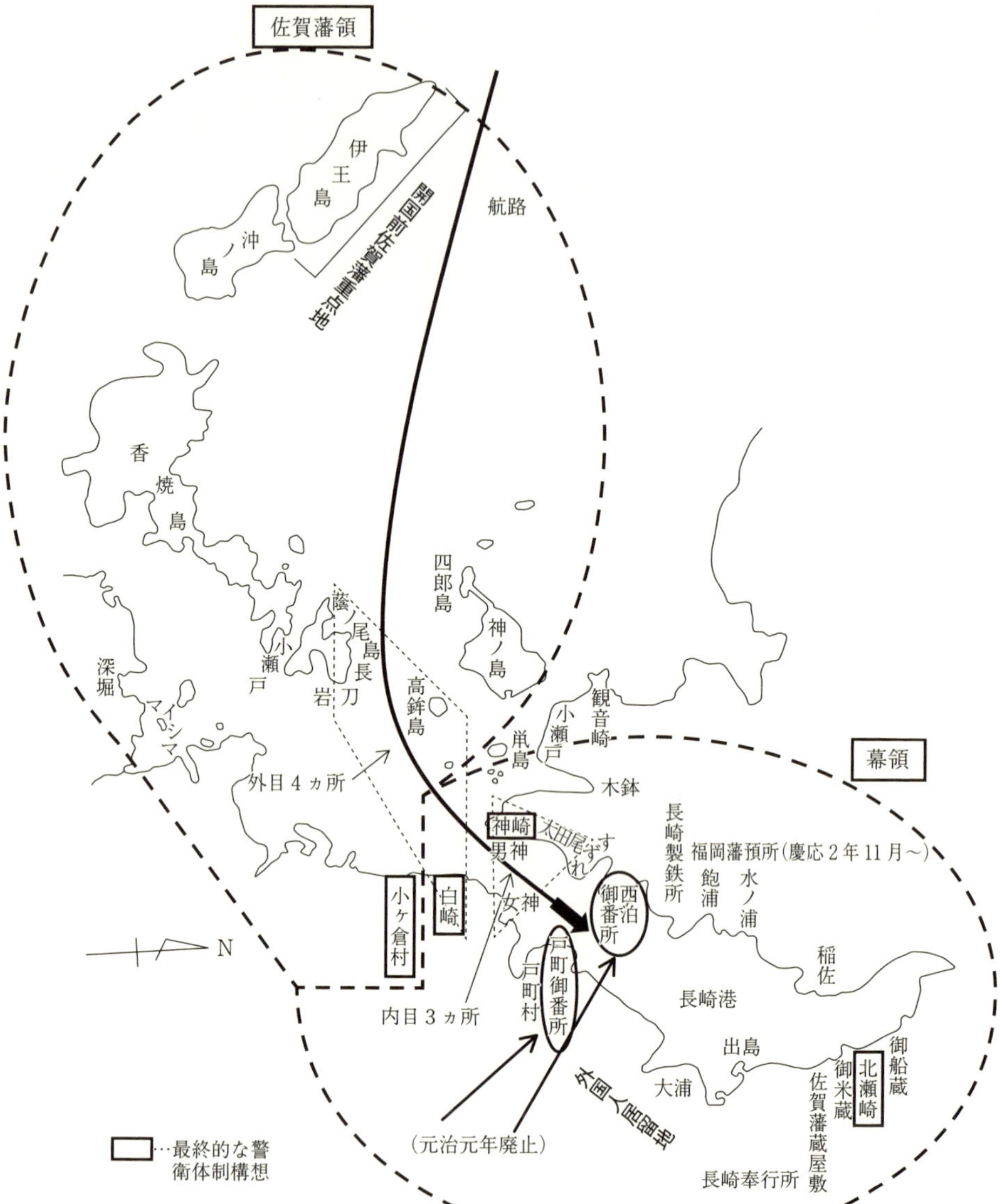

図　長崎湾内外略図

『幕末軍事技術の軌跡』付図に報告者が加筆・修正

港口の両沖に西泊・戸町の常設両番所が設置され、承応二年（一六五三）には、当番が受け持つ港内の太田尾（幕領）・神崎（同）・女神（大村藩領）、非番が受け持つ港外の白崎（幕領）・高鉾島（佐賀藩領）・蔭ノ尾島（同）・長刀岩（同）に台場が築造された。だが、文化五年（一八〇八）に起きたフェートン号事件で警衛体制の不備が露顕すると、すずれ・女神・神崎・蔭ノ尾島・高鉾島に新台場を、神崎・長刀岩・魚見岳に増台場を築造し、海防強化が進められた。その一方で、佐賀藩は港外に領地を有していたため、独自の警衛強化を行っていた。佐賀藩の天保改革では、財政改革を行うとともに長崎警衛のための軍事態勢強化が行われており、嘉永期には、伊王島・神ノ島台場築造や反射炉の建設・洋式大砲の製造と軍事技術の近代化が推し進められていた。(15) このような、佐賀藩による積極的な警衛体制強化が行われるなかで、長崎は開国を迎えるのである。

一　和親条約締結と長崎警衛

嘉永六年（一八五三）の浦賀へのペリー艦隊来航は、江戸幕府を欧米列強との条約締結交渉に引きずり出し、幕末政治の混乱の大きな画期となった。長崎でも、同年七月に条約締結のために来航したロシア使節プチャーチンに対して、長崎奉行や江戸から派遣された露使応接掛等がまさに東奔西走の対応をしていた。長崎奉行所では、十二月中旬から翌年正月上旬にかけて交渉が行われたが、結局交渉はまとまらずプチャーチンらは正月八日に長崎を出港した。(16)

その直後の十一日、佐賀藩は家老多久茂族が奉行所から呼び出され、ロシア船の出港について藩主へ「極密」に報告すること、及び「港内御備付」（後述）についての達を受けた。(17) 同月十五日には、露使応接掛の西丸留守居筒井政憲・勘定奉行川路聖謨・目付荒尾成允・儒者古賀謹一郎らの幕府役人が長崎港の各台場を巡見しているが、そこで彼らが目にした光景は、同行した水戸藩士原市之進によれば、「凡《すべて》此地の台場といへるは、筑前・肥前両藩之領せし島々に其人々の設けしのみにて、両番所を始め其他幕府の命にて固めし処は、一の砲台と覚しき程の場はあらず、稲佐崎・岩瀬道抔いへるは御代官の持場にして、五百目・三百目位の古るひたる筒五六挺並べたるまゝ皆さび折たれバ、用をなすべき共思はれず」(18)というものであり、幕府の台場・大砲では、とても十分な備えとはいえない状況であった。

また同月には長崎奉行大沢秉哲・同水野忠徳が連名で、長崎警衛に関する伺書を老中に提出している。(19)そこでも、佐賀藩の新規台場設置による警衛強化を述べる一方で、「西洋流炮術不相弁内築立候御台場多候て、規則を失居候儘、万一非常之儀も御座候得は、御用立兼候場所不少」と、洋式化されていない台場に対する不安を吐露しており、さらにこうした警衛体制の弱点が在留のオランダ人や今回来航したロシア人たちにも見透かされている状況を「第一御実用を失、乍恐御国体ニも相響可申哉」と危惧している。そして、港内で長崎代官や町年寄の受持ちで、外国船が来航した際には当番藩に引き渡すことになっている六ヵ所の台場を早期に「御模様替」することで、「両家持場之儀も、此上弥相整可申哉ニ奉存候」と述べ、幕府が率先して台場強化の姿勢を示すことで、両家のさらなる警衛強化を促すべきだと主張している。

多久茂族からの報告を受けた佐賀藩国許では、日米和親条約締結直後の三月二十二日、「先達而御奉行所より長門殿引払之節被相達候内、湊御台場御増築之地所為見調」に火術方本島藤太夫を長崎に派遣している。(20)ここから、正月十一日に奉行所で多久へ伝えられた「港内御備付」の具体的な内容が、港内台場の再編に関するものだったことが判明する。本島は、二十四日から二十六日にかけて大浦海岸で「台場地所見調」を行い、二十七日には調査を終え「素絵図」を作成し国許へ戻った。

翌四月四日には、藩主鍋島直正が長崎へ赴き、九日まで番所や台場を巡見し、さらに出島ではオランダ商館長から台場や大砲、蒸気船などの図面をみせてもらうなど西洋軍事科学についての知識を得ている。

これを受けて九日には、佐賀藩聞役から港内警衛体制についての上申書が奉行所へ提出される。そこでは、岩瀬道郷や稲佐崎などの在来の台場では地所が狭く大砲の設置が困難なこと、「筒向」によっては市中に「矢先」が向いてしまうという問題点を指摘したうえで、大浦海岸を「内港御備専要之場所」として、台場を二ヵ所築造するよう提言している。

五月に入り、本島は再び台場調査のために出崎を命じられた。この時「御筒備之場所見調大略弁御取下筒」を作成し、在来の各台場について設置すべき大砲の種類・数・位置、さらには廃止すべき台場にも言及している。とりわけ、港口に位置する白崎については「当港肝要之切所ニ付、第一ニ厳重御筒備相成度、佐久間修理且蘭人ニも申聞候ニ付」と、佐久間象山[21]やオランダ人の意見を踏まえるなどして重視している。同じく港口に位置する神崎に関しては「白崎・女神等へ対応致し厳重御備有御座度」とあり、港口を重要地点として認識し、敵船の入港を防ごうとする意図が読み取れる。

ところで、老中阿部正弘は、ペリー来航直後の嘉永六年六月二十二日、佐賀藩へ品川台場に配備する鉄製大砲二〇〇門の製造を依頼していた。これは軍役ではなく、幕府による軍事援助依頼であり、幕末政治史における佐賀藩の存在意義を示す重大な出来事であった[22]。佐賀藩はすでに反射炉を建設するなど軍事技術の洋式化を進めており、それが阿部に認められたのだが、それでも幕府から依頼された「鉄製石火矢」を製造するためには、なお「製作方ニ付てハ、色々蘭人江尋合候儀有之」という状況であり、特例として本島とその手附二人が出島への出入りを許可された[23]。

本島は、嘉永七年閏七月二十日から七日間、出島でオランダ人に大砲の種類・性能・製造技術など最新の軍事技術に関するさまざまな諮問を行っている。そのなかで、現状の警衛体制では蒸気船の侵入を阻止することは困難であり、

「ヶ様之小砲ニ而何程打連候而も船ニ少々疵受候迄ニ而少も恐候事無之」と指摘されている。

八月二十六日には、藩主鍋島直正が蘭国軍艦「スームビング」（のち観光丸）に乗船し、船内の見学を行うとともに、港内における大砲設置の適地を質問している。この時の返答は、大浦海岸下り松周辺・西泊海岸・戸町北岸・稲佐海中築出の四ヵ所に六〇ポンドのペクサン砲（炸裂弾を発射する平射砲）を各一六挺配備するべきというものだった。その後、翌安政二年（一八五五）四月四日、佐賀藩では再び大浦海岸への台場設置調査のために本島ら藩士数名を掛に任命し、十五日には奉行所役人とともに現地調査を行っている。

しかしながら、この年はこれ以外に警衛再編に向けた目立った動向が窺えない。同年は、長崎海軍伝習所の開始や日英条約の締結交渉などが重なり、危機意識は強めながらも実際にそこまで手が回らなかったのではないだろうか。

二　安政三年の長崎警衛をめぐる佐賀藩の動向

安政三年（一八五六）五月九日、在崎の佐賀藩聞役鍋島新左衛門は、「呈書書方勝本亮之助ゟ御非番所御持其外之儀ニ付、川村殿自書ニ而荒尾殿江懸合伺相成候別紙写一冊、極内々指出候ニ付指上申候」と、長崎警衛に関する在崎長崎奉行川村修就から在府の同役荒尾成允への伺書写を、奉行所役人の呈書方勝本亮之助から入手し、国許に送付している。(24)この伺書については、勝本から鍋島新左衛門宛の書状に「一昨七日宿次便ニ俄ニ取調相認候様被申聞、則伺書相認手元江差出候処、同日便自書之方ゟ江府石州江向差遣し進達之手続ニ相成申候、依之右伺書麁下案一冊極内々差上申候」(25)とあるように、江戸からの「取調」提出催促を受けて、勝本がその草案を作成し川村へ提出する一方で、極秘に新左衛門へその写しを渡していることがわかる。勝本は同書状で「くれ〳〵も小生ゟ相洩候儀御口禁奉願上候」とも述べているように、まさに草案作成者本人からの情報漏洩である。

この時、佐賀藩が入手した伺書草案は、[26]その冒頭部分に「去卯八月御触ニ相成候通」とあるように、安政二年八月に幕府が政務の簡略化を命じたことを受けて、[27]「長崎表御備向」の対応方針について記したものである。川村は、和親条約の締結により薪水・食料などの欠乏品供与が許可されたことで、今後「諸国之船々度々」渡来することが予測され、「諸家御備之儀、敢而旧習ニ泥ミ古格ヲ相守候と申儀ニは無御座候得共、是迄之姿ニ而は、聊御手重無益之手数ニも可有之哉と奉存候廉々も相見」えるため、「手軽ニ御警衛相整実備ニ永続相成」るような対応をとるべく、諸家と談判した結果として、その改善点を書き上げている。要旨は、概ね次の四点にまとめられる。

① 港外四ヵ所の台場は、これまで平時には佐賀・福岡両藩のうち当番藩が受け持ち、外国船が来航した際には非番藩と交代することになっていたが、外国船の来航が頻繁になると混乱するので、平時から非番藩の受け持ちとすべきこと。

② 条約締結国の船が薪水給与を求めて来航した際の対応について、その人員は「詰合之人数」とし、従来行ってきた当番藩による番所の見回りを廃止すること。条約未締結国の船が薪水給与を求めて来航した際には、当番藩が見回りを行うこと。

③ 外国商船の出入港時の見回りを簡略化すること。

④ 外国船渡来時の大村藩の警衛体制を簡略化すること。

条約締結国の入港許可は、従来のような年間の来航数を限定し、オランダ船・唐船以外の外国船の入港を非常事態とする警衛体制では、対応困難な状況をもたらした。この案は、現状に即した対応改善を画策したものといえよう。

さらに文末に、「永井玄蕃頭・岡部駿河守江も申談」とある点にも留意したい。海防掛目付であった永井尚志は、嘉永七年（一八五四）四月五日に長崎在勤となり、(28)翌年七月二十九日には、海軍伝習所の「蒸気船運用伝習方指揮」を命じられ総取締役となっている。(29)また長崎在勤となる直前までは、江戸において「台場普請掛」「大船製造掛」を務めていた人物でもある。(30)一方、目付岡部長常は、安政三年正月二十四日に長崎在勤を命じられ、(31)同四年初頭に永井が帰府すると、暫定的に海軍伝習所の「取締方」にも命じられている。(32)就任始期は不明ながら、安政四年十二月時点では岡部も海防掛となっている。この時の在府奉行荒尾成允も長崎奉行就任前は海防掛目付であった。(33)

このように安政三年の長崎には、海防掛目付という、当時において幕府主導による積極的開国論を唱える政治グループ(34)が中心にいたことがわかる。在崎奉行の川村も海防掛ではないが、初代新潟奉行を務め同港の海防体制を構築しており、軍備に関しては関心の強い人物である。(35)こうした幕臣たちが、実際に諸外国との接触を持つ開港場の警衛体制再編を企図していたということは踏まえておくべきであろう。

さて、如上の伺書が、江戸でどのように扱われたのかを、安政三年七月十三日に佐賀藩江戸留守居田中善右衛門が国許に宛てた書状から確認しておこう。かなり長文ではあるが、これまで紹介されたことのない史料なので、重要な部分を掲出したい（傍線筆者）。

〔史料1〕

一筆致啓達候、

一、①長崎表御備向ニ付、河村《川》対馬守殿ゟ伺書被差出候処、右伺一条於爰許荒尾石見守殿ゟ長崎懸リ御勘定御奉行方江談合之次第有之、御内意伺ニ引替、御老中江進達相成候段は、去月廿七日出之書状を以委細申越置候、其後御内密筋罷出候度毎、右御内意伺急ニ御差図済相成候様及頼談置候処、去ル十日罷出候砌被申聞候は、②未取極候而は難申咄候得共、趣よつてハ一先御両家江問合セ無之、奉行見込之処を伺出相成候様御差図有之事共ニ

は相成間敷哉、此儀は全私含迄極密申咄置候旨被申聞候付、右は荒尾殿其外申合之義有之、伺替ニも相成候処、いつれ之御振合ニ而伺通之御差図無之通之御模様ニ引移居候哉相尋候処、差立訳有之と申程之義は無之候得共、御老中方粗御噂之処ニ而は、③御両家江御問合相成候半は、必御双方之御見込相違いたし伺出隙取候事ニ可相成、第一自然御両家御銘々被相達候事共ニ相成候得は、夫々被御差分候而之御差図被成兼候至儀も難計ニ付、何れ奉行之見込を先以被御聞糺候上、都合次第御両家江は御問合相成候方可然と之趣ニ有之、併右ニ申咄候通未相決居候儀ニは無之、いつれ十三日比迄ニは御決着可相成ニ付、同日罷出候様被申聞、就右同日罷出候処、前断之通一往御噂は有之候得共、④其後如何御勘弁有之候哉、矢張奉行ゟ之伺通御両家御見込を問合相成候通之儀ニ調書相済、尤未其筋御達之運不相成ニ付、是も取極候而は難申咄候得共、最早此上相動候義も有之間敷旨被申聞候、依之御奉行江は何日比可被相達哉相尋候処、来ル十五日六日迄ニは御達有之候通可取計旨被申聞候、将又荒尾殿御事先達而致御面談候砌、右一条御差図済之上は早々知セ可申旨被申聞置候故、定而十七八日比迄ニは御知セ可有之候間、其上ニ而は御両家江御問合振、其外御同人含之処、尚又致御尋合委細申越候様可致候、

一、⑤右御内意伺之儀、最早当今ニ至リ御差図相済候ニ付而は、定而荒尾殿下向之砌含越、㊁河村殿江談合之上、御両家江御問合可相成、然時は追而御老中御差図済迄ニは数ヶ月隙取可申候得共、御非番御人数は、此御方ゟ被差出候御順繰ニも可相成哉ニ相見候間、中々ニ今一ヶ年程打延候通之御駈引も可有之哉ニ候得共、往々相懸候御事柄ニ付而は、此節壱ヶ年程早ク御人数被差出候而も、曽而御頓着可相成筋ニも有之間敷、第一機会も有之儀ニ候得共、成丈被御差急御運被相付候御事と於爰許も相考候故、両三日中荒尾殿江致御面談候砌は、右之趣差含居候様可致候、

一、御奉行ゟ御問合之上筑前御示談振之義は、尚御吟味可有御座候得共、一体於御奉行所ハ此節表向御問合相成

候事故、最前之内分とは御振合も相替可申候得共、御両家御示談之場ニ相成候而は、曽而表向内分之御差引も有之間敷候得共、矢張最前御申合之末御達出相成居候廉々を此節表向被差出候迄之義ニ而、自然右之外御双方ニ而御考付之義も有之候而は、尚御取調、追而之御達出ニも可相成御手続と相考、乍去於筑前は万一は仕切船一条等取加、右故程延候事ニも可相成哉難計、依而不日荒尾殿江致御面談候砌は、先便申越置候通、右一条元々御実備相立候ためニ無益之手数等致省略候義ニ候得は、遅延之取計可致御事柄ニ無之候故、都合ニより候而は、両家見込之廉々一同取聴不申候而も、追々ニ御達等致候様之義可有之哉難計候間、其段は厚御差含相成居度と之義をも、尚又及御頼談置候様可致候、

（中略）

一、此節之処ニ而は、当正月御内々御申立之節と相違、表向御達出之儀ニ付、御達出相成候上ニ而は、兼々御手寄之訳を以、阿部殿江委細之御含置御頼談相成候方可然義ニは有御座間敷哉、於然は、仰立之ヶ条々々ニより譬は本文之ヶ条は是々之利害、是々之規則、是々之心得有之候故、書面之通御達被成置候と之趣を付紙等ニ而、委敷御申入相成候半は、定而右書付御持出可有之ニ付、御同列中も夫々御腑落有之、御趣意違之御差図等相成候義も有之間敷哉ニ被相考候間、尚御申合可有御座と存候（36）（後略）

まず傍線①からは、江戸に届けられた伺書が、在府奉行荒尾と長崎掛勘定奉行との話合いにより、「御内意伺」として老中へ進達されたことがわかる。すなわち、この段階では、正式に提出することは避け、老中に内々に伺い出るとの判断がなされたことになる。その後田中は、「御内密筋罷出候度毎、右御内意伺急ニ御差図済相成候様」に頼んでいたところ、七月十日に、未決ながらも場合によってはひとまず佐賀・福岡両藩への問合せを見合わせ、長崎奉行限りの見込みを伺い出るようにとの「御差図」になるだろうとの情報を得た（傍線②）。田中が、具体的に誰の所へ

「御内密筋」に出かけていたのかは判然としないが、近世期の大名は、特定の老中や御用取次などとの御用頼の関係を利用して自家の願望実現を図ることが一般的であったとされていることから(37)、ここでは幕府中枢の役人という程度に留めておきたい。

これに対して田中が、「荒尾殿其外申合」たうえで伺い出たにも拘らず、なぜ「伺通之御差図無之」ようになったのかと尋ねたところ、老中たちの間では、両家に問い合わせると必ず意見の相違があり伺い出るのに手間取ることになり、またもし両家が各自に伺い出ることになれば、幕府からの指示も両家それぞれへ出すことになる。そのため、まず奉行の見込みを聞き糺したうえで必要があれば、両家にも問い合わせるべきではないかと噂されているとの返答を得た(傍線③)。

だが、その後十三日に再度田中が面会に出かけたところ、長崎奉行の当初の見込み通り、両家へ問い合わせることになったとの情報を得た(傍線④)。そこで田中は、今後の見通しとして、荒尾が長崎に着任し川村と直接相談したうえで両家へ問い合わせることとなり、そうなれば老中からの「御差図済迄ニは数ヶ月」を要することになるだろうと予測している(傍線⑤)。また、いずれ表向きに伺書を提出する際には、「御手寄之訳を以」てあらかじめ老中阿部正弘に伺いの内容とその意図を詳細に伝えておけば、「御趣意違之御差図」となることもないだろうと意見を述べている(傍線⑥)。

なお、同書状の省略部分では、「当正月筑前御示談之末、河村殿江御両家より被差出候御書面熟覧致見候」と記されていることから、安政三年正月に両家で相談して、奉行川村へ「書面」を提出していたことが判明する。そしてその内容は、警衛体制の合理化と非番藩の人員配置についてであり、まさに今問題としている伺書の内容と一致する。

これを踏まえて、これまでみてきた行政手続きの流れをまとめれば次のようになる。すなわち、安政三年正月に、両家から警衛体制の合理化に関する書類が長崎奉行に提出され、それを踏まえて同年五月に老中へ提出するための奉行名での伺書が作成された。その後、在府奉行と勘定所との相談により、最初から正式に提出するのではなく、ひとまず「御内意伺」の形で老中へ提出することになった。老中からの指示は、再度長崎奉行から両家へ問い合わせたうえで正式に伺い出るように、というものであった。この流れの裏で、江戸の佐賀藩留守居は、「御内密筋」を利用した独自ルートで、幕閣の協議に関する情報を入手し、国許へ指示を出していたのである。

このような留守居による江戸での裏工作については、同じく田中が国元に宛てた七月十九日付の書状にも記されている(38)。それによれば、在勤の長崎奉行だけで判断できない案件は、在府奉行を経て、勘定所において長崎掛勘定奉行以下勘定所役人による「内評内調」を行ったうえで老中へ提出され、その後、改めて老中から勘定所等へ「取調ニ御下」となる。そのため、「時としては遅延」となることもあり、また、江戸での自藩の「御手廻シ不宜事ニ」なることもある。この問題点を回避するために、長崎奉行から老中への伺書写を自藩の願書写とともに至急江戸に送付することを要求している。そうすれば、あらかじめ願書の主旨と速やかな許可を得られるようにとの書付を田中自身が作成し、「御手寄之御老中」へ頼み入れるような根回しが可能となり、迅速な対応が期待できると述べている。

ところで、田中は七月十九日に老中から長崎奉行への書付の文面を入手しているが、その文中にある「両家存寄承糺之上彼是勝手筋之義可申立哉も難計、其節は申立候趣ニ不相泥、其方共見調十分取調可被相伺」との一文に注目している。この一文の真意を「御内密」に尋ねたところ、奉行荒尾が、両家の意見が一致しないことを不安視しており、そうなった際には幕閣へ対応を任せるような様子をみせたので、それを牽制するためだとの返答を得た。

これに対して田中は、両家には「兼而御心懸之深浅も」あり、それに加えて領地の遠近などの諸条件から、双方ともに便がよいということはなく、それを調整するのが奉行の「職任」であると荒尾の態度を批判する。そして、「勝手筋」と表現されていることに対しても、「御自儘之筋ニ而も被仰立候哉ニ而、乍極密も御心外ニ可被相心得」と憤慨している。[39]

これまでみてきた通り、長崎警衛は、実際に軍事力を動員する佐賀・福岡両藩とそれを指揮する長崎奉行の三者関係のうえに幕閣が関与するという複雑な交渉ルートを要した。したがって、その政策決定に至るまでの行政手続きは容易ではなかった。そこには、藩同士の思惑や、その調整を強いられる奉行の苦悩、さらには遠隔地にあり現地の様子を正確には把握できない幕閣との交渉が錯綜し、具体的な政策実行に容易に辿り着けないという幕藩制の問題点が顕在していた。佐賀藩では、そうした問題を解決するためにも、江戸留守居が「御内密筋」の関係を利用して、積極的に幕府中枢の役人に働きかけていたのである。

三　開国と軍事的危機意識の高まり

1　警衛体制再編をめぐる開国前後の動向

佐賀藩は、江戸での積極的な交渉を行う一方で、長崎では安政三年（一八五六）九月に福岡藩と港内台場について話合いを進めていた。[40] 翌年正月九日には、台場再編についての計画図面を提出するようにと奉行所から指示を受けている。この時の計画では、戸町・西泊両番所を統合して大浦へ移設すること、女神・魚見岳・白崎・神崎・高鉾島・長刀岩・蔭ノ尾島各台場の増改築、すずれ・太田尾両台場の廃止が提案されている。[41]

この時期は、安政三年七月にオランダからイギリスの通商使節来航情報を得た長崎奉行川村修就、在勤目付永井尚志、同岡部長常が積極的通商論を提起し、幕府が通商開始に向けて模索し始めていた時期でもある。[42] 藩主鍋島直正自身も、安政四年二月に、将来の通商開始を見込んで武備強化の必要を井伊直弼に書き送っている。[43] 通商開始に備えた警衛体制の再編が求められていたのである。

次いで同年六月十九日には、奉行所から港内台場の洋式化、及び両番所を統合し大浦に移設することへの意見上申を求められた旨が国許に報告される。[44] この背景には、第二次アヘン戦争の影響が強く働いていたと推測される。在勤目付岡部は、この年正月二十九日に来航したオランダ船から第二次アヘン戦争に関する情報を入手し、江戸の同役鵜殿長鋭に書き送り英国軍艦の来航を警戒していた。[45] 幕府の通商政策への舵切りに加えて、隣国清国におけるイギリスの軍事行動という緊張感が高まるなかで、長崎港の警衛体制再編に向けた動きが本格化し始めたといえよう。この年秋には、海軍伝習所にいた勝海舟が、オランダ人教師から得た西洋軍事技術の知識に基づく長崎港の台場築造案を作成していたことは、こうした動きの一環として捉えられる。[46]

安政五年六月、幕府は日米修好通商条約を締結し本格的な開国を迎えたが、それによって警衛問題の重要性が低下することはなかった。同年十二月、佐賀藩は自領の砲台について海軍伝習所のオランダ人に意見を求め、港外の伊王島に設置している大砲を港内に移設すべきとの助言を得た。[47] 伊王島台場は、佐賀藩が単独で成し遂げた大規模事業であり、幕末期における「佐賀藩のあり方を決定づけた」[48] と評価されるほど象徴的なものであったが、その移設の必要をすでにこの時点で認識していたことは留意しておきたい（後述）。

翌安政六年は、警衛体制再編に関する具体的な動きは見出せないが、万延元年（一八六〇）に入り、新たな動きが現れる。四月十四日の長崎奉行岡部長常と鍋島直正との会談では、外国船に対する基本方針として、番所などの固めや人員配置の増員は不要であり、条約未済国であっても疑わしき点がなければ穏便に取扱うことが確認された。[49] だが、次ぐ九月十七日の佐賀藩請役相談役伊東次兵衛と岡部との会談からは、[50] 第二次アヘン戦争の結果、「英仏等四拾艘をも渡来之由」という情報への警戒心が強まっている様子が窺える。伊東は、英国領事に番所や台場への上陸禁止を申し諭すよう岡部に主張したが、岡部は英国領事を「人柄至テ悪ク、申諭等承知いたし候者ニ無之」と返答している。これに対して伊東は、「御打払等被御取計候而ハ如何可有之哉」と強硬な姿勢をみせたが、岡部は幕府からの指示があるまでは「平穏之取扱」を求めている。ここからは、イギリスに対する嫌悪感を抱きつつも幕府の指示を遵守し、穏便な対応を基本とする岡部の慎重な姿勢が読み取れる。

しかしながら、岡部が警衛体制についてまったくの無策だったわけではない。ロシア中国海域艦隊司令長官リハチョフの日記を紹介した宮地正人氏によれば、同年九月三十日に、長崎奉行の組頭が台場築造についてリハチョフに依頼している。[51] 翌万延二年正月十日の岡部と佐賀藩側目付本島藤太夫の会談[52]では、以前から台場築造場所として有力視されていた大浦海岸は、外国人居留地設定区域内となり不可となったこと、白崎・神崎への「厳重砲台御取立」が急務であること、「旧来之御備向」を再編して「大貫目之大砲」を設置する必要があること、ただまずは新規増築を優先すべきことなどが話し合われている。それとともに、長崎奉行支配組頭中台信太郎から、岡部が長崎警衛の台場築造についてロシア海軍から助言を得る意向であることを伝えられ、それに対する意見を求められている。

実際に、このあと奉行所役人と本島は長崎に滞留しているロシア海軍に台場築造に関する諮問を繰り返し、具体的な助言を得るばかりではなく、最新兵器である「施条砲」の発注まで行っている。[53] しかし、この構想もリハチョフの急な出港により最終的な計画を練り上げるまでには至らず、そのまま頓挫した。背景には、直後に起こったロシア海軍による対馬占拠事件（ポサドニック号事件）の影響が十分に考えられる。

五月二十三日、本島は、奉行所において改めて台場に関する専門書の調査を命じられるとともに、白崎台場については安政四年に勝海舟が設計した図面に基づいて設置すべきことが伝えられた。[54] しかしながら、この計画もまた長崎

奉行の交代という幕府人事の影響により中断に追い込まれた。(55)

2　文久三年の軍事衝突危機と警衛体制強化

開国後の尊攘論の高まりは日に日に増していた。とりわけ、文久二年（一八六二）から元治元年（一八六四）前半にかけては、朝廷に接近した尊攘激派の活動が最高潮に達し、文久二年十月に朝廷が攘夷勅使を江戸に派遣し、幕府はこれを受け入れて奉勅攘夷を誓約した。この時朝廷は、有力諸藩に対しても、攘夷実行を実現させるための朝幕間の周旋を促す内勅を出していた。(56)

こうしたなかで佐賀藩は、文久二年六月、前年十一月二十日に隠居した鍋島直正が側近古川松根を、縁家である久世家に派遣して京都情勢を探らせ、中央政局への動きをみせ始めていた。(57)八月に朝廷からの国事周旋の内勅を受けた直正が、十一月に上京する。

上京した直正は、十二月四日に関白近衛忠熙に対して京都警衛を申し出るとともに、長崎警衛の免除を突如願い出た。このことに関しては尊攘派勢力への牽制だとする指摘があるが、(58)直正の真意を窺う史料がないため確たる意義付けをすることは困難な状況にある。ただし、八月に佐賀藩に対して国事周旋の内勅が出された時の久世通熙添状では、「長崎表防禦筋御心配、是迄通被蒙　台命候上は、尋常御退隠之訳とも相違候儀、尚肥前守殿被御申合、御丹誠肝要候」(59)と、長崎警衛への尽力が「肝要」であることを伝えられていた。これを踏まえれば、直正の長崎警衛免除の申出は、明らかに行き過ぎであった。また、直正のこの突発的な言動は、京都で波紋を呼び諸大名の間からも批判が起き、結局、朝廷からも京都警衛を認められることはなかった。(60)

直後に江戸へ下向した直正は、幕府に朝廷の意向を受けて攘夷実行を迫る建白書を提出するとともに、翌文久三年正月二十四日、福岡藩主黒田長溥との連名で、長崎における攘夷準備についての建白書を提出した[61]。そのなかで、朝廷からの攘夷実行を受け入れた現状においては、「何時夷狄致襲来」すかもわからず、「外夷御引請之要港」である長崎は、さらなる「御厳備」を整える必要があると主張する。だが、「両家存寄之次第」を何度上申しても「御下知」がない状況を「御国威ニも相拘実以不容易次第」であるとし、警衛体制再編について「一切両家へ御委任」されることを願い出ている。第二節でみたように、警衛再編をめぐる奉行所と佐賀・福岡両藩の三者間での合意形成、それを経ての幕府への交渉は、行政手続き上複雑極まりないものであった。一向に進まない警衛体制の強化と、それに相反するように高まる攘夷強硬論の高揚のなかで、実際に軍事力を担う自分たちに一切の委任を求めることで、速やかな意思決定を行うことを意図したものと考えられる。だが、幕府とすれば、幕領である長崎の警衛体制再編を外様大名に完全に委任するということは、幕府と大名の支配関係の根幹である軍事指揮権に関わる問題で容易には許可し得ないものである。

この建白書の内容は、これまでの長崎における経緯を踏まえれば至極妥当なものであるが、わずか二ヵ月ほど前に長崎警衛の免除を願い出た直正の言動からすれば、そのあまりの変わり身の早さに驚かされる。そもそも直正は、「私家筋之儀は、長崎御番家役ニ被仰付置、先祖以来御番方一途ニ御奉公申上来[62]」と、長崎警衛を先祖以来の「家役」だと認識し、老中阿部正弘や大老井伊直弼が幕政の中心にいた時期は、幕府との緊密な関係を築いていた。だが、桜田門外の変以降、幕府政治からは距離を置くようになり[63]、文久二年の国事周旋で再び中央政治への活路を見出したのであった。

ところが、自藩の軍事力に対する絶対的な自信を背景とした政治判断は、完全にその目測を見誤ってしまった。周囲からの想定外の批判をかわすためには、「家役」である長崎警衛への尽力をアピールするしかなかったのかもしれない。ただ逆にいえば、それだけ長崎警衛が佐賀藩にとって自藩の存在意義を主張するための政治手段だったともいえよう。

直正は、翌二十五日に江戸を発ち、二月八日に京都に着いた。二十七日には、京都所司代牧野忠泰から生麦事件に対する抗議のために英国軍艦が横浜に来航したこと、それによる軍事衝突の可能性のため「銘々藩屏之任有之候ニ付、夫々備向手当方も可有之」(64)ことを達せられた。これを受けて直正は、武家伝奏に対して長崎警衛に専念するため以前から伝えられていた三十日参内の辞退を申し出て許可された。(65)

このような状況のなか、二月二十八日に、再び黒田長溥と連名で長崎警衛に関する書付を政事総裁職松平春嶽に提出している。(66)そこでは、従来通りに長崎奉行へ指示を仰いでいては「応変之処置」ができないとし、「御備向防禦」の両藩への委任を主張している。内容は正月二十四日に提出したものと大差ないが、実際に横浜に英国軍艦が来航している分、一段と緊張感が高まった状況での主張である。佐賀藩が武力による攘夷実行には批判的であり、攘夷＝鎖港交渉と認識していたことはすでに指摘されている。(67)ただし当然だが、積極的な軍事力の行使は想定していなかったとしても、相手からの攻撃への備えは十分にしておく必要はあった。有事の可能性が現実味を帯びてくるなかで、「家役」として警衛を担う藩の危機感は相当に高まっていただろう。

これに対する幕府の指示は、「臨機之儀は、両家申合伺ニ不及可取計候、尤差懸不申儀は、大久保豊後守(長崎奉行)へ可被談候事」(68)と、緊急時のみの独自対応を許可するに止まり、それ以外は従来通り長崎奉行と協議せよというものであった。

一方で現地長崎では、三月十八日に組頭中台信太郎から佐賀藩聞役に対して、生麦事件に対する抗議のために横浜に英国軍艦が来航していること、戦争に発展する可能性を想定して兵力を増員すべきことが伝えられている。(69)

同月二十四日には、長崎奉行が各国領事を呼び出し、横浜で開戦した場合の長崎からの退去を勧告している。(70)また四月には、警衛体制について佐賀・福岡両藩が相談して「御実備」を整えること、佐賀藩所有の大砲を港内に移設することが奉行所から指示され、伊王島台場から洋式大砲を撤去し、港内の稲佐崎や藩蔵屋敷浜手の台場に配置換えしている。[71] 先述したように佐賀藩は、開国直後に伊王島台場の役割が低下していることをオランダ人から指摘されていたため、奉行所からの指示にも即座に対応することができたのだろう。

また港内の警衛強化は、「当時市中一統恐怖日夜東西江致離散、於御奉行所も別而御心配之半ニ付、内目御備替之儀被御申達候ハヽ、上下安堵可仕候」[72]というように、市中の民心の安定を図る意味も含まれていた。長崎警衛の維持のためには、長崎市中との良好な関係が欠かせなかったため、[73] 彼らからの信頼を得ることも必要であった。

このように長崎では、佐賀・福岡両藩を中心に臨戦態勢が整えられていたが、これがかえってイギリスを刺激することにも繋がった。四月二十九日、横浜で外国奉行菊池隆吉・同並柴田剛中が、英国代理公使ニールと会談を行っている。[74] その席で、長崎港の台場築造について在崎領事からの報告を受けたニールは、軍艦を長崎に派遣したことを伝えるとともに、台場の築造が「両国交際上に関係いたし候儀ニて不計不和を生し候基ニも相成」るとして、至急中止するように抗議した。イギリスとの軍事衝突に備えるための港内警衛体制の強化は、皮肉にもさらなる軍事的緊張感を高めることに結果したのである。これを受けて幕府は、長崎奉行に築造中止を命じた。

この時の幕府は、朝廷への攘夷期限通知、生麦事件の償金支払い交渉、横浜鎖港に向けた準備という難局に立たされていた。償金支払いに関しては、四月二十七日に協定を結んだことで一度は妥結したかにみえたが、その後も延長交渉が行われたことでイギリス側の態度を硬化させている。[75] また四月二十一日には、大名・旗本に対し横浜鎖港談判の実施とその間の武力行為厳禁を通達していた。[76] これは横浜鎖港によって、武力による攘夷実行を避けて平和的に貿易規模を縮小させつつ尊攘派を鎮静させる案であったように、幕府は武力衝突を極力避けようと努力していた。[77] このような状況下では、幕府は開港場の警衛体制強化の必要を認めながらも、武力衝突に発展する可能性がある行為については否定せざるを得なかったものと推察される。

だが、建設中止の指示を受けた長崎奉行服部常純は、六月二十六日に台場設置に関する以下の意見書を幕府に提出し反論する。

〔史料2〕

（前略）元来当地御備向の儀、肥筑両家の固ハ港外より乗入候軍艦を防候為めの台場ニて、港内諸夷防禦の為めニハ相成不申候、然る処、当今諸夷港内ニ碇泊、居留ハ市郷ニ接し候事故、不慮の備無之候ては難叶候儀の処、外国人居留地出来候ニ付、是迄港内在来の御台場ハ適宜を取失ひ候より先役共漸々勘弁中の趣申送りも有之、方今の時勢ニ押移り候てハ、弥相当の場所へ御実備相整候様申上度存含罷在、既肥筑両家おゐても右次第深憂慮仕、豊後守《大久保忠恕》在崎中同人申談、松平閑叟儀ハ沖手自分台場の内より人数引揚け蔵屋敷を始、稲佐郷辺究竟の地へは両家申合大砲備置候程の儀ニ御座候、然る処、今般彼方より両国の交際上ニ拘り候云々申唱候迚、新築の台場取潰候様ニては　御国威ニ拘り候儀ハ申迄も無之、一ニハ京都へ被為対候ても如何、一ニハ当地警衛の諸家等へ御厳達の御主意ニも齟齬仕、諸藩の人心等ニも相拘り不容易儀と奉存候、既ニ各国おゐて条約和親の諸蛮といへとも、警備ハ夫々厳整の趣ニ相聞申候得共、互ニ台場の苦情申立候儀ハ承り不申候得ハ、彼我同様の儀ニ付、御許容不相成候方可然奉存候、乍併何角苦情申立候ハ畢竟神奈川表の事件より動揺を生し候折柄ニ付、無謂筋ニも無之候得共、右等の儀ハ私共も心配仕、既ニ滞在の岡士共へハ、於御地ミニストル江戦争御初の御談決相成、其段御達御座候迄ハ、此方より兵端を起し候儀ハ曽て以て無之旨精々申談置、彼も篤と相心得居候儀ニ御座候間、右等の事理を以厚御説得被成下候様仕度（中略）

六月廿六日　　　　　　　　　　　　　　　　　　　　　　　　　　　　服部長門守(78)

従来の警衛体制は、入港してくる外国船への備えであり、外国船の港内碇泊のみならず、外国人居留地も新設された現状に対しては「適宜を取失」っているとの認識から、佐賀・福岡両藩が新たに大砲を設置しているとの説明である。特に五月十日の長州藩による攘夷実行直後で対外的な緊張感がさらに強まっていた時期である。そのような状況ですでに着手している警衛強化を外国からの抗議によって中断するなど、朝廷に対しても警衛を担う藩に対しても説明がつかないと反論している。幕閣レヴェルでの外交交渉と現場での現実的対応という、異なる状況でなされた判断により生じる意見の相違をすり合わせるのは、非常に困難であった。

また国際的にみても、条約締結国同士でも、警備を厳重にするために台場は設置されており、それが原因で苦情が出されるということは聞き及んでいないとの認識を示している。そして、イギリスからの抗議が生麦事件以降の緊張状況から出たものであり、「無謂筋」ともいえないが、江戸で開戦が決定されるまで、先制攻撃の可能性がないことは領事たちにも伝えており了承を得ているのだから、この旨を伝えて「厚御説得」してくれるようにと老中に申し上げている。

この上申書を評議した外国奉行は、大枠としては服部の主張を認めながらも、台場に関しては、「一体各国の風習ニてハ、縦令敵対の国と相成とも、相互の商民ども往来・居住共自在ニ任、其場所々々に従ひ其政府の庇護を受候趣ニ付、内地居留外国人防禦の為台場等築立候訳ハ無之」と述べ、居留外国人への備えは国際的慣習ではないと服部の認識の誤りを指摘している。そのため、今回のことは「海外各国の交際振不案内」から生じたものだが、台場を撤去すれば「国内人心折合ニ差響」という事情を英国代理公使ニールに説明すべきだとしている。ただし、現状ではイギリス側からの継続した抗議はないので、次に抗議があるまでは見合わせておくべきだとも述べている。

この服部の意見と外国奉行の評議からは、鎖国体制下とは明らかに異なる、開国以後の警衛体制をめぐる問題点が読み取れる。すなわち、外国艦船の港内碇泊が常態化するなかで、不慮の事態に備えた警衛強化は必要だが、一方で、外国人居留地にいる外国商人は、たとえ敵対国の国民であったとしても、それは居留地所在国の責任で、その安全を保証しなければならない。したがって、居留地への備えと認識されかねないような警衛体制は、外国側からの批判を受けてしまうことになり、その点への配慮も求められるようになったのである。

ところで、これまでみてきた通り、日本側は長崎の警衛体制不備を認識し、その再編・強化を企図していたが、外国側の見解は、必ずしも日本側の危機感と合致するものではなかった。保谷徹氏によれば、元治元年初めに長崎港の台場を調査した英国海軍は、台場の位置・設置大砲数・港の水路が狭いという地理的条件などから、戦時における居留地防衛不可という判断を下し、その警衛体制にそれなりの有用性を認めていたという(79)。居留民の保護が、日本側だけでなく、外国側の軍事行動をも規制していたという点は留意しておきたい。

3　四国艦隊による下関砲撃事件の影響

文久四年正月、賜暇帰国中だった英国公使オールコックは、日本情勢への対応方針が示された訓令とともに日本に戻った。帰任してからのオールコックは、条約を遵守した自由貿易の保証を得るための最終的な軍事行動を構想しつつ、日本の領主層の動向を注視していた。オールコックが「日本の全支配階級に鎖国攘夷計画の不可能なることを思い知らせるため」に下関攻撃を決意するのは五月に入ってからである(80)。

一方で、外国側による下関攻撃に対する幕府の危機感は、オールコックの決意よりも前に、リアリティをもって高まっていた。二月五日、京都で仏国軍艦の下関派遣情報に接した一橋慶喜らの参与会議メンバーは、その中止交渉のために勝海舟を長崎に派遣している。[81] このような状況下で、佐賀藩御仕組所では次のような議論を交わしていた。

〔史料3〕

（前略）渠等は日を遂月ニ随ヒ火器・戦艦等之利を致発明候付而は、御備向之義も是非夫ニ応シ候御備無之而不相叶、然ル所ゟ已ニ長崎御屋敷をも被御取払御台場御改築、稲佐崎ニも砲台御取掛相成居候得共、未筑前御談等も相聴兼候処ゟ御備をも不相立、然ルニ方今之形勢不穏、何時不意之変可有之哉も難計処、御示談筋相約り兼候迚被投置様之姿ニ而は不容易、一体　大殿様（鍋島直正）御代始ゟ形之通被為尽　御精慮候御備向、当　御代ニ而致瓦解候通共ニ而ハ決而不相済、第一御番方御家役之御職任難相立事ニ而候間、筑前御談を始、御改築之義即今ゟ御取懸相成、仮令於彼方同意之場ニ移兼候共、御手前限ニ而も是非御備相立候様被　仰付方ニは有之間敷哉[82]（後略）

日進月歩で進化している外国の軍事技術に対応可能な備えが必要であるにも拘らず、一部の台場強化を行っただけで、警衛体制に関する福岡藩との合意形成はできていない。だが、「方今之形勢不穏、何時不意之変可有之哉」という緊張感のなかで、現状を放置しておくわけにはいかない。前藩主直正の代に始めた長崎警衛の強化が、現藩主によって「瓦解」してしまっては、「御番方御家役之御職任」が立たないので、たとえ福岡藩との合意に至らなくとも、独自に警衛を強化すべきとの意見である。

また佐賀藩は、前年に伊王島台場から洋式大砲を撤去し港内へ移設させていたが、それもまだ完全ではなかった。そのため佐賀藩は、稲佐崎台場について「先以御一手限御成就相成方ニは有之間敷哉」[83]とその整備を急いだ。そして三月十二日に、稲佐崎台場整備を第一とし、藩蔵屋敷機能の移設と跡地の台場化が決定した。[84]

七月十八日、側目付本島藤太夫を長崎に出張させ、蔵屋敷跡地の台場改築、稲佐崎台場の新築を進める。稲佐崎台場に関しては、福岡藩との示談で佐賀藩の「一切御引請被御取斗候」ことが決められ、藩屋敷跡地の台場には、八月上旬までに大砲七挺が設置され改築は完成した(85)。

　ところで、佐賀藩国許の御仕組所では五月晦日に、福岡藩世子黒田長知が京都で行った、開港場での四国艦隊への対応に関する建白について話し合われていた(86)。長知の建白は、開港場で四国艦隊の「船修覆等致し候而は御国体も不相済」ため「打払被仰付度」というものだった。これについて福岡藩は、幕府の指示を待つことが原則だと認めつつも、それ以前に艦隊が長崎港に入港した場合、幕府の指示を待たずに打ち払うべきではないかと佐賀藩に相談した。だが、佐賀藩はこれに反対した。ただし評議のなかで、艦隊が長崎に入港した際に福岡藩が「万一暴発之挙動」を起こした場合には、奉行所の指示を待たずに佐賀藩からも「速ニ御打挫之御取計無之而不相済」との意見が出され、前藩主直正・藩主直大の同意を得て佐賀藩の総意となった。

　その後八月十一日に、再び四国艦隊の襲来に備えた打払いに関する評議が行われている(87)。そこでは、艦隊の襲来が幕府の制止を無視した行動であれば、例え奉行所からの制止があったとしても福岡藩と協力して打ち払うべきだが、万一幕府の許可を得たうえでの軍事行動であれば、幕府の意向を伺うべきであること。とはいえ、実際に眼前の外国軍艦をそのままにして江戸に問い合わせる時間はなく、また長崎奉行に掛け合ったところで、奉行としても独断で打払いを指示することはおろか、幕府に指示を仰いでいる間の外国軍艦の抑留も不可能であり、それでは「御国威」が立たないが、佐賀藩の独断で打払いを実行すれば幕府の指示と「始末貫徹不仕而已」でなく、「皇国之御為ニも」ならない。さらに佐賀藩が一手に外国との戦争を引き受けることにもなるため、「孰れ御奉行之御差図ニは相成候ハ而不叶ニ付、何所々々迄も御詰合相成方ニ可有之哉」と、徹底した奉行との話合いの必要が説かれている。

　以上のように、佐賀藩首脳では、四国艦隊の襲来に関して幕府の許可を得ている場合と、得ていない場合の二パターンを想定した対応を協議していた。このような佐賀藩の対応からは次のような特徴を指摘することができる。すなわち、長崎警衛を「家役之御職任」とする佐賀藩は、軍事的危機の高揚のなかで、警衛体制の強化に関しては福岡藩との話合いがまとまらなくても実行に移すべきとの積極性を示す一方で、実際の打払いという軍事行動に関しては幕府の指示を第一とする慎重な姿勢を示している。この点は、艦隊が襲来した際の即時打払いを主張する福岡藩とは意識の相違がみられる。しかし、幕府の制止を無視した場合の外国側の軍事行動に関しては、奉行の制止に拘らず打払い実行の意思を示している。「家役」として警衛を担う佐賀藩にとって、自らの体面保持や存在意義を示す必要と、幕府の意向を第一にしつつも、軍事的リアリズムのなかでその対応を判断しなければならない、幕藩関係に基づいた警衛体制の矛盾がよく示されている。

このように危機感は高まっていたが、実際に長崎で軍事衝突が起きることはなかった。だが、四国艦隊の下関砲撃とその後の賠償金をめぐる処理が一段落ついた十月十日、前年に続いてオールコックは外国奉行に対して、佐賀藩が築造中の稲佐崎台場の撤去を要請した[88]。オールコックは、稲佐崎台場を港の警衛のためではなく「外国船及び外国人居留の地に打掛けんが為」のものであると批判し、「半独立なる大名」の単独行動は、「長州と同様なる処置を為すに成行くことを畏れ」ると、下関戦争での長州藩の敗戦を引合いに脅迫している。

このイギリスからの抗議について長崎では、十月十一日に長崎奉行服部常純と佐賀藩請役相談役伊東外記（文久二年に次兵衛から改名）が会談している[89]。その席で奉行は、外国からの抗議によって台場築造を中止するのは失体だが、無理に継続しても外国からの抗議が増すばかりであるため「先々右場所〔稲佐台場〕は御番所抔へ被御取立、左右防禦之御備等小砲有之可然、右様詰リニ相成候ハ、御双方之御意気地も相立可然哉」と、築造中の台場を番所にして、その左右に小規模の「小砲」を設置するという妥協案を提示した。

その後十二月五日に、長崎の英国領事館において服部とオールコックの会談が行われた(90)。ここでは、佐賀・福岡両藩に対して台場築造を当分見合わせるように通達したこと、稲佐崎には西泊・戸町両番所を統合し移設することが服部から伝えられている。ただし、服部は単に譲歩するだけではなく、妥協案も示している。稲佐崎に隣接し、福岡藩の抱地である水之浦は「製鉄所近傍ニ付、砲台新築致し港外より襲来之応援に必勝之地理、且外国居民之害に不相成様、砲門取建方等之実地滞港之船将へも相談之上補理候ハヽ、如何可有之哉」と長崎製鉄所の備えを理由に、外国側との協議も踏まえた台場築造を主張しているのである。この主張については、オールコックも「各国共器械製造場辺には砲台有之」と国際的な常識として認めている。

こうして対外的な軍事衝突の終息と台場築造に関する一応の妥結をみたことで、文久三年から元治元年にかけての緊迫した状況下における応急措置としての警衛体制強化はひとまず落着した。しかしながら、これで警衛体制の再編が完成したわけでは、もちろんない。改めて長崎港全体の警衛体制のあり方を模索していく必要があった。

四　慶応年間の警衛体制再編構想と終焉

1　第二次幕長戦争と警衛体制の暫定的簡略化

慶応元年（一八六五）閏五月二十九日、伊東外記は、福岡藩番頭山内権之進とともに奉行所へ出勤し、西泊番所跡への台場築造、港外四ヵ所の台場のうち長刀岩・蔭ノ尾島だけを残し、その他は改築計画の調査中は停止することを申し出て、奉行所でも同意を得た(91)。

ところが、十一月七日に長崎奉行支配組頭東條八太郎から両家聞役に対して次のような内達があった。

〔史料4〕

（朱書）「丑十一月七日両家聞役ニ内達」

御内談之覚

今般西泊御番所跡江御台場築造之義、御両家ゟ御申立相成候処、右は　公儀御入用を以御取建之御趣意ニ可有之候得共、近来不容易御用途多之折柄と申、且当港御警衛之義は、御両家御受持之義にも候間、御自分入用を以御取運之方ニハ相成間敷哉、就而は外御台場御模様替之義も追而御伺可被成趣ニ候処、当時之形勢ニ而ハ、いつれも有名無実之ヶ所而已多く御実備とは難申、然ル処、右数ヶ所江多人数之番士詰方等相成居、無益之御入費不少義と被存候間、右等之費用を省西泊江速ニ御取建、其余は御廃止之方ニ御申上相成候而ハ如何可有之哉、左候へは、外は神之嶋之厳備有之、内は西泊幷続而水之浦江築造出来候義ニ付、右ニ而御実備相立可申哉と被存候、尤当分在来御台場之内一二ヶ所相当之地残置候而も可然歟、得と御熟考有之度、先ツ拙者限御内談およひ候事

十一月

（朱書）「右書面之趣両聞役ゟ内談之趣も有之、左衛門佐殿（服部常純）へ内伺之上八太郎ゟ相達ス」(92)

ここで問題とされているのは、西泊番所跡への台場築造費用を佐賀・福岡両藩の負担とすることはできないかという点である。佐賀・福岡両藩は、幕府負担であるべきとしているが、東條は近年の多額の出費を背景として「当港御警衛之義は、御両家御受持之義にも候間」と、警衛担当であることを理由に台場築造の経済的負担を両藩に負わせようとしている。そのため東條は、「当時之形勢ニ而ハ、いつれも有名無実之ヶ所而已多く御実備とは難申」と不要な台場が多いことを指摘し、その台場を廃止して削減された経費で新台場築造費用を捻出できるのではないかと提案する。そして、警衛体制の全体像について、港外は神ノ島、港内は西泊と水之浦の重点化という考えを示している。

この件に関する具体的な動きが出る前に、翌慶応二年七月、この年当番であった佐賀藩は、第二次幕長戦争出兵中の警衛体制簡略化を奉行所に申し出た。(93) これを受けて長崎奉行能勢頼之は、八月五日に勘定奉行井上義斐・在府長崎奉行服部常純・同徳永昌新に対して、以下のような上申を行っている（傍線筆者）。

〔史料5〕

長崎表内外御台場之儀、従来御取建之儘ニ而は、当時之形勢実用不相成ヶ所々々も御座候間、右は御廃止、実備之場所江御模様替之儀、肥・筑両家ゟ申立も有之、夫々御模様替之積を以、見込取調可申立旨服部左衛門佐在崎中相達置候処、此度防長御征伐ニ付、別紙之通松平肥前守家来ゟすゝれ外六ヶ所之儀は実用不相成場所ニ候処、右江空敷人数差置候は無詮事ニ付、旁先同家当番中、当分御備筒・玉薬等取片付、長刀岩・陰の尾両所之御台場幷平戸小屋郷御番所・神の島台場・大黒町蔵屋敷等江人数差置実備仕度旨申立候間、勘弁仕候処、右七ヶ所之儀、当節之場合ニ而は全有名無実之段相違も無之、其上時勢無余儀筋ニ付承届、尤実備之場所々々は御警衛向尚厳重ニ相心得候様申達置申候、依之別紙肥前守家来申立書面幷附札写相添、立合御目付方申談、此段申上候、以上

寅八月　　　　　　　　　　　　　　　　　　　能勢大隅守(94)

傍線部にあるように、佐賀藩はすずれなど七ヵ所の在来台場を「実用不相成場所」とし、長刀岩と陰ノ尾島の両台場と平戸小屋郷の番所（稲佐崎番所）、さらに藩領である神ノ島台場と蔵屋敷での警衛体制とすることを主張している。能勢は佐賀藩の主張を全面的に受け入れて、「実備之場所々々は御警衛向尚厳重ニ相心得候様」に命じた。

ここでの対応は、あくまでも第二次幕長戦争中の臨時的措置ではあるが、不要な台場整理と警衛地点の重点化という方針は、前年の東條の意見とも合致している。

なお十月二十三日には、佐賀藩聞役納富六郎左衛門が、実用に堪えない大砲の鋳直しを福岡藩聞役と連名で奉行所に申し出ている(95)。この申し出については、伊東外記が十一月二十八日に許可が下りた旨を国許へ報告しており(96)、重点化される地点に設置すべき大砲の準備も進められていた(97)。

2 浦上村山里・淵の福岡藩預地化と西泊砲台の築造

ところで、福岡藩は同年四月に、預地に関して正式に幕府へ願い出るようにと能勢から指示を受けていた(98)。やや遡るが、福岡藩は攘夷の機運が高まっていた文久三年（一八六三）四月、警衛体制再編について幕府からの指示がないことに業を煮やし、要衝である港口に独自の台場を新築することを企図していた。だが、周辺に領地がなかったため、港周辺の代官支配地である浦上村山里・淵の預地化について奉行所に掛け合っていた。ただ、すぐには交渉がまとまらず、漸く慶応二年四月になって、「弥江府大阪《（ママ）》両閣老始、向々共事情貫通、此上は速ニ公然と江戸閣老方え御願書御差出相成候様之御処置、専要ニ候段申越」と、江戸と大坂の幕閣が事情を理解し、正式に願い出るようにと指示された旨が能勢から伝えられたのである。

これを受けた福岡藩は、五月に「是迄之砲台ニ而は、防禦之御備難相成個所不少ニ付、要地を撰ひ一手之砲台築造し、平常人数等差越置度存念」であるとして、預地について正式に幕府に願い出た。この願書への聞役添書には、「最前と違ひ各国御開港以来、次第ニ異人輻湊仕、軍艦等も常々碇泊罷在、只今ハ平穏之姿ニ相見へ候得共、何時異変可差発哉も難計」とあるように、外国軍艦が日常的に碇泊する開港場では、軍事衝突の可能性が差し迫っていなかったとしても、非常時に備えておかなければならない大名の危機意識がよく示されている。

福岡藩の願いを受けた幕府は、十一月二十一日に老中板倉勝静から浦上村淵一円高六六〇石余と同村山里の一部高五八〇石余を預地とする達を出した。そして福岡藩は、翌慶応三年正月十日に奉行所において、「自分砲台人数屯所等速ニ遂成功実備相立候様可被致(99)」との板倉からの指示を伝えられ、預地内にある西泊への「御一手持之御砲台御築造(100)」を決定した。

これにより、前年に問題となっていた西泊への新規台場築造費用の負担をめぐる問題は解消され、二月五日には佐賀藩聞役納富六郎左衛門との会談で、両藩の了解事項となった(101)。また、慶応三年は福岡藩の当番年だったが、二月六日に福岡藩聞役粟田貢が奉行所から呼び出され「要衝之地勢相撰、ヶ所相減、御実備相立候様篤と勘弁之上、見込之趣早々可被申聞(102)」との指示を受けた。すでに前年にも佐賀藩の第二次幕長戦争出兵に際した警衛体制の簡略化と関連して、警衛拠点の重点化に向けた動きはあったが、ここにおいて臨時的な措置から恒久的な体勢への構築にシフトチェンジした。前年の佐賀藩による臨時的措置が既成事実化し、それにあわせて長年の懸念であった警衛体制の再編が実行に向けて動き出したのである。

3　警衛体制再編案の確定

三月二十三日、奉行の能勢から呼び出しを受けた両藩聞役が、組頭東條八太郎を介して警衛体制再編案提出を求められた。以下、このことを国許に報告した福岡藩聞役の書状から、再編案をめぐる福岡藩の思惑をみてみよう。書状(103)によれば、再編案提出は「此節大隅守殿(能勢頼之)上京ニ付、右御見込之処速ニ承知被致度」とあるように、能勢の上京に合わせたものであった。同書状には、大砲の鋳直しについても、「御鋳直之儀、此節大隅守殿御上京之上御建白之積」なので、計画案を提出するようにとの指示を受けたことが記されている。ここから、能勢は自身の上京に合わせて、幕閣に警衛体制の抜本的な見直し案を提示することを目論んでいたことが指摘できよう。

ただし、能勢の上京が四月三日と差し迫っていたことから、提出する案の性格が問題となった。東條からも、両家が打ち合わせたうえで提出することが最善ではあるが、間に合わないようであれば、各々の案でも構わないと伝えられていた。そのため、この時評議を行った在崎の福岡藩士らは、「来月三日前御下知到来仕候とも、御下知御間ニ合兼候形ニ而、矢張番頭限之見込之処ニ而、先被仰出置候半ハ、以後御熟評之上被仰立候節、御都合御宜共ハ有御座間敷哉」と、藩の正式な案としてではなく、あくまで在崎藩士の意見として計画案を提出することを主張していた。

この在崎藩士の意見では、平戸小屋郷への番所移設や西泊への台場築造など「最前とは土地之変遷時勢之振合も有之」るため、「神崎之儀御廃ニハ被仰立置候得とも、同所を御潤色ニ相成候へハ、沖手専之矢利出来仕、急度御厳備ニ可相成と奉存候間、神崎を見込之場所ニ申上候而ハ如何」と、廃止予定だった港口の神崎が台場築造の候補地としてあげられている。また、佐賀藩が主張している神崎対岸の小ヶ倉については、浦上村淵を預地とする福岡藩としては不便であるため、否定的な姿勢をみせている。ただしこの論理では、神崎もまた佐賀藩にとっては不便である。すなわち、港を挟んで佐賀・福岡両藩の領地がはっきりと分かれたために、要衝の地であることを認めたとしても、どちらか一方だけを選べば必ずどちらかの藩にとっては不便となり、話し合いの落としどころがみつからない。そのため、「御備向之儀、御両家御領分限り、公儀御台場御持分、譬ハ神崎ハ此方様御受持、小鹿倉（小ヶ倉）佐賀御請持相成候方御実備ニ相成」として、領内にある要衝の地を当番年とは関係なく、それぞれの藩の「御受持」とすればよいのではないかと対応策を出しているのである。

その後、福岡藩聞役岡村文右衛門は奉行所で東條と会談し、佐賀藩側の主張や東條本人の意見を聞き及び、さらに自藩の案の添削を受けるなどしている(104)。この段階での福岡藩側の意見は、奉行所への提出文書草案によれば、「内手は西泊江今般美濃守（黒田長溥）一手之砲台築造仕、沖ニは松平肥前守様御台場も有之、内外中央之神崎御台場辺究竟之場所ニ付、先以同所を時勢相当ニ御築替利用之大砲御備付相成候ハヽ、御実備相立可申哉ニ奉存候」[105]と、西泊には福岡藩が築造する台場があり、沖手には佐賀藩の台場があるため、「内外中央」に位置して「究竟之場所」である神崎台場を優先的に改修して現状に対応できる大砲を設置することで、警衛体制を整えるという案であった。すなわち、港口を重視した警衛体制である。これに対して佐賀藩の考えは、港内警衛の重点化を強調し、「先以内手北瀬崎辺之海岸ニ拠リ、地勢ニ応海中江も築出、新規ニ砲台御取建、大砲等数多御備付相成候方可有之哉」[106]というものであった。なお、警衛体制の全体像については保留としている。

結局この時は両藩各々が案を出すこととなり、追って両家合意の計画案を提出することとなったが、五月二日に、近々東條が上京予定なのでその前に完成した計画案を提出するように命じられた[107]。この指示と前後して、佐賀では四月晦日から五月八日にかけて両藩合意の計画案を作成するため、両藩の聞役らによる会談が行われていた。その会談の内容を福岡藩国許から長崎の聞役へ送られた書状からみてみよう[108]（傍線筆者）。

〔史料6〕

（前略）

一、其許御備向御模様替御両家御見付之処御打合被仰出候様、追々御奉行所より御達ニ付、右為御示談岡村文右衛門儀、先月晦日ゟ佐賀表江被差越、　此方様ニ而は、神崎之処御見付と申処ヲ以、別紙之通り御示談相成、①佐賀様より御示談之北瀬崎は、御不同意之旨御返答相成候、然処、去二日御奉行所ゟ御両家聞役御呼出ニ而、尚又御談之趣佐賀表江は遄御到来之由ニ而、御奉行所ニ而御見付之白崎・小ヶ倉辺は枢要之場所ニ付、御砲台御築造相成度、其外神崎・北瀬崎は枢要之地と御両家ニおゐて御見付之場所ニ付、両所も被取加時勢相当之御台場御営築相成度旨、別紙之通り御返答有之候旨文右衛門罷帰申出候、右ニ付、去ル二日御奉行所ゟ御談之趣今一応取調之儀先便申入候処、②東条殿江猶被及御引合、御同人御噂振委細被申越候処ニ而は、白崎・神崎・小ヶ倉之処ハ御奉行所ニ而も御見付之場所と相聞候付、③尚申合候は、北瀬崎之処　此方様ニ而は、一旦は御不同意ニ候得とも、神崎も佐賀様ニ而は業前不十分場所と御承知なからも、御両家御見付之神崎・北瀬崎も御取加、砲台御築造之儀可被仰達との佐賀様御返答振ニ而、北瀬崎之処も御同意相成候方と申合、思召をも相伺候上、則佐賀ゟ之示談通御同意相成候間、彼方より之示談書ニ加付札、御奉行所被仰達振草案共夫々差越候条、佐賀聞役出会可被相達候、右は佐賀表江御答可被仰越之処、左候而は、却而隙取候歟も難計候間、於其元御答相成候段、程克加演説可被相達候、左候而草案通り同意相成候は、於其許清書之上、速ニ御奉行所江差出方可被取計候、若又文段ニ加除等有之候共、大意相違不致候は、其元限り同意いたし可被申候

（中略）

五月廿六日　　御用人中

（長崎聞役）栗田貢殿

当初福岡藩は、佐賀藩が主張する北瀬崎案には反対していた（傍線部①）。また、奉行所としては白崎・神崎・小ヶ倉を重視していた（傍線部②）。したがって、神崎案を推す福岡藩としては、奉行所の賛同も得ているため、残す問題は佐賀藩案の北瀬崎をどうするのかという点だけであった。この北瀬崎案に関しては、福岡藩は一度反対したが、佐賀藩も本心では福岡藩が主張する神崎を「業前不十分場所」と認識しながらも、両藩が主張する神崎・北瀬崎両方を計画案に盛り込むことを主張していることから、福岡藩も北瀬崎案を受け入れるという妥協点に至っている（傍線部③）。

つまり、警衛拠点をめぐる議論において、それが軍事的に有効かどうかという判断基準は当然重要ではあるが、単

純にそれだけではなかったのである。佐賀藩としては、福岡藩が主張する北瀬崎の軍事的有効性を否定しながらも受け入れていた。この譲歩を受けて福岡藩も佐賀藩案を受け入れたのであり、ここからは、藩の体裁を守ろうとする大名家の論理が働いていることを看取できよう。ここに、漸く佐賀・福岡両藩による合意が成立したのである（二六二頁図参照）。

残すところは、正式な文書を作成し幕府へ提出するだけとなったが、この最終段階でも、細部の調整に時間を要した(109)。しかも、同年六月には隠れキリシタン問題（浦上四番崩れ）や、七月のイカルス号事件といった大きな外交問題が生じていた。こうした外交問題への対処と最幕末の国内状況の混乱のなかで、幕閣の最終判断を仰ぎ、警衛体制再編を実行に移す余裕がなくなったのだろう。史料上でも、管見の限りこの後の動向を追うことができなくなる。

おわりに

ペリー来航以降、対外的危機が現実の問題として高まってくるなかで、開港場として外国艦船を受け入れる長崎では、その警衛体制の強化に向けて長崎奉行所・佐賀藩・福岡藩の三者間で議論が重ねられていた。これは、開国後も幕府崩壊の直前まで継続して議論されていた。開国したからといって、警衛体制が軽視されたわけでは決してない。本章でも指摘したように、鎖国体制下では、外から侵入してくる外国艦船への警戒に重点が置かれていたが、開国後は、港内への碇泊が常態化する環境での有事に備えた体制が求められていたのである。

だが、幕藩制という枠組みでの警衛体制再編に向けた意見調整は、奉行所・佐賀藩・福岡藩の三者間による協議・合意のうえで、幕閣へ伺いを立てるという複雑な行政手続きを要した。そのため安政三年（一八五六）の事例にみたように、佐賀藩では江戸の留守居が内々に幕府中枢の役人に懸け合うという別ルートでの工作を行っていたのである。

ところが、国内政局の混乱はさらに事態を停滞させた。文久年間の攘夷論の高揚と、その結果生じた対外的軍事衝突の危機は、当事者同士の意見調整を経た十分な警衛体制再編計画を練る余裕を与えず、眼前の危機に対する応急措置的な対応しかとり得なかった。そのなかで奉行所は、佐賀藩が港外に設置していた洋式大砲を港内に移設させ、佐賀藩としても独自に強化を図ったのである。だがこの措置さえも、外国側からの抗議を受けると修正せざるを得なかった。

対外的な軍事衝突の危機がひとまず落ち着くと、改めて警衛体制再編に向けた協議が進められた。この段階では福岡藩も預地を得て、独自の大砲設置を計画するなど強化を企図していた。また、これまで設置していた在来の台場を整理して、警衛地点の重点化を図る動きが実際に進められていく。そのきっかけは、佐賀藩の第二次幕長戦争への出兵による臨時的な警衛体制の簡略化であったが、翌年の当番であった福岡藩もその方針を引き継ぐ形で、持続的な方針として決定した。

こうして徐々にではあるが、実態と計画との両面から警衛体制再編が進められ、慶応三年（一八六七）五月の佐賀・福岡両藩の協議により双方同意に至った。その過程には、必ずしも軍事的な視点からだけではなく、藩の体裁を守りたい大名家の論理も介在してはいたが、漸くここにペリー来航以来の懸案であった長崎の警衛体制再編計画が完成したのである。だが、国内状況の混乱や行政手続き、軍事指揮権、大名領有制などの幕藩制の弊害があったとはいえ、その完成には、あまりに時間を要し過ぎた。結果として、計画の実現をみることなく幕府は崩壊したのである。

それでもこれまでみてきたように、文久二年（一八六二）に鍋島直正がとった突発的な個人プレイを例外として、基本的に長崎警衛の免除を願い出ることがなかった点を見落とすことはできない。警衛体制の再編は実施されなかったが、幕府が倒壊する間際まで、佐賀藩と福岡藩が協議を続けながら、奉行所との関係を維持し続けていた点にこそ、目を向けるべきだと考える。

すでに指摘されているように、二度の幕長戦争の過程で幕府の軍役体系は破綻し、幕藩権力が解体に向かい諸藩は割拠状態を強めたが、それでも諸藩は最終的な幕藩権力からの離脱には消極的であった。[110]とりわけ佐賀藩は、十二月九日の王政復古後も、ぎりぎりまでその政治態度を明示しなかった藩である。このような佐賀藩にとって、二〇〇年以上続けてきた「家役」としての長崎警衛は、まがりなりにも幕藩制が維持されている限り容易には否定し得ず、大名家のアイデンティティとして意識され続けていたのである。

註

(1)　藤田覚『近世後期政治史と対外関係』(東京大学出版会、二〇〇五年)。
(2)　藤田覚『幕藩制国家の政治史的研究―天保期の秩序・軍事・外交―』(校倉書房、一九八七年)、同「近代の胎動」(同編『日本の時代史17　近代の胎動』吉川弘文館、二〇〇三年)。
(3)　近世後期から幕末にかけての海防を扱った研究は枚挙に遑がない。ここでは、近年の研究として上白石実『幕末の海防戦略―異国船を隔離せよ―』(吉川弘文館、二〇一一年)、『幕末期対外関係の研究』(吉川弘文館、二〇一一年)をあげておく。
(4)　原剛『幕末海防史の研究』(名著出版、一九八八年)。
(5)　『長崎県史』対外交渉編(吉川弘文館、一九八五年)。
(6)　木原溥幸『幕末期佐賀藩の藩政史研究』(九州大学出版会、一九九七年)。
(7)　『横浜市史』第二巻(有隣堂、一九五九年)、『函館市史』第二巻(函館市、一九九〇年)。
(8)　針谷武志「安政―文久期の京都・大坂湾警衛問題について」(明治維新史学会編『明治維新と西洋国際社会』吉川弘文館、一九九九年)。

（9）後藤敦史「安政期における朝幕関係と海防掛」（『開国期徳川幕府の政治と外交』有志舎、二〇一四年、初出二〇〇九年）。
（10）勝海舟『陸軍歴史』下（原書房、一九六七年）一二八頁。
（11）同右一三六頁。
（12）三谷博「徳川将軍家の再軍備計画―文久幕制改革―」（『明治維新とナショナリズム』山川出版社、一九九七年、初出一九八一年）。
（13）高橋典幸・山田邦明・保谷徹・一ノ瀬俊也編『日本軍事史』（吉川弘文館、二〇〇六年）二六二頁。
（14）松尾晋一『江戸幕府と国防』（講談社、二〇一三年）。
（15）前掲木原『幕末期佐賀藩の藩政史研究』。
（16）石井孝『日本開国史』（吉川弘文館、一九七二年）。
（17）杉本勲・酒井泰治・向井晃編『幕末軍事技術の軌跡―佐賀藩史料『松乃落葉』―』（思文閣出版、一九八七年、以下『松乃落葉』と略記）一二三頁。
（18）「原忠成西遊記」安政元年正月十五日条（「大日本維新史料稿本」安政元年一月十五日条）。
（19）『幕末外国関係文書』巻四、三九五号。
（20）以下、本節の佐賀藩の動向については特に断らない限り『松乃落葉』による。
（21）本島藤太夫は、嘉永三年に台場強化の調査のため、江川英龍のもとに派遣されている。その時、江戸で佐久間象山とも知り合い、長崎台場の強化について教示を受けている（中野礼四郎編『鍋島直正公伝』第三編、侯爵鍋島家編纂所、一九二一年、四〇七～四一四頁）。
（22）毛利敏彦『幕末維新と佐賀藩―日本西洋化の原点―』（中公新書、二〇〇八年）、本田美穂「品川台場と佐賀藩―鉄製砲の供給をめぐって―」（品川区立品川歴史館編『江戸湾防備と品川御台場』岩田書院、二〇一四年）。
（23）『幕末外国関係文書』巻七、五八号。
（24）安政三年五月九日付鍋島市佑宛鍋島新左衛門書状（「長崎御番尓ついての往復書簡」佐賀県立図書館寄託鍋島文庫、請求番号鍋253-16）。
（25）安政三年五月九日付鍋島新左衛門宛勝本亮之助書状（同右）。

(26) 長崎表御備向之儀ニ付奉伺候書付（同右）。
(27) 幕府は、政務について「万端御手重ニ成行、無益之手数而已相増、御実備之処往々御安心不被遊」と、無駄な手続きばかりが増えているとの問題点を指摘し、外国船の来航が増加しそれへの対応が求められるなかで「非常之御手当肝要之儀ニ付、此度諸事格別簡易之御制度ニ被為復、総而無益之旧習手重之古格を被為省、質直之士風ニ相成候様」にすべきとの指示を出していた（『幕末外国関係文書』巻一二、一一二号）。
(28) 『幕末外国関係文書』巻六、二九号。
(29) 『維新史料綱要』二巻、安政二年七月二十九日条。
(30) 『幕末外国関係文書』巻五、三八八号。
(31) 『幕末外国関係文書』巻一三、一四四号。
(32) 『幕末外国関係文書』巻一五、三〇五号。
(33) 海防掛の就任者については、前掲後藤『開国期徳川幕府の政治と外交』三七頁、表一－一を参照した。
(34) 海防掛の開国論形成過程については、同右書。
(35) 中野三義「新潟奉行川村修就の海防体制の確立過程について」（『地方史研究』三五一、二〇一一年）。
(36) 安政三年七月十三日付中野神右衛門・池田半九郎・伊東次兵衛宛田中善右衛門書状（「御内密筋書付」佐賀県立図書館寄託鍋島文庫、請求番号鍋 309-22）。
(37) 藤田覚「幕府行政論」（『日本史講座　第六巻　近世社会論』東京大学出版会、二〇〇五年）。
(38) 安政三年七月十九日付中野神右衛門・池田半九郎・伊東次兵衛宛田中善右衛門書状（「御内密筋書付」）。
(39) 安政三年八月八日付大木主計・池田半九郎・伊東次兵衛宛田中善右衛門書状（同右）。
(40) 『松乃落葉』二〇一頁。
(41) 同右二〇三頁。
(42) 三谷博「限定的開国から積極的開国へ」（前掲『明治維新とナショナリズム』初出一九八八年）。
(43) 木原溥幸「幕末期佐賀藩の幕領預かり計画と井伊直弼」（前掲『幕末期佐賀藩の藩政史研究』初出一九九五年）。
(44) 『松乃落葉』二一三頁。

(45)『幕末外国関係文書』巻一五、二〇四号。
(46)拙稿「資料紹介　佐賀城本丸歴史館所蔵勝海舟「長崎港外砲台築造算定艸稿」について」(『佐賀大学地域学歴史文化研究センター研究紀要』九、二〇一五年)。
(47)『松乃落葉』二二八～二三二頁。
(48)木原溥幸「嘉永期佐賀藩の長崎台場強化と幕府」(前掲『幕末期佐賀藩の藩政史研究』一八六頁、初出一九九六年)。
(49)「直正公譜　七」万延元年四月十四日条(『佐賀県近世史料』第一編第十一巻、佐賀県立図書館、二〇〇三年、二八二頁)。以下、同史料集は『佐賀』と略記する。
(50)「胸次録」万延元年九月十七日条(『佐賀』第五編第一巻、五〇四頁)。
(51)宮地正人「ロシア国立海軍文書館所蔵一八六〇～六一年関係史料について」(『東京大学史料編纂所研究紀要』一一、二〇〇一年)。
(52)『松乃落葉』二三九～二四〇頁。
(53)同右二四一～二五二頁、前掲宮地「ロシア国立海軍文書館所蔵一八六〇～六一年関係史料について」。
(54)同右二五六頁。
(55)同右二五九～二六〇頁。
(56)原口清「幕末政局の一考察—文久・元治期について—」(『原口清著作集一　幕末中央政局の動向』岩田書院、二〇〇七年、初出二〇〇四年)。
(57)鍋島家と久世家との縁家関係について経済的側面から分析した研究に、清水善仁「江戸時代の縁家について—武家から公家への助力金を中心に—」(『中央史学』二八、二〇〇五年)がある。
(58)木原溥幸「幕末期の政治動向」(『佐賀藩と明治維新』九州大学出版会、二〇〇九年、初出一九六三年)、藤野保編『続佐賀藩の総合研究—藩政改革と明治維新—』第五章第一節(毛利敏彦執筆、吉川弘文館、一九八七年)。
(59)「直正公譜　八」文久二年閏八月二日条(『佐賀』第一編一一巻、三〇四～三〇五頁)。
(60)前掲藤野編『続佐賀藩の総合研究』第五章第一節(毛利敏彦執筆)・第三節(杉谷昭執筆)。
(61)「直正公譜　八」文久三年正月十二日・二十四日条(『佐賀』第一編一一巻、三一六・三一八頁)。

(62)「直正公譜　七」万延元年三月九日条（『佐賀』第一編一一巻、二八〇頁）。
(63)前掲木原「幕末期佐賀藩の幕領預かり計画と井伊直弼」。
(64)「直正公譜　八」文久三年二月二十七日条（『佐賀』第一編一一巻、三一八～三一九頁）。
(65)「直正公譜　八」文久三年二月二十七日・二十八日条（『佐賀』第一編一一巻、三一九頁）。
(66)「直正公譜　八」文久三年二月二十八日条（『佐賀』第一編一一巻、三一九～三二〇頁）。
(67)伊藤昭弘「文久三年の佐賀藩」（『佐賀大学地域学歴史文化研究センター研究紀要』二、二〇〇八年）。
(68)「直正公譜　八」文久三年二月二十八日条（『佐賀』第一編一一巻、三二〇頁）。
(69)『松乃落葉』二六九頁。『松乃落葉』は、文久三年の記事を文久二年のことだとしているが、これは記事の内容から明らかに誤りである。おそらく本島本人の誤認によるものだろう。
(70)『松乃落葉』二七〇～二七一頁。
(71)同右二七五～二八〇頁。
(72)同右二七九頁。
(73)木村直樹「十八世紀後半の佐賀藩と長崎都市社会」（『幕藩制国家と東アジア世界』吉川弘文館、二〇〇九年）。
(74)「長崎箱館砲台一件」（『続通信全覧』類輯之部警衛門）。
(75)石井孝『増訂明治維新の国際的環境』分冊一（吉川弘文館、一九七三年）一九八～二〇二頁。
(76)石井良助・服藤弘司編『幕末御触書集成』第六巻（岩波書店、一九九五年）五三九〇号。
(77)小野正雄『幕藩権力解体過程の研究』（校倉書房、一九九三年）。
(78)「長崎箱館砲台一件」。
(79)保谷徹『幕末日本と対外戦争の危機―下関戦争の舞台裏―』（吉川弘文館、二〇一〇年）。
(80)前掲石井『増訂明治維新の国際的環境』分冊一、二七七～二八三頁。
(81)「勝安芳日記」元治元年二月五日条（「大日本維新史料稿本」元治元年二月五日条）。
(82)「請御意御聞届等」二月十一日条（佐賀県立図書館寄託鍋島文庫、請求番号鍋309-32）。
(83)「請御意御聞届等」二月十二日条。

(84)「請御意御聞届等」三月十二日条。
(85)『松乃落葉』二九〇・二九一・二九四頁。
(86)「請御意御聞届等」五月晦日条。
(87)「請御意御聞届等」八月十一日条。
(88)「長崎箱館砲台一件」。
(89)「胸秘録」元治元年十月十一日条(『佐賀』第五編第一巻、七〇六頁)。
(90)「長崎箱館砲台一件」。
(91)「胸次録」慶応元年閏五月晦日条(『佐賀』第五編第一巻、七九四〜七九五頁)。
(92)「砲台模様替大砲鋳換御用留　慶応二年」(長崎歴史文化博物館所蔵、オリジナル番号B14 462-3)。
(93)同右。
(94)同右。
(95)同右。
(96)「胸次録」慶応二年十一月二十八日条(『佐賀』第五編第一巻、八九〇〜八九一頁)。
(97)「砲台模様替大砲鋳換御用留　慶応二年」。
(98)以下、福岡藩の預地をめぐる経緯については、「従二位黒田長溥公伝」(川添昭二・福岡古文書を読む会校訂『黒田家譜』第六巻上、文献出版、一九八三年、一六七〜一七一頁)による。
(99)慶応三年正月福岡藩聞役宛長崎奉行所達(「長崎」福岡県立図書館所蔵「黒田家文書」、資料番号70)。
(100)慶応三年正月一九日付御用人中宛岡村文右衛門書状(「長崎」)。
(101)慶応三年二月七日付御国御用人中宛粟田貢・岡村文右衛門書状(「長崎」)。この時福岡藩は、西泊台場に配置する大砲のうち「十二ホント弐挺・六十ホント位三挺」をグラバーに注文することを画策している。
(102)同右。
(103)(慶応三年三月カ)惣御用人中宛聞役書状(「長崎」)。
(104)慶応三年四月七日付御国惣中宛粟田貢・大音平右衛門・吉田久太夫書状(「長崎」)。

(105) 同右。
(106) 「長崎」。佐賀藩から奉行所へ提出された文書の写しが、慶応三年四月十三日付御国惣中宛粟田貢・大音平右衛門・吉田久太夫書状に添付されている。
(107) 慶応三年五月二日付御用人中宛粟田貢書状（「長崎」）。
(108) 慶応三年五月二十六日付粟田貢宛御用人中書状（「長崎」）。
(109) 慶応三年六月十五日付宛名・差出不明書状（註(108)の書状への返書、「長崎」）、慶応三年七月二十四日付御用人中宛岡村文右衛門書状（「長崎御用状　下」福岡県立図書館所蔵「黒田家文書」、資料番号71）。
(110) 前掲小野『幕藩権力解体過程の研究』。

第五章　長崎奉行所の崩壊と政権移行

——近世長崎統治体制の終焉——

はじめに

ここでは、近世長崎の統治体制が明治新政府へいかに接続されるのか、その大きな流れを素描してみたい。

近世長崎の統治体制の特質は、長崎奉行を頂点とする幕臣団による統括と、それを軍事面から支える近隣諸藩による警衛体制、そして、町人による貿易と町方の実務遂行とが一体となって実現されていた点にある。荒野泰典氏はこれを「長崎体制」と仮称し、慶応三年（一八六七）七月の長崎会所の廃止、翌年正月の長崎奉行の退去により「あっけなく崩壊した」と評価している(1)。ただし、奉行不在となった直後の状況について、後述する長崎会議所のメンバーである在崎諸藩の藩士らの活躍がクローズアップされることに対して、「それを支えたのは、かつて「長崎体制」の基礎でもあった長崎の自治的な力と、いざという時に出張ってくる、周辺大名の武力だったのではなかろうか」とも指摘している点は重要である。問題は、「あっけなく崩壊した」という「長崎体制」を支えていた長崎奉行以外の主体が、新政府側の勢力を中心とする長崎会議所とどのような関係にあったのかという点にある。この点を検討すれば、「長崎体制」が本当に「あっけなく崩壊した」のかを再考する余地も出てくると考える。

ところで、長崎奉行が退去して一時無政府状態となった長崎については、在崎諸藩士らによって設置された長崎会議所が、新政府から九州鎮撫総督兼長崎裁判所総督沢宣嘉が派遣されてくるまでの約一ヵ月、暫定的な統治を行っていたことが知られている。長崎会議所について最初に言及したのは、戦前の関山直太郎氏である。関山氏は、長崎会議所の設置から廃止までを概観し、その性格を「在崎各藩代表者及地役人より成り、其施政は実際は兎も角表面上各員の合議に依つた」とし、「本質はあくまで封建権力の代行者たりしに止まる」(2)と評価した。その後、大久保利謙氏は、「諸藩聞役に地役人を交えた自治的警備機関」で、「表向各藩と地役人の合議制であったが、実務はほとんど佐々木と松方の二人で処理した」と指摘した。(3)すなわち、長崎奉行の脱走を現場放棄の無責任と批判し、事後処理は突如として現れた土佐藩士佐佐木高行と薩摩藩士松方正義が万端処理したという評価である。大久保氏は関山氏の成果を見落としているため、それに対する評価は不明だが、大久保氏がより政治的動向に関心の重点を置いていることを除けば、概ね会議所に対する評価は一致しているように思われる。また近年、佐佐木・松方ら薩土以外の視点を取り込むために、佐賀藩士副島種臣の重要性を指摘する研究も出てきている。(4)

しかしながら、これらの研究は分析の始期を慶応三年の末あるいは慶応四年としており、そこに至る長崎の政治状況の流れが考慮されていない点に問題がある。幕府や長崎奉行が何も手を打たずに、大政奉還・王政復古という政治体制の転換を傍観していたわけではない。慶応三年の長崎には、本章で詳述するように、外交問題と国内問題が絡み合い治安への危機感が一気に高まる状況があった。大政奉還・王政復古という政治体制の大混乱のなかで、長崎奉行は開港場の機能を維持するための治安維持対策を最大の政治課題としていたのである。したがって、そうした政治課題に長崎奉行がどのように対応していたのかを具体的に検討したうえで、その後の展開を理解する必要がある。

そこで本章では、慶応三年七月に起きた英国人水夫殺害事件（イカルス号事件）を発端として、治安維持対策が大きな政治課題として浮上してくる時点に分析の始点を置き、新政府への政権移行が一段落つくと考えられる長崎府の設置までを見通すことを課題としたい。

一　慶応三年長崎の政治状況

慶応三年（一八六七）前半の長崎では、開国以来の懸案であった長崎警衛体制の再編に向けて、長崎奉行所と佐賀・福岡両藩によって協議が本格化していた（前章）。ところが、その直後に幕府の国家主権者としての立場を揺るがす外交問題が生じ、さらに国内の政治問題が深刻化するなかで、協議は中断を余儀なくされた。

外交問題の一つは、六月に起きた長崎奉行徳永昌新による浦上キリシタン六八人の捕縛事件（浦上四番崩れ）である。この問題はフランスを中心に外国からの抗議を受けることになったが、幕府が迅速に対応して捕縛者を村預けとする判断をしたことで、八月にはひとまず解決に至っている(5)。

もう一つは、七月七日に発生した英国人水夫の殺害事件、いわゆるイカルス号事件である。翌年に漸く明らかになった犯人は福岡藩士であったが、事件当初は土佐藩士に嫌疑がかけられており、その捜査をめぐって幕府とイギリスとの間に緊張感が高まった。事件への対応をめぐり幕府の事件解決能力が厳しく問われ、英国公使パークスが、司法制度の面から幕藩体制の限界を認識したと指摘されているように、幕府・長崎奉行にとって衝撃は大きく、以降の長崎の政治状況に大きな影響を及ぼした事件であった(6)。

事件発生直後の七月十五日・十七日・二十日には、徳永とパークスが会談しているが、パークスは徳永への不信を募らせ幕府への抗議に発展した。パークスは同月二十六日に、大坂城で将軍徳川慶喜、老中板倉勝静、外国惣奉行平山敬忠と相次いで会談し、その結果、幕府高官を土佐藩と長崎へ派遣することが決定した(7)。

長崎では、事件を受けて八月十五日に長崎奉行能勢頼之（当時長崎奉行は二人在崎）が、治安対策に関する意見書を幕府に提出した。[8]意見書の内容は、①四ヵ所にある関所の取締り強化、②港内碇泊中の諸藩軍艦の監視強化、③居留地への諸藩家来通行の検査強化、④居留地内警備の強化、⑤居留地海岸への番船配置、⑥旅人改めの強化、⑦外国人の夜間徘徊禁止、⑧諸藩からの留学生把握など、市中および居留地の警備体制強化を訴えるものであった。そして、「兵隊之義は、別手組出役之内百人程御差下、且指揮行届候もの差添被下度、其余は地役之内、当時三百人余之兵士有之候間、右を以巡邏行届候様取計可申」と、幕府に別手組出役一〇〇人の派遣を要請し、[9]現地に有する兵力三〇〇人余と合わせて治安対策に乗り出すことを打ち出している。

長崎では、七月の地役人制度廃止に伴い、旧地役人やその子弟、および市中の浪人などを銃隊として編成し、八月には遊撃隊三五九人を組織し奉行所直属の兵力としていた。[10]ここでいう「三百人余之兵士」とは彼らを指している。長崎奉行からの要請を受けた幕府は、九月二十日に撤兵二〇〇人の派遣を決定し、長崎奉行の指揮下に配することにした。

一方幕府は八月十五日、新たに河津祐邦を長崎奉行に任じた。河津の現地赴任は十月二十一日だが、その際パークスから幕府に対して、今回の奉行の交代は通常の交代なのか、あるいは更迭なのかと真意を確かめる書状が送られている。外国事務総裁小笠原長行は、パークスへの返信のなかで、「交代等ニは無之、呼戻之命下シ置候間、帰著ノ上、処置致し候積」と述べていることから、河津の奉行就任は徳永の更迭だったらしい。[11]

ここで河津の経歴を表1で確認しておきたい。河津は、開港直後の嘉永七年（一八五四）閏七月から文久三年（一八六三）四月までの約九年間箱館奉行所に勤務し、その後新徴組支配を経て、外国奉行にまで昇進している。外国奉行在任中には、池田長発使節団に随行し鎖港談判を行っており、当時の幕府にあって外交分野に精通した人物であっ

表1　河津祐邦の経歴

就任時期	就任職	前　職	備　考
嘉永7年閏7月28日	箱館奉行支配調役	御徒目付	
安政元年12月27日	箱館奉行支配組頭	箱館奉行支配調役	永々御目見以上，同5年2月27日布衣・100俵高に加増.
文久3年4月11日	新徴組支配	箱館奉行支配組頭	
文久3年9月28日	外国奉行	新徴組支配	
慶応2年3月16日	歩兵頭並	小普請組高力直三郎支配	
慶応2年8月26日	関東郡代	歩兵頭並	
慶応3年正月26日	勘定奉行並在方掛	関東郡代	
慶応3年8月15日	長崎奉行	勘定奉行並	9月15日御勘定奉行格.
慶応4年正月28日	外国事務副総裁	長崎奉行	
慶応4年2月6日	外国事務総裁	外国事務副総裁	
慶応4年2月29日	若年寄	外国事務総裁	

典拠　『柳営補任』第1，2，5，6巻より作成し，勘定奉行並在方掛については，高橋実『幕末維新期の政治社会構造』第3編第2章から補足した.

た。帰国後は、歩兵頭並や関東郡代など軍事や治安維持関係の役職を務めている。特に慶応二年八月に、関東の取締り強化のために元治元年（一八六四）十一月に再設置された関東郡代に就任していることは、後にみるように長崎奉行就任後の政策を考えるうえで注目すべき点である。このように河津の経歴は、外交問題と治安対策を同時に対処できる人物として適任であったことを示している。

河津は江戸を出立する前に、赴任後の対応に関していくつか幕府に伺いを立てている。まず、九月十四日に提出した意見書[12]は、長崎奉行の勤務体制についての改善点をあげている。従来長崎奉行は二人制で、一年交代で在勤と在府を務めることになっていたが、開国以後はこの原則が崩れ、特に元治元年十月から慶応三年十二月にかけては、在勤が二人制・三人制を短期間のうちに変更されるという不安定な状況にあった[13]。河津は、これが責任の所在をあいまいにさせる原因だと指摘し、一人制とするように述べている。その代わりに、支配向組頭を副奉行同様にして奉行を補佐することを提言する。また江戸での対応を長崎掛勘定奉行が担っている現状では、外交対応に遅滞が生じるので在府奉行を置くべきこと、さらに現地の奉行が上京・出府する手続きを簡略にすることで、外交事案の幕閣との協議・情報共有を強化しようとする考えを示している。

次いで二十一日、河津は老中板倉勝静に対して長崎奉行の職責についても上申している。(14) そのなかで河津は、長崎奉行の職責の本質を「九州惣体之御取締」は当然として、清国・朝鮮・琉球などの動静を探索することだと指摘し、「港内弾丸程之一小地」、すなわち長崎だけを対象としているわけではないと述べる。とりわけ、第二次幕長戦争の解兵勅書が出たとはいえ、いまだ長州処分問題が解決していない状況では、「両州〔防長〕之勢援遥に崎陽に相応し候義も可有御座哉、又九州諸藩之内へも二州之内へ内応いたし候もの無之とも難申」いと危機感を強め、その対策として各藩の「国情」を内偵し政治情勢を判断することが大切だとする。さらに、「九州御料御警衛幷御取締等に托し巡見仕、実践之上諸藩之反正士民之強弱等も相試、可成丈御威令西陲迄も相輝御盛徳ニ信伏仕候様、乍不及処置仕度候」と、河津自ら九州全域の巡見を行うという前代未聞の計画を開陳している。

この河津の意見には、関東郡代としての経験がいかされていると考えられる。河津は慶応二年八月に関東郡代に任じられると、常陸・下総・安房・上総の支配を命じられ、公私領の区別なき支配国内一円の視察等を行っている。(15) 長崎の治安強化のために長崎奉行自らが九州一円を巡見するという考え方が、関東の取締り強化実現のために支配国一円の広域視察を行った関東郡代の経験に裏付けられているのは明らかだろう。さらに二十二日付の伺書では、(16)「長崎表ニ於て外国人殺傷等度々有之候処、終犯人召捕候義無之ニ付、別而苦情申立候間、彼地へ罷下り候上は、篤と御取締相立候様仕度」と述べており、外国人への殺傷事件が生じても犯人を捕らえることができずに外国側から抗議を受けている現状に対して、取締りを強化すべきとの考えが示されている。河津はそのために、「諸藩士幷浪人等立入候義無之様」に規則を立てる必要を主張し、具体策として鑑札による滞在者の把握、巡邏や町ごとの非常時対応の取決め、奉行自身の港内見廻りをあげている。

ところで、ここで示されている河津の危機感を理解するためには、慶応三年の長崎における諸藩の動向も確認しておく必要がある。やや遡るが、この年の正月、土佐藩執政後藤象二郎と同藩を脱藩していた坂本龍馬が長崎で会談し、大政奉還や公議政体論について議論している。その後六月に後藤と坂本が長崎から上京し、京都では大政奉還・公議政体を目指した薩土盟約が結ばれる。(17) また八月二十日、坂本の紹介で長州藩士木戸孝允と土佐藩士佐佐木三四郎(高行)が初めて面会し、ここでも大政奉還の談義がなされた。(18) 同月二十五日には、佐佐木が佐賀藩の副島次郎(種臣)・大隈八太郎(重信)と面会し、「此頃肥前人ニハ副島次郎・大隈八太郎両人尤モ人物ト聞ケリ、時勢談致し候得共、同藩ハ佐幕ノ風有之候事ニテ、胸襟ハ開カズ」(19) との感想を抱いている。この出会いは、奉行所崩壊後の対応において注目される。そのほか、長崎に隣接する大村藩は、前年の薩長盟約にも協力しており、慶応三年正月に起きた大村騒動を経て改革派の主導権が確立すると、倒幕運動に突入していった。(20)

このような長崎における諸藩士の動向を、江戸にいた河津がどこまで正確に把握していたかはわからない。しかしながら、五月の四侯会議の結果、長州処分をめぐって雄藩側と幕府との対立が深まり、雄藩が討幕路線へと傾斜していく政治状況を踏まえれば、地理的にも長州藩に近い九州諸藩の動向に対する警戒が高まるのは必然である。だからこそ、河津は九州一円の動向を警戒し、その強化を主張したと考えられる。

この後の動向をみていくと、実際に河津が九州を巡見した足跡はみられないので、実現には至らなかったものと思われる。だが、このような意見が出るほどまでに、反幕府勢力に対する危機意識が高まっていたことには注目すべきである。河津が長崎に赴任するのは十月二十一日であり、その直前に大政奉還が行われている。着任後の政治情勢は、ますます混乱を極めていく。

二　慶応三年末の政局と長崎

1　大政奉還と長崎

一五代将軍徳川慶喜が朝廷に大政奉還の意を上表した十月十四日の前日、在崎の土佐藩士佐佐木高行は、長崎の政情を国元の寺村左膳らに宛て書き送っている(21)。佐佐木は、もし京都で武力討幕が現実化すれば、長崎では幕府軍による「勤王藩」の捕縛が行われるだろうと推測している。その場合、現状長崎には諸藩の書生や藩士数人しかおらず、とても奉行所側の軍事力には太刀打ちできず、幕府との戦争は不可能だと判断している。また、在崎諸藩士の暴発が幕府に向かうのではなく外国人に向かった場合を懸念し、長崎滞在の藩関係者を帰藩させるべきだと提言している。これは、何か対外的な問題が生じた際に、自分たちにその責任が及ばないようにするための策である。

このように、長崎奉行の警戒心の高まりの一方で、現実的には長崎ではこの段階でもなお、幕府側の軍事力が圧倒的優位な状況にあり、長崎で諸藩が行動を起こすことは困難であった。

一方の幕府は十月二十日に、今後の対応のために目付保田鈼太郎を長崎に派遣することを決定した(22)。保田は長崎に到着すると、具体的な内容は不明ながら幕府の方針を河津に伝えている。それを受けた河津は十一月に、幕府に今後の方針を確認する上申書を提出している(23)。そのなかで河津は、「兵権ニ於而ハ侯伯之手ニ有之候故、衆諸侯会同集議を尽シ、内外共ニ御補翼有之候義ニ付、結り(詰カ)　朝廷之御威権難相立、其上集議を　御裁断被遊候ハ　御幼主之御事故、公卿之手ニ在、一々実ニ　聖慮より出候儀ニ無之候段は、上下相察可仕歟」と述べており、大政奉還後の朝廷を中心とする政治勢力について、軍事力を諸大名が握っているため朝廷の「御威権」が立たず、また天皇は幼年であるため「集議」を「裁断」するのも公卿の手にあり、判断は「聖慮」に基づくものではないことは知れ渡っていると指摘する。そして、「威力共ニ相備候　賢明之御方御大政御統轄無之候而ハ、上　宸襟を難被為安、下塗炭を難被免次第ニ罷成可申哉と落涙之外無御座候」と述べ、逆説的に独自の兵力を持たず政治判断もできない天皇を擁している朝廷は「威力共ニ」備わっていないと批判しているのである(24)。

では、「威力共ニ相備」えているのは誰か。後段に「衆諸侯会議御国是御一定相成候迄は、上意之趣を以何様ニも維持可仕候」と述べていることから、幕府であることは明白である。だからこそ、国内については「当表支配向初地下人共」の動揺を抑え、「九州諸藩之向背探偵」して幕府寄りの「諸藩之気力不相挫候様」に説得すること、諸外国に対しては「御信義相貫候様所置」することが、幕府の役職である長崎奉行の「職掌」だと強調するのである。

実際に、十一月に「外国御取扱之儀御伺被為在候処、召之諸侯致上京候上御決議可相成候間、夫迄は都而是迄之通取扱候様従　御所被仰出候間、当所之儀も諸事是迄之通相心得(25)」ることが市中にも達せられている。

このように河津は、反幕府勢力による政治体制の脆弱さを冷静に見抜いており、朝廷や幕府からの指示もあったように、開港場の運営は当面奉行所が継続して行う決意を固めていたのである。したがって、従来通りの貿易業務を行うための治安維持は奉行所の重要な役割であり、諸藩の動向を警戒しておく必要があった。

そのための具体策として、配下の者や外国人からの情報入手をあげている(26)。とりわけ外国人ルートの情報入手のためにロビー活動の必要を提案していることは興味深い。河津に言わせれば、これまでの外国人との応接は、何か事件が生じた際の交渉であったため、「全表向一ト通り」の交際であり、「心服を明し不申聞」という関係であった。しかし、外国人のなかには諸藩の情報を把握している者もいるのだから、その情報を得るために、「別段ニ懇意を結」んで「音物等」の贈答や「会食」を行うことの許可を求めているのである。

2　王政復古のクーデター

十二月九日、王政復古のクーデターが決行されたことで、状況はさらに深刻となった。新政府側は、新政府樹立の詔書を作成し天皇の裁可を得るも、内部対立により未発に終わるなど主導権争いから外交権の正当性は曖昧なままであった(27)。

このような状況下で河津は、十二月二十二日付で勘定奉行兼海軍奉行並小栗忠順へ上申書を提出している(28)。この時点で、御所を「三藩」が包囲してクーデターが決行されたこと、慶喜が将軍職を辞職し江戸へ戻ることになったこと、太宰府に幽閉されていた公卿の官位が復旧され薩摩藩の蒸気船で帰洛予定であることなど、外国人たちがもたらす「浮説」を聞いてはいるが、未だ詳しい情勢を把握はできていない。また河津は、天草の治安悪化を警戒している。当時天草では、公家花山院家理を擁して挙兵倒幕計画を進める志士たちが代官陣屋を襲撃して、金八〇〇〇両余を強奪のうえ、郡会所に放火するという事件が起きていた(29)。河津が天草に支配向を派遣し取り調べたところ、志士たちは「錦之袋」に入った物を首から提げ「勅書」だと唱え、強奪した金で軍艦を購入し上京する計画であったという。そのうえ、この騒動に呼応して長崎の薩摩藩邸に潜伏していた三条実美が太宰府へ戻ったといい、「七卿落ち」で太宰府に移されていた公卿らの帰洛を大変に訝しがっている。天草の混乱状況に対して、現地の庄屋たちの不安も募っているため、「都而百姓共情実相貫候様仕候義、此節柄第一」なので、長崎奉行の預地にして統治すべきだと主張している。

こうした状況下では、「兵備無之候而ハ一日も御安心難相成」いが、すでに諸藩への期待は消え失せ、「害のみ」と切り捨てている。諸藩の軍事力の援助が望めない状況で、遊撃隊三五九人と撒兵二〇〇人の軍事力だけでは不十分なまでに軍事衝突の現実性が高まっていることが窺える。ただし河津は、唯一熊本藩は「実意ニ心配」していると信頼を寄せてもいる。長崎警衛を担ってきた佐賀・福岡両藩に対しては、「佐賀・筑前は旧格丈ニ用ニハ可相立、且反形ハ不相見え候得とも、真実之所はあてにもいたし兼候」と、実際のところあてにはできないと述べつつも、「旧格」であるから役には立つだろうし、敵対の姿勢もみせないと判断している点は留意したい。

3 鳥羽・伏見の戦いと長崎奉行所の消滅

日に日に政情不安が高まるなか、年が明けた正月三日、鳥羽・伏見の戦いが勃発した。これにより、長崎でもいよいよ軍事衝突の可能性が現実味を帯び、危機感は最高潮に達しようとしていた。この頃の長崎の政治状況については、在崎の佐賀藩士が国元へ書き送った書状に詳しいので、そのなかからみていきたい。

正月十日、長崎奉行河津祐邦と佐賀藩聞役重松善左衛門が奉行所で会談している[30]。この会談で河津は、横浜と兵庫から来航した外国船による情報として次のことを重松に伝えている。①江戸の薩摩藩邸で五〇〇人ほどが暴動を起こし、老中酒井忠惇が兵士を派遣したことで戦闘となり、三〇〇人ほどが殺傷され残った二〇〇人余が神奈川近辺に碇泊させていた薩摩藩の蒸気船で逃走したこと、②正月三日に大坂の薩摩藩邸で自火騒動が起き、その虚を突いて徳川・薩長土が戦闘状態に入ったこと、③大坂に碇泊中の薩摩藩蒸気船三艘が出港したことである[31]。これが、江戸・畿内での騒動を長崎に伝えた最初の情報だろう。

この情報を踏まえた河津の最大の懸念は、横浜や大坂を出港した薩摩藩の艦船が長崎に来航して、攻撃をしかけてくるのではないかという点にあった。そのため河津は、重松に対して「万一蒸気船より　御役所、扨又御台場御備ニ向ヶ及放発候節は、此方人数少く候故、至其節直ニ其御方御人数を以被打挫候様有之度」と述べ、佐賀藩の反撃を期待したのである。しかし重松は、「土地之変動は大村家請持之儀ニ御座候間、御人数被差出候儀は御断申上候」と、陸地の警衛は大村藩の管轄であることを理由として拒否した。それでも河津は、「当今之形勢ニ而は、当表前々ゟ之定通ニは参り兼」るとして食い下がり、重松には考え直すように伝えた。この会談直前の八日、撤兵隊は長崎から撤退していた(32)。長崎奉行の軍事力は遊撃隊のみとなり、河津の危機感はいっそう強まっていたであろう。信頼していたはずの熊本藩に軍事要請をした様子は窺えず、結局は「旧格」である佐賀藩を頼らざるを得ないことを露呈した。

正月十二日付の重松から国許への書状では、河津が「余程御心配之御様子」で、奉行所西役所に大砲を設置し遊撃隊を配備するなど、厳戒態勢を敷いていることが報告されている。重松は、長崎の薩摩藩屋敷でも自火に及び、薩摩藩関係者が退去するのではないかという情報も「内密」に入手していた(33)。

さらに、十四日付の郡目付・下目付の報告(34)では、薩摩藩側の動向として、国許から藩兵五、六百人を長崎に派遣する手配をしていること、今後の長崎奉行の動向を「専探索」していることが知らされている。また長崎奉行の動向としては、十三日に兵庫から来航した英国軍艦の情報により、七日・八日に薩長土三藩が攻撃を仕掛け旧幕側が劣勢に陥っていることを知り、「鎮台殆と恐縮、爰元ニも何時変動相起り候哉も難計」いために、十四日早朝から奉行所の記録類や支配向の家族らを外国船に乗り込ませていることなどが伝えられている。そして、こうした状況に対して市中では、奉行の滞在が長引き薩長土の藩兵が到着してしまえば、「市中迷惑之筋ニ移行候間、乍心外一刻も引払相成候様市中之者共ゟ相願たる共ニ而ハ無之哉之由」と、奉行の早期退去を求める雰囲気であると述べている。現状の長崎における新政府側の軍勢としては、薩長土越の四藩で一〇〇人余と見込んでいるが、このなかには奉行所直属の軍隊である遊撃隊からも「数十人」が寝返っているといい、今晩中にも「土州蒸気船ゟ大砲打懸、西役所及放火候聞有之」という切羽詰まった状況にあった。加えてこの頃には、イギリスも軍艦二艘を配備し、兵士二〇〇人を上陸させていた。(35)

このように、国内外双方との軍事衝突の危機が頂点に達しようとしていた十四日、河津は佐賀・福岡両藩の聞役を奉行所に呼び出し、「長崎表之義、当分両家御預り所ト相心得、地下取扱方ハ勿論、御成箇筋並外国商法税銀取立之義、都テ取計ヒ候様可被致候」と、長崎奉行の職権を全面的に委任する旨を伝えた。この判断は、「兼テ小笠原壱岐守殿御差図之趣モ有之」とも述べているように、外国事務総裁小笠原長行からの事前の指示に従ったものであった。(36)おそらくこの小笠原の指示は、河津が佐賀・福岡両藩を真に信用できないとしながらも、「旧格」であり幕府に敵対する様子はないと判断していたことを踏まえたものであろう。

「黒田長知家記」によれば、河津はこの時、「江戸役方滞留相成候テハ万一擾乱ニモ可及申（中略）無用之長居ニテ戦争等相起候テハ何様下々迄モ不一方難儀」(37)と述べたという。市中の雰囲気と同様、河津自身も自身の滞在が内乱への発展の可能性を高め、民衆の不安要因となっていることを認識していた。河津の長崎退去という政治判断は、内乱を避け、民衆の不安を治める意図があったという点は明らかである。

また河津は、市中年寄役へも「留守中之儀は、地役支配向相残、諸事是迄之通り相心得、両家々来申談相勤候様達し置候」ことを達している。(38)前年七月の地役人制度改革により、旧地役人が幕臣に登用され長崎奉行支配向となっていたことをいかして、河津は江戸から派遣されていた支配向だけを連れて退去し、事後を佐賀・福岡両藩の藩士らと旧地役人出身の支配向とに委任していたのである。この点は、町奉行が退去する際に地付きの与力・同心の解雇を宣言した大坂町奉行所との対応とは明らかに違う。(39)大坂の場合は実際に戦闘が始まっていたという事情もあり、長崎の事例と直接に比較するのは難しいが、長崎の場合、幕臣化されたとはいえ、もともとは町人であった旧地役人、及び佐賀・福岡両藩に事後を委任できる関係を有していたという点は、この時期の政権移行を考えるうえで特筆すべき点である。長崎奉行の不在により、幕府の直接的な影響力は低下するが、完全に撤退することにもならない。このような状況判断のもとで、河津は長崎退去を決意したと考えられる。

もちろん、だからといって河津の判断が長期的ビジョンに立った正当なものだったと過大に評価することはできない。ただ、従来の研究のように、一方的に無責任だと非難するのは、やや一面的過ぎるだろう。十分な軍事力もなく、また軍事衝突を避けなければならないという条件のもとでは、近世を通じて培われてきた関係性を頼りに、佐賀・福岡両藩と旧地役人に事後を委任し自らは身を引くことは、最善の判断だったといえよう。少なくとも旧幕府側は、江戸に戻った河津を罰することなく、外国事務副総裁に任じているのである。

三　長崎会議所の設置

1　会議所の運営と佐賀藩

長崎奉行が不在となり、新政府から沢宣嘉が九州鎮撫総督兼長崎裁判所総督として派遣されてくる二月十五日までの約一ヵ月の間、長崎は無政府状態となった。新政府は、正月四日に山陰道鎮撫総督に西園寺公望を任じたのを皮切りに、宮公家層を諸道の鎮撫総督に相次いで任じて各地域の平定を目指すと同時に、正月十日には農商布告を出し旧幕領の接収を宣言した。(40)しかし、沢が九州鎮撫総督兼外国事務総裁に任じられたのは正月二十五日、さらに長崎裁判所の設置決定とともに同裁判所総督を兼ねることになったのは二月二日であり、(41)九州方面への対応はやや遅れた。したがって、その間、今後の長崎の統治がどうなるかはまったくの未知数であった。開港地でありながら無政府状態というのは、危機的な状況である。このような状況下で、在崎諸藩の藩士が中心となって組織したのが長崎会議所である。

十四日に河津が長崎を退去した直後、土佐藩士佐佐木三四郎と薩摩藩士松方助左衛門が奉行所西役所に駆けつけ「開港地ニ候得バ、吾国人ハ、幕府恩顧ノ人モ各藩人モ協力シテ、皇国ノ恥辱ヲ受ケザル様ニスベシ」(42)と宣言したという。

翌十五日、土佐藩士堀内敬助が佐賀藩聞役重松善左衛門の役宅を訪い、在崎中の諸藩が西役所で会議を行うので出席するように申し入れた。重松は、福岡藩聞役と相談のうえ、西役所へ出向き、その場で奉行の退去の事情について薩摩・土佐両藩側から尋ねられ、事後を委任されたいきさつを説明している(43)。

また同日には、奉行所の御用所当番名義で、佐賀・福岡両藩に加えて熊本藩や平戸藩などの在崎九州諸藩の聞役に対して「明十六日朝九字西御役所江御出張被成」るべき旨が達せられた(44)。すでに西役所へ集まり会議所を主導する諸藩士らは、この日地役人たちに対して「諸藩集会之上色々評議有之、いつれニも当地之義は諸藩幷土地之役人申談、都而是迄之通取計可申」きこと、立山役所は福岡藩へ預けることを伝えている(45)。十七日、西役所に諸藩聞役らが集い、市中に「諸事各藩幷土地役人衆議之上、万事西御役所ニおゐて相決候」と長崎会議所の設置を布告した(46)。

会議所が設置されると、長崎の状況を朝廷に報告するための使者を派遣することが話し合われた。そこで、その人選が問題となった。この時の様子を、佐賀藩聞役重松が国許へ送った書状から確認しておこう(47)。

十六日の会議に重松は、手代として副島次郎を同行させていた。使者の選出に際しては、佐賀・福岡両藩から一人、その他の藩から三人を上京させるべきことが衆議によって決められたが、福岡藩は適任者がいないという理由でこれを辞退し、佐賀藩も同様の理由で一度は固辞した。ところが、「土藩より次郎兼而外国人之振合案内之儀ニ付」と副島が推挙され承諾することになった。この「土藩」が示す具体的な人物は、十六日付の郡目付・下目付の報告書[48]に「土佐々木三四郎儀進出、次郎殿罷登被呉度申聞」と記されており、佐佐木だったことがわかる。先述したように、前年八月に佐佐木と副島は面識があり、佐佐木は副島について佐賀藩を代表する人物だと認識していたため、その評価によるものと推測される。副島以外のメンバーは、薩摩藩士沖直次郎・安芸藩士石津蔵六・大村藩士常井邦衛となった。この三藩は、ともに倒幕運動に参加していたが、佐賀藩は政局に積極的な関与はしていなかったため、この時点での政治的な立ち位置には微妙な温度差があった。しかし、松方が国許の家老桂久武へ「佐賀ハ何も異論一点無之、会議所相立候後、直ニ添島《ママ》次郎と申、佐賀ニて一人の勤王家を聞役ニ撰挙シ、差出申候、閑叟之相廻り、誠ニ早き者ニ御座候[49]」と書き送っているように、副島の人物評価の高さは、会議所における佐賀藩の存在感を高めたといえ、佐賀藩の政治的浮上の契機として注目される。

副島が朝廷への使者に決定すると、在崎の佐賀藩士は、国許から大隈八太郎（重信）をその代役として至急呼び戻した。副島と大隈は、慶応年間に長崎でアメリカ人宣教師フルベッキから新約聖書や米国憲法などの西洋文明を学んでおり、慶応三年（一八六七）末には、フルベッキを教師に雇用して藩が長崎に設置した「蕃学稽古所」（のち致遠館）の舎長とその補佐となっていた[50]。のちに大隈が回顧するように、佐賀藩は長崎警衛を担っていたため、西洋の学問・知識を吸収するのに「他に比すれば甚だ便利」であった[51]。長崎と佐賀藩との関係を前提に西洋の知識を身につけた副島と大隈が、その才覚により藩の全面に登場してくることになった。

ところで、会議所では正月二十九日に誓書が作成されている[52]。これは、会議所参加諸藩の勤王藩としての立場を明確にさせるために長州藩士楊井謙蔵が提案したというが[53]、この提案の仕方をめぐって大隈との間でひと悶着があった。

この時の問答について佐賀藩聞役が国許へ書き送った報告書[54]によると、その内容は次のようなものであった。楊井が会議所の参加者に各藩の「国論」を確認すると、「諸藩殆当惑之模様」となった。だが大隈は、楊井の言動が、長州藩が幕長戦争の危機的状況から薩土両藩の周旋で政界に復帰できたこと、諸藩も自藩に兵を向けたことなどを述べたうえで国論を糺すような論調であることを指摘し、長州藩へ兵を向けたかどうかは、「専御一藩私之御義論ニ候得共、此会議席ニ而之御論談ハ無益之事ニ而ハ有之間敷哉」と、反論した。つまり、長州藩の私怨を晴らすかのような楊井の論調は、会議所での議論には適さないとの批判である。虚を衝かれた楊井は、それが誤解であり「私之論」のように聞こえたのであれば、「何分御用捨ニ願度」と謝罪した。大隈はこれ以上の議論を避け、「於弊藩ハ三百年前之国初以来、勤王之志ハ貫徹之義ニ而、国民一致之藩ハ他ニ向て少々驕候位」だと、自藩の勤王としての立場を強調してその場を収めた。この問答を聞いていた「土藩人」は、大隈を引き立てて「御尊論誠ニ驚入候」と評価し、会議所における諸藩の周旋を頼んだという。

　多少の誇張が含まれている可能性もあるが、これによって会議所における大隈の評価が高まったことは事実だろう。そして、この時点でも会議所参加の諸藩が決して一枚岩ではなく、薩土主導の現状に必ずしも同意が得られていたわけではなかったことがわかる。この後も、佐賀藩は「同藩〔薩摩藩〕之儀、心中陰謀之程御難計候[55]」と完全には疑心を晴らしていない。会議所は、あくまでも新政府の統治機構が設置されるまでの時限的な自治組織であり、その基盤は非常に不安定なものだった。

2　会議所の行政と旧地役人

一方で、佐賀・福岡両藩とともに、河津から事後を委任された旧地役人たちも会議所に関与していた。長崎奉行支

表2　長崎会議所の動きと旧地役人の対応

	月　日	旧地役人側の対応	会議所の動向
1	正月16日	・西役所玄関に同心小頭2人・同心3人を当番とし，内2人を泊番とする． ・番所に同心5人を詰めさせ，内2人を泊番とする． ・門には昼夜小銃隊6人を詰めさせる． ・御用所の「重立掛」を薬師寺久左衛門・土岐太郎・岡田吉太夫・諸熊祐之助・帯屋惣三郎・長江普作・本木昌蔵とする． ・竹内弥藤次・吉村藤之丞・西村次郎大夫を御入用掛・普請掛とする． ・これまで定役元〆の支配だった本船番以下の諸役は，今後臨時取扱掛定役の支配とする．	・昨日から立山役所に福岡藩が詰めている． ・立山役所を大村藩へ引き継ぐ． ・強盗事件は，帯刀人であっても切り捨てて構わないとの高札を市中へ立てる． ・薩摩藩兵200人ほどが2〜3日中に到着のこと． ・毎日各藩から1人ずつ会議所に出て訴訟などの対応をし，重要案件は衆儀とする． ・西役所を「議事場」と名付ける． ・朝廷への使者を決定．
2	正月17日	・立山役所を大村藩の預かりとすることを佐佐木三四郎から伝えられ，久左衛門が引渡しに立ち会う． ・佐佐木からの指示により，「長崎会議所」（丸印・1寸）の印鑑の作成を普請掛へ申し付ける． ・西浜町橋際・本石灰町橋際・唐人屋敷前・桜馬場入口・新橋に高札を設置するように町方掛へ達する． ・「諸役場之義も諸事是迄之通り相心得，聊無怠慢出精相勤候様」に役々へ口達する．	・町屋に押し入った強盗犯山本岡之助ほか3人の探索． ・港内碇泊中の艦船から中黒旗（旧幕府）を取り除き，日の丸だけを掲揚すること． ・波ノ平の者が起こした騒動について，白洲で公事方掛が吟味を行うので，立合として出席． ・英国領事から佐賀・福岡両藩に面会を求める書簡が届く．→粟田貢（福）・副島次郎（佐）・松方助左衛門（薩）・佐佐木三四郎（土）が応接． ・市中警衛のために今日から立山役所に大村藩が詰める旨の触書を町方掛へ達する． ・御金蔵にある金高について御入用掛から報告．
3	正月18日	・御貸付方は唐人屋敷差配役へ昨日達したように，これまでの通りに心得ること． ・大村藩が立山役所に詰めるようになったので，西役所からは撤退する旨，大村藩から長江晋作へ申し入れ．	・仏国領事から佐賀・福岡両藩に面会を求める書簡が届く．→粟田（福）・副島（佐）・松方（薩）・佐佐木（土）が運上所へ出張． ・警衛のため薩摩藩兵が昨夜到着．佐佐木から遊撃隊へ報告． ・強盗犯山本岡之助ほか3人を逮捕． →白洲で公事方掛が吟味のため立合として出席． →遊撃隊取締役福田順六郎へ引き渡し，屯所で死罪を申付ける．
4	正月19日	・蔵米の請取証文の裏書判は，長崎会議所の判を使用したいと吉井源馬（土）から相談． ・諸藩の用達は，今後「十三藩附役」と称する旨，吉井から土岐太郎へ連絡． ・大坂産物会所・松前詰などの御用向で「旅役」している者たちが帰崎できるように取り計らってくれるように沖直次郎（薩）へ「頼状」を遣わす．	・白木保三ほか4人を書院次之間に呼び出して，松方・吉井立合のもと，金100両ずつを渡す（奉行出立時に持ち出されようとした公金の取り戻しにつき）． ・市中への御下米・金の割合について町方掛が申し出る． ・「寄合医師」竹内玄菴・池田謙斎・土生玄豊3人の帰国について許可．→精得館の当番医師についてはこれまで通りとする旨，掛が書面を提出．

	月　日	旧地役人側の対応	会議所の動向
5	正月 20 日	・天草の鎮撫のために薩摩藩兵一隊が派遣されるに際して，地役人からも派遣するように吉井源馬（土）から話が合ったので，公事方掛定役久保山寛三・尾上與一郎の派遣を決定．→渡海のための船は代官へ相談．	・19 日に町方掛が申し出た市中への御下米・金の渡し方について． ・天草の状況について，児玉備後之介・結城下総之介から佐佐木三四郎らへ飛札が到着． ・天草の混乱について，薩摩藩から兵士一小隊を派遣．→野村宗七（薩）・吉井（土）・松田次郎兵衛（大）・緒方久蔵（大）・久保山（地）・尾上（地）を派遣．
6	正月 21 日	・市中の年寄役をはじめ男女 7 歳以上の者 2 万 1780 人へ米 5000 石・金 8000 両を下げ渡すことを各町の自身番所に張り出すように町方掛へ指示． ・立山役所の辻番警備について大村藩から相談があったので，下番世話役へ警備を指示．	・沖（薩）・副島（佐）・石津（芸）・常井（大）が上京のため陸路出立．
7	正月 22 日	・松方（薩）から市中にある奉行の名前入りの制札の撤去について相談があった． ・市中の諸物価・諸職人の「手間料」を下げるように諸藩から相談があったので，町触を出すように町方掛へ達する．	・市中にある制札場から，奉行の名前のものを撤去することを臨時取扱掛へ伝える． ・奉行退去後に市中へ触れ出した立札はすべて撤去し，強盗については「打果し」ても構わない旨の立札だけを残すように臨時取扱掛へ指示． ・孛国領事と応接のため粟田（福）・重松善左衛門・大隈八太郎（佐）・宮村庄兵衛（熊）・井関斎右衛門・米田忠兵衛（宇）が運上所へ出張． ・天草出張の各藩から来状．
8	正月 23 日	・如意輪寺から丸山町へ通る柵門を開くようにと高木作右衛門から相談書が回って来たので，差支えがない旨を返答した． ・日田から長崎への廻米が速やかに入津するように取り計らって欲しいと佐佐木（土）から高木作右衛門へ相談があったので，高木が浦触を出した．	・精得館詰江戸医師が帰国後の役順について，塾中で入札が済んだので，頭取・塾頭・塾監などを決定した旨を掛へ達す． ・孛国領事応接のため大隈が運上所へ出張．
9	正月 24 日	・豊後日田行きの長江晋作（地）・西村次郎太夫（地）・谷村小吉（薩）・五代龍太（薩）・堀直太郎（薩）・大隈八太郎（佐）が，佐賀藩の蒸気船に乗船して今晩出港予定． ・長江・西村の通行手形を発行．	—
10	正月 25 日	・蔵米の古米を下げ米 5000 石に加えて売り払う旨，高木から相談．異存なしと返答． ・公事方附下番田川貫太郎を御用所掛下番とし，重次郎を下番世話役とする． ・松方から通詞蔡慎吾の借り受けの相談があり，品川藤十郎へ問い合わせ，差支えがない旨を松方へ返答． ・元俵物役所の地所を薩摩藩の陣屋として当分の間貸し渡す．	・運上所で各藩との面会を求める英国領事から問合せあり．差支えがない旨を返答． ・先日外国人から提出された箱館奉行の書状を，今日返却． ・通詞蔡慎吾を薩摩藩へ当分貸し出すことを決定． ・豊後へ薩摩藩兵半小隊を派遣． ・英国領事応接のため，運上所へ粟田（福）・米田（宇）を派遣．

	月　日	旧地役人側の対応	会議所の動向
11	正月26日	・銀米の出入り，その他これまで冨岡で取り扱ってきた先例があるものについては，出張中の諸藩に委任すること． ・長江・西村が日田へ出張．	・日田鎮撫，かつ長崎廻米などについて，野村要助（土）・山口範蔵（佐）・岩永広衛（大）・村山与右衛門（大）・長江晋作（地）・西村次郎太夫（地）の派遣決定． ・先日天草へ派遣した藩士らの帰郷． ・天草に出張している各藩士に，現地の銀米の取扱いを委任． ・天草陣屋へ書状を発送． ・病院頭取に不都合がある場合は，塾頭が補助することを掛へ達する．
12	正月27日	・変わりなし	・安芸藩から藩兵70人ほどが到着．片淵郷の屋敷に止宿することを臨時掛へ達する．
13	正月28日	・天草は染川五郎左衛門（薩）が対応していると，吉井（土）から申し聞く．→次第に平穏になっているので，出張中の久保山・尾上は帰郷しても問題ないと松方（薩）から聞き，すぐに書状を遣わす．	・富岡陣屋に出張中の薩摩藩士渋谷彦助を同藩士染川五郎左衛門と交代する旨臨時掛へ達する． ・天草出張中の定役久保山ほか1人への書状の発送を臨時掛へ達する．
14	正月29日	・変わりなし	・会議所に出席している諸藩で「誓書」を作成．ただし島原・唐津両藩は除く．
15	2月1日	・粟田（福）から本木昌造に国許の用向きのために通詞の末永猷太郎を借り受けたいと相談があったので，堀一郎から同役による評議を達する． ・各藩附書物役は，これまで4人で務めているが，今後は日々詰めるようにしたいと粟田から相談があったので，岡田吉太夫から書物役中へ談判した．	・地役人らの扶持米請取証文に裏書のうえ，会議所の印を押して臨時掛から提出があったので，一覧のうえ，返却． ・唐津藩と島原藩から「嘆願書」が提出されたので，奏聞することを達する． ・精得館俗事役を吉雄圭斎へ申し付ける旨を関係者へ達する．
16	2月2日	・変わりなし	・唐津藩が口上覚を提出． ・各藩の蔵屋敷に捨訴を行う者がいるので，両役所の門前に訴状箱を設置する旨を町触として出すように臨時掛へ達する． ・戸町村の百姓が小曽根六左衛門宅へ押し寄せ騒動を起こした一件について，白洲で公事方掛が吟味を行ったので，本多李兵衛・吉井源馬が立合として出席． ・明日3日に応接したいと米国領事が要望している旨の問合せが運上所からあったと，臨時掛から申し出たので，承知の旨を返答した．
17	2月3日	・末永猷太郎を福岡藩へ貸し渡すことについて，同役のなかで異存もなかった旨を粟田へ返答．	・平戸藩が警衛兵到着の書付を提出． ・米国領事の応接のため，野村宗七（薩）・小谷久之助・木内甚兵衛（越）が運上所へ出張． ・戸町村百姓の一件に関する白洲での吟味に，野崎伝太・服部源五左衛門（平）が出席． ・唐津藩が京都へ使者を派遣したい旨の書付を提出．

	月　日	旧地役人側の対応	会議所の動向
18	2月4日	・徳川慶喜ほか6家が朝敵になったことについて，関係者が長崎に潜伏しているかもしれないので，見聞きしたらすぐに申し出るようにと市郷へ触れ出したいと，松方から相談があったので触れ出した．	・日本人の海外渡航許可の印章について，運上所が提出した雛型案に問題がない旨を返答． ・朝敵藩の長崎滞在を禁止する旨を市中郷中へ達する． ・運上所・産物所・病院・語学所・御料所代官・盗賊方には，各藩からも出勤し，「日々之事務等無遅滞裁断之通」することが決定．
19	2月5日	・本多杢兵衛（薩）・松田次郎兵衛（大）・吉井源馬（土）の上京費用を長崎方から支出するようにと吉井から相談があった（旅費1人50両×3＝150両，船賃往復銀銭270ドル）． ・船賃のうち135ドルは御金蔵から直接運上所へ渡す．150両＋135ドルを薩摩藩附役脇部清之助に渡し，仮受取書を受け取る．	・長州藩領へ長崎会議所の印鑑を配達するように同藩士楊井謙蔵へ達する． ・米国領事と応接の予定だったが，先方の都合により6日に延期．
20	2月6日	・会津藩足立監物が，現状の形勢について薩摩藩に嘆願を申し出たので，各藩と相談したところ，町人に戻るならば問題はないと決定したので，町方でもそのように心得て対応するようにと松方助太夫（助左衛門カ）から話があった． ・豊後国日田に出張中の長江晋作・西村次郎太夫が帰郷．	・筑後藩からシヤアーフル銃220挺の購入願が出された旨を臨時掛へ達する． ・米国領事との応接は再度延期． ・柳川藩の外国船購入を許可． ・長崎丸で江戸へ出ている者について，御船手掛からの願書を臨時掛が提出． ・長崎奉行が滞在中に英国商人グラバーに預けておいたアームストロング砲の請取に関する運上所掛と英国領事との往復書簡を，同掛が提出． ・京都において福岡藩に渡された書付類の写しを同藩が提出． ・豊後へ出張中の定役長江晋作・西村次郎太夫が帰郷．
21	2月7日	・変わりなし	・本多(薩)・吉井(土)・松田(大)が上京． ・唐津藩が上京の使者名を提出． ・昨年6月から医学修行のため滞在中の伊予松山藩書生9人の帰郷について問い合わせ． ・日田出張中の野村（土）・山口（佐）・岩永（大）・村山（大）が帰郷．
22	2月8日	・日曜日，休日． ・沢宣嘉の到着に備えて準備に取り掛かるようにとの大隈の指示が当番から届き，出勤． ・沢の近日中の到着について，支配向や町方へ達する．	・沢宣嘉が近々到着する旨の情報が佐賀藩へ届いたと同藩が申し出る．
23	2月9日	・御下米の支給について高木から達があったので，請取手形を用意して受け取るように役々へ達する．	・天草に出張中の定役久保山・尾上が昨夜帰郷．
24	2月10日	・変わりなし	・久留米藩が藩の船印変更を届け出たので，関係者へ達するように臨時掛へ書類を渡す． ・京都で福岡藩へ渡された書付の写しを同藩が提出． ・各国領事へ応接のため，粟田（福）・大隈・中野剛太郎（佐）が出張．

	月　日	旧地役人側の対応	会議所の動向
25	2月11日	・変わりなし	・大村藩が小銃110挺の購入願を提出したので，臨時掛へ達する. ・蔵屋敷に詰めている唐津藩渡辺多門と村瀬文助が交代のこと. ・沢宣嘉の家司若林和泉が薩摩藩所有の春日丸で到着.
26	2月12日	・変わりなし	・沢宣嘉と大村丹後守の役職を市中に触れるよう臨時掛へ達す.
27	2月13日	・変わりなし	—
28	2月14日	・沢父子が「御入」となるので，御居間1ヵ所を用意するように佐佐木から話があった. ・船改方掛・御船手掛から甲子丸入港の届け出があったので，諸向へ即刻廻状を出す. ・諸藩へも連絡する. ・各国から祝砲19発が放たれ，答砲の対応について御船手掛牛島鹿之助へ達する. ・御広間の当番を大村藩と交代するため，それまで詰めていた同心小頭・同心は引き払う. ・御役所内の御番所を今夜大村家に引き渡す. ・沢の上陸後の予定について通達があったので，諸向へ達する.	・先月21日に上京していた沖（薩）・石津（芸）が帰郷. ・井関・米田両宇和島藩士から上海へ渡航の許可証発行願が提出される.

典拠　「慶応4年　諸綴込　全」,「薬師寺久左衛門日記」,「長崎贈答」

配調役並（元町年寄）薬師寺久左衛門の日記[56]、および会議所で作成された諸記録を合綴した「慶応四年　諸綴込　全」[57]を中心に検討していきたい。なお表2は、両史料の記事を一覧にしたものであり、適宜参照されたい。

十六日の会議では、立山役所を福岡藩から大村藩へ引き渡すこと、強盗犯は厳しく処罰すること、西役所を「議事場」と称すること、朝廷へ状況報告のための使者を派遣することなどが衆儀により決定されている。強盗犯への対応に関しては、十七・十八日の記事をみると、山本岡之助ほか三人の探索が始まった翌日には逮捕・死罪が申し付けられており、混乱状態の市中の治安を維持するために強硬な姿勢で対応している。

一方で、旧地役人側では次のような対応がとられていた。十六日には、警備人員を配置し御用所の中心となる人物や御入用掛・普請掛を決定。また、この時点で「臨時取扱掛定役」がいることもわかる。この定役とは、前年七月の地役人制度改革の結果定役となった元地役人（元御役所附触頭、元会所吟味役・請払役）を指す。このように、旧地役人側でも主体的に臨時の体制づくりを行っていたことが看取できる。

その後会議所では、外国領事との応接（後述）、奉行名義の高札撤去、港内碇泊中の艦船から旧幕府の中黒旗撤去、市中への米・金の支給、天草・日田への対応などについて議論がされている。しかし会議所側の記録からは、旧地役人が会議に同席している様子は窺えない。双方の関係は、例えば「長崎会議所」の印鑑作成（No.2）や市中の物価・諸職人の賃金統制（No.7）などの事例のように、会議所での決定事項が旧地役人側（臨時取扱掛など）へ伝えられ、そこから町方掛や普請掛などの各掛へ指示が出されるというものだったようである。つまり、会議所の決定を実行に移す行政組織は、旧地役人を中心としてそれまでの組織を活用する形態であったといえよう。

ただし旧地役人側が、会議所からの指示によってのみ動いていたわけではないことにも留意しなければならない。波ノ平で起きた騒動の吟味は公事方掛が行っており（No.2）、会議所のメンバーはあくまでも立合として同席しているだけである。また蔵米の払下げ（No.10）や通りの柵門の開閉（No.8）など町方に関する日常的な業務については、独自に対応していたものと思われる。したがって、諸藩聞役らと旧地役人が会議所という一つの同じ空間において「合議」するというよりも、それぞれが別個に協議し、必要がある事案については、相互に連絡を取り合うという体制だったと考えられる。

しかしながら、このような体制に一部変化もみられた。二月四日、運上所・産物所・病院・語学所・御料所代官・盗賊方には各藩からも出勤し、「日々之事務等無遅滞裁断之通」することが決定している（No.18）。すなわち、諸藩聞役らが現場にも介入して業務を指揮しようとする姿勢を示したのである。これは、幕臣が各掛の責任者となり実務を担う地役人を指揮するという、長崎奉行所がとっていた行政組織の仕組みを踏襲するものといえる。会議所の行政は、旧地役人と長崎奉行所で構築された行政組織の仕組み双方を前提として機能していたのである。

開港場を統治する組織にとって最も重要な役割は、外国人への対応である。政権空白期間の混乱を避けるためには、長崎に滞在する外国領事との交渉が必要となってくる。

3　外国領事との交渉

河津が長崎を退去した翌十五日、葡・英・孛・米・仏・白・蘭・丁の各国領事は、河津から事後を託したと伝えられていた佐賀・福岡両藩に対して、今後の対応窓口について問い合わせている。これに対して両藩は、翌日会議所の設置を通達した(58)。十七日には、さっそく運上所で英国領事と会議所のメンバー福岡藩士粟田貢・佐賀藩士副島次郎・薩摩藩士松方助左衛門・土佐藩士佐佐木三四郎との間で会談が開かれた。以後、沢宣嘉の赴任までに、少なくとも計七回外国領事との会談が行われている(59)(表3)。

十七日の会談では、主に治安・交易・連絡方法の三点について話し合われた。会議所側は、朝廷からの指示があるまで、諸藩で計六〇〇人以上の兵を配備し治安を維持すること、交易もこれまで通り継続することを伝えた。連絡方法に関しては、領事からの申し出により「運上所司長」を介することとなった。この日の会談により、会議所は貿易の維持を前提に、無政府状態における臨時機関として英国領事から承認を得た。

翌十八日は、前日と同じメンバーで仏国領事と会談が行われた。仏国領事の対応は英国領事とは違い、条約の締結主体はあくまでも徳川将軍であることを指摘し、長崎奉行の意思に従って佐賀・福岡両藩との交渉を望み、朝廷側である会議所を承認しない姿勢を示した。当時同国公使ロッシュは、鳥羽・伏見の戦い開戦後も旧幕府支持を表明しており(60)、長崎でもその方針に従ったのである。さらに領事は、貿易の維持を求めながらも、公使からの指示が届くまでは関税を自身の手元に留保し日本側には渡さないとの意見を述べるなど、会議所への抵抗姿勢をみせた。ただし、最

表3　長崎会議所と外国領事の応接内容（慶応4年）

月　日	相手国	会議所側の参加者	主な内容
正月17日	英国	粟田・副島・松方・佐佐木	治安問題，交易継続の可否，今後の連絡方法（窓口の確認）
正月18日	仏国	粟田・副島・松方・佐佐木	朝廷政府の正当性，関税納入と貿易の継続の有無
〃	孛米白丁葡国	不明	治安問題，日本人の艦船購入代未納に関する対応
正月22日	孛国	重松・大隈・宮村・井関・米田・粟田	長崎奉行から受け取る予定だった米の引き渡しについて
正月25日	英国	粟田・井関	情勢の確認，各国商人の運上納入の有無の確認
2月3日	米国	野村・国枝・木内	長崎商人の借財・商品購入代金未納問題，諸藩の貿易品購入費未納問題
2月10日	英米孛葡国	粟田・大隈・中野	長崎奉行が購入したアームストロング砲の代金未納問題，島原藩の商品購入費未納問題

典拠　「慶応4年　諸綴込」,『復古記』第1
参加者の姓名・所属藩は以下の通り．
粟田貢（福岡），副島次郎（佐賀），松方助左衛門（薩摩），佐佐木三四郎（土佐），井関斎右衛門（宇和島），米田忠兵衛（宇和島），野村宗七（薩摩），国枝与助（安芸），木内甚兵衛（越前），大隈八太郎（佐賀），重松善左衛門（佐賀），中野剛太郎（佐賀），宮村庄之丞（熊本）

終的に会議所を承認する明確な言質はなかったが、関税の納税については確約し、お互い敵対心がないことを確認して会談を終えた。

同日は、孛国領事とも会談しており、ここでも治安と貿易に関する問題への対応を条件に会議所の承認を得ている。このように、領事たちの関心事は大きくは治安面での不安と貿易の継続の可否であり、会議所はその保証をすることで、暫定的な組織として彼らからの承認を得ることができた。

承認後の会談では、それまでに滞っていた諸藩や日本人商人らの負債をどう処理するのかという具体的な問題に踏み込んでいくようになる。例えば、二月三日の米国領事との会談では、長崎商人や諸藩の貿易品購入代金の未納について議論があり、このような未払い問題を解決することこそが

「外国人江対し信儀相立」ることであると追及されている。同様の要求は十日の会談でも繰り返されている。貿易に関する問題に適切に対応できるか否かに、新政府側の存在意義が問われていたのである。

しかしながら、会議所設置期間中に具体的に問題が解決された様子はみられない。貿易に関しても、これまで通りに継続するとは宣言したものの、現在残されている運上所関係の史料からは、実態がよくわからない。運上所で作成された御用留には、この時期の記事は、フランス人が日本人女性を長崎から鹿児島へ同行させることに関する一件だけしかなく、記事の量が増えるのは沢の赴任以降である。(61)

それでも、例えば領事たちとの往復書簡中に、居留地の地料取立てに関して「地所掛」が英国領事に催促している事実がみられるのは注目される。(62)実務レヴェルにおいては、従来の組織がまったくの機能不全に陥っていたわけではなかったことがわかる。会議所の行政が旧地役人たちの主体性と長崎奉行所が構築した行政組織に支えられていたことはすでに述べたが、外交関係の業務にも同様のことが確認されるのである。

四　長崎裁判所の設置

1　裁判所の設置と会議所の消滅

二月十四日夕方、参与九州鎮撫総督兼長崎裁判所総督沢宣嘉と、同じく参与で外国事務掛兼裁判所参謀の長州藩士井上聞多（馨）を乗せた佐賀藩所有の甲子丸が長崎港に到着した。

沢は、翌日朝五ツ時に上陸し西役所へ入ると、さっそく会議所参加の諸藩に対して、「明日よりは各藩一統会議所出席ニおよひ不申、御用向之節々御呼出有之」(63)と会議所の廃止を指示した。さらに十七日には、西役所を「御裁判所」と改称し、ここに新政府による長崎の統治機関が正式に設置された。[64] 会議所からは、主導的地位にあった佐佐木三四郎が裁判所参謀助役に任命され、同じく会議所を主導した松方助左衛門は二十日に同役に任命されている。[65]

しかし、こうした沢らの対応は、それまで会議所の運営に参加してきた諸藩士の不信を招いた。ちょうど長崎に滞在していた佐賀藩中老伊東外記は、十六日に「参謀井上聞多外薩長ゟ三人ニ而成丈事を相決候」様子が「甚致懸念しと国許へ書き送っている。そして、このような状況に対して「是非聞役之場ニ而、片足さし込候通無之而ハ相済間敷」と危機感を吐露し、聞役に大隈八太郎を推薦する。[66]

さらに二十六日には、会議所側がまとまって行動を起こす。福岡藩士粟田貢・安芸藩士石津蔵六・宇和島藩士井関斎右衛門（盛艮）・柳川藩士中村作の四人は、会議所側の総意として、「大事ニ関係致し候件々下問ニ預り、且世上之風説等も各会議之上、至当之処参謀江申出決議ニ致し度」と、改めて会議所の設置を沢に願い出た。これは、あくまでも参考意見を裁判所へ上申するにとどまり、「政事ニ関係致し役席江出頭致し度心底ニハ無之」という条件付きであったため、沢も承認した。[67]

ところが、翌日この件について沢が参謀井上聞多に相談すると、①会議所参加の諸藩は九州の藩だけではないため、公平を期すには全国の藩から一人ずつ出さないといけない、②仮に九州の藩に限定したとしても、改めて会議所を設置するということになれば、兵庫や大坂などに設置しないのは不都合である、③したがって朝廷に伺いを立てたうえでなければ正式な決定はできないとの意見が出された。そこで沢は、会議所側の諸藩一同を呼び出しこの旨を伝えるとともに、次のことを確認した。すわなち、今提起されている会議所は、藩としての意見（「国論」）に基づくのか、あるいは会議所に参加している個人の意見（「人々の私論」）に基づくのかという点であった。これには会議所側は返答に窮し、粟田は「左程迄深く考へ候義ニ而も無之、唯々御為筋と相考へ、昨日不取敢集会之人数申合、其義申出候位之事」と述べるのが精一杯だった。結局この日沢は、朝廷に伺いを立てている間は、暫定的にこれまで通り会議を開くことを許可して終わった。(68)

暫定的ではあるが、各藩が集まって会議を開くことだけは認められ、何とか会議所側の立場が保たれたかに思えた矢先、事件が起きた。二十八日の夜に、井上が辞表を提出したのである。沢は、翌朝松方を呼び出し事情を尋ねた。すると、安芸藩の石津が辞表を迫ったらしいことが判明したため、沢は「何分朝廷を軽蔑奉る之行状、公平至当申立とハ齟齬、言行不一致」だと憤慨し、ひとまず松方に石津と話し合うよう命じた。さらにこの日、井上と同じ長州藩出身という理由から、兵隊御用掛光田三郎も辞表を提出した。(69)

この騒動によって沢は、二十七日に石津らが申し出た会議所再設置の要望を、沢の赴任後「会議所相止ミ候義を何か遺恨ニ存」じたために、参謀らを排除して会議所が取って代りたいという「自己之名利を貪る為」であると、否定的にみるようになった。(70)この騒動を、石津・松方らと井上・光田との対立だとする評価もあるが、(71)松方がこの時すでに参謀助役に任命されていたことを踏まえれば、松方は石津側に立っているのではなく、あくまで双方の仲介役として石津らを抑える立場にあったとみるのが妥当だろう。

三十日、松方が裁判所に赴き、各藩で相談した結果一同悔悟し、井上にもその旨を伝えたこと、今晩井上と会議所メンバー同席で「双方真ニ和解」するよう段取をつけることを報告した。これに対して沢は、今後建言がある場合は「各一封ニいたし可差出」と命じた。(72)

実際に、三月二日には大隈八太郎と同藩古賀一平が沢を訪れ、会議所の「惣代」として和解が成立したことを報告している。(73)この席には、井上と着任したばかりの参謀町田民部（久成、二月晦日任命。参与外国事務局判事）も同席しており、今後の会議所のあり方についても話し合われた。(74)大隈と古賀は、「我々之見込は、御下向以来未官員不相揃、自然何角ニ付十分不被御行届儀も可有御座哉と乍恐相考候処ゟ、御採用之有無ニ不拘、当分之間各藩相気付候廉々衆儀ニ懸ヶ、其宜を献言仕候迄ニ而、決而御政務筋等ニ相携儀ニ而無之」と、いまだ裁判所の人事が固まらない状況で、その支えとなるべく意見を出すにとどまり、政務に参画しようとするものではないと当初の趣旨通りの主張をし、何とか理解を得ることに成功した。裁判所は、「会議」という名目を立てることなく、「各藩勝手之寄合、衆儀之次第無遠慮致献言」すことを認めたため、会議所側は毎月三度集まって議論することを決定した。

この後、集会が実際にどれほど開かれていたのかなど活動実態はよくわからないが、四月五日付の大隈から国許宛書状[75]では、大隈に代わる人物の派遣を要請するために「各藩集会西洋応接等之振合前以心得為成居候ハ而不相叶」と述べており、少なくとも一ヵ月間は継続的に話合いの場が持たれていたようである。しかし、会議所側が自ら主張したように、その政治性を垣間見ることはできず、裁判所への意見上申の有効性も確認できない。おそらく、なし崩し的に消滅に至ったものと思われる。

以上の一連の会議所と裁判所との問題の事態収拾の経過をみると、会議所側の主要人物は松方と大隈と評価して間違いないだろう（なお佐佐木は沢着任後すぐに使者として京都へ派遣されていた）。松方はすでに参謀助役となっているが、大隈も事件収束直後の三月六日には同じく参謀助役に任命されている。つまりこの時点で、会議所側の主要な人物は概ね裁判所に組み込まれたことになる。その結果、求心力を失った会議所側は、次第に活動が低調となり消滅したと考えられる。新政府の統治機関ができるまで、諸藩士らの合議による統治を試みた長崎会議所は、ここにその役割を名実ともに終えたのである。

2　裁判所の行政—連続と断絶—

会議所は裁判所の設置により消滅に至ったが、実質的な行政の担い手がどのような経過を辿ったのかを以下検討する。沢は赴任直後に、「人材登庸旧弊一新ニハ、先奸吏を除き不申候而は難相成」いと人事の刷新に意欲をみせつつ、「俄頃ニ黜陟仕候而も却而人心動揺ニも可立至ニ付、是迄之吏ハ一先悉ク暇差遣し、改而旧禄ヲ以て召抱、世録之義ハ廃止致し、其任ニ堪たる者登庸可然」[76]と、急激な人員の配置替えによる「人心動揺」を避けるため、当面はこれまでの人員を再雇用する方針を示した。

一方、裁判所の上層部は、すでに紹介した参謀井上聞多・同町田民部、参謀助役佐佐木三四郎・同松方助左衛門・同大隈八太郎に加えて、参謀助役楊井謙蔵（八日）、兵隊御用掛光田三郎（二月十七日）・同石田英吉（同日）と、一括採用ではないが徐々に諸藩から採用されていた[77]。二月十七日には、組織配置の刷新が命じられ、図のような体制となった。兵隊世話役と兵隊御用掛の関係は不明確だが、再雇用された旧地役人が諸藩士ら上層部のもと再編された組織において、実務役人として業務にあたっていた様子が窺える。

しかしながら、図には、開港場の統治機関に重要な外交に関する役職が見当たらない。会議所と領事らとの交渉でもみたように、外国側から政府の機関として承認を受けるには、貿易関係の諸問題を解決する能力があるか否かにかかっていた。裁判所では、この問題にどのように対応していたのだろうか。

会議所で頭角を現し、裁判所の参謀助役となった大隈八太郎は、三月五日に運上所掛に配置されていた。結論を先取りすれば、この大隈の働きが、裁判所の外交・貿易に関する業務のうえで重要な役割を果たしていたのである。四月五日付で大隈が国許へ宛てた書状には、「旧鎮台之時ゟ押送相成居候西洋各国ニ相懸り候談判数十廉八太郎一人江

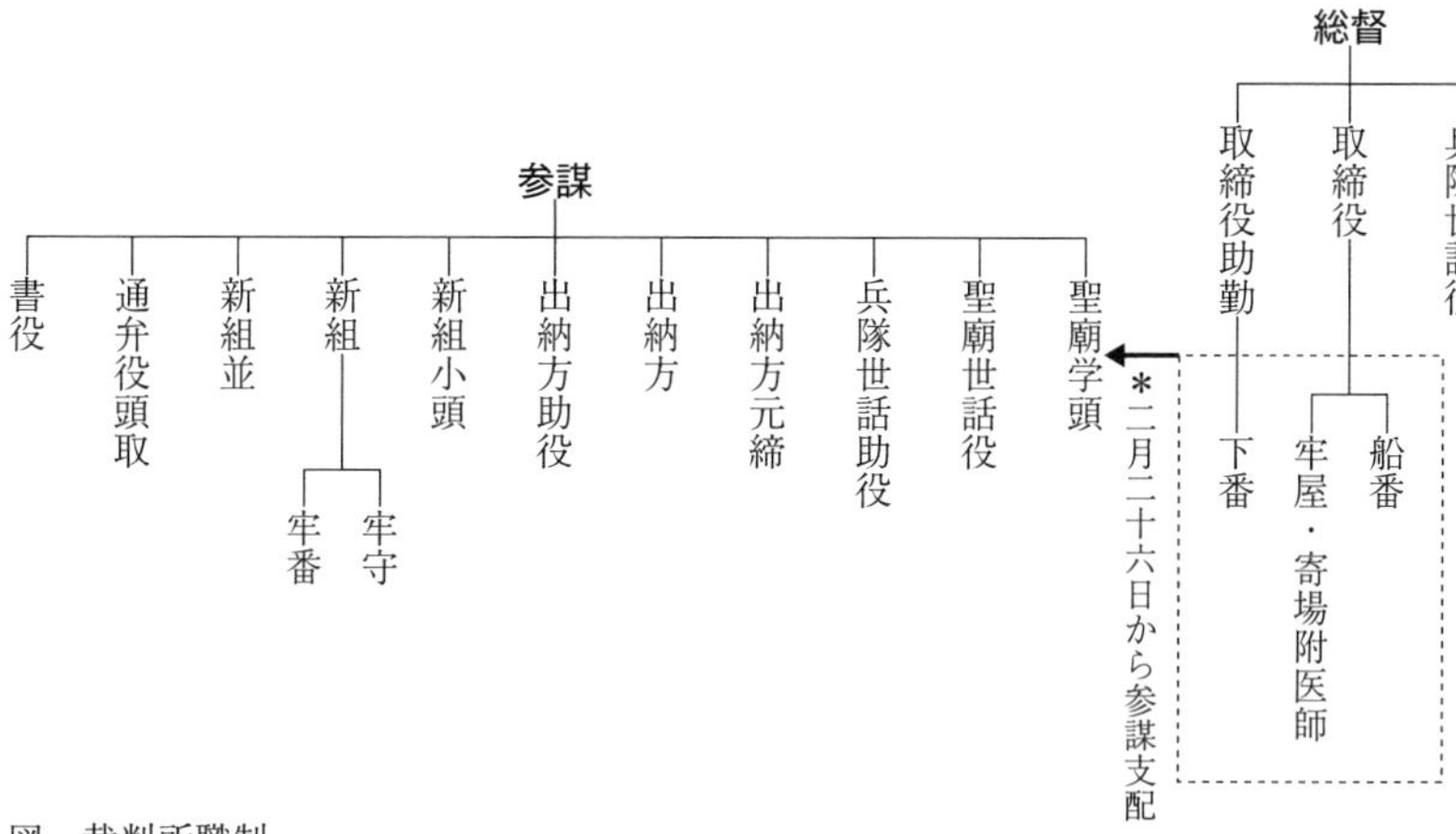

図　裁判所職制
「申渡留　慶応4年」をもとに作成
太字以外は，旧地役人.
兵隊世話役・同助役は18日に差免.

被　仰付、過半手捌相付居(78)」とあり、旧幕府時代に長崎奉行が抱えていた外交問題「数十」を自分一人で対応したことが記されている。大隈はのちに、この時のことについて、期限を二ヵ月に限って関連書類の再提出を外国領事に交渉し、「只た裁断に於て最も必用とする公平てふ一事は決して失はさりしなり(79)」という姿勢で臨んだと振り返っている。

これは何も大隈自身の過大評価ではなく、沢も認めるところであった。大隈は三月十七日に参与兼外国事務局判事に任じられており、朝臣となっていた。そのため太政官は、四月四日に大隈の横浜在勤を命じた。この太政官の指示に対して沢は、「即今八太郎義当所御引上ニ相成候而は、御大事之御時節、自然外国との応接不都(合脱カ)之義出来」するかもしれず、政権移行の段階では、「毎々人体相変り候様にてハ遂ニ根本相立兼(80)」るとの理由から、大隈の横浜在勤免除を願い出ているのである。

まだ新体制による外交事務の基礎固めも緒に就いたばかりで、大隈が外国領事との交渉に奔走している最中に引き抜かれてしまっては、長崎裁判所としてはゆゆしき事態であった。そのため、参謀井上が上京して横浜在勤の人事について政府に相談することとなった。ただ、政府から許可されなかった場合に備えて、沢は長崎における大隈の代役を推薦するようにと、大隈に命じている。(81) このあとの経緯は詳細が不明だが、沢の願いは聞き入れられず、閏四月十日に大隈は横浜裁判所勤務が決定した。(82)

この大隈の経歴は、政権移行における長崎の政治体制の変化を端的に示している。佐賀藩は、旧幕府時代に長崎警衛の担当藩として制度的に長崎の統治の一翼を担っていた。そのため、大隈は自ら述懐しているように、西洋の知識を身につけるには有利な環境にあった。そして、そこで身につけた知識を武器に、会議所・裁判所、さらには参与兼外国事務局判事へと新政府に取り立てられていった。言うまでもないが、これは大隈が佐賀藩士であることが理由ではない。あくまでも大隈個人の外交に関する知識が評価されたからである。つまり、長崎の統治を長崎奉行（＝政権担当者）と佐賀・福岡両藩で担うという近世的な統治体制が崩れる一方で、佐賀藩は、政権担当者と藩との関係性においてではなく、藩士個人の才覚によって存在感を示すことに成功したのである。同様の経緯を経た副島も、三月十三日に参与兼制度事務局判事に任じられている。(83)

ところで、沢は三月三十日に当初の宣言通り役務に堪えなかった旧地役人を罷免した。(84) 慶応三年（一八六七）には一四三七人いた地役人も、五月に新たに設置された長崎府では、九八四人の職員中一六六人にまで激減した。(85) 残された人員と罷免された人員の役職・階層などを詳細に検討したうえでなければ、長崎裁判所・長崎府における旧地役人の役割を正確に評価することはできない。だが、幕府の貿易利潤により保護されていた段階から比較すれば、危機的な立場にあったことは間違いない。長崎裁判所・長崎府が開港場の行政を遂行するうえで、旧地役人の経験や知識に頼らざるを得ない部分が大きかったのは事実だろうが、一方で、佐賀藩と大隈の動向にみたように、旧幕府時代の幕府との関係性ではなく、新政府が求める能力を有する者のみが生き残れるという状況にあったことは明白である。ここに行政の連続と断絶の境目が浮き上がってくるのである。

3　長崎警衛体制の廃止

最後に、佐賀・福岡両藩による長崎警衛体制の解体過程をみておこう。長崎会議所における在崎藩士たちの積極的な政治主導も、長崎警衛のための軍事面では、まったくといってもよいほどに対応できていなかった。港の警衛は、台場や砲台の設置、大砲の配備などが必要であり、市中の治安維持のための兵力動員とは別の性質のものである。したがって、この部分に関しては、なお佐賀・福岡両藩の存在意義は強く残されていたといえる。

佐賀・福岡両藩は、正月二十五日にこれまで通りに長崎警衛を務めるようにと命じられ(86)、二月六日に国許にその情報が伝えられた佐賀藩では、福岡藩と今後の話合いを行うべく協議がなされている(87)。

ただ沢は二月十五日の着任当初、両藩による警衛体制を廃止し大村藩へ担当させる意向だったようである。しかし実際には、「長崎表砲台等不容易義ニて、殊ニ肥前よりハ国力を傾け、台場営造炮熕備付置等有之義ニ候へは、右を被免候て、大村一手ニ而請持ニ相成候てハ、自然有事之□間、防禦等如何可有之哉熟考之上、御返答ニ可及候事(88)」とあるように、容易に体制を変えられるものではなかった。

このような状況で福岡藩は、二月二十五日に旧幕府時代から計画していた預地への砲台設置（前章）を願い出ている(89)。同月下旬には、今年当番年である佐賀藩が、本来の交代時期は二月だが間に合わないので、三月中旬の交代を目指して福岡藩と相談している(90)。また沢自身も、三月九日に砲台の巡見を行っている(91)。

次いで十三日には、福岡藩から「台場砲其（ママ）外」に関する佐賀・福岡両藩連名の書付が提出された(92)。そのなかで両藩は、「皇国之御備両家職掌之任相立候様被仰付度(93)」と述べ、前年までの長崎奉行との警衛体制再編に向けた協議内容と未だ実現できていない再編強化の必要を訴えている。ここで注目すべきは、長崎警衛を自分たちの「職掌」だと主張している点である。前章でみたように、佐賀藩は開国以降、長崎警衛を「家役」だとして、その警衛強化の必要を強く説いていた。そうした意識が、幕府から明治新政府へ政権が移行しても引き継がれ、自藩のアイデンティティとして政権担当者へ主張しているのである。

これを受けて裁判所は、四月二十二日・二十八日に福岡藩と佐賀藩それぞれに、警衛体制の再編計画案を提出するように求めた。ところが、六月六日、両家で十分に話し合う必要があること、その間は国元から大砲・兵力を送り込み増員するとの覚書が福岡藩から参謀助役佐佐木三四郎へ提出された(94)。このやりとりは、旧幕府時代の長崎奉行と佐賀・福岡両藩のやりとりとまったく同じ構図である。長崎警衛に藩のアイデンティティを求めるも、結局は、両藩の意見調整に手間取り迅速な対応がとれないという状況に変化はなかったことを露呈させた。

この間、新政府は閏四月に政体書を頒布し、直轄地に新たに府・県を設置することを定めた。これにより長崎裁判所は、五月四日に長崎府となり沢が長崎府知事となった。こうした流れのなかで、八月十七日、佐賀・福岡両藩は、行政官から「積年長崎府警衛被　仰付尽力罷在候処、今度諸開港場之儀ハ一般ニ被　仰付候条、右警衛被免候事」と長年務てきた長崎警衛の役を免じられた。そして、以後は府兵を設置し諸規則は追って軍務官で決議したうえで、「天下一般之御定」とすることが命じられているように、軍事権は中央の政権に回収されていったのである(95)。この後十一月八日に砲台の引き渡しが完了して、二百数十年に及ぶ長崎の警衛体制は終わりを遂げた。このことは取りも直さず、時の政権による長崎の統治を、佐賀・福岡両藩が軍事の面から補完するという近世的な統治体制が完全に終焉を迎えたことを意味するのである。

おわりに

以上本章では、長崎における政権移行期の政治状況について、近世長崎の統治体制の変容という観点から考察してきた。

慶応三年（一八六七）の長崎は、七月七日に起きたイカルス号事件を契機に治安維持対策が喫緊の課題となった。この治安維持対策は、当初は外交問題として取り組まれていたが、次第に政局の混乱が深刻化するに伴い、国内問題としての比重も高まり、外交と国内政治を両睨みで取り組まなければならない最重要の政治課題となっていった。この難題に対応すべく長崎奉行に任じられたのが、外交・治安対策の双方に関わる役職を歴任してきた河津祐邦であった。河津は、長崎奉行の制度改革による問題対応の迅速化、出府・上京の簡易化による幕閣との情報共有、九州全域を視野に入れた情勢把握と、積極的に新たな政策を主張した。特に、九州全域を長崎奉行自らが巡見するという政策は前代未聞のことであり、実現には至らなかったがそれほどまでに国内情勢が深刻化し、それへの対応が喫緊の課題として認識されていたことが読み取れるのである。

しかし、大政奉還・王政復古のクーデターによる政局の大転換により、長崎での河津の立場はより厳しいものとなっていく。大政奉還後も外交権は幕府に委ねられ、王政復古のクーデターを経てもなお、新政府側の外交権が明確にはならなかった。そのなかで河津は、国内の混乱が外交問題へ直結することを阻止し、また旧幕府側の正当性を示すために従来通りの開港場運営を維持する必要があった。だが、九州の政治勢力は次第に諸藩の旧幕府離れを加速させ、翌年正月三日に始まった鳥羽・伏見の戦いは、河津による長崎統治の限界を決定的なものとした。内戦を回避するためには、これ以上旧幕府側の勢力が長崎に滞在することは不可能となり、河津は事後の対応を佐賀・福岡両藩と旧地役人らに託し、支配向らと長崎を後にした。河津は内心では、佐賀・福岡両藩を完全には信用はしていなかったが、これまで長崎警衛を担ってきた両藩は「旧格」であり、最後はその関係性に頼らざるを得なかった。

長崎奉行が退去してから新政府の統治機関が設置されるまで、長崎の統治を応急措置的に担ったのは、諸藩の藩士と旧地役人らの協力体制で成立した長崎会議所であった。会議所の運営は、先行研究が指摘するように、新政府側の佐佐木三四郎や松方助左衛門の主導による影響力が強かったのは否定されない。だが、開港場である長崎の統治は、外交や西洋の知識、あるいは行政能力が求められ、政治的指導力だけで実現できるものではなかった。そこで求められたのが佐賀藩の副島次郎や大隈八太郎であり、旧地役人であった。

副島や大隈は、長崎警衛を担ってきた佐賀藩の立場を背景に外交・西洋の知識を有利に得ることができた。そうした環境のなかで身につけた力が評価され、会議所で頭角を現した。ここで重要なことは〝長崎警衛を担う佐賀藩〟という制度的根拠に基づくのではなく、藩士個人の才覚によって会議所の中枢に食い込んでいったことである。一見すると、長崎との関係が深い佐賀藩がその統治に関与するのは自然のように思えるが、その性格は大きく異なる。どれだけ関係性が深くとも、求められる能力がなければ淘汰されていくのは、同じ立場にある福岡藩が次第に政治的立ち位置を後退させていくことに示されている。

また旧地役人たちは、長崎の統治に関する実務の面では蓄積されたノウハウを有しており、慶応三年七月に幕臣に登用されてからは、奉行所組織に取り込まれて行政を担っていた。そうした行政能力をいかして、政権移行期の混乱のなか、新政府による長崎統治を下支えしていたのである。

長崎裁判所が設置され、沢宣嘉が総督として赴任してくると、会議所の役割も終わりを迎える。当初は会議所側も裁判所の運営に食い込もうとする動きをみせたが失敗し、主要メンバーが裁判所に取り込まれた結果、次第に役割を低下させていった。沢は人心の動揺を防ぐために、ラディカルな人事の刷新は抑制したが、猶予期間の働きぶりをみたうえで、能力が十分ではない旧地役人を淘汰した。

一方で、佐賀・福岡両藩が担っていた長崎警衛に関しては、会議所・裁判所とも否定することができなかった。港の警衛は、台場・砲台・大小砲の設置と、費用や技術・知識の面で兵士を動員してそれなりに対応できる治安維持対策とは根本的な違いがあった。そのため、新政府は両藩に引き続き警衛を任せたし、両藩も自らの政治的存在意義をアピールするために、長崎警衛を「職掌」だと主張し、開国以来の課題であった警衛体制再編の実現を献言したのである。だがそれも結局は、旧幕府時代と同じ問題から進捗せず、最終的には府兵の設置を待ち新政府に回収されたのである。こうして、江戸幕府が構築した〈政権担当者＝長崎奉行―佐賀・福岡両藩―地役人〉による統治という長崎の近世的統治体制は完全に終焉を迎えた。これにより、個人の能力で以て登用される維新官僚による、開港場長崎の統治と行政改革が本格的に着手されていくことになるのである。

註

(1) 荒野泰典「近代外交体制の形成と長崎」(『歴史評論』六六九、二〇〇六年)。
(2) 関山直太郎「明治維新に於ける長崎仮政庁―長崎会議所―」(『社会経済史学』四―一〇、一九三五年)二五～二六頁。
(3) 大久保利謙「明治新政権下の九州」(同監修『明治維新と九州』平凡社、一九七三年)三五三～三五四頁。
(4) 野村亮「慶応四年の長崎鎮定と副島種臣」(『社学研論集』一一、二〇〇八年)。
(5) 家近良樹『浦上キリシタン配流事件―キリスト教解禁への道―』(吉川弘文館、一九九八年)。
(6) 森田朋子「幕藩関係にみる裁判権―長崎英艦水夫殺人事件を中心に―」(横浜開港資料館・横浜近世史研究会編『幕末維新期の治安と情報』大河書房、二〇〇三年)。

(7)　同右。
(8)　「平山敬忠日記」慶応三年八月十五日条（「大日本維新史料稿本」慶応三年八月十五日条）。
(9)　別手組出役とは、文久三年九月に、外交官警護を目的として外国奉行支配で発足した組織である。その後、任務の範囲を拡大し、天狗党の乱の鎮圧や第二次幕長戦争への動員、京都警備など、多方面での軍事動員・警備にあたった。正確な人数は不明だが、慶応元年閏五月時点では、およそ九〇〇名ほどであったという（岩崎信夫「幕末別手組の活動と身分」『日本歴史』七八五、二〇一三年）。
(10)　福田忠昭『振遠隊』（重誠舎、一九一八年）。
(11)　「英軍艦水夫両人長崎ニ於テ遭害一件　九」（『続通信全覧』類輯之部暴行門）。
(12)　「長崎奉行退去後在各藩士盟約土地鎮撫一件」（『続通信全覧』類輯之部雑）。
(13)　兵頭徹「幕末開港後における長崎奉行の性格」（『東洋研究』一四五、二〇〇二年）。
(14)　「長崎奉行退去後在各藩士盟約土地鎮撫一件」。
(15)　高橋実「新規関東郡代制の成立と展開」、「慶応幕政改革と関東在方掛制の展開」（『幕末維新期の政治社会構造』岩田書院、一九九五年）。
(16)　「英軍艦水夫両人長崎ニ於テ遭害一件　九」。
(17)　井上勲『王政復古』（中公新書、一九九一年）。
(18)　佐々木克『坂本龍馬とその時代』（河出書房新社、二〇〇九年）。
(19)　東京大学史料編纂所編『保古飛呂比　佐佐木高行日記』第二巻（東京大学出版会、一九七三年）四五七頁。
(20)　松井保男「大村純熈と明治維新」（大村史談会編『九葉実録』第五冊、一九九七年）。
(21)　『保古飛呂比』第二巻、五三七頁。
(22)　「熊本藩庁記録」慶応三年十月二十日条（「大日本維新史料稿本」慶応三年十月二十日条）。
(23)　日本史籍協会編『淀稲葉家文書』（東京大学出版会、一九七五年）三八六～三八八頁。
(24)　ただし、河津は、大政奉還そのものを否定しているわけではない。「郡県之御制度と相成、兵権も　朝廷ニ帰シ、公卿門地を以官位之先途を極候儀無之、徳望才幹衆ニ抜而候て天下之人依頼仕候程之ものニ候ハヽ、草莽よりも御撰択相成、補翼之重任御授被為在候程ニ大御変革行届候義ニ御座候ハヽ、右等之弊害は有之間敷候へ共、乍恐此両事ハ迚も御出来不被遊義と奉存候」（同右）と述べているように、朝廷の兵権が確固たるものとなり、人材登用も個人の才能に基づき草莽から抜擢されるほどの大改革を経たうえであれば、朝廷を中心とする政権も認める考えを示している。

(25) 細川家編纂所編『改定肥後藩国事史料』第七巻（国書刊行会、一九七三年）六二七頁。

(26) 『淀稲葉家文書』三八九〜三九〇頁

(27) 松尾正人『維新政権』（吉川弘文館、一九九五年）。

(28) 『淀稲葉家文書』四三〇〜四三三頁。

(29) 高木俊輔「北九州草莽隊花山院隊の研究」（藤野保編『九州と明治維新（Ⅱ）』国書刊行会、一九八五年、初出一九七二年）。

(30) 慶応四年正月十日付岩村右近・中野数馬・伊東外記・深江助右衛門宛重松善左衛門書状添付「別紙」（「長崎贈答」佐賀県立図書館寄託鍋島文庫、請求記号鍋 922-1）。国許には正月十二日に到着。

(31) ①は品川沖に碇泊していた薩摩藩の翔鳳丸、③は大坂湾から鹿児島へ出港した同藩平運丸を指していると思われる（三艘は誤情報カ）。双方とも旧幕側と海戦に及んでいるが、長崎を目指していたわけではなかった（保谷徹『戊辰戦争』吉川弘文館、二〇〇七年）。

(32) 前掲福田『振遠隊』。

(33) 慶応四年正月十二日付岩村右近・中野数馬・伊東外記・深江助右衛門宛重松善左衛門書状（「長崎贈答」）。

(34) 慶応四年正月十四日付下目付・郡目付「手覚」（「長崎贈答」）。

(35) 前掲保谷『戊辰戦争』。

(36) 『復古記』第一（東京大学出版会、二〇〇七年、復刻版）慶応四年正月十四日条。

(37) 「黒田長知家記　九」（東京大学史料編纂所所蔵、請求記号 4175-990）。

(38) 「薬師寺久左衛門日記」慶応四年正月十四日条（東京大学史料編纂所所蔵、請求記号維新史料引継本Ⅱほ-604）。

(39) 安竹貴彦「「大坂町奉行所」から「大阪府」へ（一）（二）―幕末から明治初年における町奉行所与力・同心の動向を中心に―」（『奈良法学会雑誌』一二―三・四、一四―二、一九九九年、二〇〇一年）。

(40) 前掲松尾『維新政権』。

(41)『復古記』第一、慶応四年正月二十五日・二月二日条。
(42)『保古飛呂比』三巻、二九頁。
(43)慶応四年正月十五日付御目付方宛久保六郎助・嬉野弥平次書状（「長崎贈答」）。
(44)慶応四年正月十六日付岩村右近・中野数馬・伊東外記・深江助右衛門宛重松善左衛門書状（同右）。
(45)「薬師寺久左衛門日記」慶応四年正月十五日条。
(46)同右慶応四年正月十七日条。
(47)慶応四年正月十八日付羽室雷助・原口重蔵・宮崎寿平宛重松善左衛門書状（「長崎贈答」）。
(48)慶応四年正月十六日付下目付・郡目付「手覚」（同右）。
(49)慶応四年正月二十二日付桂久武宛松方助左衛門書状（鹿児島県歴史資料センター黎明館編『鹿児島県史料玉里島津家史料』五、巌南堂書店、一九九六年、九二一〜九二三頁）。
(50)岩松要輔「英学校・致遠館」（杉本勲編『近代西洋文明との出会い―黎明期の西南雄藩―』同朋舎、一九八九年）。
(51)日本史籍協会編『大隈伯昔日譚』一（東京大学出版会、一九八〇年、復刻版）五頁。
(52)「誓書」の全文は以下の通り。「誓盟は長大之事件就而万世不易之国論を以て同盟する之後は、旧事を問はす、隔意を生せす、互ニ併力補助して、此向き如何様之紛擾相起と雖　天朝之御為ニ各鉄石之心を以て盟誓し、誠志を顕はすもの也」（「誓書　慶応四年戊辰正月」長崎歴史文化博物館所蔵、オリジナル番号 B14 106-2。以下、同館所蔵史料は長歴と略記する）。
(53)前掲大久保「明治新政権下の九州」。
(54)慶応四年二月三日付岩村右近・伊東外記・深江助右衛門宛羽室雷介書状（「長崎贈答」）。
(55)慶応四年二月十四日付深堀又太郎・石井東九郎・原口重蔵・相良宗左衛門・宮崎寿平宛羽室雷助書状（同右）。
(56)「薬師寺久左衛門日記」。
(57)「慶応四年　諸綴込　全」（長歴、オリジナル番号 B14 119-2）。
(58)『復古記』第一、慶応四年正月十八日条。
(59)以下、外国領事らとの会談内容は「慶応四年　諸綴込　全」による。なお、この時期の長崎での外交交渉の政治的特質については、澤井勇海「「交際」から「外交」へ―明治初年の外国交際一八六八―一八六九―」（『国家学会雑誌』一一三五、二〇一六年）

を参照。

(60) 前掲保谷『戊辰戦争』。

(61)「慶応四年正月―同年八月　御用留」(森永種夫校訂『長崎幕末史料大成』五巻、長崎文献社、一九七一年)。

(62)「従慶応三丁卯歳至明治元戊辰歳　各国往復留」(『長崎幕末史料大成』二巻、三一八～三一九頁)。

(63) 細川家編纂所編『増訂肥後藩国事史料』八巻(国書刊行会、一九七三年)一四四頁。

(64)「薬師寺久左衛門日記」慶応四年二月十七日条。

(65)「九州事件並長崎裁判所御用仮日記」慶応四年二月十七日・二十日条(東京大学史料編纂所所蔵、請求記号0173-7)。同史料は、澤井勇海「明治元・二年長崎の政治外交と沢宣嘉―東京大学史料編纂所所蔵「九州事件幷長崎裁判所御用仮留日記(一・二)」、外務省外交史料館所蔵「諸事心得留」の翻刻と考察―(一)(二・完)」(『論集きんせい』三八・三九、二〇一六・二〇一七年)に翻刻がある。

(66) 慶応四年二月十六日付伊東外記差出「内密」(「長崎贈答」)。

(67)「九州事件並長崎裁判所御用仮日記」慶応四年二月二十六日条。

(68) 同右慶応四年二月二十七日条。

(68) 同右慶応四年二月二十九日条。

(70) 同右。

(71) 杉谷昭「明治初年における三治職制の府について」(『史淵』九四、一九六五年)。

(72)「九州事件並長崎裁判所御用仮日記」慶応四年二月三十日条。

(73) 同右慶応四年三月二日条。

(74) 慶応四年三月六日付深堀又太郎・羽室雷助・相良宗左衛門・宮嶋寿平宛大隈八太郎書状(「長崎贈答」)。

(75) 慶応四年四月五日付深堀又太郎・相良宗左衛門・宮嶋寿平宛大隈八太郎・羽室雷助書状(同右)。

(76)「九州事件並長崎裁判所御用仮日記」。

(77) 以下、裁判所の人事に関しては、「申渡留　慶応四年」(長歴、オリジナル番号14 26-2)。

(78) 前掲註(75)。

(79)『大隈伯昔日譚』一、二七〇〜二七二頁。
(80)「九州事件並長崎裁判所御用仮日記」慶応四年四月八日条。
(81)前掲註(75)。
(82)『維新史料綱要』八巻、明治元年（慶応四年）閏四月十日条。
(83)同右、明治元年（慶応四年）三月十三日条。
(84)「九州事件並長崎裁判所御用仮日記」慶応四年三月三十日条。
(85)『新長崎市史』第三巻近代編（長崎市、二〇一四年）。
(86)『維新史料綱要』八巻、明治元年（慶応四年）正月二十五日条。
(87)「長崎贈答」。
(88)「九州事件並長崎裁判所御用仮日記」。
(89)同右慶応四年二月二十五日条。
(90)慶応四年二月二十七日付岩村右近・深江助右衛門宛鐘ヶ江次郎兵衛・伊東外記書状（「長崎贈答」）。
(91)「九州事件並長崎裁判所御用仮日記」慶応四年三月九日条。
(92)同右慶応四年三月十三日条。
(93)「太政類典」第一編・慶応三年〜明治四年・第五十九巻・外国交際・開港市二（国立公文書館所蔵、請求番号太00059100）。
(94)「黒田長知家記　九」。
(95)「太政官達」明治元年（慶応四年）八月十七日条（「大日本維新史料稿本」明治元年（慶応四年）八月十七日条）。

終章　幕末開国と長崎

本書では、江戸幕府の近世対外政策が集約され存立していた長崎が、開国によってどのような変容を遂げたのかという問題意識に対して、長崎奉行所の行政組織（第一部）、都市社会及び政治状況（第二部）という大きく二つの観点から考察してきた。以下、各章で得られた結果を改めてまとめておきたい。

一　長崎奉行所の組織再編と開港場運営

第一部では、安政三年（一八五六）の長崎奉行支配吟味役（のち組頭に改称）設置を契機として、次いで同五年に支配向が増設されたのを受け、長崎奉行所が奉行直属の幕臣を中心とした組織に再編され、開港場運営が行われていく過程を検討した。

欧米列強との条約締結により横浜・長崎・箱館が開港場となると、現地の奉行所は奉行のもとに、幕臣である〈組頭―調役―定役〉からなる支配向を配置して、開港場運営を行っていた。このことは、横浜や箱館のように新設・再設置された奉行所では、当初から支配向が配置される組織構造であり、一見それ自体に特段の意味を持たないような印象を受けるためか、これまであまり注目されてこなかった。しかしながら、長崎からみた場合、支配向を中心とする奉行所組織への再編と開港場運営は、幕府の対外政策が根幹から転換したことを実務レヴェルから示す大きな画期であった。

長崎奉行所では、支配向が新設されると彼らが奉行所の諸掛の責任者として配置され、行政対応にあたっていた。行政文書の手続きは、従来のように奉行の家臣を介在させることなく、支配向のトップである組頭に集約させ、その審査を経て最終的な奉行の決済をとるようになっていく。奉行所内の主要な執務空間も新たに「御用所」が設けられ、そこで支配向を中心とした行政処理が行われ、職務規定も定められた。安政六年の御用所改革でみたように、行政文書の手続きを明確かつ厳格にすることで、情報管理の徹底と先例参照の業務環境改善を図り、システマチックな行政を遂行できるような体制づくりがなされたのである。

このように奉行所組織が再編・整備されていくなかで、とりわけ開港場運営において重要な掛となったのが、運上所掛と居留場掛である。

運上所（当初は港会所）の中心業務は、外国船の出入港税・輸出入税の徴収であり、幕府は、これら業務の対応を開港場奉行の支配向が行うようにと指示し、長崎でもそれに即した対応がとられていた。ただし、長崎の場合は地役人の存在が前提にあり、支配向が他の開港場に比べて少なく抑えられたため、士分格である番方地役人を支配向（調役）の直支配にして活用していた。また、外国人居留地での地所配分やインフラ整備を行う居留場掛でも、同様に支配向が配置され、そのもとで地役人が実務役人として活用されていた。居留場掛の場合は幕府から方針が示されることもなく、採用される地役人に運上所掛配置の地役人ほど身分や格式に限定はなかったようだが、採用後には身分・格式を上昇させる動きがみられた。これは地役人側からすれば、会所貿易の存続が危機的な状況のなかで、外国人居留地の運営に携わることで、新たな居場所を獲得することに繋がり、開国後の地役人の動向を考えるうえで注目される点である。

ただし、支配向と地役人との関係については留意しておかなければならない。開港場運営においては、実務を地役人に丸投げすることなく、あくまでも支配向が責任者として業務全体を把握しておくことが求められていた。それは、開港場で奉行所が行う対外業務は、何か過失があれば外交問題に発展する可能性を常に孕んでおり、現地の奉行の責任のみならず江戸の幕閣、ひいては徳川将軍にまで責任が波及してしまうためである。

こうした対外業務の性格が明瞭に表れるのが、公文書の作成であった。運上所掛で作成される徴税関係の文書には、担当の定役と立合の調役の捺印が求められ、居留地の地所を貸し渡す際の地券発行は、実務面では居留場掛乙名らが対応していたが、多くの手続きを経て最終的には奉行が発行することになっていた。対外業務に関する文書の発行は、究極的には、その業務内容を条約締結者である徳川将軍が保証することを意味する。したがって、いかに実務能力の蓄積がある地役人を活用したとしても、現地で業務内容を保証する責任は、幕府の役人である幕臣でなければならなかったのである。ここから、支配向の設置と彼らを中心とした奉行所組織への切り替えは、対外関係業務を町から幕府へ回収するラディカルな組織改編だったといえよう。

かくして幕臣が奉行所運営の核となったが、次に問題となるのは、組織のトップである長崎奉行が彼らをいかにマネジメントして、業務を遂行させるかという点である。三港に開港場が設置され、一度に総勢二〇〇人以上の人員が必要となったことを踏まえれば、人材確保が組織のトップである奉行にとって喫緊の課題であったことは明らかである。そのため、長崎奉行岡部長常と江戸詰組頭依田克之丞の関係にみられたように、現地の奉行は、江戸詰との連絡調整を密にとりながら有能な人材の確保に努めていた。

また組織内部の人事に関しては、定役からの内部昇進を基本とすることで、業務の習熟度を高めると同時に、支配向の勤務意欲向上を図るという方針が示されていた。長崎奉行は、人材登用が積極的に行われる当該期の幕府人事において、その機会を得ようとする幕臣の活力を取り込むことで、奉行所運営を円滑に進めようとしていたのである。しかしながら、現場の奉行が必要とする人材と幕府の判断にはズレがあった。幕府は、一程度の譲歩はみせたものの、身分制に基づく職制では、身分と家格、あるいはそこから派生する足高などの財政問題に制限され、必ずしも現場の意向をそのまま認めることができなかった。ここからは、先行研究で指摘されているような、幕府の人材登用政策の限界が開港場運営でも問題となっていたことを確認できる。

もう一点、開港場の奉行にとって重要なこととして、開港場相互の運営を統一させることがあげられる。開港場の奉行所では、相互の業務内容を調整するために、江戸詰の支配向間、あるいは奉行間で連絡を取り合っていた。この点からも、長崎奉行にも他開港場の奉行同様に支配向を設置する必要があったことを指摘できる。そして、江戸の支配向が他開港場奉行所や幕府との業務調整を行うために、開国以前には存在しなかった長崎奉行の「江戸役所」が新たに設けられたことは、大きな画期だった。

このように業務環境が整えられたことで、水先案内の行政手続き制度化の過程で検討したような、幕府の指示が明確でない状況でも、現場対応で制度を構築することを可能としたのである。

二　開港場長崎の社会変容と政治状況

第二部では、開国による貿易都市長崎の社会変容と、長崎警衛を担う佐賀・福岡両藩と長崎奉行との関係について検討した。

近世長崎の都市運営は、よく言われるように、町が役として実務を担うかわりに長崎会所から都市助成金（都市運営費）が支出され、相互が一体となっている点に大きな特徴があった。ただしこれは、幕府による強力な管理貿易政策のもと、その利潤を長崎会所に集中させ、それを都市に再分配することを前提としていた。ところが、自由貿易の開始は会所への利潤集中を否定し、また外国人居留地も市中の外縁に造成されたために、開国後の開港場運営は、それまで前提としていた条件から大きく転換した状況で行う必要に迫られた。

開港場への民衆移動を促す幕府の政策により、長崎には多様な労働力が流れ込むこととなったが、その結果外国人居留地で雇用される日雇の統制が問題となった。近世長崎では、外国貿易に携わる日雇は市中人別者に限られ、日雇頭の指揮のもと町の統制を受けると同時に、雇用機会の均等や助成を受けるなど会所貿易の制度に守られた存在でもあった。

ところが外国人居留地では、外国商人らが相対で日雇を雇用していたために、無宿や往来手形不所持などの不法流入者が集中するようになっていた。この状況に対して長崎奉行は当初、旅人統制や人足寄場の設置による無宿対策を行い流入者の管理と統制に努めながら、日雇に関しては従来通りの「町乙名―日雇頭」ラインによる統制を試みた。しかし効果は得られず、また彼らによる窃盗被害に対する外国側からの抗議を受けて、統制の仕組みを改めた。奉行所が公認する請負人に、流入してくる日雇の身元保証と外国人への派遣を独占させたのである。これは、町や日雇頭による統制という従来のあり方とは異なったが、請負人からの冥加金上納に対して、その営業権を許可するという点では身分制社会に基づいた近世的な対応であった。

だが、奉行所の統制を嫌う外国側の非協力的な姿勢と、それを盾に統制から逃れようとする日雇の抵抗により、貫徹されなかった。外国人居留地における日雇統制の問題は、「自由」な経済活動を要求する外国側に対して、従来の会所貿易体制下の統制方法どころか、近世的な統制方法も通用しないことを露呈させたのである。

また外国人居留地の外ではあるが、ロシア海軍が居留していた浦上村淵では、ロシア人たちが生み出す経済効果によって潤うようになっていた。浦上村淵の村役人は、都市長崎を維持するための役を担っていたことから地役人としての側面も有していたが、地域自体は、市中と違い長崎会所からの貿易利潤の分配を受けてはいなかった。つまり、この地域とロシア人との関係は、外国人との交流から生み出される利潤の直接的な受益者の対象が、市中外縁部へ広がったことを示している。

しかしながら、ロシア人への日常的な対応は現地の村役人に委ねられていたため、とりわけ庄屋の志賀九郎助は激甚な負担を強いられることになった。これに対して志賀は、ただ負担を甘受するのではなく、ロシア人関係の業務のなかで築いた長崎奉行所役人とのコネクションを梃子に、主体的に身分・格式の上昇に動き、それを実現させていた。奉行所は、周辺地域を巻き込みつつ、村役人の身分・格式上昇要求を受け入れることで、双方にとっての妥協点を見出し、開港場運営を行っていたのである。

一方で、条約未締結国である清国とは、貿易実態は別として、制度としては開国後も従来通りの会所貿易が続けられていた。長崎会所は財政難に苦しみながらも存続し、地役人制度も温存されていたために、開国後の新たな政策はこの従来の制度との矛盾にも対応しなければならなかった。

地役人である長崎通詞は、鎖国体制下で外国人との意思疎通を独占し、特定の「家」によりその職を世襲していた。だが、長崎以外への開港場設置と諸外国との関係拡大による新たな外国語需要の高まりを受けて、存立の危機を迎えた。一部の有能な通詞が各地へ派遣されるようになり、供給源である長崎で有能な通詞が枯渇するという逆転現象が起きた結果、幕府や奉行所は通詞の育成を急ぎ、長崎通詞以外への門戸を開放したのである。

しかしながら、何礼之助の制度改革案で指摘されていたように、地役人制度が温存されている状況では、個人の能力に大きく左右される語学を専門とする役職に拘らず、地役人であるというだけで受用銀を得られる長崎通詞は、積極的にその能力を高めようとはしなかった。その結果、能力がなくても地位を確保できる長崎通詞を目の前にして、門戸開放により参入してきた有能な者が不満を募らせるという悪循環を生み出し、能力主義政策は十分な成果をもたらさなかったのである。

このように開国後は、長崎市中の外縁にある外国人居留地や浦上村淵で条約締結国との関係が構築されるようになったが、それは地理的な問題だけではなく、唐人屋敷や出島を疑似的な町とみなして、長崎の町制機構に組み込んで管理する会所貿易の論理の外縁であることも意味した。だが、会所貿易の制度が完全には否定されなかったために、長崎では自由貿易の論理で展開される開港場運営と、会所貿易の論理による従来型の都市運営が併存することとなり、通詞制度の問題にみたように両者の間で生じる矛盾の解消が課題となっていたのである。

長崎の統治を支えていたもう一つの柱である長崎警衛は、長崎奉行が固有の軍事力を有さない状況は開国後も変わらなかったため、従来通り佐賀・福岡両藩が担っていた。しかしながら、開国後は港内に外国商船や軍艦が常駐するようになり、それ以前の入港阻止を目的とする外海中心の警衛体制から、港口・港内へ警衛拠点をシフトする警衛体制へ再編する必要があった。そのため奉行所・佐賀藩・福岡藩の三者間で繰り返し協議が行われていた。だが、長崎での藩士どうしの協議、奉行所との意見調整、国許での判断、これらを経たうえでの幕府への意見上申という手続きは、あまりに煩雑で、議論は遅々として先に進まなかった。

対外的な軍事衝突の危機が迫ると、応急措置的に大砲が移設されるなど、一部警衛体制の再編に向けた動きはみられたが、再編構想の全体像は慶応三年（一八六七）前半に一応の完成をみるも、結局それが実現される前に幕府が倒壊してしまった。

しかし、ここで注目しておきたいのは、最後まで三者間での協議が継続されたこと、両藩が長崎警衛を二〇〇年以上継続してきた「家役」＝自藩のアイデンティティとして意識していたということである。

幕末になって新たに軍役を課された江戸湾警衛などとは違い、二〇〇年以上の長期間に及ぶ軍役は、「家役」と意識されるように藩の存在意義と密接に結びついていた。そのため両藩は、容易には長崎警衛から離れることはできず、幕府倒壊まで奉行所と政治的関係を維持し続けることになったのである。こうした関係が、最後の長崎奉行河津祐邦が長崎を退去する際の政治判断に大きく影響したと評価したい。

一方で、慶応三年半ばから後半にかけて、長崎ではイカルス号事件に端を発した外交問題と、倒幕へ傾く西国諸藩の動向への警戒という国内問題が絡み合い、治安対策が大きな課題となっていた。外交と治安対策の双方に関係する役職を歴任してきた河津祐邦は、長崎奉行に任じられると、奉行の制度改革や九州諸藩への警戒など積極的な政策を打ち出した。だが、大政奉還・王政復古と続く国内政治の展開は、長崎奉行による開港場統治を限界にまで追い込んだ。ぎりぎりまで長崎奉行の正当性を主張していた河津も、長崎での軍事衝突を避けるために、最終的には佐賀・福岡両藩に事後の対応を委ねて、長崎を退去した。この政治判断に至らせたのは、両藩を本心からは信用していなかったとしても、長年長崎警衛を担ってきた「旧格」であるが故に、幕府に敵対はしないし役に立つという認識だったといえよう。

長崎奉行が退去し無政府状態となった長崎では、在崎の諸藩士らにより長崎会議所が設置され、新政府から九州鎮撫総督兼長崎裁判所総督沢宣嘉が派遣されてくるまでの対処にあたった。会議所の中心となったのは土佐藩士佐佐木三四郎（高行）や薩摩藩士松方助左衛門（正義）であった。しかし、長崎警衛は依然として佐賀・福岡両藩が新政府から命じられ、それは沢の到着後も変わることはなかった。むしろ、沢が当初大村藩に担わせようとしながらも、結局は現状維持の判断をせざるを得なかったように、容易には両藩による警衛体制を否定できなかったのである。両藩も、長崎警衛が「両家職掌之任」であるとして、近世以来のアイデンティティを新政府に対して示し正当性を主張した。

さらに、外国人への対応が何より重要な開港場では、長崎や外国の事情に精通した者が必要とされ、会議所内で佐賀藩の副島次郎（種臣）や大隈八太郎（重信）が台頭してきた。これは、諸藩から日和見との批判を受けて出遅れていた佐賀藩にとっては、新政府へ食い込むチャンスでもあった。〝長崎警衛を担う佐賀藩〟という制度的な藩の存在意義を一方で示しつつ、やがて維新官僚へと成長する新政府側の諸藩士らが主導権を握る会議所の中枢に、藩士個人が自らの才覚によって食い込むことで、藩の存在感を示すきっかけを摑んだと評価できよう。

また、会議所や裁判所の行政の実務を担った、旧地役人の存在にも留意しておきたい。沢着任後には、新政府が求める能力の有無を判断され、長崎裁判所が動き出して一段落した三月には、能力がないと判断された者は罷免された。五月に長崎府となった時点で生き残った旧地役人は、わずか一割程度にすぎなかった。しかし、無政府状態の混乱期から新政府による支配が一定の安定をみせるまでの間、実務面で行政を支えた意義は大きいだろう。

かくして長崎における政権移行は、旧幕府時代の統治体制を支えていた佐賀・福岡両藩と旧地役人の存在を前提とし、徐々に新政府側の統治体制を整えることを可能とした。その移行が完成するのは、慶応四年八月に、両藩の長崎警衛が免じられ軍事権が新政府に回収された時点と評価できる。ここに、近世的な長崎の政治体制は終焉を迎えたのである。

三　近世貿易都市長崎から開港場長崎へ

以上本書で明らかにしたことを踏まえて、近世長崎からみた開国の意義についてまとめておきたい。

すでに何度も述べているが、近世長崎の統治体制は、長崎奉行を頂点とする奉行所を軸に、対外関係全般に関わる実務を町が役として行い、軍事的には佐賀・福岡両藩の軍事力によって支えられていた。とりわけ貿易都市としての性格からみれば、その最大の特質は、商人どうしの通商関係を前提として、〝対外的〟に幕府が関知することはなかった点にある。

ところが、欧米列強と締結した通商条約は、このような幕府の対外政策を根底から覆し、条約締結主体である徳川将軍を対外関係業務の責任者として前面に引きずり出した。開国後は、国家主権者である幕府の役人が直接の責任者となることで、対外的に幕府の責任を明示する必要があったのである。そのため長崎奉行所では、幕臣を中心に開港場を運営するための組織再編が進められた。その過程は、まさに対外関係業務の町から幕府への回収だったといえよう。

ただし長崎の場合は、開国後も会所貿易の制度が温存されたことで、その対応を複雑にさせていた。会所貿易と町が一体となって行われる都市運営は、外国貿易で生み出される利潤を会所に集約させて都市へ再分配することを前提としており、その直接の受益者は長崎市中の者たちであった。しかし自由貿易は、そうした利潤の循環構造とはまったく異なり、そこで発生する経済活動は、外国人との相対が原則であった。このような状況は、市中からみれば、外国貿易から得られる利潤が外縁へと流出していくこととなったし、反対にそれ以外の立場からすれば、その利潤を手にするチャンスとなったとみることができる。

この利潤の循環構造の変化は、会所の財政難を招き、その存在自体が否定されるのは自明のことであった。その意味において、荒野泰典氏が指摘するように、諸特権が剝奪されていく過程であった(1)。だが、その過程の複雑さにこそ、この時期の長崎統治の特質がある。長崎奉行や幕府はそのことを十分に自覚していたがゆえに、長崎市中が永続可能となるような仕法を模索しながらも、急激な改革による都市の混乱を避けるために、有効な改善策を見出し得なかった。また、会所の存在を前提とする地役人制度も、一方で地役人の実務能力をいかしつつ、しかし制度としては開国後の状況に対応できない現実を露呈させながらも、容易には否定できなかった。それは、村役人の身分・格式上昇の欲求と引き換えに「ロシア村」の運営を安定させていた奉行所と浦上村淵との関係においても、実はその身分・格式が地役人社会の枠組みにとどまっていたように、近世以来の貿易都市の社会構造として深く根付いていたからである。それゆえ、最終的に会所の維持が困難になった時、長崎市中への助成や地役人制度は否定しても、個人としての地役人は、その多くを幕臣に取り立て奉行所に取り込まざるを得なかったのであろう。

また外国人居留地では、開国以前には経験したことがない新たな対応に迫られていた。それは近年条約改正史の研究から指摘されている、行政権の問題である。幕府は、条約締結国の外国人に関わる問題については、自ら行政規則をつくり、外国側に適用させることには制限があった。したがって、運上所の設置場所や施設の規模なども外国側との交渉を経る必要があったし、日雇の統制にみたように、外国側からの抗議に対応するための政策ですら、外国側に強く従わせることができなかったのである。

このように開国後の長崎を統治した長崎奉行は、新旧の貿易制度の論理が併存する状況での舵取りが求められており、他の開港場にはない難しさを内包していた。全体としては条約締結国との関係に重点が移っていくなかで、会所貿易の制度との矛盾を解消させながら、自由貿易の論理に沿った開港場運営へとシフトさせていく必要があったのである。しかも、外交や貿易業務体制の構築・再編だけではなく、町政を中心とする都市運営のあり方にも目を配る必要があった。

本書で検討した事例以外にも、開国後の長崎では、従来の制度との矛盾から生じる多様で複雑な問題を露呈させていたと考えられる。そうした問題群を長崎奉行所だけで処理するのは、もはや現実的ではなく、より専門・細分化されていく問題を誰がどのように対処していくかは、次の課題として明治新政府へと引き継がれていくのである。

本書の内容は以上の通りだが、基礎的研究に着手したばかりで、今後事例を積み重ねていく必要がある。他の開港場との比較や新政府の政策との連続と断絶など、やるべき研究課題は山積しているが、当面は開国後の長崎の実態解明を進めることとして、ここでは次の三点を課題としてあげておきたい。

一点目は、諸特権を剥奪される側の動向である。近世長崎において、「役」を負担し貿易特権を有していた主体は、「複合的な諸集団」(2)であったことからすれば、より多くの事例を検討する必要がある。本書では地役人と一括りで論じているが、実態としては地役人内部にもさまざまな集団が存在していたことから、より多くの事例を個別具体的に分析しなければならない。例えば、乙名頭取一同が、安政四年(一八五七)に自分たちの役務の冥加として洋式大砲一〇挺を奉行所に献納している。(3)こうした行動をどう評価するかは重要な検討課題である。

二点目は、日雇対策の事例にみたような、奉行所の政策を外国側にどう受け入れさせるのか、あるいは妥協点を見出すのかという行政権の問題である。領事裁判制度を文化相対主義における紛争解決システムだと評価する森田朋子氏の研究(4)は重要だが、長崎や箱館での事例研究は非常に少ない。幕末段階では、開港場間での行政の共通性を求めながらも、それぞれの地域性もあったことを踏まえて、今後事例を積み重ねて比較検討していく必要があるだろう。

三点目は、二点目とも関わるが、条約未締結国である清国との関係である。長崎の場合、開国以前から唐人屋敷に住んでいた清国人と、開国後に条約締結国の商船に雇用されて来航する清国人とが混在することで、その対応をめぐって問題が生じていた。明治四年（一八七一）に日清修好条規が締結されるまでの間、長崎では清国人と条約締結国民との間でどのような関係を築いていたのかを追究していきたい。

註

（1）荒野泰典「近代外交体制の形成と長崎」（『歴史評論』六六九、二〇〇六年）。
（2）木村直樹『幕藩制国家と東アジア世界』（吉川弘文館、二〇〇九年）。
（3）「乍恐御願口上書　安政四年巳七月　大砲献上願書　乙名頭取一同」（長崎歴史文化博物館所蔵、オリジナル番号ト 14 561）。
（4）森田朋子『開国と治外法権』（吉川弘文館、二〇〇四年）。

あとがき

本書は、二〇一六年九月に中央大学へ提出した博士（史学）の学位請求論文「幕末開国と開港場長崎の研究」を加筆・修正したものである。刊行に際しては、日本学術振興会平成三十年度科学研究費助成事業（科学研究費補助金）研究成果公開促進費（JSPS 科研費・18HP5092）の交付を受けている。各章と既発表論文との関係は左記の通りである。

序章　新稿

第一部

第一章「幕末期における長崎奉行所の組織改革」（『日本歴史』七六七、二〇一二年。三・四節は大幅に加筆・改稿した）

第二章「「安政五ヶ国条約」の締結と貿易業務体制の変容―長崎運上所を事例に―」（『ヒストリア』二四五、二〇一四年）

第三章「幕末期における長崎外国人居留地の運営と居留場掛」（『中央史学』三六、二〇一三年）

第四章　新稿

第五章　新稿

第二部

第一章　新稿

第二章「幕末期長崎奉行所の開港場運営と「ロシア村」―「郷方」三ヶ村浦上村淵庄屋の動向を中心に―」（『地

方史研究』三七二、二〇一四年）

第三章　「幕末開国と長崎通詞制度の課題—長崎唐通事何礼之助の制度改革案を中心に—」（『論集きんせい』三八、二〇一六年）

第四章　「幕末期開港場長崎の警衛体制再編と佐賀藩—幕藩関係の視点から—」（『鍋島報效会助成研究報告書』七、二〇一六年）

第五章　新稿（ただし、全体としての論旨は異なるが、一部内容に「慶応四年の長崎における佐賀藩」『佐賀大学地域学歴史文化研究センター研究紀要』一三、二〇一八年との重複があることをお断りしておく）

終章　新稿

筆者は二〇一〇年に中央大学大学院の修士課程に進学し近世史を専攻したが、学部では中世史専攻だったこともあり、当初は近世のくずし字で書かれた史料に悪戦苦闘する日々だった。そんな筆者にとって、古文書を読む山崎圭先生と佐藤孝之先生のゼミは正直辛かったが、くずし字辞典を繰りながら古文書と睨めっこするうちに、少しずつ読めるようになっていった。本来であれば、大学院進学前にそのくらいの力は身につけておくべきだったが、お二方の先生は暖かくご指導くださり、なんとか基礎的な古文書の読解力を身につけることができた。

研究内容の面では、木崎弘美先生の授業に出席させていただいたことが転機となった。当初は長崎の都市史を勉強したいと考えていたが、授業で岩崎義則「ロシア船の来港と長崎稲佐の地域社会」（『歴史評論』六六九、二〇〇六年）の輪読を担当したことで、外国人居留地外の村とロシアとの関係に興味を持ち、修士論文のテーマとなった。

ただ、修士論文を書くなかで、近世長崎の研究は膨大にあるにも拘らず、開国以降の研究が極端に少ないことに気づき、博士課程に進んでからは、「開国後の長崎」をテーマとした。とは言っても、この漠然としたテーマでは、何から手をつけたらよいのか戸惑い、とりあえず長崎歴史文化博物館で、幕末期の面白そうな史料を探すところから始めた。だが、明確な問題関心があって、それに適した史料を探すのではなく、手にした史料から論点を抽出するというような方法で研究を進めたため、筋道の通った論を立てたり、自分の主張を明確に示すことは難しかった。

それでも、藤田覚先生のゼミで研究報告をさせていただいたことで、なんとか一本の論文としてまとめることができた。先生のゼミでは、院生が自由に研究報告を行うスタイルだったこともあり、何度も同じ報告をして、先生はうんざりされることもあったと思われるが、嫌な顔もされず、その都度懇切丁寧なご指導を賜わった。本書の大半はその積み重ねでできたものである。また、先生には吉川弘文館からの出版も勧めていただいた。

一方で松尾正人先生のゼミでは、明治維新期の政治史について勉強させていただいた。先生のゼミは、毎年テーマが設定され、それに則した史料を用いて研究報告を行うというものだった。テーマによっては、本来の研究に直結させられず戸惑うこともあったが、調べるなかで新たな論点をみつけたり、関心を広げることができたのは幸いだった。また、筆者の拙い報告に対する先生からの厳しいご批判は、今でも研究する際の指針となっている。本書第二部第五章は、先生のゼミでの報告がベースである。

なお、博士論文の審査は、主査を山崎先生に、副査を藤田先生と佐藤元英先生にお引き受けいただいた。公開審査でのご批判を、どれくらい本書に反映させられているか甚だ心許ないが、少しでも改善できていればと思う。

ところで筆者は、東京大学史料編纂所の学術支援職員として、杉本史子先生や保谷徹先生のもとで、さまざまな史料の整理をする絶好の機会を得た。第一部第五章は、杉本先生の海図関係の科研のお仕事を手伝わせていただくなかでヒントを得たものであり、第二部第三章は、保谷先生のもとで「長崎唐通事何礼之関係史料」の整理を行ってできた成果である。

また、歴史学研究会近世史部会での活動も貴重な経験であった。自分から積極的に外に出ていくタイプではない筆者に声をかけてもらい、同世代の研究者と議論ができたことはよい刺激となった。

二〇一七年八月に佐賀大学地域学歴史文化研究センターに研究員として着任してからは、副センター長伊藤昭弘先生に、自由な研究環境を与えてもらっている。

なお、大学院の先輩である山本英貴氏には、大学院入学以来、公私にわたり大変お世話になっている。研究の進め方に悩んだり、論文の執筆に行き詰まった時には相談に乗ってもらった。また、もくもくと論文を書き、雑誌に投稿する姿勢は、後に続く後輩にとってよき道標であった。

この他、史料の閲覧に際しては、長崎歴史文化博物館、東京大学史料編纂所などの所蔵機関の方々にお世話になった。また、第一一回徳川奨励賞受賞、公益財団法人鍋島報效会第一四回研究助成・平成二七年度長崎県学術文化研究費補助金の交付を受けたことも大きな励みとなった。関係各位にお礼を申し上げたい。

さらに、厳しい出版状況のなか本書の出版を引き受けてくださった吉川弘文館に厚くお礼を申し上げたい。それから、忙しいなか下読みをしてくれた後輩の篠﨑佑太氏にも感謝したい。

最後に、私事で恐縮だが、なかなか将来が安定しない研究の道に進むことを許してくれ、支え続けてくれている父加壽夫、母温子、弟純也に感謝したい。研究の疲れを癒してくれる愛犬ルフィにもありがとう。まだまだ安心させられていないが、この本をせめてもの親孝行として両親へ捧げたい。

二〇一八年七月

吉岡誠也

著者略歴
一九八四年　長崎県に生まれる
二〇〇七年　立命館大学文学部史学科日本史学専攻
卒業
二〇一七年　中央大学大学院文学研究科日本史学専
攻博士後期課程修了
現在　佐賀大学地域学歴史文化研究センター研究員、
博士（史学）
〔主要論文〕
「「ロシア通詞」志賀親朋の明治維新」（松尾正人編
『近代日本成立期の研究―政治・外交編―』岩田書
院、二〇一八年）

幕末対外関係と長崎

二〇一八年（平成三十）十月二十日　第一刷発行

著　者　吉《よし》岡《おか》誠《せい》也《や》

発行者　吉川道郎

発行所　株式会社　吉川弘文館
郵便番号一一三―〇〇三三
東京都文京区本郷七丁目二番八号
電話〇三―三八一三―九一五一（代）
振替口座〇〇一〇〇―五―二四四番
http://www.yoshikawa-k.co.jp/

印刷＝株式会社 精興社
製本＝株式会社 ブックアート
装幀＝山崎 登

ISBN978-4-642-03492-0

索　　引

I 事　　項

あ 行

か　行

さ 行

た 行

な　行

は　行

ま　行

や　行

ら　行

わ　行

Ⅱ 人 名

あ 行

か 行

さ　行

た　行

な　行

は　行

ま　行

や　行

ら　行

わ　行

Ⅲ 地　　名

あ　行

か・さ行

た～は行

ま～わ行